코기토 총서

세계사상의 고전

장자 II

장자 지음 | 이강수 · 이 권 옮김

옮긴이 이강수(李康洙)는 고려대 철학과를 졸업했다. 국립 타이완 대학 철학연구소에서 장자 연구로 석사학위를 받았으며, 고려대 대학원 철학과에서 「장자의 자연과 인간의 문제」로 박사학위를 받았다. 연세대 철학과 교수로 재직했으며, 한국동양철학회 · 한국도교문화학회 · 한국도가철학회 회장을 역임하였다. 저서로 『도가사상의 연구』(고려대학교민족문화연구원, 1989), 『욕망론』(공저, 경서원, 1995), 『노자와 장자』(도서출판 길, 1997), 『중국 고대철학의 이해』(지식산업사, 1999), 『노장철학의 이해』(예문서원, 2005) 등이 있으며, 역서로는 『노자』(도서출판 길, 2007)가 있다. 연구논문으로는 「장자 제물론의 이해」, 「선진시대 유가와 도가의 학(學)의 개념」, 「서명응의 노자 이해」, 「道家思想的現代意義」(中文) 등이 있다.

옮긴이 이 권(李權)은 연세대 철학과를 졸업하고 같은 대학교 대학원에서 노장철학을 전공하여 석사와 박사학위를 받았다. 현재 한국항공대 강사로 재직하고 있으며, 한국도가철학회 회장을 역임하였다. 연구논문으로 「노장과 주역의 천인합일관 비교연구」(박사학위 논문), 「곽점본 노자의 유무관 연구」, 「노자의 무(無)」, 「공자의 정명(正名)에 대한 연구」, 「갑골문에 나타난 삼분적 사유」 등이 있다.

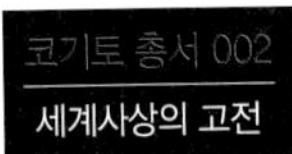

장자 II 外篇

2019년 1월 15일 제1판 제1쇄 인쇄
2019년 1월 25일 제1판 제1쇄 발행

지은이 | 장자
옮긴이 | 이강수 · 이 권
펴낸이 | 박우정

기획 | 이승우
편집 | 김미경
편집 | 한향림

펴낸곳 | 도서출판 길
주소 | 06032 서울 강남구 도산대로 25길 16 우리빌딩 201호
전화 | 02) 595-3153 팩스 | 02) 595-3165
등록 | 1997년 6월 17일 제113호

ISBN: 978-89-6445-202-8 94150

차례

• 제8편 • 변무(騈拇 第八)

편머리의 두 글자로 제목을 삼았다. 외·잡편의 제목이 대부분 이러하다. 『석문』에서 이르기를 "사물을 들어서 편명을 삼았다"고 하였다.

그동안 『장자』 연구자들 중에는 외편과 잡편에 대하여 그 진위 문제를 제기한 사람이 적지 않았다.

원元나라 때 오징吳澄(1249~1333)은 말하기를 "『장자』의 글은 비록 특이하고 그의 어휘는 다양하게 변화하면서도 살아서 움직이는 듯하지만 어떤 하나의 경향만을 드러내지는 않는다. 오직 「변무」「거협」「마제」「선성」「각의」 다섯 편은 자연히 표현양식이 같다. 과연 장莊씨의 글인가? 아니면 주周·진秦 사이의 문사文士가 만든 것인가? 아직 알 수 없다"고 하였다.

왕선겸王先謙이 인용한 소여蘇輿 설에 따르면 「변무」 이하 네 편은 대부분 『노자』의 의리로 해석하였다.

왕숙민王叔岷은 말하기를 "오늘날 전해오는 『장자』 내·외·잡편의 구획은 대개 곽상에 의하여 정해졌다. 내편이라고 해서 반드시 다 믿을 수 있는 것은 아니며, 외·잡편도 반드시 다 의심할 수 있는 것이 아니다"라고 하였다.

조초기曺礎基는 말하기를 "주로 이 편은 도가의 인성론이다. 인성자연人性自然을 설명하면서 인의仁義와 지변智辨, 그리고 명리名利와 내 나라 내 집안을 위주로 하는 것은 모두 인성을 위반하고 해치니 도와 덕의 면에서 보면 달라붙은 발가락과 육손이이며 비뚤어진 길이라는 것을 설명하고 있다"고 하였다.

사물에는 각각 그 나름의 성질이 있다. 사람들도 저마다 다양한 신체적·사회적 조건, 그리고 독자적인 성향을 지니고 있다. 아무리 좋은 이념과 제도와 체제와 규범이라도 이러한 조건과 성질·성향을 간과하고 획일적인 잣대로써 사태를 보아서는 안 된다. 이 편의 작자는 말하기를 "물오리의 다리가 비록 짧을지라도 그것을 이어주면 그 물오리는 근심하고 두루미의 다리가 길지라도 그것을 잘라주면 그 두루미는 슬퍼한다"고 하였다. 이 말은 우리에게 물고기와 새와 같은 생명체를 인간의 시각으로 봐서는 안 되며, 사물·사건은 그 자체로 보아야 한다는 메시지를 던져준다.

1-1

駢拇枝指,[1] 出乎性哉 而侈[2]於德. 附贅縣疣,[3] 出乎形哉 而侈於性.[4] 多方[5]乎仁義而用之者, 列於五藏[6]哉 而非道德之正也. 是故駢於足者, 連無用之肉也; 枝於手者, 樹無用之指也; 駢枝於五藏之情者, 淫僻[7]於仁義之行, 而多方於聰明之用也.[8]

변무와 지지와는 출호성재나 이치어덕하고 부췌현우는 출호형재나 이치어성하고 다방호인의이용지자는 열어오장재나 이비도덕지정야니라 시고로 변어족자는 연무용지육야요 지어수자는 수무용지지야요 변지어오장지정자는 음벽어인의지행하야 이다방어총명지용야니라

1 '변무'駢拇에 대하여 『석문』의 「사마표주」(이하 사마표로 약칭)에서는 엄지발가락이 둘째 발가락과 붙어 있는 것이라고 하였다. '지지'枝指 역시 『석문』에서 인용한 삼창三蒼 설에 따르면 육손이이다. 최선崔譔에 따르면 지枝의 음은 기岐이니, 기지岐指는 갈래가 있는 손가락이다.

2 조초기曹礎基에 따르면 치侈는 군더더기를 뜻한다.

3 부췌현우附贅縣疣는 「대종사」에 보이는데 달라붙은 혹과 매달린 혹을 뜻한다.

4 유월兪樾은 다음과 같이 말하였다. "성性이란 생生을 말한다. '변무지지'는 태어나면서부터 이미 그러한 것이다. 그래서 '성'에서 나온다고 하였다. '부췌현우'는 형체가 이루어진 뒤에 비로소 있게 된다. 그래서 형形에서 나온다고 하였다. 덕德이란 생生의 소이所以이다." 이로써 보면 생명은 덕, 성, 형의 순서로 존재하게 된다는 것을 알 수 있다.

5 성현영成玄英은 "방方은 도술이다"라고 하였다. 도술은 방법을 뜻한다.

6 오장五臟은 간肝·심心·비脾·폐肺·신腎이다. 『내경』內經에 따르면 인仁은 간에, 예禮는 심에, 신信은 비에, 의義는 폐에, 지智는 신에 각기 배당된다.

7 왕선겸王先謙에 따르면 음淫은 지나친 것이고, 성현영에 따르면 벽僻은 바르지 않은 모습이다.

8 갖은 방법으로 총명을 쓴다 함은 총명을 남용하는 것이다.

달라붙은 발가락과 육손이는 성性에서 나온 것인가! 그러나 덕德으로써 말하면 군더더기요, 달라붙은 혹과 매달린 혹은 몸에서 나왔으나 성性으로써 말하면 군더더기이다. 인의仁義를 여러 가지 방법으로 쓰는 사람은 몸 안의 오장에 각기 배열하지만 도덕의 본연은 아니다. 이 때문에 발에 붙은 것은 쓸데없는 살을 연접한 것이요, 손가락에 가지처럼 생겨난 것은 쓸데없는 손가락이 생겨난 것이다. 여러 가지 방법으로 오장에 성정을 붙이거나 가지를 친 것은 인의의 행실에 지나치거나 바르지 않게 하며 갖은 방법으로 총명을 남용하는 것이다.

1-2

是故騈於明者, 亂五色, 淫文章, 靑黃黼黻之煌煌非乎? 而離朱是已.[1] 多於聰者, 亂五聲, 淫六律, 金石絲竹黃鐘大呂之聲非乎? 而師曠是已.[2] 枝於仁者, 擢德塞性以收名聲,[3] 使天下簧鼓以奉不及之法非乎? 而曾史是已.[4] 騈於辯者, 累瓦結繩竄句,[5] 遊心於堅白同異之閒, 而敝跬[6]譽無用之言非乎? 而楊墨是已. 故此皆多騈旁枝之道, 非天下之至正也.

시고로 변어명자는 란오색하며 음문장하나니 청황보불지황황이로소니 비호아 이이주는 시이라하야닛다녀 다어총자는 란오성하며 음육률하나니 금석사죽황종대려지성이로소니 비호아 이사광은 시이라하야닛다녀 지어인자는 탁덕색성하야 이수명성하야 사천하로 황고하야 이봉불급지법하나니 비호아 이증사는 시이라하야닛다녀 변어변자는 루와하야 결승하니 찬구하야 유심어견백동이지간하니 이폐규하야예무용지언하나니 비호아 이양묵은 시이라하야닛다녀 고로 차는 개다변방지지도라 비천하지지정야니라

1 성현영은 다음과 같이 해석하였다. "오색은 청靑·황黃·적赤·백白·흑黑인데 청과 적은 문文이고, 적과 백은 장章이다. 황황煌煌은 눈을 어지럽히는 모양이다. 이주離朱는 이루離婁라고도 하는데, 황제 때 사람으로 백 보 밖에 있는 털끝을 볼 수 있었다." 보불黼黻은 문장文章을 비유하는데 옛날 예복에 수놓은 화려한 무늬이다. 유월에 따르면 이而는 옛적에 여如와 통용되었다.

2 성현영에 따르면 오성은 궁宮·상商·각角·치徵·우羽이고, 육률은 황종黃鐘·대려大呂·고세姑洗·유빈蕤賓·무역無射·협종夾鐘과 같은 것이다. 사마표에 따르면 사광은 진晉나라의 현대부賢大夫로 음률에 밝았다.

3 왕념손王念孫에 따르면 색塞은 마땅히 건搴으로 써야 하니, 탁擢과 건搴은 모두 발취拔取, 즉 '뽑아내다'를 일컫는다. 조초기에 따르면 이 구절은 자기의 도덕·품격을 표방하여 갖은 방법으로 명예를 추구하는 것을 말한다.

이 때문에 지나치게 눈 밝은 사람은 오색을 어지럽히고, 푸른색과 붉은색이 어우러진 것과 붉은색과 흰색이 어우러진 문장을 헷갈려 하나니, 푸르고 누런 예복이 눈을 어지럽히는 것이 아니겠는가? 이주와 같은 이가 이와 같다고 해야 할 것이다. 지나치게 귀 밝은 사람은 오성을 어지럽히며 육률을 헷갈리게 하나니, 금金·석石·사絲·죽竹·황종黃鐘·대려大呂의 소리가 아니겠는가? 사광과 같은 이가 이와 같다고 해야 할 것이다. 인의에 여러 가지가 생기는 것은 자기의 도덕·품격을 표방하여 명예를 추구하면서 천하 사람들에게 고취하고 선전하여 그들이 따라갈 수 없는 법식을 받들어 행하게 하려 하니 그렇지 않다고 할 수 있겠는가? 증삼과 사추 같은 사람이 이와 같다고 해야 할 것이다. 논변으로 뽐내는 사람은 여러 방면으로 사례를 찾아 모아서 문장의 글귀를 가지고 말장난을 하면서 단단한 것과 흰 것, 같은 것과 다른 것 사이에서 마음을 놀리며 정력을 소모하면서 쓸데없는 말로 명성을 추구하려고 하니 그렇지 않은가? 양주·묵적 같은 이가 이와 같다고 해야 할 것이다. 그러므로 이들은 모두 군더더기처럼 붙이거나 곁가지 쳐진 도道인지라 천하에서 지극히 바른 것은 아니다.

4 조초기에 따르면 황고簧鼓는 동사로 쓰였는데, 생황을 불고 북을 치며 고취하는 것이니, 선전하고 치켜세우는 것을 비유한다. 봉奉은 숭배하는 것이고 불급不及은 따라갈 수 없는 것이며, 법은 법식 또는 본보기를 뜻한다. 『석문』에 따르면 증사曾史는 증삼曾參과 사추史鰌인데 증삼은 인仁을, 사추는 의義를 실행하였다. 왕숙민은 "이는 북 치듯이 천하를 소란스럽게 하면서 상관도 없는 준칙을 봉행하라고 하는 것을 일컫는다"고 하였다.

5 결승結繩은 문자가 없던 시대에 새끼에 매듭을 지어 일을 기록하던 방식이다. 조초기에 따르면 루와累瓦도 사건을 기재하던 방법이므로 그 의미를 확대하면 기사記事가 된다. 찬구竄句는 문구를 천착하는 것이다. 이 구절은 여러 방면으로 사례를 찾아 모아서 문장의 글귀를 가지고 말장난하는 것을 일컫는다.

6 조초기에 따르면 폐규敝跬는 정력을 소모하는 모습이다.

1-3

彼正正者,[1] 不失其性命之情. 故合者不爲駢, 而枝者不爲岐[2]; 長者不爲有餘, 短者不爲不足. 是故鳧脛雖短, 續之則憂; 鶴脛雖長, 斷之則悲. 故性長非所斷, 性短非所續, 無所去憂也.[3] 意仁義其非人情乎![4] 彼仁人何其多憂也?

피정정자는 불실기성명지정하나니 고로 합자불위변하며 이지자 불위기하며 장자불위유여하며 단자 불위부족이니라 시고로 부경수단하나 속지즉우하고 학경수장하나 단지즉비하나니 고로 성장이라 비소단이며 성단이라 비소속이니 무소거우야니라 의라 인의는 기비인정호인저 피 인인은 하기다우야오

1 유월에 따르면 정정正正은 '지정'至正의 오자이다.

2 왕숙민에 따르면 '지자불위기'枝者不爲岐는 마땅히 기자불위지岐者不爲枝로 써야 한다. 그렇다면 이 두 구절은 "합해진 것을 달라붙은 발가락이라고 하지 않으며, 갈래가 진 것을 육손이라고 하지 않는다"로 해석해야 한다.

3 성현영은 "그 본연에 따르면 자연히 근심 걱정이 없을 텐데 어찌 버리는 것을 기다려야 하겠는가?"라고 말하였다.

4 조초기에 따르면 의意는 '생각건대'라는 뜻이고 정情은 곧 '성명지정'性命之情이니 본질이다.

저 지극히 바른 것은 그 성명의 실정을 잃지 않는다. 그러므로 합해진 것을 달라붙은 발가락이라고 하지 않으며, 갈래진 것을 육손이라고 하지 않으며, 긴 것이 남음이 있다고 하지 않으며, 짧은 것이 부족하다고 하지 않는다. 이 때문에 물오리는 다리가 비록 짧을지라도 그것을 이어주면 근심하고, 두루미는 다리가 비록 길더라도 그것을 잘라주면 슬퍼한다. 그러므로 성性에서 웃자란 것을 자를 것이 아니며, 성에서 부족한 것이라 하여 이어줄 것이 아니니, 버려야 할 근심이 없게 해야 할 것이다. 생각건대 인의仁義는 사람이 자연에서 부여받은 성명의 실정이 아니지 않겠는가! 저 인한 사람은 어찌 그처럼 근심이 많은가?

1－4

且夫騈於拇者，決之則泣；枝於手者，齕之則啼.[1] 二者或有餘於數，或不足於數，其於憂一也. 今世之仁人，蒿目[2]而憂世之患；不仁之人，決性命之情而饕貴富. 故意仁義其非人情乎! 自三代以下者，天下何其囂囂[3]也?

차부변어무자는 결지즉읍하고 지어수자는 흘지즉제하나니 이자 혹유여어수하며 혹부족어수하나 기어우는 일야니라 금세지인인은 호목하야 이우세지환하고 불인지인은 결성명지정하야 이도귀부하나니 고로 의라 인의는 기비인정호인저 자삼대이하자는 천하에 하기효효야오

1 왕숙민에 따르면 이 글에서 무拇 자가 잘못되지 않았다면 '수'手는 마땅히 지指 자로 써야 한다.

2 조초기에 따르면 호목蒿目은 근심스러워 보이는 눈빛이다.

3 성현영에 따르면 효효囂囂는 환괄讙聒와 같으니 '떠들썩하다'이다.

뿐만 아니라 엄지발가락에 달라붙은 것은 그것을 떼어내면 눈물을 흘리게 되고, 손가락에 가지 친 것은 그것을 물어뜯어 잘라내면 울게 된다. 두 가지는 정상적인 수보다 남는 것도 있고 정상적인 수보다 부족한 것도 있으나 그들이 근심하는 데서는 다를 바 없다. 오늘날 인한 사람은 수심에 찬 얼굴로 세상의 환난을 근심하고, 인하지 않은 사람은 성명의 실정을 무너뜨리면서 지위와 재물을 탐낸다. 그러므로 생각건대 인의는 사람의 본질이 아니지 않겠는가! 삼대 이래 천하는 어찌 그처럼 떠들썩할까?

【대의】

여기에서 인의仁義는 달라붙은 발가락과 육손이처럼 군더더기이지 사람의 본질이 아니라는 점을 말했다. 인의는 버려야 할 근심거리이다.

2-1

且夫待鉤繩規矩而正者, 是削其性者也; 待繩約[1]膠漆而固者, 是侵其德者也; 屈折禮樂,[2] 呴俞[3]仁義, 以慰天下之心者, 此失其常然[4]也. 天下有常然. 常然者, 曲者不以鉤, 直者不以繩, 圓者不以規, 方者不以矩, 附離[5]不以膠漆, 約束不以纆索. 故天下誘然[6]皆生而不知其所以生, 同焉[7]皆得而不知其所以得. 故古今不二, 不可[8]虧也. 則仁義又奚連連[9]如膠漆纆索而遊乎道德之間爲哉, 使天下惑也!

차부대구승규구이정자는 시는 삭기성자야요 대승약교칠이고자는 시는 침기덕자야요 굴절예악하며 구유인의하야 이위천하지심자는 차는 실기상연야니라 천하에 유상연하니 상연자는 곡자 불이구하며 직자 불이승하며 원자 불이규하며 방자 불이구하며 부리 불이교칠하며 약속이불이묵색이니라 고로 천하 유연개생이부지기소이생하며 동언개득이부지기소이득하나니 고로 고금이 불이라 불가휴야인댄 즉인의는 우해연연히 여교칠묵색하야 이유호도덕지간위재리오 사천하로혹야로다

1 왕숙민은 승약繩約은 마땅히 승색繩索으로 써야 할 것 같다고 하였다. 승색은 밧줄이다.

2 『석문』에 따르면 굴절예악屈折禮樂은 팔다리와 몸을 구부려 예악의 의식을 치르는 것이다.

3 성현영에 따르면 구유呴俞는 구무嫗撫, 즉 따뜻하게 돌보면서 기른다는 것과 같다.

4 성현영은 상연常然을 상분常分, 즉 떳떳한 몫이라고 하였다.

5 조초기에 따르면 부리附離는 '붙이다'이다.

6 조초기에 따르면 유연誘然은 유연油然이다. 유연은 저절로 일어나는 모습이다.

7 왕숙민에 따르면 동언同焉은 동연侗然과 같다. 동연은 미련한 모습이다. 그러나 여기에서는 조초기 설에 따라 "서로 통하여 혼연일체가 되다"로 새긴다.

8 왕숙민에 따르면 불가不可는 무소無所와 같다.

9 조초기에 따르면 연연連連은 끊임없이 이어지는 모습이다.

뿐만 아니라 곱자와 먹줄과 둥근자와 네모자를 기다려서 기준으로 삼는 사람은 그의 성품을 손상할 수 있고, 밧줄로 묶고 아교와 옻칠로 붙이기를 기다려서 견고하게 하는 것 이것은 그의 덕을 손상할 수 있고, 팔다리와 몸을 구부리고 소리를 조절하여 예악을 거행하며, 인의로 따뜻하게 돌보면서 길러 천하 사람들의 마음을 위안하는 것 이것은 그 떳떳한 몫을 잃게 하는 것이다. 천하에 떳떳한 몫이 있으니 떳떳한 몫이라는 것은 굽은 것은 곱자로써 하지 않으며, 곧은 것은 먹줄로써 하지 않으며, 둥근 것은 둥근자로써 하지 않으며, 네모난 것은 네모난 자로써 하지 않으며, 붙이는 것은 아교와 옻칠로써 하지 않으며, 묶는 것은 밧줄로써 하지 않는다. 그러므로 천하의 사물들이 저절로 일어나더라도 그것이 생겨나게 된 소이를 모르며, 서로 통하여 혼연일체가 되어 모두 스스로 만족하되 스스로 만족하게 된 소이를 모른다. 그러므로 예와 지금이 한결같은지라 덜거나 줄일 것이 없다. 그렇다면 인의는 또 어찌 아교와 옻칠과 밧줄처럼 이어져 도덕의 사이에서 놀게 하는가? 천하 사람들의 마음을 의혹케 하리로다!

2-2

夫小惑易方, 大惑易性.[1] 何以知其然邪? 自虞氏招仁義以撓天下也,[2] 天下莫不奔命於仁義, 是非以仁義易其性與?[3] 故嘗試論之, 自三代以下者, 天下莫不以物易其性矣. 小人則以身殉利,[4] 士則以身殉名, 大夫則以身殉家, 聖人則以身殉天下. 故此數子者, 事業不同, 名聲異號, 其於傷性以身爲殉, 一也. 臧與穀[5]二人相與牧羊而俱亡其羊. 問臧奚事, 則挾筴[6]讀書; 問穀奚事, 則博塞[7]以遊. 二人者, 事業不同, 其於亡羊均也.

부소혹은 역방하고 대혹은 역성하나니 하이지기연야오 자우씨 초인의하야 이요천하야하나니 천하 막불분명어인의하니 시는 비이인의로 역기성여아 고로 상시논지하노라 자삼대이하자론 천하 막불이물로 역기성의라 소인즉이신으로 순리하고 사즉이신으로 순명하고 대부즉이신으로 순가하고 성인즉이신으로 순천하하나니 고로 차수자자의 사업이 부동하며 명성이 이호하나 기어상성하야 이신으로 위순에는 일야니라 장여곡이인이 상여목양하다가 이구망기양하야날 문장해사오 즉협책독서요 문곡해사오 즉박새이유이러라 이인자의 사업이 부동하나 기어망양에는 균야니라

1 성현영은 "남쪽을 가리키며 북쪽이라고 하는 것은 그가 헷갈리는 것이 그래도 작지만 표면 현상에 막히어 진리를 잃는 것은 미혹됨이 더욱 크다"고 말하였다.

2 유월에 따르면 초招는 거擧이고, 『석문』에 따르면 요撓는 '어지럽히다'이다.

3 선영宣穎은 「변무」편 머리에서 "성문聖門에서 말한 인의仁義는 성性이지만, 장자는 도리어 인의를 성性 밖에 덧붙여놓은 것으로 간주하였다"고 말하였다.

4 조초기에 따르면 순리殉利는 이익 때문에 희생되는 것이다.

5 『석문』에 따르면 최선崔譔 본에서는 곡穀을 누㝅라고 썼는데 유자孺子를 누라고 한다. 유자는 어린아이이다. 사내종의 아들을 장臧이라고 한다.

6 왕선겸에 따르면 책筴은 양몰이에 쓰는 채찍이다.

7 조초기에 따르면 박새博塞는 바둑을 두는 것과 같은 일종의 놀이이다.

대저 작은 미혹은 방향을 바꾸고 큰 미혹은 성품을 바꾸게 하나니 어떻게 그런 줄을 아는가? 순임금이 인의를 치켜들고서 천하를 어지럽힌 이래로 천하 사람들 가운데 인의에 의하여 바삐 뛰어다니지 않은 이가 없으니 이것은 인의로써 그의 본성을 바꾸게 한 것이 아닌가? 그러므로 시험 삼아 논해보리라. 삼대 이후부터 천하에 물物로써 그의 본성을 바꾸지 않은 이가 없으니 소인은 이익 때문에 몸을 희생하고, 사士는 명예 때문에 몸을 희생하고, 대부는 가문 때문에 몸을 희생하고, 성인은 천하 때문에 몸을 희생한다. 그러므로 이들 몇 분의 사업이 같지 않으며 명성이 칭호를 달리하더라도 그들이 자신의 본성을 손상하며 자기 생명을 희생하는 것은 같다. 사내종의 아들과 어린아이 두 사람이 함께 양을 기르다가 모두 그들의 양을 잃었다. 종의 아들에게 무슨 일을 하였더냐고 물으니 채찍을 끼고 책을 읽었다 하고, 어린아이에게 무슨 일을 하였더냐고 물으니 생륙을 가지고 놀았다 하더라. 두 사람이 한 짓은 같지 않지만 그들이 양을 잃은 것은 같다.

伯夷死名於首陽之下, 盜跖死利於東陵之上,[8] 二人者, 所死不同, 其於殘生傷性均也. 奚必伯夷之是而盜跖之非乎? 天下盡殉[9]也, 彼其所殉仁義也, 則[10]俗謂之君子; 其所殉貨財也, 則俗謂之小人. 其殉一也, 則有君子焉, 有小人焉; 若其殘生損性, 則盜跖亦伯夷已, 又惡取[11]君子小人於其間哉!

백이는 사명어수양지하하고 도척은 사리어동릉지상하니 이인자의 소사 부동하나 기어잔생상성에는 균야니 해필백이지시이도척지비호리오 천하 진순야니라 피기소순이 인의야어든 즉속이 위지군자라 하고 기소순이 화재야어든 즉속이 위지소인이라 하나니 기순이 일야로되 즉유군자언하며 유소인언하니 약기잔생손성에는 즉도척도 역백이이온 우오취군자소인어기간재리오

8 백이伯夷는 상商나라 때 고죽군孤竹君의 아들로 절의를 지키다가 수양산에서 굶어 죽었다고 한다. 도척盜跖은 춘추시대의 흉악무도한 사람으로 알려져온다. 동릉은 산동성 장무章武에 있는 동릉산이라고 한다.

9 조초기에 따르면 진순盡殉은 천하 사람들이 모두 어떤 목적을 위하여 자기를 희생한다는 것이다.

10 왕숙민이 인용한 차주환車柱環 설에 따르면 즉則은 혹或과 같다.

11 조초기에 따르면 취取는 '구분하다'를 뜻한다.

백이는 수양산 밑에서 명성을 위하여 죽고 도척은 동릉산에서 이익을 위하여 죽었으니, 두 사람이 죽은 사유가 같지 않지만 그들이 목숨을 해치며 본성을 손상한 것은 균등하다. 어찌 반드시 백이는 옳고 도척은 그르다고 하리오? 천하 사람들이 모두 그 나름의 목적을 위하여 자기를 희생하느니라. 그가 인의를 위하여 희생되거든 세속에서 그를 군자라고 하고, 그가 재물을 위하여 희생되거든 세상 사람들이 그를 소인이라고 한다. 그러나 그들이 희생되는 것은 다를 게 없어도 거기에 군자가 있기도 하며 소인도 있으니, 그가 목숨을 해치며 본성을 손상하는 데 이르러서는 도척도 백이이거늘 또 어찌 그 사이에서 군자와 소인을 구분하리오?

2-3

且夫屬[1]其性乎仁義者, 雖通如曾史, 非吾所謂臧[2]也; 屬其性於五味,[3] 雖通如俞兒, 非吾所謂臧也; 屬其性乎五聲, 雖通如師曠,[4] 非吾所謂聰也; 屬其性乎五色, 雖通如離朱, 非吾所謂明也. 吾所謂臧者, 非仁義之謂也, 臧於其德而已矣[5]; 吾所謂臧者, 非所謂仁義之謂也, 任其性命之情而已矣; 吾所謂聰者, 非謂其聞彼也, 自聞而已矣; 吾所謂明者, 非謂其見彼也, 自見而已矣. 夫不自見而見彼, 不自得而得彼者, 是得人之得而不自得其得者也, 適人之適而不自適其適者也.[6] 夫適人之適而不自適其適, 雖盜跖與伯夷, 是同爲淫僻也. 余愧乎道德, 是以上不敢爲仁義之操, 而下不敢爲淫僻之行也.

차부속기성호인의자는 수통여증사라도 비오소위장야며 속기성어오미는 수통여유아라도 비오소위장야며 속기성호오성은 수통여사광이라도 비오소위총야며 속기성호오색은 수통여이주라도 비오소위명야니 오소위장자는 비인의지위야라 장어기덕이이의니라 오소위장자는 비소위인의지위야라 임기성명지정이이의니라 오소위총자는 비위기문피야라 자문이이의니라 오소위명자는 비위기견피야라 자견이이의니라 부불자견이견피하며 불자득이득피자는 시는 득인지득이부자득기득자야며 적인지적이부자적기적자야라 부적인지적이부자적기적이면 수도척여백이라도 시는 동위음벽야니라 여는 괴호도덕이라 시이로 상불감위인의지조하며 이하불감위음벽지행야로라

1 『석문』에 따르면 속屬은 계속係屬이다. 계속은 예속을 뜻한다.

2 성현영에 따르면 장臧은 선善이다.

3 오미五味는 신맛·쓴맛·단맛·매운맛·짠맛이다.

4 사광師曠은 진평공의 악사로 음률에 정통하였다고 한다.

5 곽상은 자기의 본성에 맞게 하기를 잘하여 인仁을 의식하지 않고서도 인仁한 행실을 하는 것이라고 말하였다.

뿐만 아니라 자기의 본성을 인의에 귀속시키는 사람은 비록 증삼·사추처럼 정통할지라도 내가 선善이라고 일컫는 것이 아니며, 그의 본성을 오미五味에 귀속시키는 사람은 비록 유아처럼 정통할지라도 내가 선이라고 일컫는 것이 아니며, 그의 본성을 오성五聲에 예속시키는 사람은 비록 사광처럼 정통할지라도 내가 귀밝음이라고 일컫는 것이 아니며, 그의 본성을 오색五色에 예속시키는 사람은 비록 이주처럼 정통할지라도 내가 이른바 눈밝음이 아니니, 내가 선이라고 일컫는 것은 인의를 일컫는 것이 아니라 그의 본성에 맞게 하기를 잘할 따름이다. 내가 선이라고 일컫는 것은 인의를 일컫는 것이 아니라 그의 성명의 실정에 맡길 뿐이다. 내가 귀가 밝다고 하는 것은 외계 사물에 대하여 잘 듣는 것을 일컫는 것이 아니라 스스로 자기 내면의 소리를 듣는 것일 뿐이다. 내가 눈이 밝다고 하는 것은 외계 사물을 잘 보는 것을 일컫는 것이 아니라 자기 자신을 보는 것일 따름이다. 대저 스스로를 보지 않고 바깥의 사물을 보며, 스스로 만족할 줄 모르고 바깥에 있는 것을 얻으려 하는 것은 남의 얻음을 얻으려는 것이요, 그가 얻어야 할 것을 스스로 얻는 것이 아니며, 남의 만족에 자기를 맞추고 스스로 쾌적할 수 있는 것을 쾌적해하는 것이 아니다. 남의 만족에 자기를 맞추고 스스로 쾌적할 수 있는 것을 잘 실현하지 않는다면 비록 도척과 백이일지라도 이것은 다 같이 지나치거나 한쪽에 치우친 것이다. 나는 도덕의 견지에서 이렇게 하는 일을 부끄럽게 여긴다. 이 때문에 좋게 말해서 감히 인의의 조행操行을 추구하지 않을 것이며, 좋지 않은 측면에서 말하여 감히 지나치게 하거나 한쪽으로 치우친 행동을 하지 않을 것이다.

6 곽상은 "이것은 자기를 버리고 남을 따라 하는 사람이다. 비록 그 사람처럼 그를 본받아 행동할지라도 자기를 벌써 잃어버리고 만다"고 말하였다.

【대의】

작자의 말에 따르면 인의는 사람의 성품과 덕을 손상할 수 있다. 순임금 이래로 인의를 치켜세운 인물들은 모두 외물外物 때문에 본성을 손상하고 몸을 희생하였다. 도와 덕을 기준으로 보면 스스로를 돌아보지 않고 스스로 만족할 줄 모르는 것은 부끄러운 일이다.

• 제9편 • 마제(馬蹄 第九)

【제9편 마제馬蹄 해제】

『석문』에 따르면 이 편은 사물을 들어 편명을 삼았다. 특히 말(馬)과 백락伯樂을 등장시킨 점이 눈길을 끈다. 백락은 중국 고대에 말을 잘 다루기로 유명한 사람이다.

백락이 말을 잘 다루듯이 흔히 성인은 천하 사람들을 잘 다스린다고 한다. 장자는 여기서 다스리는 자의 처지가 아니라 다스림의 대상이 되는 말과 백성들의 처지에서 말하고 있다. 말하자면 백락이 말을 길들이다가 그것의 성질을 해칠 수 있듯이 성인도 백성들을 다스리다가 그들의 성질을 해칠 수 있다는 것이다. 장자는 여기서 백성들의 소박한 성향을 잘 살릴 수 있는 정치를 주장하였다. 그래서 말하기를 "저 백성들은 떳떳한 성품을 지니고서 베 짜서 입으며 밭 갈아 먹거든 이를 일러 동덕同德이라고 한다. 한결같아서 편애하지 않는지라 이것을 천방天放이라고 한다. …… 무릇 지덕至德의 세상에서는 금수와 함께 놀며 만물과 함께 모여 살았으니, 어찌 군자와 소인을 알았겠는가? 무지한 것과 같이하여 그 덕이 상실되지 않으며 무욕한 것과 같이하니, 이를 일러 소박이라고 한다"고 하였다.

이러한 이상사회가 무너진 이유는 무엇일까? 작자의 처지에서 보면 그 이유는 자명하다. 말하자면 통치자가 이념과 제도, 그리고 인의仁義와 같은 도덕으로써 인위적으로 다스렸기 때문이다. 이처럼 유가의 성인과 주요 학설을 비판하였기에 나근택羅根澤은 「장자외잡편탐원」莊子外雜篇探源이라는 글에서 「변무」「거협」「재유」와 함께 이 편이 '도가 좌파'가 지은 것이라고 주장하였다. 장형소우張恒壽는 이 편들이 제왕건齊王建(재위 기원전 264년~기원전 221년) 시대에 이루어진 것이라고 주장하였다.

1-1

馬, 蹄可以踐霜雪, 毛可以禦風寒, 齕草飮水, 翹足而陸,[1] 此馬之眞性也. 雖有義臺路寢,[2] 無所用之. 及至伯樂,[3] 曰:「我善治馬.」燒之, 剔之, 刻之, 雒之,[4] 連之以羈馽,[5] 編之以皁棧,[6] 馬之死者十二三矣; 飢之, 渴之, 馳之, 驟之, 整之, 齊之, 前有橛飾之患,[7] 而後有鞭筴之威, 而馬之死者已過半矣. 陶者曰:「我善治埴, 圓者中規, 方者中矩.」匠人曰:「我善治木, 曲者中鉤, 直者應繩.」夫埴木之性, 豈欲中規矩鉤繩哉? 然且世世稱之曰「伯樂善治馬, 而陶匠善治埴木」, 此亦治天下者之過也.[8]

마는 제 가이천상설이오 모 가이어풍한이니 흘초음수하고 교족이륙이 차 마지진성야니 수유의대로침이라도 무소용지니라 급지백락이 왈 아선치마로라 하야 소지체지하며 각지 낙지하며 연지이기칩하며 편지이조잔하야날 마지사자 십이삼의오 기지 갈지하며 치지 취지하며 정지 제지하야 전유궐식지환하고 이후유편협지위하야날 이마지사자 이과반의니라 도자 왈 아는 선치식하노니 원자는 중규하고 방자는 중구하며 장인이 왈 아는 선치목하노니 곡자는 중구하고 직자는 응승하노라 하니 부식목지성은 기욕중규구구승재리오 연차세세에 칭지하야 왈 백락은 선치마하고 이도장은 선치식목이라 하나니 차 역치천하자지과야니라

1 조초기에 따르면 육陸은 륙踛과 통하니 '도약하다'를 뜻한다. 곽경번郭慶藩에 따르면 최선 본에서는 족足이 미尾로 되어 있다.

2 조초기에 따르면 의대義臺는 의대儀臺이니 그로써 예禮의 의식을 치르던 무대이고, 노침路寢은 정실正室이다.

3 『열자』列子에 따르면 백락伯樂은 성명이 손양孫陽이고 자가 백락인데, 진목공秦穆公 때 사람으로 말을 잘 다루었다고 한다.

4 사마표司馬彪는 말하기를 "소燒는 쇠를 벌겋게 달구어 태우는 것이고, 각刻은 말발굽을 깎는 것이다"라고 하였다. 곽숭도郭崇燾는 말하기를 "락雒은 마땅히 락烙이어야 하니 이른바

말은 발굽으로 서리나 눈을 밟을 수 있고 털로 바람과 추위를 막을 수 있으니 풀을 뜯어 먹고 물을 마시며, 꼬리를 치켜들면서 도약할 수 있다. 이것이 말의 진성眞性이다. 비록 예식을 거행하는 의대와 정실正室이 있을지라도 그것을 쓸 곳이 없다. 급기야 백락에 이르러 말하기를 "나는 말을 잘 다스릴 줄 안다"고 하며, 쇠를 벌겋게 달구어 말의 털을 태우고 그의 털을 깎으며, 그 발굽을 깎고 낙인을 찍으며, 재갈 달린 말머리띠와 밧줄로 머리와 앞발을 묶고, 말구유와 마판 사이에 비끌어 매어놓으니 죽게 되는 말이 열에 두세 마리나 된다. 굶주리게도 하고 목마르게도 하며, 달리게도 하고 몰기도 하며, 정돈하기도 하고 가지런하게도 하여, 앞에는 재갈과 말재갈에 장식한 것에 의한 속박이 있고 뒤에는 채찍의 위엄이 있거늘 죽는 말이 절반을 넘느니라. 도자기 굽는 사람이 이르기를 "나는 찰흙을 잘 다스리니 둥근 것은 컴퍼스에 맞고, 네모난 것은 곱자에 맞게 한다"고 하며, 장인이 이르기를 "나는 나무를 잘 다스리니 굽은 것은 갈고리에 맞게 하고, 곧은 것은 먹줄자에 응하게 한다"고 하니, 대저 찰흙과 나무의 성질이 어찌 컴퍼스와 곱자와 갈고리와 먹줄자에 맞기를 바라겠는가? 그런데도 대대로 그들을 칭송하여 이르기를 "백락은 말을 잘 다스리고 도공과 목수는 찰흙과 나무를 잘 다스린다"고 하니, 이것은 천하를 다스리는 사람의 과오와 같으니라.

불침놓는 것을 '락'이라고 한다"고 하였고, 또 이르기를 "태우고 깎아서 그의 털 색깔을 고르게 다듬는다. 말발굽을 깎고 낙인을 찍어서 그 표지를 남긴다"고 하였다.

5 연連은 '묶다'이다. 기羈는 재갈이 달린 말머리띠의 일종이다. 칩馽은 말의 앞발을 묶는 밧줄이다.

6 사마표에 따르면 조皁는 력櫪이니 말구유이다. 잔棧은 마판이다.

7 궐橛은 말재갈이다. 식飾은 사마표에 따르면 말재갈에 장식한 것이다.

8 왕숙민에 따르면 역亦은 여如와 같다.

1-2

吾意善治天下者不然. 彼民有常性, 織而衣, 耕而食, 是謂同德; 一而不黨, 命曰天放.[1] 故至德之世, 其行塡塡,[2] 其視顚顚.[3] 當是時也, 山无蹊隧, 澤无舟梁[4]; 萬物群生, 連屬其鄕[5]; 禽獸成群, 草木遂長.[6] 是故禽獸可係羈而遊, 烏鵲之巢可攀援而闚.[7]

오는 의혼댄 선치천하자는 불연이라 하노라 피민유상성하야 직이의하며 경이식거든 시위동덕이라코 일이부당이라 명왈천방이라 하나니 고로 지덕지세에는 기행이 전전하고 기시 전전하더니 당시시야하야 산무혜수하며 택무주량하니라 만물이 군생하야 연속기향하며 금수 성군하며 초목이 수장하니 시고로 금수를 가계기이유며 조작지소를 가반원이규러니라

1 왕숙민에 따르면 천방天放은 방천放天의 도치인 듯하다. '방천'은 자연을 본받는 것이다. 혼연히 하나가 되어 치우침이 없는 것이 바로 자연을 본받는 것이라는 말이다.

2 전전塡塡은 중지重遲라고 하였다. '중지'는 '느슨하다'인데, 여기에서는 '여유롭고 느긋하다'의 뜻으로 새겼다.

3 최선은 전전顚顚을 전일專一이라고 하였다. '전일'은 '한결같다'이다.

4 곽상郭象은 말하기를 "기대해서는 안 되는 이익을 추구하지 않으므로 한 집 안에 멈추어 만족한다"고 풀이하였다. 이것은 생활에 필요한 것을 찾고자 굳이 산 넘고 물을 건너며 돌아다니지 않아도 자족自足할 수 있는 삶을 묘사한 것이다.

5 『석문』에 따르면 왕숙지王叔之가 말하기를 "이미 나라와 나라, 가문과 가문이 서로 다를 것이 없으므로 그 마을들이 연속되어 있는 셈이다"라고 하였다.

6 성현영은 말하기를 "나는 새들이나 달리는 짐승이 서로 해치지 않으므로 무리를 이루고, 채소나 과일나무를 함부로 베지 않으므로 드디어 무성해진다"고 하였다.

7 성현영은 말하기를 "사람에게 동식물을 해치려는 마음이 없는지라 동식물도 사람을 두려워하는 생각이 없다"고 하였다.

나는 생각건대 천하를 잘 다스리는 사람은 그러지 않을 것이다. 저 백성들은 떳떳한 성품을 지니고서 베를 짜서 입으며 밭을 갈아 먹거든, 이를 일러 동덕同德이라고 한다. 한결같아서 편애하지 않는지라 이것을 자연을 본받는 것이라고 한다. 그러므로 지덕至德의 세상에서는 백성들의 행위가 여유롭고 느긋하며, 그들의 시선은 한결같다. 이때를 당하여 산에는 길이 없으며, 호수에는 배와 다리가 없었다. 만물이 떼 지어 살아 그 마을이 인접해 있으며, 들짐승과 날짐승이 무리를 이루며 초목이 무성하니 이 때문에 들짐승과 날짐승을 묶어서 데리고 다니며 놀 수 있으며 새와 까치의 둥우리를 기어올라가 엿볼 수 있었다.

1-3

夫至德之世, 同與禽獸居, 族與萬物竝,[1] 惡乎知君子小人哉! 同乎无知,[2] 其德不離; 同乎无欲, 是謂素樸; 素樸而民性得矣. 及至聖人, 蹩躠爲仁, 踶跂爲義,[3] 而天下始疑矣; 澶漫爲樂, 摘僻爲禮,[4] 而天下始分矣.[5] 故純樸不殘, 孰爲犧樽![6] 白玉不毁, 孰爲珪璋![7] 道德不廢, 安取仁義! 性情不離,[8] 安用禮樂! 五色不亂, 孰爲文采! 五聲不亂, 孰應六律![9] 夫殘樸以爲器, 工匠之罪也; 毁道德以爲仁義, 聖人之過也.[10]

부지덕지세에는 동여금수로 거하며 족여만물로 병하니 오호지군자소인재리오 동호무지하니 기덕이 불리하며 동호무욕하니 시위소박이니 소박이민성이 득의니라 급지성인이 별설위인하며 제기위의하야는 이천하 시의의니라 단만위악하며 적벽위례하야는 이천하 시분의니라 고로 순박이 부잔이면 숙위희준이며 백옥이 불훼면 숙위규장이며 도덕이 불폐면 안취인의며 성정이 불리면 안용예악이며 오색이 불란이면 숙위문채며 오성이 불란이면 숙응육률이리오 부잔박하야 이위기는 공장지죄야요 훼도덕하야 이위인의는 성인지과야니라

1 왕숙민은 족族은 군群과 같다고 하였다.

2 왕숙민은 동同 자도 통侗과 같다고 하였다. 그러나 여기에서는 조초기설에 따라 '서로 통하여 혼연일체가 되다'로 보아 '하나가 되다'로 새긴다.

3 『석문』의 『이이李頤주』(이하 이이로 약칭)에 따르면 별설蹩躠과 제기踶跂는 모두 심력心力을 기울여 인의仁義를 행하는 모습이다.

4 조초기에 따르면 단만澶漫은 방종이고, 적벽摘僻은 번쇄한 모습이다.

5 조초기에 따르면 천하는 천하 사람들의 도덕을 말한다. 분分은 윗글의 동同과 서로 대조가 되니 사람마다 지식이 있고 사람마다 욕망이 있게 되는 것을 뜻한다.

6 조초기에 따르면 희준犧樽은 신에게 제사 지낼 때 쓰는 나무 술잔으로, 그 위에 소머리 모양의 그림을 새긴 것이다.

7 『석문』에 따르면 규장珪璋은 모두 그릇 이름인데 위를 날카롭게 하고 아래를 네모지게 한 것을 '규'라 하고, '규'의 반쪽을 '장'이라 한다.

무릇 지덕至德의 세상에서는 금수와 함께 살며 만물과 함께 무리 지어 살았으니 어찌 군자와 소인을 알았겠는가? 무지한 것과 하나가 되어 그 덕이 상실되지 않으며 무욕한 것과 하나가 되니, 이를 일러 소박이라고 한다. 소박하여 백성들의 성품이 제대로 살려질 수 있었다. 성인이 나오기에 이르러 인을 행하느라 애를 쓰며, 힘들여 의로운 일을 하게 되어서는 천하 사람들이 의심하기 시작하였고, 제멋대로 음악을 즐기며 번쇄하게 예의를 차리게 되어서는 천하가 나누어지기 시작하였다. 그러므로 순박함이 손상되지 않으면 누가 제사의식에 쓰고자 희준과 같은 술잔을 만들 것이며, 백옥이 부서지지 않으면 누가 조정에서 군주에게 예의를 갖추는 데 쓰고자 규장을 만들 것이며, 도와 덕이 버려지지 않으면 어디에서 인과 의를 취하겠는가? 성정이 상실되지 않으면 예악을 어디에 쓸 것이며, 오색이 혼란되지 않으면 누가 문채를 만들며, 오성이 혼란되지 않으면 누가 육률에 응하리오! 대저 소박한 것을 손상하여 그릇을 만든 것은 도공과 목수의 죄요, 도와 덕을 훼손하여 인과 의를 만든 것은 성인의 과오이다.

8 왕숙민은 말하기를 "성정性情은 정성情性이 잘못된 것 같다"고 하였다.

9 오색은 청·황·적·백·흑을 가리키고, 오성은 궁宮·상商·각角·치徵·우羽의 다섯 가지 소리이며, 육률은 황종黃鐘·대주大蔟·고선姑洗·유빈蕤賓·이칙夷則·무역無射의 여섯 가지 음조를 뜻하는데, 이것은 양성陽聲에 속한다. 음성陰聲에 속하는 것으로 육려六呂가 있으니, 곧 협종夾鐘·중여仲呂·임종林鍾·남여南呂·응종應鍾·대여大呂 등 여섯 가지이다. 고저高低·청탁淸濁이 있는 이 십이율十二律이 어우러져 감미로운 선율이 이루어진다. 이에 대하여 곽상은 말하기를 "무릇 이들은 모두 소박한 것을 고치어 화려하게 만들고, 근본을 버리고 말엽을 숭상하는 것이니, 그의 천성天性에 대하여 잔폐(그 기능을 상실함)가 있게 된다. 세상 사람들이 그것을 귀히 여길지라도 그것은 정말 귀한 것은 아니다"라고 하였다. 여기서 말하고자 하는 바는 자연의 소리와 색이 어지러워진 뒤에 화려한 문채와 감미로운 선율이 생기게 되었다는 것이다.

10 왕숙민은 말하기를 "'도덕을 훼손하여 인의를 만든 것은 성인의 과오이다'라고 말한 것은 장자를 배우려는 제자들의 과격한 말로, 장자 자신의 말은 아니다"라고 하였다.

【대의】

작자는 지덕至德의 세상에서 백성은 무지무욕하여 성품대로 살 수 있었지만, 성인이 도와 덕을 훼손하여 인의를 만들자 천하가 의혹되고 분열되기 시작하였다고 본다.

2-1

夫馬, 陸居則食草飮水, 喜則交頸相靡,[1] 怒則分背相踶. 馬知已此矣. 夫加之以衡扼,[2] 齊之以月題,[3] 而馬知介倪闉扼鷙曼詭銜竊轡.[4] 故馬之知而態至盜者, 伯樂之罪也.[5]

부마 육거즉식초음수하며 희즉교경상미하고 노즉분배상제하나니 마지 이차의니라 부가지이형액하며 제지이월제에 이마 지개예하며 인액하야 지만이어든 궤함하며 절비하니 고로 마지지이태지도자는 백락지죄야니라

1 『석문』에서 말하기를 "미靡는 마摩인데 일설에는 '사랑하다'라고도 한다"고 하였다. 마摩는 '쓰다듬다'를 뜻한다.

2 조초기에 따르면 형衡은 수레의 끌채 앞쪽의 가로나무이다. 이를 뿔나무라고도 하는데, 소의 두 뿔에 가로 매어서 머리로 받는 것을 막는 나무이다. 액扼은 액軛과 통하니 멍에이다.

3 조초기에 따르면 월제月題는 말 이마 위에 하는 일종의 장식이다. 쇠붙이를 조각하여 만든 것인데 형상이 달과 같다. 당로當顱라고도 한다.

4 조초기에 따르면 예倪는 가차하여 예輗가 되니 개예介輗는 말이 두 끌채 사이에 버티고 서서 말을 듣지 않는 것이다. 인액闉扼은 말이 목을 구부리고 멍에에서 빠져나오려는 것이고, 지만鷙曼은 말이 성질을 부려 수레휘장을 박는 것이다. 궤함詭銜은 교묘하게 속이면서 재갈을 뱉어내려는 것이다. 절비竊轡는 남몰래 고삐를 물어 망가뜨리는 것이다. 이상의 동사와 목적어로 이루어진 다섯 구절은 모두 말이 말을 듣지 않고 다양한 속임수로 반항하는 모습을 형용한 것이다.

5 이에 대하여 성현영은 다음과 같이 해석하였다. "대저 말의 진지眞知는 들녘에서 뛰놀기에 적합하다. 사람이 말을 지나치게 치달리게 하면 속이려는 마음이 생기고, 탈취하려고 간사하게 하는 것은 백락의 죄이다."

대저 말은 뭍에 사니 풀을 먹고 물을 마시면서 기쁘면 목을 얽고 서로 쓰다듬고 화가 나면 등지고 갈라서서 서로 발길질한다. 말의 앎은 여기서 그친다. 대저 그의 두 뿔에 나무막대를 가로지르고 월제로 가지런히 하니, 말은 두 수레채마구리 사이에 버티고 서서 목을 구부려 멍에에서 빠져나오려고 하며, 수레 장막을 치받으며, 재갈을 내뱉으며, 몰래 고삐를 물어뜯을 줄 안다. 그러므로 말의 앎과 교묘하게 하는 짓이 도적처럼 된 것은 백락의 죄이다.

2-2

夫赫胥氏之時,[1] 民居不知所爲, 行不知所之, 含哺而熙,[2] 鼓腹而遊,[3] 民能以此矣.[4] 及至聖人, 屈折禮樂以匡天下之形, 縣跂仁義以慰天下之心,[5] 而民乃始踶跂好知,[6] 爭歸於利, 不可止也. 此亦聖人過也.

부혁서씨지시에 민이 거부지소위하며 행부지소지하고 함포이희하며 고복이유하더니 민능이 이차의러니라 급지성인이 굴절예악하야 이광천하지형하며 현기인의하야 이위천하지심하야는 이민이 내시제기호지하야 쟁귀어리하야 불가지야하니 차역성인과야니라

1 사마표에 따르면 혁서씨赫胥氏는 상고시대의 제왕이다.
2 함포含哺는 입에 먹을 것을 물고 있다는 것으로, 사람들의 생활이 안락하다는 것을 형용한다.
3 고복鼓腹은 실컷 먹고 배를 두드리는 것으로 태평성세를 형용한다.
4 왕숙민에 따르면 이以는 이已와 같으니 '그치다'를 뜻한다.
5 왕숙민에 따르면 현기縣跂는 애를 쓰며 인의仁義를 추구하는 것이다.
6 왕숙민에 따르면 내시乃始는 연후然後와 같다.

대저 혁서씨의 시절에는 백성들이 집 안에서 편안하게 살면서 할 바를 몰랐고 길거리에 나서도 갈 곳을 모르고, 먹을 것을 입에 물고 기뻐하며 배를 두드리며 노닐었으니 백성의 능력이 여기에서 그쳤다. 성인이 팔과 다리와 몸을 구부리고 고리를 조절하여 예악을 만들어 천하 사람들의 외모를 바로잡으며 인의를 내걸어 천하 사람들의 마음을 위로하기에 이르러서는 백성들이 그렇게 된 뒤에야 발뒤꿈치를 들고 지식을 좋아하며 다투어 이로운 것으로 돌아가기를 그칠 줄 모르니, 이것 또한 성인의 과오이다.

【대의】

여기서 작자는 유가의 성인을 비판하였다. 성인이 예악과 인의로써 사람들의 태도와 속마음을 다스리자 백성들이 욕망과 지식과 이익을 추구하게 되었다는 것이다.

• 제10편 • 거협(胠篋 第十)

【제10편 거협胠篋 해제】

이 편은 편머리의 두 글자로 편명을 삼았다. 『사기·노자한비열전』史記·老子韓非列傳에서 장자를 두고 말하기를 "「어부」漁父·「도척」盜跖·「거협」胠篋을 지어서 공자학파의 사람들을 비방하여 노자의 학설을 천명하였다"고 하였다.

「거협」편의 작자는 다음과 같이 말하였다. "저 조그마한 금이나 은덩이를 훔친 사람은 주살誅殺당하는 반면에 나라를 훔친 사람은 제후가 되나니 제후의 문안에 인의가 있게 된다. 이것은 인의仁義와 성인聖人의 지식을 훔친 셈이 아닐까? …… 저들 성인은 천하의 이기利器인지라 그로써 천하 사람들에게 공개하여 알게 해서는 안 된다. 그러므로 성인의 지식을 끊어버려야 대도大盜가 그친다."

이 편의 주제인 '절성기지'絶聖棄知는 『노자』 19장의 말이다. 그래서 사마천은 이 편이 노자의 학설을 밝힌 것이라고 주장한 듯하다. 왕숙민은 "이 편은 「변무」「마제」편과 같이 장자학파의 사람이 지은 것이다"라고 말하였다.

1-1

將爲胠篋探囊發匱之盜而爲守備,[1] 則必攝緘縢固扃鐍,[2] 此世俗之所謂知也. 然而巨盜至, 則負匱揭篋擔囊而趨, 唯恐緘縢扃鐍之不固也. 然則鄕[3]之所謂知者, 不乃爲大盜積者也?[4]

장위거협하며 탐낭하며 발궤지도하야 이위수비인댄 즉필섭함등하며 고경결하나니 차 세속지소위지야라 연이거도지 즉부궤게협담낭이추하야 유공함등경휼지불고야하나니 연즉향지소위지자 불내위대도하야 적자야아

1 거협胠篋은 작은 상자를 비틀어 여는 것이고, 탐낭探囊은 전대 속에 있는 것을 더듬어 꺼내는 것이며, 발궤發匱는 금고를 꺼내는 것이니, 모두 도적질이다.

2 섭攝은 꽁꽁 묶는 것이고 함緘과 등縢은 물건을 묶는 밧줄이며, 경扃은 빗장이고 결鐍은 상자에 달아 자물쇠로 사용하는 미늘 달린 고리이니 일종의 자물쇠이다.

3 『석문』에 따르면 향鄕은 향曏으로도 쓴다. 향曏은 '이전에'를 뜻한다.

4 해동奚侗에 따르면 불不은 무無의 가차자이고 야也는 호乎의 가차자이다.

상자를 비틀어 열며 전대 속에 있는 것들을 꺼내며 금고를 열려고 하는 도적 때문에 수비하려고 한다면 반드시 밧줄로 꽁꽁 묶으며, 문과 창문과 상자와 금고를 빗장과 자물쇠로 단단히 잠그나니, 이것이 세상 사람들의 이른바 지식이다. 그러나 큰 도둑이 이르면 금고를 짊어지고 상자를 들고 전대를 둘러메고 달아나면서 밧줄로 동여맨 것과 자물쇠로 잠근 것이 단단하지 아니할까를 염려한다. 그렇다면 이전에 이른바 지식은 대도大盜를 위하여 축적한 것이 아닐까?

1-2

故嘗試論之, 世俗之所謂知者, 有不爲大盜積者乎? 所謂聖者, 有不爲大盜守者乎? 何以知其然邪? 昔者齊國隣邑相望, 鷄狗之音相聞, 罔罟之所布, 耒耨之所刺, 方二千餘里. 闔四竟之內, 所以立宗廟社稷, 治邑屋州閭鄕曲者,[1] 曷嘗不法聖人哉! 然而田成子一旦殺齊君而盜其國,[2] 所盜者豈獨其國邪? 竝與其聖知之法而盜之. 故田成子有乎盜賊之名, 而身處堯舜之安, 小國不敢非, 大國不敢誅, 十二世有齊國.[3] 則是不乃竊齊國, 竝與其聖知之法以守其盜賊之身乎?

고로 상시론지하노라 세속지소위지자 유불위대도하야 적자호아 소위성자 유불위대도하야 수자호아 하이지기연야오 석자에 제국이 인읍이 상망하며 계구지음이 상문하야 망고지소포와 뇌누지소자에 방이천여리러니 합사경지내하야 소이립종묘사직하며 치읍옥주려향곡자는 갈상불법성인재리오마는 연이전성자 일단에 살제군하고 이도기국하니 소도자는 기독기국야리오 병여기성지지법이도지하니라 고로 전성자 유호도적지명하나 이신처요순지안이라 소국이 불감비하며 대국이 불감주하야 십이세를 유제국하니 즉시는 불내절제국과 병여기성지지법하야 이수기도적지신호아

1 『주례·소사도』周禮·小司徒에서 "사정위읍"四井爲邑이라고 말한 데 대하여 정현鄭玄 주에서 말하기를 "6척尺이 보步가 되고, 100보가 무畝가 되고, 100무가 부夫가 되고, 3부가 옥屋이 되고, 3옥이 정井이 되고, 4정이 읍邑이 된다"고 하였다. 이로써 보면 읍옥邑屋은 토지의 면적을 말한 것인데, 1옥은 300무이고 1읍은 3600무임을 알 수 있다. 또 『주례·대사도』周禮·大司徒에서 말하기를 "5가家가 비比가 되고, 5비가 려閭가 되고, 4려가 족族이 되고, 5족이 당黨이 되고, 5당이 주州가 된다"고 하였다. 이로써 보면 주려州閭는 호구戶口를 말한 것인데, 1려는 25가이고 1주는 2500가임을 알 수 있다. 『석문』에서는 향鄕이 1만 2500가라고 하였다. 그러나 조초기는 향과 곡曲을 하나의 용어로 보아 향곡鄕曲은 편벽한 향촌이라고 하였다.

그러므로 시험 삼아 논하노라. 세상 사람들이 이른바 지식이라는 것은 대도大盜를 위하여 쌓은 것이 아니겠는가? 이른바 성인이라는 것은 대도를 위하여 지켜주는 사람이 아니겠는가? 무엇을 가지고 그러하다는 것을 알겠는가? 옛적에 제나라가 이웃한 고을이 서로 바라보이며, 닭과 개의 울음소리가 서로 들리고, 새그물과 고기그물을 설치한 것과 따비와 호미를 꽂을 수 있는 곳이 사방 2천 리였다. 사방 국경 안을 모두 합하여 그로써 종묘사직을 세우며 읍옥邑屋과 주려州閭와 편벽한 시골을 다스리는 것이 어찌 성인을 본받지 않았겠는가? 그런데도 전성자田成子가 하루아침에 제나라 임금을 죽이고 그 나라를 도적질하니, 도적질한 것이 어찌 그 나라뿐이리오? 그들 성인의 지식에 의하여 만들어진 법을 아울러 훔쳤느니라. 그러므로 전성자는 도적이라는 이름은 있게 되었으나 몸은 요임금·순임금처럼 편안해졌다. 작은 나라는 감히 비난하지 못하며 큰 나라는 감히 벌주지 못하여 12대代 동안이나 제나라를 차지하였다. 이것은 제나라와 함께 그 성인의 지식에 의하여 만들어진 법을 아울러 가지고서 그 도적의 몸을 지켜준 것이 아닌가?

2 전성자는 춘추시대 제齊나라 대부大夫 진항陳恒이다. 제군齊君은 제나라 간공簡公이다. 전성자가 제간공을 죽이고 제나라 정권을 탈취했다는 사실이 『좌전』左傳 애공哀公 14년에 보인다.

3 왕숙민에 따르면 전성자부터 제왕齊王 건建이 멸망할 때까지 『죽서기년』左傳竹書紀年에 의거하면 도자悼子·후염候剡 2대를 포함하여 12대가 된다. 제나라는 기원전 221년 진秦에 의해 멸망하였다. 이로써 보면 이 글은 장자의 후학이 쓴 것임을 알 수 있다.

1-3

嘗試論之, 世俗之所謂至知者, 有不爲大盜積者乎? 所謂至聖者, 有不爲大盜守者乎? 何以知其然邪? 昔者龍逢斬, 比干剖, 萇弘胣, 子胥靡,[1] 故[2]四子之賢而身不免乎戮. 故跖之徒問於跖曰:「盜亦有道乎?」跖曰:「何適而无有道邪! 夫妄意[3]室中之藏, 聖也; 入先, 勇也; 出後, 義也; 知可否, 知也; 分均, 仁也. 五者不備而能成大盜者, 天下未之有也.」

상시론지하노라 세속지소위지지자는 유불위대도하야 적자호아 소위지성자는 유불위대도하야 수자호아 하이지기연야오 석자에 용봉이 참하며 비간이 부하며 장홍이 이하며 자서 미하니 고로 사자지현으로도 이신이 불면호륙하니라 고로 척지도 문어척하야 왈 도 역유도호아 척왈 하적이무유도야리오 부망의실중지장이 성야오 입선이 용야요 출후 의야요 지가부 지야요 분균이 인야라 오자 불비이능성대도자 천하에 미지유야라 하니

1 관룡봉은 하나라 걸임금 때의 현자賢者이고, 왕자 비간은 은나라 주임금의 숙부이며, 장홍은 주나라 경왕敬王 때의 대부이다. 자서는 성명이 오원伍員인데 오吳나라 부차夫差를 간하다가 자살했다고 한다.

2 왕숙민에 따르면 고故는 이而와 같다.

3 왕인지에 따르면 의意는 탁度이다. 탁은 '헤아리다'이다.

시험 삼아 논하노라. 세상 사람들의 이른바 지식이라는 것은 대도大盜를 위하여 축적한 것이 아닌가? 이른바 지극한 성인이라는 것은 대도를 지켜주는 것이 아닌가? 무엇을 가지고 그러하다는 것을 아는가? 옛적에 용봉이 참수당하며 비간이 심장이 끄집어내어지며 장홍이 창자가 끊어지며 자서가 썩어 문드러졌다. 네 명의 현자도 몸이 죽음을 면치 못하였다. 그러므로 도척의 제자가 도척에게 묻기를 "도적에게도 도가 있습니까?" 하니 도척이 말하였다. "어디를 간들 도가 없겠는가! 대저 방 안에 저장한 것을 헤아려 아는 것이 성聖이요, 먼저 들어가는 것이 용기요, 남보다 뒤에 나오는 것이 의리요, 괜찮을지 아닐지를 아는 것이 지혜요, 고르게 나누는 것이 인이다. 다섯 가지를 갖추지 않고서도 대도가 될 수 있는 사람은 천하에 있은 적이 없다."

由是觀之, 善人不得聖人之道不立, 跖不得聖人之道不行[4]; 天下之善人少而不善人多, 則聖人之利天下也少而害天下也多. 故曰, 脣竭[5]則齒寒, 魯酒薄而邯鄲圍,[6] 聖人生而大盜起. 掊擊聖人, 縱舍盜賊, 而天下始治矣. 夫川竭而谷虛, 丘夷而淵實. 聖人已死, 則大盜不起, 天下平而无故矣.[7]

유시로 관지컨댄 선인 부득성인지도하면 불립하리며 척은 부득성인지도하면 불행하리라 천하지선인이 소하고 이불선인이 다하니 즉성인지리천하야 소하고 이해천하야 다하도다 고로 왈 순갈즉치한하고 노주 박이한단이 위하고 성인생이대도기하니 부격성인하며 종사도적하야아 이천하 시치의리라 부천갈이곡허하고 구이이연실하나니 성인이 이사하면 즉대도 불기하며 천하평이무고의니라

4 조초기에 따르면 입立과 행行에는 모두 성공의 뜻이 있다.

5 조초기에 따르면 갈竭은 '없어지다'를 뜻한다.

6 한단은 조나라 수도이다. 초선공楚宣公이 각국의 제후들을 조회할 때 노魯나라 공공恭公이 지각했을 뿐만 아니라 바친 술도 맛이 진하지 않았기에 노나라를 토벌하였다. 양혜왕梁惠王은 일찍부터 조趙나라를 치고 싶었지만 초나라가 조나라를 지원할까 두려워 결행하지 못하다가, 초나라가 노나라를 치는 기회를 틈타서 조나라 수도 한단을 포위한 일이 있다.

7 성인聖人과 대도大盜는 상대적이므로 성인이 없으면 대도도 생기지 않는다는 말이다.

이로 말미암아 보건대 선량한 사람은 성인의 도를 얻지 않으면 입신立身하지 못할 것이며, 도척도 성인의 도를 얻지 않으면 성공하지 못할 것이다. 천하에 선량한 사람은 적고 불선不善한 사람은 많다. 그렇다면 성인이 천하 사람들을 이롭게 하는 것은 적고 천하 사람들을 손해 보게 하는 일은 많으니라. 그러므로 이르기를 입술이 없어지면 이가 시리며, 노나라 임금이 초나라 왕에게 바친 술맛이 진하지 않아 조나라 수도 한단이 포위되고, 성인이 생겨나면서 대도가 일어나게 되었다고 한다. 성인을 타도하고 도적을 내버려두어야 천하가 비로소 안정될 것이다. 대저 시냇물이 마르면 골짜기가 비고 언덕이 평평해지면 연못이 채워진다. 성인이 죽으면 대도가 일어나지 않으며 천하가 태평하여 일거리가 없어질 것이다.

1-4

聖人不死, 大盜不止. 雖重聖人而治天下, 則是重利盜跖也. 爲之斗斛[1]以量之, 則竝與斗斛而竊之; 爲之權衡以稱之, 則竝與權衡而竊之; 爲之符璽以信之, 則竝與符璽而竊之; 爲之仁義以矯之, 則竝與仁義而竊之. 何以知其然邪? 彼竊鉤[2]者誅, 竊國者爲諸侯, 諸侯之門而仁義存焉, 則是非竊仁義聖知邪? 故逐於大盜, 揭諸侯,[3] 竊仁義竝斗斛權衡符璽之利者, 雖有軒冕之賞弗能勸, 斧鉞之威弗能禁. 此衆利盜跖而使不可禁者, 是乃聖人過也.

성인이 불사하면 대도 부지하리니 수중성인하야 이치천하하야도 즉시중리도척야니라 위지두곡이량지인댄 즉병여두곡이절지하고 위지권형이칭지인댄 즉병여권형이절지하고 위지부새이신지인댄 즉병여부새이절지하고 위지인의이교지인댄 즉병여인의이절지하나니 하이지기연야오 피절구자는 주호되 절국자는 위제후하나니 제후지문에 이인의 존언하니 즉시는 비절인의성지야아 고로 축어대도호되 게제후 절인의와 병두곡권형부새지리자란 수유헌면지상하야도 불능권하며 부월지위라도 불능금하나니 차는 중리도척하야 이사불가금자니 시내성인과야라

[1] 본래 10두斗가 1곡斛이었는데 나중에 5두로 바뀌었다고 한다.

[2] 조초기에 따르면 구鉤는 쇠를 주조하여 갈고리 모양으로 쓰던 조그만 금이나 은 조각이다. 별로 값이 나가지 않는 혁대 고리로 보는 설도 있다.

[3] 왕숙민에 따르면 게제후揭諸侯는 겁제후劫諸侯와 같다. '겁'은 협박하는 것이다.

성인이 죽지 않으면 대도大盜는 그치지 않을 것이다. 비록 성인을 존중하여 천하를 다스렸다 하더라도 도척을 매우 이롭게 해주었더라. 말과 열 말들이 말을 만들어서 되질하면 말과 열 말들이 말을 아울러 같이 훔쳐가고, 저울추와 저울대를 만들어서 물건을 달면 저울추와 저울대를 아울러 같이 훔쳐가고, 신표와 옥새를 만들어서 증빙하고자 하면 신표와 옥새를 아울러 같이 훔쳐가고, 인의를 만들어서 바로잡으려 하면 인의를 아울러 같이 훔쳐간다. 무엇을 가지고 그것이 그러하다는 것을 아는가? 저 조그마한 금이나 은 조각을 훔친 사람은 주살당하는 반면 나라를 훔친 사람은 제후가 되어 제후의 문안에 인의가 있게 되니 이것은 인의와 성인의 지식을 훔친 셈이 아니겠는가? 그러므로 대도大盜의 이로움을 추구하되 제후를 협박하고, 인의를 말과 열 말들이 말과 저울추와 저울대와 신표와 옥새의 이로움과 아울러서 훔친 사람에 대해서는 비록 상으로 줄 수 있는 벼슬자리를 가지고 있을지라도 그의 마음을 바꾸게끔 권면할 수 없으며, 형벌에 쓸 수 있는 작은 도끼와 큰 도끼를 가지고 있을지라도 그의 행패를 금지할 수 없다. 이것이 도척과 같은 사람을 크게 이롭게 하되 그를 금지할 수 없다는 것이니, 이것이야말로 성인의 잘못이다.

1-5

故曰:「 魚不可脫於淵, 國之利器不可以示人.」彼聖人者, 天下之利器也, 非所以明[1]天下也. 故絶聖棄知, 大盜乃止; 擿[2]玉毁珠, 小盜不起; 焚符破璽, 而民朴鄙; 掊斗折衡, 而民不爭; 殫殘天下之聖法, 而民始可與論議. 擢亂[3]六律, 鑠絶竽瑟, 塞瞽曠[4]之耳, 而天下始人含其聰矣; 滅文章, 散五采, 膠離朱之目, 而天下始人含其明矣; 毁絶鉤繩而棄規矩, 攦工倕之指,[5] 而天下始人含其巧矣.

고왈 어는 불가탈어연이오 국지이기는 불가이시인이니라 피성인자는 천하지이기야라 비소이명천하야니라 고로 절성기지하야아 대도 내지하며 척옥훼주하야아 소도 불기하며 분부파새하야아 이민이 박비하며 부두절형하야아 이민이 부쟁하며 탄잔천하지성법하야아 이민이 시가여론의하리라 탁란육률하며 삭절우슬하고 색고광지이하야아 이천하에 시인함기총의리며 멸문장하며 산오채하고 교이주지목하야아 이천하에 시인함기명의리며 훼절구승하며 이기규구하고 려공수지지하야아 이천하에 시인함기교의리라

1 왕숙민에 따르면 명明 자 아래에 시示 자가 빠진 것 같다.
2 『석문』에 따르면 척擿은 척擲 자와 뜻이 같다.
3 조초기에 따르면 탁란은 '어지럽히다'이다. 그러나 왕숙민에 따르면 뿌리뽑는 것을 탁擢이라 하니, 탁란은 뿌리째 뽑아 흩뜨리는 것이다.
4 왕숙민에 따르면 고광瞽曠은 사광師曠이 잘못된 것이다.
5 조초기에 따르면 려攦는 '절단하다'이다. 공수는 요임금 때의 유명한 기술자라고 한다.

그러므로 이르기를 "물고기는 연못을 벗어나서는 안 되고, 나라의 이기利器는 사람들에게 드러내 보여서는 안 된다"고 한다. 저들 성인은 천하의 이기인지라 그로써 천하 사람들에게 공개하여 보여주어서는 안 되는 것이다. 그러므로 성인의 지식을 끊어버려야 대도大盜가 그치며, 옥을 던져버리고 구슬을 부숴버려야 작은 도적이 일어나지 않으며, 신표를 태우고 옥새를 부숴야 백성들이 소박하고 촌스러워지며, 말〔斗〕을 부숴버리고 저울대를 절단해야 백성들이 다투지 않으며, 천하의 성인의 법을 철저히 파괴해야 백성들이 비로소 현묘한 도를 더불어 논의할 만하게 될 것이다. 육률六律의 음조를 뿌리째 뽑아 흩뜨리며 큰 생황과 거문고 같은 관현악기를 녹여 없애고 사광의 귀를 막아야 천하에서 비로소 사람들이 그들의 귀밝음을 보존할 수 있을 것이며, 푸른색과 붉은색이 어우러지고 붉은색과 흰색이 어우러진 문장文章을 없애며, 울긋불긋 화려한 색깔을 분산시키고 이주의 눈을 붙여버려야 천하에서 비로소 사람들이 그의 눈밝음을 보존할 것이다. 곡선과 직선을 재는 삼각자와 먹줄을 부수고 끊으며, 컴퍼스와 곱자를 버리고 공수의 손가락을 절단해야 천하에서 비로소 사람들이 그들의 자연으로부터 부여받은 솜씨를 보존하리라.

故曰「大巧若拙.」削曾史之行, 鉗楊墨之口, 攘[6]棄仁義, 天下之德始玄同矣. 彼人含其明, 則天下不鑠矣[7]; 人含其聰, 則天下不累矣[8]; 人含其知, 則天下不惑矣; 人含其德, 則天下不僻矣. 彼曾史楊墨師曠工倕離朱, 皆外立其德而以爚亂[9]天下者也, 法[10]之所无用也.

고로 왈 대교 약졸이라 하니라 삭증사지행하며 겸양묵지구하고 양기인의하야아 천하지덕이 시현동의리라 피인함기명 즉천하 불삭의오 인함기총 즉천하 불루의오 인함기지 즉천하 불혹의오 인함기덕 즉천하 불벽의리니 피증사와 양묵과 사광과 공수와 이주와는 개외립기덕이이약란천하자야라 법지소무용야니라

6 왕숙민에 따르면 양攘은 배排와 같다. 배는 '배척하다'이다.

7 최선에 따르면 불삭不鑠은 불소괴不消壞이다. 불소괴는 '못쓰게 되지 않는다'를 말한다.

8 성현영에 따르면 불루不累는 우환이 없는 것이다.

9 조초기에 따르면 약란爚亂은 혼란스러운 것이다.

10 왕숙민에 따르면 여기서 말한 법法은 정도를 일컫는다.

그러므로 이르기를 가장 솜씨 좋은 것은 졸렬한 듯하다고 한다. 증삼과 사추의 행실을 뿌리째 뽑으며, 양주와 묵적의 입을 막고 인과 의를 배척해야 천하의 덕이 비로소 혼연히 같아지리라. 저 사람들이 그들의 눈밝음을 드러내지 않으면 천하 사람들이 못쓰게 되지 않을 것이다. 사람들이 그들의 귀밝음을 드러내지 않으면 천하 사람들의 우환이 없어질 것이다. 사람들이 그들의 지식을 드러내지 않으면 천하 사람들이 의혹하지 않을 것이다. 사람들이 그들의 덕을 드러내지 않으면 천하 사람들이 바르게 될 것이다. 저 증삼과 사추와 양주와 묵적과 사광과 공수와 이주는 밖으로 그들의 재능과 품덕을 내세워 천하 사람들을 혼란시킨지라 정도로 쓸 수 있는 것이 아니다.

【대의】

여기에서 작자는 지知와 성聖을 비판하였다. 이른바 지식이란 대도를 위해 축적한 것이고, 성인도 대도를 위해 지켜주는 사람이다. 그러므로 큰 도적질은 성인의 지식을 끊어버릴 때 비로소 멈추게 된다.

2-1

子獨不知至德之世乎? 昔者容成氏大庭氏伯黃氏中央氏栗陸氏驪畜氏軒轅氏赫胥氏尊盧氏祝融氏伏羲氏神農氏,[1] 當是時也, 民結繩[2]而用之, 甘其食, 美其服, 樂其俗, 安其居, 隣國相望, 鷄狗之音相聞, 民至老死而不相往來. 若此之時, 則至治已. 今遂至使民延頸擧踵曰, 「某所有賢者」, 羸[3]糧而趣之, 則內棄其親而外去其主之事, 足跡接乎諸侯之境, 車軌結[4]乎千里之外. 則是上好知之過也.

자는 독부지지덕지세호아 석자에 용성씨와 대정씨와 백황씨와 중앙씨와 율륙씨와 려축씨와 헌원씨와 혁서씨와 존로씨와 축융씨와 복희씨와 신농씨왜니라 당시시야하야 민이 결승이용지하야도 감기식하며 미기복하며 낙기속하며 안기거라 인국이 상망하며 계구지음이 상문호되 민이 지로사하도록 이불상왕래하더니 약차지시는 즉지치이러니라 금에 수지사민으로 연경거종하야 왈 모소에 유현자라 하야 영량이취지하니 즉내기기친하며 이외거기주지사하고 족적이 접호제후지경하며 차궤 결호천리지외하나니 즉시는 상의 호지지과야니라

[1] 성현영에 따르면 이들은 모두 상고시대의 제왕이다.

[2] 결승結繩은 문자가 없던 시대에 새끼에 매듭을 지어 일을 기록한 것이다.

[3] 영羸은 '짊어지다'이다.

[4] 결結은 '교차하다'이다.

그대는 어찌 지덕至德의 세상을 모르는가? 옛적에 용성씨와 대정씨와 백황씨와 중앙씨와 율륙씨와 려축씨와 헌원씨와 혁서씨와 존로씨와 축융씨와 복희씨와 신농씨이다. 이때를 당하여 백성들이 새끼에 매듭을 지어 기록하여 써도 그들의 음식을 달게 여기며 그들의 의복을 아름다워하며 그들의 풍속을 즐기며 그들의 거처를 편히 여겼다. 이웃나라가 서로 바라보이며 닭과 개의 울음소리가 서로 들리되 백성들이 늙어 죽기에 이르도록 서로 왕래하지 않았다. 이와 같은 때는 사회가 지극히 안정되었다. 이제 마침내 백성들로 하여금 목을 늘이고 발뒤꿈치를 들고서 "어떤 지방에 현자가 있다더라" 하면서 양식을 짊어지고 달려가게 하기에 이르렀다. 그리하여 안으로 그의 어버이를 버리며 밖으로 그 군주를 위하는 일을 버리고 발자취가 제후의 국경에 이어지며 수레의 궤도가 천리 밖에서도 교차하나니, 이것이 윗사람들이 지식을 좋아한 잘못이다.

2-2

上誠好知而無道, 則天下大亂矣. 何以知其然邪? 夫弓弩畢弋機變[1]之知多, 則鳥亂於上矣; 鉤餌罔罟罾笱之知多,[2] 則魚亂於水矣; 削格羅落罝罘之知多,[3] 則獸亂於澤矣; 知詐漸毒頡滑堅白解垢同異變多,[4] 則俗惑於辯矣. 故天下每每[5]大亂, 罪在於好知.

상이 성호지이무도하면 즉천하 대란의리라 하이지기연야오 부궁노필익기변지지 다 즉조 란어상의오 구이망고증구지지 다 즉어 란어수의오 삭격라락저부지지 다 즉수 란어택의오 지사점독과 힐골견백과 해구동이변이 다 즉속이 혹어변의라 고로 천하 매매대란호미 죄재어호지하니라

1 해동에 따르면 변變은 란羉 자가 잘못된 것이다. '란'은 산돼지 그물이다.

2 『석문』에 따르면 구鉤는 어구魚鉤이니 고기를 낚는 데 쓰는 갈고리 같은 물건이다. 조초기에 따르면 증罾은 대나무 막대로 받침대를 만든 네모 모양의 그물이다.

3 조초기에 따르면 삭격削格은 단단한 대나무 또는 들짐승을 잡는 데 쓰는 나무로 만든 기구이다. 나락羅落은 나망羅網이니 새나 짐승을 잡는 데 쓰는 그물이다.

4 조초기에 따르면 지사知詐는 궤모詭謀가 다양한 것이다. 왕인지王引之에 따르면 점漸은 속이는 것이며, 왕숙민은 독毒을 증오라고 해석하였다. 힐골頡滑에 대해서 이이李頤는 '익살맞다'의 뜻으로 보았는데 바르지 않은 말을 뜻한다는 설도 있다. 「천하」에서는 해구解垢를 끽구喫詬라고 썼는데, 마기창馬其昶에 따르면 끽구는 말로 다투기에 힘쓰는 것이다. 그러나 사마표와 최선은 격각隔角, 곧 '나뉘어 다투다'로 해석하였고 어떤 이는 기이하게 복잡한 말이라고 하였다.

5 이이는 매매每每를 혼혼惛惛이라고 하였다. 혼혼은 어두운 모양 또는 정신이 가물가물한 모양이다.

윗사람들이 만약 지식을 좋아하되 자연의 이치를 어기면 천하는 크게 혼란하리라. 무엇을 가지고 그렇다는 것을 알겠는가? 대저 활과 쇠뇌와 토끼 그물과 주살과 쇠뇌의 발사장치와 산돼지 그물에 관한 지식이 많아지면 새가 위에서 어지러워질 것이다. 갈고리 낚시와 미끼와 고기잡이 그물과 어망과 반두와 통발에 관한 지식이 많아지면 물고기가 물속에서 어지러워질 것이다. 짐승을 후려치는 막대와 새와 짐승을 잡는 그물과 짐승그물과 토끼그물에 관한 지식이 많아지면 짐승들이 소택지沼澤地에서 어지러워질 것이다. 다양한 궤모와 속이고 증오하는 것과 바르지 않게 말하는 것과 같고 다름을 기이하고 복잡하게 논하는 말이 많아지면 세상이 논변에 의하여 의혹되리라. 그러므로 천하가 얼빠진 듯이 크게 혼란한 것은 그 죄가 지식을 좋아하는 데 있느니라.

故天下皆知求其所不知而莫知求其所已知者,[6] 皆知非其所不善而莫知非其所已善者,[7] 是以大亂. 故上悖[8]日月之明, 下爍山川之精, 中墮四時之施; 惴耎[9]之蟲, 肖翹[10]之物, 莫不失其性. 甚矣夫好知之亂天下也! 自三代以下者是已, 舍夫種種之民而悅夫役役之佞,[11] 釋夫恬淡无爲而悅夫啍啍[12]之意, 啍啍已亂天下矣.

고로 천하 개지구기소부지하고 이막지구기소이지자하며 개지비기소불선하고 이막지비기소이선자라 시이로 대란이니라 고로 상패일월지명하며 하삭산천지정하며 중타사시지시하야 췌연지충과 초교지물왜 막불실기성하나니 심의부라 호지지란천하야에 자삼대이하자 시이라 사부종종지민하고 이열부역역지녕하며 석부염담무위하고 이열부순순지의하나니 순순이면 란천하의니라

6 성현영은 "소이지자所以知者는 분내分內이고, 소부지자所不知者는 분외分外이다. 안을 버리고 밖으로 찾아가니 미혹이 아니고 무엇이랴!"라고 말했다. 이로써 보면 '소부지'는 사람이 아직 모르는 외래지식이고, '소이지'所已知는 사람이 벌써 갖추고 있는 본성이라고 할 수 있다. 이以는 옛적에 이已와 통용하였다.

7 이에 대해서 성현영은 다음과 같이 말했다. "불선不善한 것은 걸과 도척이고, 이미 좋았던 것은 성인의 행적이다. 도척은 좋지 않은 일을 하면서 동릉東陵 지방을 근거지로 삼아 활약하였고, 전항田恒은 성인의 행적을 행하면서 제나라를 훔쳤다. 그러므로 …… 백이와 도척은 행실이 서로 다르지만 각기 그들의 본성을 손상한 것은 같다." 이 글의 작자가 여기서 말하고자 하는 바는 세상 사람들이 남의 잘못을 비판하면서 자기는 선하다고 생각하고, 폭군과 대도가 악하다는 것만은 잘 알면서도 성인이 위선자일 수 있다는 점은 모른다는 것이다.

8 성현영에 따르면 패悖는 '어지럽다'이다. 사마표는 '패'를 박식薄食으로 보았다. 박식은 일식·월식을 가리킨다.

9 『석문』에서 인용한 설에 따르면 췌연惴耎은 발 없는 벌레이다.

10 『석문』에서 인용한 이이의 설에 따르면 초교肖翹는 빙빙 돌며 날아다니는 벌레이다.

11 『석문』에서 인용한 설에 따르면 종종種種은 순후淳厚를 뜻한다. 이이에 따르면 역역役役은 교활한 모습이다. 그러나 여기에서는 조초기 설에 따라 '쉬지 않고 수고롭게 일하다'로 해석하였다.

12 곽상은 순순啍啍을 '자기 관점에서 남을 가르치다'로 해석하였다. 해동에 따르면 말이 많은 모습이다.

그러므로 천하 사람들이 모두 그에게 알려질 수 없는 분외分外의 지식을 추구하고, 그가 이미 갖추고 있는 분내分內의 자기 본성을 찾을 줄 모르며, 모두 그가 좋지 않다고 여긴 것에 대해서는 비난할 줄 알고 그가 좋았다고 여긴 것에 대해서는 비난할 줄을 모른다. 이 때문에 세상이 크게 혼란스러워졌다. 그러므로 위에서는 일식·월식 현상이 나타나 해와 달의 빛이 어지러워지고 아래에서는 산천의 정령이 녹아 없어지며, 가운데에서는 사시의 운행이 파괴되어 발 없는 벌레와 빙빙 돌며 날아다니는 벌레들이 그들의 본래 성품을 잃지 않는 것이 없다. 지나치도다! 지식을 좋아하는 것이 천하를 어지럽힘이여! 삼대 이래 죽 내려온 것이 이러한지라 저들 순후淳厚한 백성들을 버리고, 저들 쉬지 않고 수고롭게 일하는 재주 있는 사람들을 좋아하며, 저 염담무위恬淡无爲를 폐기하고 저들 남을 자기 관점에서 가르치는 뜻을 기뻐하나니, 자기 관점에서 남을 가르치면 천하가 어지러워질 것이다.

【대의】

여기서 작자는 천하가 크게 혼란한 까닭은 지식을 좋아하기 때문이라고 말한다. 이에 따르면 지식을 좋아하면 분외의 지식만을 추구하고 좋지 않다고 하는 것만을 비난하게 된다.

• 제11편 • 재유(在宥 第十一)

【제11편 재유在宥 해제】

왕부지王夫之는 "이 편은 말에 조리가 있고 뜻은 내편과 가까우나 간혹 노자의 말이 섞여 있다"고 말했다. 왕숙민은 "이 편에서는 무위의 다스림이 천하 사람들로 하여금 그들 성명의 실정을 편안하게 한다는 것을 논하였다. 또 이 편에는 신선, 그리고 법가의 학설이 섞여들어갔다"고 하였다. 조초기는 "재在는 존存이니 그의 자연에 맡기는 것이다. 유宥는 관용이다. 천하 사람들의 자연스러운 성향에 맡기고 관용하자는 이 주장은 인성자연론을 기초로 삼는 일종의 무위정치론이다"라고 말했다.

이 글의 작자는 천하를 지식, 상벌, 그리고 인의와 같은 도덕으로써 다스리면 사물들의 진성眞性을 거역하게 되어 인류사회는 물론 자연계마저도 혼란스러워진다고 주장하였다. 따라서 뭇 생명을 제대로 가꾸려면 본래 세계로 돌아가 자연의 원기와 혼연일체가 되어야 한다. 그렇게 되면 자연을 떠나지 않고 무위로써 다스릴 수 있다고 하였다.

1-1

聞在宥天下,[1] 不聞治天下也. 在之也者, 恐天下之淫其性也; 宥之也者, 恐天下之遷其德也.[2] 天下不淫其性, 不遷其德, 有[3]治天下哉? 昔堯之治天下也, 使天下欣欣焉人樂其性, 是不恬也; 桀之治天下也, 使天下瘁瘁焉人苦其性, 是不愉也.[4] 夫不恬不愉, 非德也. 非德也而可長久者, 天下无之.

문재유천하요 불문치천하야케라 재지야자는 공천하지음기성야요 유지야자는 공천하지천기덕야니라 천하 불음기성하며 불천기덕이면 유치천하재아 석요지치천하야에 사천하로흔흔언인락기성케 하시니 시는 불념야요 걸지치천하야에는 사천하로 췌췌언인고기성케 하니 시는 불유야니라 부불념과 불유는 비덕야니 비덕야요 이가장구자 천하에 무지하니라

1 조초기는 "천하 사람들의 자연 발전에 맡기고 인위적으로 제한하거나 촉진하지 않는 것이니, 무위의 태도로 천하 사람들을 대한다는 것이다"라고 말했다. 자연 발전이란 저절로 발전하는 것이다.

2 조초기에 따르면 음淫은 '지나치다' 또는 '잃다'를, 천遷은 '변하다'를 뜻한다.

3 조초기에 따르면 유有는 하유何有 또는 기유豈有를 생략한 것이니, 하수何須, 곧 '어찌 …… 할 필요가 있는가?'를 뜻한다.

4 성현영은 "념恬은 '고요하다'이고 유愉는 '즐겁다'이고 췌瘁는 '근심하다'이다"라고 말했다. 그러나 조초기는 "유는 '시원하다' '흐뭇하다'이다. 유와 락樂에는 정도의 차이가 있다. '락'은 외계 조건이 조성한 것이니 인위적이고 사람의 본성이 본래 지닌 것이 아니다"라고 말했다. 또한 념은 '고요하다'이고 념담무위恬淡無爲가 인간의 본성이라고 하였다.

천하 사람들을 너그러이 자유롭게 맡겨둔다는 말은 들었어도 천하 사람들을 다스린다는 말은 듣지 못했다. 자유롭게 맡겨둔다는 것은 천하 사람들이 그들의 본래 성품을 상실할까 두려워해서요, 너그럽게 한다는 것은 천하 사람들이 그들의 덕을 변질시킬까 두려워해서이다. 천하 사람들이 그들의 본래 성품을 상실하지 않으며 그들의 덕을 변질시키지 않으면 어찌 천하 사람들을 다스릴 필요가 있는가? 옛날 요임금이 천하를 다스릴 적에 천하 사람들을 기쁘게 하며 사람들의 성향을 쾌락하게 하였으니, 이것은 그들의 마음을 고요하게 한 것이 아니다. 걸이 천하를 다스릴 적에는 천하 사람들을 근심 걱정하게 하여 그들의 성품을 괴롭혔으니, 이것은 그들의 마음을 흐뭇하게 한 것이 아니다. 대저 고요하지 않고 흐뭇하지 않은 것은 덕이 아니다. 덕이 아닌데도 오래갈 수 있는 것은 천하에 없느니라.

1-2

人大喜邪? 毗於陽; 大怒邪? 毗於陰.[1] 陰陽竝毗, 四時不至,[2] 寒暑之和不成, 其反傷人之形乎! 使人喜怒失位, 居處無常, 思慮不自得, 中道不成章,[3] 於是乎天下始喬詰卓鷙,[4] 而後有盜跖曾史之行. 故擧天下以賞其善者不足, 擧天下以罰其惡者不給,[5] 故天下之大, 不足以賞罰. 自三代以下者, 匈匈焉終以賞罰爲事,[6] 彼何暇安其性命之情哉!

인 대희야에는 비어양하고 대노야에는 비어음하나니 음양이 병비하면 사시 부지하며 한서지화 불성하야 기반상인지형호인저 사인으로 희노 실위하며 거처 무상하며 사려 부자득하며 중도 불성장하야 어시호에 천하 시교힐탁치한 이후에야 유도척증사지행하나니 고로 거천하하야 이상기선자하야도 부족하며 거천하하야 이벌기악자하야도 불급하니 고로 천하지대로도 부족이상벌이어늘 자삼대이하자 흉흉언종이상벌로 위사하나니 피는 하가에 안기성명지정재리오

1 비음비양毗陰毗陽에 대해서 유월은 "'음양의 조화를 상하게 하다'를 뜻한다"고 말했다.

2 왕숙민에 따르면 부지不至는 일정한 규칙을 잃고 순서가 혼란스러운 것을 일컫는다.

3 왕숙민에 따르면 불성장不成章은 불성장정不成章程이니 법도를 잃음을 말한 것과 같다.

4 최선은 "교힐喬詰은 뜻이 고르지 않은 것이요, 탁치卓鷙는 행실이 고르지 않은 것이다"라고 말했다.

5 왕숙민에 따르면 족足과 급給은 서로 글의 뜻을 보완하고 있으니, 급給도 족足의 뜻이다.

6 성현영은 "흉흉匈匈은 환화讙譁이다. '다투어 좇다'를 일컫는다"고 말했다. 왕숙민에 따르면 종終은 '모두'와 같다.

사람이 크게 기뻐하면 양기를 다치고 크게 성내면 음기를 상하게 된다. 음양의 조화가 손상되면 사시가 제대로 이르지 않고 한서의 조화가 이루어지지 않을 것이니, 어찌 도리어 사람의 몸을 상하게 하지 않겠는가? 사람들로 하여금 기쁨과 성냄이 제자리를 잃으며 거처가 일정함이 없으며 사려가 스스로 만족스럽지 않으며 하는 일이 중도에 법도를 잃게 하였다. 이리하여 천하 사람들이 뜻과 행실이 고르지 않게 된 뒤에야 도척과 증삼과 사추의 행실이 있게 되었다. 그래서 천하에 있는 것들을 모두 동원하여 좋은 일을 한 사람에게 상을 주어도 부족하고, 천하의 형법을 다 동원하여 나쁜 짓을 한 사람에게 벌을 주어도 넉넉하지 못하게 된다. 그러므로 천하처럼 큰 것을 가지고서도 상을 주고 벌을 내리기에 부족하거늘 삼대 이후의 사람들은 왁자지껄하면서 모두 상과 벌을 가지고 일을 하나니, 백성들이 어느 겨를에 그들의 성명性命의 실정을 편하게 하리오?

1-3

而且說明邪? 是淫[1]於色也; 說聰邪? 是淫於聲也; 說仁邪? 是亂於德也; 說義邪? 是悖於理也[2]; 說禮邪? 是相[3]於技也; 說樂邪? 是相於淫也; 說聖邪? 是相於藝也[4]; 說知邪? 是相於疵[5]也. 天下將[6]安其性命之情, 之八者, 存可也, 亡可也; 天下將不安其性命之情, 之八者, 乃始臠卷獊囊而亂天下也.[7] 而天下乃始尊之惜之, 甚矣天下之惑也! 豈直過也而去之邪?[8] 乃齋戒以言之, 跪坐以進之, 鼓歌以儛之, 吾若是何哉!

이차열명야인댄 시 음어색야요 열총야인댄 시 음어성야요 열인야인댄 시 난어덕야요 열의야인댄 시 패어리야요 열예야인댄 시 상어기야요 열락야인댄 시 상어음야요 열성야인댄 시 상어예야요 열지야인댄 시 상어자야니 천하 장안기성명지정인댄 지팔자 존이라도 가야며 무라도 가야오 천하 장불안기성명지정인댄 지팔자 내시련권창낭이란천하야어늘 이천하 내시존지석지하나니 심의라 천하지혹야여 기직과야이거지야리오 내재계이언지하며 궤좌이진지하며 고가이무지하나니 오약시는 하재오

1 왕숙민에 따르면 음淫은 란亂이다.

2 조초기는 이상의 네 구절에 대해 다음과 같이 말했다. "사람들이 본성을 어지럽히고 천리를 위반하게 된다는 것을 설명한다. 왜냐하면 작자가 보기에 자연의 덕성은 이른바 사랑이라든가 증오라고 할 것이 없으며, 자연의 이치는 옳다거나 그르다고 할 것이 없기 때문이다."

3 『석문』에 따르면 상相은 '돕다'이다.

4 조초기에 따르면 성聖은 재능이 많은 것이고, 예藝는 기능이다.

5 왕숙민에 따르면 자疵는 '헐뜯다'를 뜻한다.

6 왕숙민에 따르면 장將은 여如와 같다.

뿐만 아니라 눈 밝은 것을 좋아하는가? 그렇다면 색채에 의해서 어지러워질 것이다. 귀 밝은 것을 좋아하는가? 그렇다면 소리에 의해서 어지러워질 것이다. 인仁을 좋아하는가? 그렇다면 덕을 어지럽힐 것이다. 의를 좋아하는가? 그렇다면 자연의 이치를 거스르게 될 것이다. 예를 좋아하는가? 그렇다면 예의 기교를 조장하게 될 것이다. 음악을 좋아하는가? 그렇다면 음란한 소리를 조장할 것이다. 재능이 많은 것을 좋아하는가? 그렇다면 기능을 조장할 것이다. 지혜를 좋아하는가? 그렇다면 헐뜯기를 조장할 것이다. 천하 사람들이 만약 그들 성명의 실정을 편안하게 한다면 이 여덟 가지는 있어도 되고 없어도 될 것이다. 그러나 천하 사람들이 만약 그들 성명의 실정을 안정시키지 못한다면 이 여덟 가지는 비로소 역기능을 발휘하여 심성이 펴지지 않고 왁자지껄해져서 천하를 어지럽게 할 것이다. 그런 뒤에야 천하 사람들이 그것들을 높이고 아끼나니, 지나치도다 천하 사람들이 의혹됨이여! 어찌 단지 때가 지나가면 떠나가게 내버려두기만 하리오? 재계하여 말하며 무릎 꿇고 올리며 북 치고 노래하며 춤추면서 고무하나니, 내가 이와 같은 것을 어찌하리오?

7 사마표에 따르면 련권臠卷은 불신서不申舒의 모양이다. '불신서'는 심신이 펴지지 않은 상태이다. 창낭獊囊은 '왁자지껄하다'이다.

8 선영宣穎은 이에 대해서 "어찌 단지 때가 지나가면 떠나가게 내버려두기만 하리오?"라고 말했다. 말하자면 위의 여덟 가지를 귀중한 보배처럼 여긴다는 것이다.

1-4

故君子不得已而臨莅天下, 莫若无爲. 无爲也而後安其性命之情. 故曰:「貴以身於爲天下, 則可以託天下; 愛以身於爲天下, 則可以寄天下.」故君子苟能无解其五藏,[1] 无擢[2]其聰明; 尸居[3]而龍見, 淵默而雷聲,[4] 神動而天隨,[5] 從容无爲而萬物炊累焉.[6] 吾又何暇治天下哉!

고로 군자 부득이이임리천하인댄 막약무위니 무위야이후에야 안기성명지정하리니 고로 왈 귀이신어위천하면 즉가이탁천하니라 애이신어위천하면 즉가이기천하니라 고로 군자 구능무해기오장하며 무탁기총명하며 시거이룡현하며 연묵이뇌성하며 신동이천수하면 종용무위이만물이 취루언하리니 오 우하가에 치천하재리오

1 『석문』에 따르면 해解는 산散이다. 이에 대해서 조초기는 "장藏은 장臟과 통하는데, 오장은 오성五性을 간직한 것이므로 이것은 여기서 가차하여 오성을 가리키니, '무해오장'은 성정性情을 방종해서는 안 된다는 것이다"라고 말했다.

2 이에 대해서 왕선겸은 다음과 같이 말했다. "탁擢은 발拔과 같다. 발탁한다는 말은 총명을 가지고 스스로 큰소리치는 것을 일컫는다."

3 왕숙민에 따르면 시거尸居는 고요히 있는 것을 일컫는다.

4 조초기는 "속이 깊어 조용하게 보이지만 사실은 우레 소리처럼 진동할 수 있다"고 말했다.

5 조초기는 "비록 신처럼 영험하게 움직이지만 천연에 따른다"고 말했다

6 왕숙민은 "만물이 귀의하는 바가 된다는 것을 일컫는다"고 말했다. 그는 취루炊累를 잡루雜累로 보면서 잡루는 취적聚積과 같다고 하였다.

그러므로 군자가 부득이하여 천하 사람들 앞에 나서서 천자 자리에 나아갈진댄 무위만 한 것이 없으니 무위한 뒤에 그들 성명의 실정을 편안하게 하리라. 그러므로 자기를 천하를 위하는 것보다 더 귀하게 여기면 천하를 맡길 수 있으며, 자기를 천하 사람을 사랑하는 것보다 더 사랑하면 천하를 맡길 수 있느니라. 그러므로 군자는 성정을 방종시키지 않을 수 있으며, 그의 총명을 드러내지 않을 수 있으며, 고요히 있다가도 용처럼 나타날 수 있으며, 호수처럼 침묵하다가도 우레 소리처럼 진동할 수 있으며, 신처럼 영험하게 움직일지라도 자연에 따르면 조용히 무위해도 만물이 그에게 귀의하게 될 것이니, 내가 또 어느 겨를에 천하를 다스리겠는가!

【대의】

이 글의 작자에 따르면 천하를 인위적으로 다스리는 사람들이 등장함으로써 사람들은 본연의 성품을 잃게 되었다. 사람의 본성은 고요하고 시원하고 흐뭇하기를 바란다. 그러나 사람들을 괴롭힌 걸桀은 말할 것도 없고, 사람들을 즐겁게 해주겠다고 나선 요임금 같은 군주도 사람들의 본성을 상실케 하였다. 작자는 여기서 유愉와 락樂을 구별하였다. '유'가 인간의 본성에서 우러나와 흐뭇해하는 감정이라면 '락'은 외적인 조건에 의해 조성된 것이다. 그러한 즐거움은 외적인 조건에 따라 다시 전화해서 슬픔이 될 수 있다. 따라서 그러한 조건을 마련해서 사람들을 즐겁게도 하고 두렵게도 하여 상과 벌로써 세상을 다스리는 정치는 인간의 본성을 혼란시키고 상실케 할 수 있다는 것이다.

2-1

崔瞿[1]問於老聃曰:「不治天下, 安藏人心?」[2] 老聃曰:「女愼無攖[3]人心. 人心排下而進上,[4] 上下囚殺,[5] 淖約[6]柔乎剛彊. 廉劌彫琢,[7] 其熱焦火, 其寒凝氷.[8] 其疾俛仰之間而再撫四海之外, 其居也淵而靜, 其動也懸而天.[9] 僨驕而不可係者,[10] 其唯人心乎!

최구 문어노담하야 왈 불치천하면 안장인심이리오 노담왈 여 신하야 무영인심하라 인심은 배하이진상하나니 상하에 수쇄하며 작약이 유호강강하며 염귀 조탁하며 기열이 초화며 기한이 응빙이며 기질이 면앙지간에 이재무사해지외하며 기거야에 연이정하고 기동야에 현이천이라 분교이불가계자 기유인심호인저

1 최구崔瞿에 대해서 성현영은 "어떤 사람인지 모른다"고 말했다.

2 왕선겸은 "장藏은 장臧의 잘못이다. …… 안장인심安臧人心은 인심이 선해질 길이 없다는 것을 말한다"고 하였다.

3 왕숙민에 따르면 영攖은 '어지럽히다'와 같나.

4 왕숙민은 "인심은 지위가 낮은 사람을 배척·억압하면서 높이 오르고자 경쟁하는 것을 일컫는다"고 말했다.

5 왕숙민이 인용한 장태염章太炎 설에 따르면 수쇄囚殺는 '초췌하다'를 뜻한다.

6 성현영에 따르면 작약淖約은 유약柔弱이다.

7 조초기에 따르면 렴廉은 '모나다'이고, 귀劌는 '날카롭다'이며, 조탁彫琢은 '가혹하게 착취하다'이니, 이 구절은 날카롭고 각박한 사람의 감정과 심리를 묘사한다.

8 왕숙민에 따르면 열熱은 '조진躁進'과 같고 한寒은 '냉혹하다'와 같다. '조진'은 출세하고자 조급하게 서두르는 것이다.

9 왕숙민은 이 글이 본래 "기거야이정연, 기동야이현천"其居也而靜淵, 其動也而縣天으로 되어 있었던 것 같다고 주장하였다. 그는 이而는 여如와 같다고 보고 '기거야여정연'其居也如靜淵은 그 마음이 깊숙이 잠복해 있는 것을 말하고, '기동야여현천'其動也如縣天은 그 마음이 먼 곳으로 줄행랑치는 것을 말한다고 하였다.

10 곽상에 따르면 분교僨驕는 금할 수 없는 기세이다. 이 구절은 분주히 뛰어다니니 매어놓을 수 없는 것은 오직 사람의 마음만이 이와 같다는 것을 뜻한다.

최구가 노담에게 물었다. "천하를 다스리지 않으면 어떻게 사람들의 마음을 선하게 할 수 있겠습니까?" 노담이 말했다. "너는 삼가서 사람들의 마음을 동요시키지 말라. 인심은 아랫사람을 누르면서 자기를 위로 올리려고 한다. 자기를 위로 올리고 남을 아래로 밀쳐내고자 사람을 초췌하게 하며, 연약한 사람이 강한 사람에게 굴종한다. 마음이 모나고 날카롭고 각박하여, 출세하고자 조급하게 서두르기는 타는 불처럼 뜨겁고 냉혹하기는 얼음처럼 차갑도다. 그 마음이 빠르기가 머리를 구부렸다가 드는 사이에 사해 밖을 왕래할 수 있으며, 그 마음이 깊숙이 잠복하면 호수처럼 고요하고 그 마음이 멀리 줄행랑치면 하늘처럼 높이 오른다. 분주히 뛰어다니니 매어놓을 수 없는 것은 아마 사람의 마음이 아닐까?

2-2

昔者皇帝始以仁義攖人之心, 堯舜於是乎股無胈,[1] 脛無毛, 以養天下之形, 愁其五藏以爲仁義, 矜[2]其血氣以規法度. 然猶有不勝也, 堯於是放讙兜於崇山,[3] 投三苗於三峗,[4] 流共工於幽都,[5] 此不勝天下也. 夫施[6]及三王而天下大駭矣. 下有桀跖, 上有曾史, 而儒墨畢起. 於是乎喜怒相疑, 愚知相欺, 善否相非, 誕信相譏, 而天下衰矣; 大德不同,[7] 而性命爛漫矣[8]; 天下好知, 而百姓求竭矣.[9] 於是乎釿鋸制焉, 繩墨殺焉, 椎鑿決焉. 天下脊脊[10]大亂, 罪在攖人心. 故賢者伏處大山嵁巖之下,[11] 而萬乘之君憂慄乎廟堂之上.

석자에 황제 시이인의로 영인지심하시니 요순이 어시호에 고무발하며 경무모하야 이양천하지형하며 수기오장하야 이위인의하며 긍기혈기하야 이규법도하나 연유유불승야하야 요 어시에 방환두어숭산하며 투삼묘어삼위하며 유공공어유도하시니 차는 불승천하야니라 부이급삼왕하야는 이천하 대해의니 하유걸척하고 상유증사커늘 이유묵이 필기하야 어시호에 희노로 상의하며 우지로 상기하며 선비로 상비하며 탄신으로 상기라 이천하 쇠의니 대덕이 부동하고 이성명이 난만의며 천하호지하야 이백성이 구갈의니라 어시호에 근거로 제언하며 승묵으로 살언하며 추착으로 결언한대 천하 척척대란하니 죄재영인심이니라 고로 현자는 복처태산감암지하어든 이만승지군은 우율호묘당지상하나니라

1 『석문』에서 인용한 이이 설에 따르면 발胈은 백육白肉이니 대퇴 안쪽의 살을 뜻한다.

2 곽경번에 따르면 긍矜은 고苦를 뜻한다.

3 조초기에 따르면 환두讙兜는 제홍씨帝鴻氏의 아들인데 혼돈渾沌이라고도 일컬으며, 숭산은 호남성 대용현大庸縣 지역에 있다.

4 조초기에 따르면 삼묘三苗는 옛적 나라 이름인데 동정호洞庭湖와 팽려호彭蠡湖 사이에 있으며, 삼위三峗는 감숙성甘肅省 천수天水 일대에 있다.

5 조초기에 따르면 공공共工은 요임금 때의 반역자이다. 유도幽都는 유주幽州이다.

옛적에 황제가 인의로써 사람들의 마음을 동요시키기 시작하니 요와 순이 이리하여 넓적다리 안쪽의 살이 없어지며 정강이가 벗겨져 잔털이 없어지도록 천하 사람들의 몸을 가꾸며, 안에서 오장을 근심하고 고뇌하게 하여 인의를 행하며, 그의 혈기를 괴롭혀 법도를 세웠다. 그런데도 오히려 감당하지 못해서 요가 이리하여 환두를 숭산에 유배하며 삼묘를 삼위에 추방하며 공공을 유주에 유배하니, 이것은 지혜가 천하 사람들을 이기지 못하는 것이다. 대저 삼왕에 이르러서는 천하가 크게 동요하였으니 아래에는 걸과 도척이 있고 위로는 증삼과 사추가 있거늘 유가와 묵가가 동시에 함께 일어났다. 이리하여 자기가 옳다고 여기는 것을 기뻐하고 자기가 그르다고 여기는 것을 성내면서 서로 의심하며 어리석은 이와 지혜로운 이가 서로 속이며, 선한 이와 악한 이가 서로 그르다 하며 허황한 사람과 성실한 사람이 서로 나무라는지라 천하가 더욱 쇠약해져갔다. 사람들이 모두 그들의 천성을 잃고 성명이 산란하며, 천하 사람들이 지식을 좋아하여 백성들이 갈등을 일으킨다. 이리하여 대패와 톱으로 깎고 썰며, 법도를 가지고 그들을 살해하며, 쇠뭉치와 끌로 처형하였다. 천하 사람들이 떠들썩하게 크게 어지러우니 그 죄가 사람들의 마음을 동요시킨 데 있다. 그러므로 현자는 큰 산 깊은 바위 밑에 살거든 만승의 군주는 조정에서 근심하며 떨게 되느니라.

6 『석문』의 「최선 주」에 따르면 이施는 연延이다. 연은 '이어지다'를 뜻한다.

7 『왕숙민에 따르면 대덕부동大德不同은 모두가 그의 자득自得을 잃은 것을 뜻한다.

8 성현영에 따르면 난만爛漫은 '산란하다'이다.

9 장태염에 따르면 구갈求竭은 곧 교갈膠葛인데 오늘날에는 규갈糾葛이라고 쓴다. 그러나 왕숙민은 잡란雜亂을 뜻한다고 보았다. 잡란은 '난잡하다'이다.

10 왕숙민에 따르면 척척脊脊은 어지러운 모습이다.

11 유월에 따르면 태산大山은 큰 산을 일반적으로 말한 것이지 동악東嶽으로서의 태산은 아니다. 또한 감암嵁巖은 심암深巖과 같다고 하였다.

2-3

今世殊死[1]者相枕也, 桁陽[2]者相推也, 刑戮者相望也, 而儒墨乃始離跂[3]攘臂乎桎梏之間. 意,[4] 甚矣哉! 其無愧而不知恥也甚矣! 吾未知聖知之不爲桁陽接槢[5]也, 仁義之不爲桎梏鑿枘也,[6] 焉知曾史之不爲桀跖嚆矢[7]也! 故曰『絶聖棄知而天下大治.』」

금세에 수사자 상침야하며 항양자 상추야하며 형륙자 상망야어늘 이유묵이 내시리기하야 양비호질곡지간하나니 의라 심의재라 기무괴이부지치야 심의라 오 미지성지지불위항양의 접습야며 인의지불위질곡의 착예야로니 언지증사지불위걸척의 효시야리오 고로 왈 절성기지하야사 이천하 대치라 하노라

1 왕숙민에 따르면 수사殊死는 "몸과 머리가 떨어져 단절되다" 또는 "몸과 머리가 다른 곳에 있다"로 해석되어야 한다.

2 항양桁陽은 칼과 족쇄이다.

3 왕념손에 따르면 이기離跂는 '자이어중'自異於衆이다. 말하자면 행동이 남달라서 세속을 따르지 않는다는 것이다.

4 의意는 옛적에 희噫와 통용되었다.

5 사마표에 따르면 접습接槢은 계설械楔이니, 족쇄와 수갑을 고정시키는 쐐기이다.

6 이에 대해서 곽상은 "칼과 족쇄는 쐐기로써 고정하고, 질곡은 그 속의 빈 구멍을 용用으로 삼는다"고 하였다. 착예鑿枘는 조초기에 따르면 장붓구멍과 장부이다. 이 구절은 인의仁義가 질곡을 견고하게 하는 관건이 된다는 것을 말한다.

7 상수向秀에 따르면 효시嚆矢는 화살이 소리를 내면서 울리는 것이다. 왕숙민에 따르면 선성先聲을 비유하며, 조초기에 따르면 울리는 화살이다. 옛적에 도적이 약탈할 때 우선 울리는 소리가 나는 화살을 발사하여 신호로 삼았다고 한다. 이 구절은 증삼과 사추 같은 사람이 폭군과 도적이 출현하는 신호라는 것을 말한다.

오늘날 잘려 죽은 사람이 서로 베고 있으며 칼과 족쇄를 찬 사람들이 서로 밀치락달치락하며 형벌을 받은 사람이 서로 바라보거늘, 유가와 묵가가 비로소 스스로 깨끗한 체하며 남달리 세속을 따르지 않고 족쇄와 쇠고랑 사이에서 팔을 걷어붙인다. 아, 지나치도다! 그들이 부끄러움 없이 수치를 모르는 것이 심하도다! 나는 성인의 지혜가 칼과 족쇄를 고정하는 데 쓰는 쐐기와 같은 구실을 하며, 인의가 족쇄와 쇠고랑의 빈 구멍과 같은 구실을 하는지도 모르겠으니, 어떻게 증삼과 사추가 폭군과 도적이 출현한다는 신호가 되지 않으리라는 것을 알겠는가! 그러므로 '성인의 지혜를 끊어버려야 천하가 크게 안정될 것이다'라고 하였다."

【대의】

사람에게는 약자를 억누르면서 위로 올라가려는 마음이 있다. 그러한 사람들을 지식과 지혜·인의와 같은 도덕, 그리고 효도와 충직함으로 유명한 증삼과 사추를 선망하며 다스리면 사람들의 마음이 더욱더 동요하게 된다. 사람들의 마음이 동요되면 천하는 혼란스러워진다. 이러한 측면에서 볼 때 법가는 말할 것도 없고, 유가와 묵가의 학설로써도 당시의 사회문제를 해결할 수 없다. 따라서 그러한 문제 해결방식을 버리고 사람들을 너그러이 자유롭게 맡겨두는 길을 찾아야 한다. 그래서 이 글의 작자는 노자의 '절성기지'絶聖棄知 설을 인용해 '재유천하'在宥天下를 설파하였다.

3-1

皇帝立爲天子十九年, 令行天下, 聞廣成子[1]在於空同之山,[2] 故往見之, 曰:「我聞吾子達於至道, 敢問至道之精. 吾欲取天地之精, 以佐五穀, 以養民人, 吾又欲官陰陽,[3] 以遂群生, 爲之奈何?」廣成子曰:「而所欲問者, 物之質也; 而所欲官者, 物之殘也.[4] 自而治天下, 雲氣不待族[5]而雨, 草木不待黃而落, 日月之光益以荒[6]矣. 而佞人之心翦翦[7]者, 又奚足以語至道!」

황제 입위천자하신 십구년에 영행천하어늘 문광성자 재어공동지산하고 고왕현지하야 왈 아는 문오자 달어지도라 호니 감문지도지정하노라 오욕취천지지정하야 이좌오곡하야 이양민인하며 오 우욕관음양하야 이수군생하노니 위지내하오 광성자왈 이의 소욕문자는 물지질야요 이의 소욕관자는 물지잔야니라 자이의 치천하하나로 운기 부대족이우하며 초목이 부대황이락하며 일월지광이 익이황의로소니 이는 영인지심이 전전자ㅣ온 우해족이어지도리오

1 광성자廣成子는 어떤 사람인지 자세히 알 수 없다. 『석문』에서는 노자老子라는 설도 있다고 하였다.

2 공동산空同山에 대해서 성현영은 양주涼州 북쪽 지경에 있다고 하였으나 역시 자세히 알 수 없다.

3 관음양官陰陽은 법음양法陰陽과 같다. 왕숙민에 따르면 법法은 '본받다'를 뜻한다.

4 왕숙민에 따르면 물지질物之質은 물지본物之本이라고 말하는 것과 같고, 물지잔物之殘은 물지말物之末이라고 말하는 것과 같다.

5 사마표에 따르면 족族은 '모이다'이다.

6 왕숙민에 따르면 황荒은 망芒과 통한다. 망은 '어둡다'이다.

7 전전翦翦에 대해서 성현영은 협열狹劣한 모습이라고 하였다. 협열은 '편협하다'를 뜻한다.

황제가 천자가 된 지 19년에 명령이 천하에 행해지거늘 광성자가 공동산에 있다는 말을 들었다. 그리하여 가서 뵙고 말했다. "나는 그대가 지극한 도에 통달하였다고 하니 감히 지극한 도의 정수에 대해서 듣고자 하노라. 나는 천지의 정기를 취하여 오곡을 도와서 인민을 가꾸고자 하며, 나는 또 음양을 본받아 갖가지 생물을 기르고자 하니, 그렇게 하려면 어떻게 하오?" 광성자가 말했다. "당신이 묻고자 하는 것은 사물의 근본적인 것이오. 그러나 그대가 주관하려는 것은 사물의 지엽적인 것이오. 그대가 천하를 다스리기 시작한 이래로 구름이 모이기를 기다리지 않고서도 비가 내리며, 풀과 나무가 누렇게 물들지 않고서도 떨어지며, 해와 달의 빛이 갈수록 어두워지고 있다네. 그대는 재주 있는 사람으로서 마음이 편협하거늘 또 어찌 족히 지극한 도를 말할 수 있겠는가?"

3-2

皇帝退, 捐天下, 築特室, 席白茅,[1] 閒居三月, 復往邀[2]之. 廣成子南首而臥, 皇帝順下風膝行而進, 再拜稽首而問曰:「聞吾子達於至道, 敢問, 治身奈何而可以長久?」廣成子蹶[3]然而起, 曰:「善哉問乎! 來! 吾語汝至道. 至道之精, 窈窈冥冥[4]; 至道之極, 昏昏默默.[5] 无視无聽, 抱神以靜, 形將自正. 必靜必淸, 无勞汝形, 无搖汝精, 乃可以長生.[6] 目无所見, 耳无所聞, 心无所知, 汝神將守形, 形乃長生. 愼汝內, 閉汝外, 多知爲敗. 我爲汝遂[7]於大明之上矣, 至彼至陽之原也[8]; 爲汝入於窈冥之門矣, 至彼至陰之原也. 天地有官, 陰陽有藏, 愼守汝身, 物將自壯.[9] 我守其一[10]以處其和, 故我修身千二百歲矣, 吾形未常衰.」[11]

황제 퇴하야 연천하하시고 축특실하야 석백모코 한거삼월에야 부왕요지한대 광성자 남수이와어늘 황제 순하풍하야 슬행이진하야 재배계수이문하야 왈 문오자의 달어지도라하니 감문하나이다 치신을 내하라야 이가이장구잇고 광성자 궐연이기하야 왈 선재라 문호여 래하라 오 어여지도호리라 지도지정은 요요명명하며 지도지극은 혼혼묵묵하니 무시무청하야 포신이정하면 형장자정하야 필정필청하리니 무로여형하며 무요여정하야아 내가이장생하리라 목무소견하며 이무소문하며 심무소지하야 여신이 장수형하야아 형내장생하리라 신여의 내하며 폐여의 외하라 다지면 위패니라 아 위여하야 수어대명지상의라 지피지양지원야케 하며 위여하야 입어요명지문의라 지피지음지원야케 호리니 천지 유관하며 음양이 유장하니 신수여신하면 물장자장하리라 아는 수기일하야 이처기화하노니 고로 아는 수신이 천이백세의로되 오형이 미상쇠호라 황제가 물러나서 천하를 버리고 혼자 거주하는 집을 지어 흰 띠풀을 깔고 앉아 석 달 동안 한거한 뒤에야 다시 가서 그를 만났다. 광성자가 머리를 남쪽으로 돌리고 잠자거늘 황제가 바람의 아래쪽을 따라서 무릎걸음으로 나아가 머리를 땅에 닿도록 두 번 절하고 물었다. "그대가 지극한 도에 통달하였다고 들었사오니 감히 묻습니다. 몸을 어떻게 다스려야 장구할 수 있습니까?" 광성자가 놀란 듯이 일어나 말했다. "훌륭하도다! 물음이여! 이리 가까이 오게나! 내가 그대에게 지극한 도에 대하여 말하리라. 지극한 도의 정수는 깊이 숨어 있으며, 지극한 도의 끝은 형체도 없고 소리도 없어서 볼 수도 들을 수도 없다네. 보려고도 들으려고도 하지 않아 신神을 안고서 고요히 하면 몸이 장차 저절로 바르게 되리라. 반드시 고요하게 하고 반드시 깨끗하게 해야 할 것이니, 그대의 몸을 고달프게 하지 말며, 그대의 정기를 동요시키지 않아야 오래 살 수 있을 것이다. 눈으로 보는 것이 없으며, 귀로 듣는 것이 없으며, 마음으로 아는 대상이 없게 하여 그대의 신神이 몸을 지키고 있게 해야 그대의 몸이 오래 살 수 있으리라. 그대의 안을 삼가고, 그대의 밖을 닫으라. 지식이 많으면 그르치게 될 것이다. 나는 그대가 지극히 밝은 것 위로 나아가게 하리라. 저 지극한 양의 근원에 이르게 하며, 그대가 깊숙하고 컴컴한 세계의 문 안에 들어가게 하리라. 저 지극한 음의 근원에 이르게 할 것이니, 천지에 직분이 있으며 음양은 각기 관장하는 일이 있다네. 그러니 그대의 몸을 삼가 지킨다면 일체 만물이 저절로 창성하리라. 나는 그 하나를 지켜서 그들이 조화를 이루게 하였네. 그래서 나는 몸을 닦은 지 1200살이 되었으되 내 몸이 쇠약해진 적이 없었다네."

1 석백모席白茅는 흰 띠풀을 깔고 앉아서 깨끗하게 한다는 것을 뜻한다.

2 성현영에 따르면 요邀는 '만나다'이다.

3 『석문』에 따르면 궐蹶은 '놀라서 일어나다'이다.

4 조초기에 따르면 요요명명窈窈冥冥은 깊이 간직한 상태이다.

5 조초기에 따르면 혼혼묵묵昏昏默默은 볼 수도 들을 수도 없는 상태이다.

6 왕숙민은 이에 대해서 말하기를 "장자는 외생사外生死하는데 여기에서는 장생長生의 도를 말하고 있으니, 장자를 배우려는 후학들이 노자의 영향을 받아서 이렇게 말한 것이다"라고 하였다.

7 왕숙민에 따르면 수遂는 왕往, 곧 '가다'이다.

8 왕숙민에 따르면 음양의 근원이 곧 도道이다.

9 성현영은 다음과 같이 말했다. "천관天官은 해·달·별들이 능히 사방을 비추어 만물을 보호하고 유지하므로 관官이라고 일컫는다. 지관地官은 금金·목木·수水·화火·토土가 능히 동식물을 유지하고 온갖 사물·사건을 실어 나를 수 있으므로 또한 관이라고 일컫는다. 음과 양, 두 기운은 봄·여름·가을·겨울에 각기 오장육부처럼 관장하는 일이 있다. 모두가 천지·음양의 하는 일에 맡길 수 있다면 알맞지 않음이 없을 것인데, 어찌 조화를 어기고 새삼스럽게 관부官府를 세워야 하는가? 그대가 자연에 따라 무위하면서 삼가 그대의 생명을 지킬 수만 있다면 일체 만물이 저절로 창성할 것인데, 어찌 수고롭게 마음을 써가면서 스스로 근심거리를 남기려고 하는가?" 여기에서 성현영이 말하는 관부는 인간이 만든 행정기구이다. 말하자면 자연의 질서에 인간이 인위적인 제도를 만들어 개입하려는 행위에 대해서 문제를 제기한 것이다.

10 왕숙민에 따르면 일一은 도道를 비유한다.

11 왕숙민에 따르면 이것은 노자의 장생長生에 관한 설로써 부연하여 신선가神仙家의 말을 만든 것이다.

3-3

皇帝再拜稽首曰:「廣成子之謂天矣!」[1] 廣成子曰:「來! 余語汝. 彼其物无窮, 而人皆以爲有終; 彼其物无測, 而人皆以爲有極. 得吾道者, 上爲皇而下爲王[2]; 失吾道者, 上見光而下爲土. 今夫百昌[3]皆生於土而反於土, 故余將去汝, 入无窮之門, 以遊無極之野. 吾與日月參[4]光, 吾與天地爲常. 當我, 緡乎! 遠我, 昏乎![5] 人其盡死, 而我獨存乎!」[6]

황제 재배계수하야 왈 광성자지위천의샷다 광성자 왈 래하라 여 어여호리라 피기물이 무궁이어늘 이인이 개이위유종이라 하며 피 기물이 무측이어늘 이인이 개이위유극이라 하나다 득오도자는 상위황이하위왕커든 실오도자는 상견광이하위토하나니라 금부백창이 개생어토이반어토하나니 고로 여 장거여하고 입무궁지문하야 이유무극지야호리라 오 여일월로 삼광하며 오 여천지로 위상하노니 당아 민호며 원아 혼호라 인기진사어든 이아 독존호인저

1 성현영은 "맑고 높은 성인의 도는 현천玄天과 더불어 덕이 부합하게 할 수 있다는 것을 찬탄한 것이다"라고 말했다. 현천은 자연을 일컫는다.

2 왕숙민에 따르면 황皇은 지덕지세至德之世이지만 왕王은 순박함이 점차 각박해진 것이다. 이것은 나의 도를 터득한 사람은 위로는 황이 되고 아래라도 왕이 되지 못할 것이 없음을 일컫는다.

3 사마표에 따르면 백창百昌은 백물百物과 같다. 백물은 온갖 사물이다.

4 성현영에 따르면 삼參은 '같다'이다.

5 사마표에 따르면 민緡과 혼昏은 모두 무심無心을 일컫는다. 곽숭도郭嵩燾는 "당아當我는 나를 향해 오는 것이요 원아遠我는 나를 등지고 가는 것이니, 사람들이 오면 오는 대로 등지고 가면 가는 대로 맡겨두고서 한결같이 무심으로 그에 응한다"고 말했다.

6 왕숙민에 따르면 광성자는 도를 터득한 사람인지라 홀로 존재할 수 있다.

황제가 머리가 땅에 닿도록 두 번 절하며 말했다. "광성자는 하늘과 같습니다." 광성자가 말했다. "이리 오게나! 내가 그대에게 말하리라. 저 사물은 무궁한데도 사람들이 모두 끝이 있다고 하며, 저 사물은 헤아릴 수 없는데도 사람들이 끝이 있다고 한다네. 나의 도를 터득한 사람은 위로는 황제가 되고 아래로는 제왕이 될 수 있거늘, 나의 도를 잃은 사람은 살아서는 밝은 빛을 보다가 죽으면 흙이 되고 만다네. 이제 저들 온갖 사물이 모두 흙에서 생겨났다가 흙으로 돌아가나니, 그러므로 나는 장차 그대를 떠나 무궁의 세계로 들어가 끝없는 들녘에서 놀리라. 나는 해와 달과 더불어 빛을 함께하며, 나는 천지와 더불어 영원하리라. 나를 향해 와도 별다른 생각이 없고 나를 등지고 떠나가도 무심하리라! 사람들이 모두 죽어도 나 홀로 있으리라!"

【대의】

이 글에서 작자는 황제와 광성자의 대화형식을 빌려 천하를 제대로 다스리려면 지엽적인 문제 해결방식이 아니라 근본적인 대처방안을 찾아야 한다는 견해를 피력하였다. 그것이 바로 생명중시사상이다. 그에 따르면 자기 생명을 천자 자리보다 중시하는 사람이라야 천하를 다스릴 자격이 있다. 그래서 광성자는 생명을 가꾸는 방법을 언급하였다. 그것이 바로 신神을 안고서 고요히 하고, 정기精氣를 동요시키지 않는 것이다.

4-1

雲將東遊, 過扶搖之枝而適遭鴻蒙.[1] 鴻蒙方將拊脾雀躍而遊. 雲將見之, 倘然止, 贄然立,[2] 曰:「叟何人邪? 叟何爲此?」鴻蒙拊脾雀躍不輟,[3] 對雲將曰,「遊!」雲將曰:「朕願有問也.」鴻蒙仰而視雲將曰:「吁!」[4] 雲將曰:「天氣不和, 地氣鬱結, 六氣[5]不調, 四時不節. 今我願合六氣之精以育群生, 爲之奈何?」鴻蒙拊脾雀躍掉頭曰:「吾弗知! 吾弗知!」

운장이 동유하야 과부요지지하다가 이적조홍몽한댄 홍몽이 방장부비작약이유어든 운장이 견지하고 당연지하며 지연립하야 왈 수는 하인야며 수는 하위차잇고 홍몽이 부비작약불철하고 대운장하야 왈 유하노라 운장이 왈 짐은 원유문야하노라 홍몽이 앙이시운장하야 왈 우이라 운장이 왈 천기 불화하며 지기 울결하며 육기 부조하며 사시 부절일새 금아 원합육기지정하야 이육군생하노니 위지내하오 홍몽 부비작약도두하야 왈 오는 불지로라 오는 불지로라

1 이이에 따르면 운장雲將은 구름의 주수主帥이고 부요扶搖는 동해에서 자라는 신목神木이다. 사마표에 따르면 홍몽鴻蒙은 자연원기自然元氣이다.

2 사마표에 따르면 당倘은 멈추려는 모습이다. 그러나 이이는 자실모自失貌라고 하였다. '자실모'는 멍한 모습이다. 지贄에 대해서 이이는 부동不動의 모습이라고 하였다.

3 이이에 따르면 철輟은 '그치다'이다.

4 조초기에 따르면 우吁는 감탄사인데, 운장이 쓸데없는 일에 나서는 것을 꺼리는 표현이다.

5 성현영에 따르면 육기六氣는 음陰·양陽·풍風·우雨·회晦·명明이다. '회'는 어둡게 하는 기운이고 '명'은 밝은 기운이다.

운장이 동쪽으로 여행하여 신령스러운 나무의 가지를 지나다가 때마침 홍몽을 만났다. 홍몽이 바야흐로 넓적다리를 퍼덕이며 흥겨운 듯이 깡충깡충 뛰놀고 있었다. 운장이 그를 보고 놀랍고 의아한 듯이 멈칫하며 부동의 자세로 서서 말했다. "노인장은 어떤 분이십니까? 노인장은 여기서 무엇을 하고 계십니까?" 홍몽이 넓적다리를 퍼덕이며 깡충깡충 뛰기를 그치지 않고 운장에게 말했다. "놀고 있노라!" 운장이 말했다. "저는 원컨대 물음이 있습니다." 홍몽이 고개를 쳐들고서 운장을 보고 말했다. "에이!" 운장이 말했다. "날씨가 고르지 않으며 땅기운이 엉키며 6기가 조화를 이루지 않으며 사시가 비정상적이기 때문에 이제 저는 6기의 정수를 합해서 뭇 생명을 가꾸고자 합니다. 그렇게 하려면 어떻게 해야 합니까?" 홍몽이 넓적다리를 퍼덕이고 깡충깡충 뛰면서 머리를 흔들며 말했다. "나는 모른다! 나는 모른다!"

4-2

雲將不得問. 又三年, 東遊, 過有宋之野而適遭鴻蒙. 雲將大喜, 行趨而進曰:「天[1]忘朕邪? 天忘朕邪?」再拜稽首, 願聞於鴻蒙. 鴻蒙曰:「浮遊, 不知所求[2]; 猖狂,[3] 不知所往; 遊者鞅掌,[4] 以觀无妄.[5] 朕又何知!」[6] 雲將曰:「朕也自以爲猖狂, 而民隨予所往; 朕也不得已於民, 今則民之放[7]也. 願聞一言.」鴻蒙曰:「亂天下之經, 逆物之情, 玄天[8]弗成; 解獸之群, 而鳥皆夜鳴; 災及草木, 禍及止蟲.[9] 噫, 治人之過也!」雲將曰:「然則吾奈何?」鴻蒙曰:「噫, 毒[10]哉! 僊僊乎[11]歸矣.」

운장이 부득문하다 우삼년에 동유하야 과유송지야하다가 이적조홍몽하다가 운장이 대희하야 행추이진하야 왈 천은 망짐야잇가 천은 망짐야잇가 하고 재배계수하야 원문어홍몽한대 홍몽이 왈 부유하야 부지소구하고 창광하야 부지소왕하야서 유자 앙장하야 이관무망하노니 짐은 우하지리오 운장이 왈 짐야 자이위창광이어늘 이민이 수여소왕일새 짐야 부득이어민이라 금즉민지방야로니 원문일언하노라 홍몽이 왈 난천하지경하며 역물지정이라 현천불성하야 해수지군하며 이조 개야명하며 재급초목하며 화급지충하나니 희라 치인지과야니라 운장이 왈 연즉오는 내하오 홍몽 왈 희라 독재로소니 선선호귀의이다

1 왕선겸에 따르면 천天은 홍몽에 대한 존칭이다.

2 왕숙민에 따르면 부유부지소구浮遊不知所求는 소요자득逍遙自得을 일컫는다.

3 왕숙민에 따르면 창광猖狂은 무심無心이다.

4 왕숙민에 따르면 앙장鞅掌은 자득自得을 뜻한다.

5 조초기에 따르면 무망无妄은 '진실'이니 만물의 본래 모습을 가리킨다.

6 이에 대해서 성현영은 다음과 같이 말했다. "무심히 이리저리 돌아다니며 마음을 비우고 사람과 사물의 자연스러운 성향에 맡기나니 사람들이 각기 저절로 바르게 되거늘 내가 다시 무엇을 알리오?"

운장이 물음에 대한 답변을 얻지 못했다. 또 3년 만에 동쪽으로 여행하여 송나라의 들녘을 지나다가 때마침 홍몽을 만났다. 운장이 크게 기뻐서 잰걸음으로 나아가 말했다. "하늘 같은 그대께서는 저를 잊었습니까? 하늘 같은 그대께서는 저를 잊었습니까?" 두 번 절하고 머리를 조아리며 홍몽에게 듣기를 원했다. 홍몽이 말했다. "미련도 걸림도 없이 여기저기 돌아다니며 스스로 만족하고 무심하여 갈 곳조차 몰라서 노는 것에 스스로 만족하면서 만물의 본래 모습을 관찰하나니 내가 또 무엇을 알겠는가?" 운장이 말했다. "저도 스스로 제 개인적인 생각을 앞세우지 않는다고 여기거늘 백성들이 제가 가는 대로 따라오기 때문에 저도 백성들에게 부득이한지라 이제는 백성들이 의지하는 바가 되었으니 원컨대 한 말씀 듣고 싶습니다." 홍몽이 말했다. "자연의 상도를 어지럽히며 사물의 진성眞性을 거역하는지라 자연스러운 변화가 이루어지지 않는다. 그래서 무리 지어 다니는 짐승들을 해산시키며 새들이 심야에 울며 재앙이 초목에 미치고 화가 곤충에게까지 미치나니, 아! 그대가 사람을 다스리기에 생긴 잘못이니라." 운장이 말했다. "그렇다면 저는 어떻게 해야 합니까?" 홍몽이 말했다. "아! 마음이 아프구나! 본래의 세계로 훨훨 날아가볼지어다."

7 민지방民之放에 대해서 곽상은 "백성들이 본받는 것이다"라고 말했다. 그러나 오여륜吳汝綸은 "방放은 '의지하다'이다"라고 하였다.

8 이 글에서는 천天을 일반적으로 일컬은 것인데, 성현영은 '자연'으로 해석하였다.

9 『석문』에 따르면 지충止蟲을 곤충昆蟲으로 쓴 판본도 있다.

10 왕숙민은 독毒을 고苦로 해석하였다.

11 성현영에 따르면 선선僊僊은 가볍게 펄럭이는 모습이다. 이는 홍몽이 운장에게 사물의 표면 현상만을 보고 정치할 생각을 버리고 근본적인 세계로 훨훨 날아가보라고 권하는 말이다.

雲將曰:「吾遇天難, 願聞一言.」鴻蒙曰:「噫! 心養. 汝徒[12]處无爲, 而物自化. 墮爾形體, 吐爾聰明,[13] 倫與物忘[14]; 大同乎涬溟,[15] 解心釋神,[16] 莫然无魂.[17] 萬物云云,[18] 各復其根, 各復其根而不知; 渾渾沌沌, 終身不離[19]; 若彼知之, 乃是離之. 无問其名, 无闚其情, 物固自生.」[20] 雲將曰:「天降朕以德, 示朕以默; 躬身求之, 乃今也得.」[21] 再拜稽首, 起辭而行.

운장왈 오는 우천이 난하란대 원문일언하노라 홍몽왈 희라 심양하라 여 도처무위하면 이물이 자화하리니 타이의 형체하며 토이의 총명하고 윤여물망하면 대동호행명하리라 해심석신하면 막연무혼하리라 만물이 운운하나 각복기근하나니 각복기근이부지니라 혼혼돈돈이면 종신불리하리니 약피지지면 내시리지니라 무문기명하며 무규기정하면 물고자생하리라 운장왈 천이 강짐이덕하시며 시짐이묵하실새 궁신구지하야 내금야득호라 하고 재배계수하고 기사이행하니라

12 성현영에 따르면 도徒는 '단지'를 뜻한다.

13 성현영은 "타형체墮形體는 망신야忘身也요, 토총명吐聰明은 망심야忘心也이다. 몸과 마음 둘을 다 잊고 물物과 아我를 둘 다 버리니, 이것이 마음을 기르는 것이다"라고 말했다.

14 왕숙민에 따르면 윤倫은 륜淪이니 마땅히 입入으로 해석해야 하며, 여與는 어於와 같다. 이에 따르면 '윤여물망'倫與物忘은 만물을 잊는 데로 들어가는 것이다. 그에 따르면 "너의 형체를 잊어버리고 너의 총명을 쫓아내라는 것"은 망아忘我에 대해서 말한 것이고, "만물을 잊는 데로 들어가는 것"은 망물忘物에 대해서 말한 것이다.

15 행명涬溟에 대해서 사마표는 자연기自然氣라고 하였는데, 왕숙민에 따르면 자연원기自然元氣라고 쓴 곳도 있다.

16 조초기에 따르면 해解나 석釋은 모두 '버리다'를 뜻한다. 이에 대해서 곽상은 '좌망임독'坐忘任獨으로 해석하였다. '좌망임독'은 고요히 앉아 일체를 잊고서 독자적 존재인 도에 맡기는 것이다.

운장이 말했다. "제가 하늘 같은 분을 만나기 어려우니 한 말씀 듣기를 원합니다." 홍몽이 말했다. "아! 마음을 가꾸어라. 네가 무위하기만 하면 사람들이 저절로 변화할 것이다. 너의 몸을 잊어버리며 너의 총명도 쫓아내고 만물을 잊어버리는 세계로 들어가면 끝이 없는 자연의 원기와 크게 같아질 것이다. 심령을 씻어버리면 아득하게 넓어져 혼백조차 없는 무아의 세계가 드러날 것이다. 만물이 가지가지로 많지만 각기 그 뿌리로 돌아가나니 각기 그 뿌리로 돌아가도 그런 줄을 모르느니라. 혼연일체가 되면 종신토록 자연을 떠나지 않을 것이다. 그대가 만약 저것을 안다고 한다면 그것은 곧 저것과 거리가 생기는 것이니라. 그 이름을 묻지 않으며 그 참된 실정을 엿보지 않으면 사물은 본래 저절로 살게 될 것이다." 운장이 말했다. "하늘 같으신 그대께서 저에게 덕을 내려주시며 저에게 침묵으로 보여주시니, 저 자신에게로 몸소 돌아와 구하여 이제야 터득하게 되었습니다." 두 번 절하며 머리를 조아리고 몸을 일으켜 하직하고 떠났다.

17 조초기에 따르면 막연莫然은 아득히 넓은 것이고, 무혼无魂은 혼백조차 없는 것이니 망심忘心이다.

18 성현영에 따르면 운운云云은 중다衆多이다. '중다'는 '가지가지로 많다'이다.

19 성현영은 이에 대해서 "혼연일체가 되어 지식이 끼어들 틈이 없으니 독자적인 도에 맡겨 천변만화千變萬化할지라도 자연을 떠나지 않는다"고 말했다.

20 이에 대해서 성현영은 다음과 같이 말했다. "도는 명언(名言: 개념이나 언어)을 떠나고, 이는 정려情慮를 넘어선다. 만약 명名으로써 도를 묻고 정情으로써 이치를 엿보고자 한다면 도나 이치에서 더욱 멀어지지 않겠는가? 정을 버리고 명을 잊고서 독화獨化에 맡긴다면 사람은 생명의 이치를 터득할 수 있을 것이다."

21 천天은 홍몽을 존칭한 것이다. 왕숙민은 "덕은 자기 자신이 터득하느냐 그러지 않느냐에 달려 있으므로 침묵해야 도에 합할 수 있다"고 말했다.

【대의】

이 글에서는 구름을 주재한다는 운장과 자연의 원기를 상징하는 홍몽의 대화형식을 빌려 혼연일체의 세계를 제시하였다. 그에 따르면 인간이 이 세계를 다스리면 사물의 진성眞性을 거역하게 되고, 그러면 자연계의 혼란이 조성된다. 뭇 생명을 제대로 가꾸려면 본래의 세계로 돌아가 자연의 원기와 혼연일체가 되어야 한다. 그렇게 하려면 자기 자신의 몸을 잊고 총명을 버리고 자기의 대상으로 드러나는 만물조차 잊어버려야 한다. 만약 지식을 개입시키면 혼연일체의 세계에서 멀어진다는 것이다.

5-1

世俗之人, 皆喜人之同乎己而惡人之異於己也. 同於己而欲之. 異於己而不欲者, 以出乎衆爲心也. 夫以出乎衆爲心者, 曷常出乎衆哉![1] 因衆以寧所聞, 不如衆技衆矣. 而欲爲人之國者, 此攬乎三王之利而不見其患者也.[2] 此以人之國僥倖也. 幾何僥倖而不喪人之國乎! 其存人之國也, 無萬分之一; 而喪人之國也, 一不成[3]而萬有餘喪矣. 悲夫, 有土者之不知也!

세속지인은 개희인지동호기하고 이오인지이어기야하나니 동어기이욕지하고 이어기이불욕자는 이출호중으로 위심야니라 부이출호중으로 위심자는 갈상출호중재리오 인중이녕이면 소문이 불여중기이 중의니라 이욕위인지국자는 차는 람호삼왕지리하고 이불견기환자야라 차이인지국으로 요행야니 기하 요행이불상인지국호리오 기존인지국야는 무만분지일이오 이상인지국야는 일불성이만유여상의니 비부라 유토자지부지야여

1 이에 대해서 곽상은 "많은 사람들이 모두 출중한 사람이 되기를 바라므로 그 때문에 중인衆人을 면치 못한다"고 하였다. 말하자면 참으로 출중한 사람은 일부러 출중한 사람이 되려고 하지 않고, 사람들과 섞여 살면서도 세속적인 것에 물들지 않을 수 있다는 것이다. 왕숙민은 "마땅히 많은 사람들로 말미암아 들은 것에 편안해야 하니 개인의 기능은 대중만큼 많을 수가 없는지라 출중으로써 핵심을 삼아서는 안 된다는 것을 뜻한다"고 하였다.

2 선영에 따르면 이 글의 뜻은 다음과 같다. "그런데도 자기 견해로써 나라를 다스리고자 하니 이것은 성지聖知와 인의仁義가 이로운 것인 줄만 알고 그 해로움을 보지 못한 것이다." 여기서 람攬은 람覽을 뜻한다.

3 전목錢穆에 따르면 일불성一不成은 무일유성無一有成이다.

세속의 사람들은 모두 자기와 같은 사람을 좋아하고 자기와 다른 사람은 싫어한다. 자기와 같으면 좋아하고 자기와 다르면 좋아하지 않는 까닭은 출중한 것을 핵심으로 삼기 때문이다. 대저 출중한 것을 핵심으로 삼은 자가 어찌 출중한 적이 있으리오! 대중이 찬동한다고 해서 편안해 한다면 자기의 견해가 대중의 기능만 못한 것이니, 출중이 아니라 보통 사람인 것이다. 그런데도 남의 나라를 다스리고자 하는 것, 이것은 삼왕의 이로움만 보고 그들의 근심거리를 보지 못하는 것이다. 이것은 남의 나라로써 우연히 운이 좋기를 바라는 것이니, 우연히 운이 좋기를 바라면서도 남의 나라를 잃게 하지 않는 자가 얼마나 되겠는가! 남의 나라를 보존하는 것은 만분의 일도 없고, 남의 나라를 잃게 하는 것은 한번도 보존에 성공하지 못하고 만 번도 넘게 실패할 것이다. 슬프도다, 땅을 가진 자가 알지 못함이여!

5-2

夫有土者, 有大物也. 有大物者, 不可以物; 物而不物, 故能物物.[1] 明乎物物者之非物也, 豈獨治天下百姓而已哉! 出入六合, 遊乎九州, 獨往獨來, 是謂獨有. 獨有[2]之人, 是謂至貴.

부유토자는 유대물야요 유대물자는 불가이물이니 물이불물이론 고로 능물물하나니 명호물물자지비물야면 기독치천하백성이이재오 출입육합하며 유호구주호되 독왕독래하나니 시위독유니 독유지인을 시위지귀라 하니라

1 왕숙민은 물이불물物而不物의 물物 자는 위의 글에 붙여 '불가이물물'不可以物物로 읽어야 한다고 주장하였다. 그래서 그는 "천하를 가진 사람은 사람들을 주재해서는 안 되니, 그러므로 사람들을 주재할 수 있다"는 것을 일컫는다고 말했다. 말하자면 사람들을 주재하려고 마음먹는다고 해서 사람들을 주재할 수 있는 것이 아니라 물물자物物者인 도의 자연에 따름으로써 사람들을 주재하게 된다는 것이다.

2 왕숙민에 따르면 독유獨有는 일체를 초절超絶한 것이니, 곧 도를 체득한 사람이다.

대저 땅을 가진 사람은 천하와 국가처럼 큰 물건을 가진 것이다. 그처럼 큰 물건을 가진 사람은 사람들을 주재하려고 해서는 안 되니, 그러므로 사람들을 주재할 수 있다. 물건을 주재하는 것은 물건이 아니라는 것을 알면 어찌 천하 백성들을 다스릴 수 있을 뿐이겠는가! 천지사방에 들고 나며 구주를 오가면서 홀로 갔다 홀로 오니, 이것을 일러 홀로 있음이라고 한다. 홀로 있을 수 있는 사람을 일러 지극히 귀하다고 한다.

【대의】

물물자物物者는 물物이 아니라는 점을 알아야 한다는 것이 이 글의 핵심이다. 물건을 물건 되게 하는 것은 만물의 주재자인 도이다. 도는 만물을 주재하겠다는 생각이 없이 만물을 주재한다. 제왕도 이러한 도처럼 사람을 주재하겠다는 생각을 버리고, 도의 자연에 따라야 한다.

6

大人之教, 若形之於影, 聲之於響.[1] 有問而應之, 盡其所懷, 爲天下配.[2] 處乎无響, 行乎无方.[3] 挈汝適復之撓撓, 以遊无端[4]; 出入无旁,[5] 與日无始[6]; 頌論形軀,[7] 合乎大同,[8] 大同而无己. 無己, 惡乎得有有![9] 覩有者, 昔之君子; 覩无者, 天地之友.[10]

대인지교는 약형지어영하며 성지어향하야 유문이응지호되 진기소회하야 위천하배하나니라 처호무향하며 행호무방하야서 설여하야 적복지요요하야 이유무단하며 출입무방이라 여일로 무시하나니 송론형구인댄 합호대동하니 대동이나 이무기니 무기면 오호득유유리오 도유자는 석지군자요 도무자야 천지지우니라

1 이에 대해서 곽상은 "백성의 마음이 형체와 소리라면 대인의 가르침은 그림자와 메아리이다"라고 말했다. 이는 대인의 가르침은 자기의 주관적인 마음을 개입시키지 않고, 백성들의 마음을 있는 그대로 반영한다는 것이다. 이를 교육방법에 원용한다면 위대한 교육자는 자기의 주관적인 생각을 배제하고, 백성의 마음 또는 천지의 마음을 있는 그대로 전달해야 하는 것이 된다.

2 왕숙민에 따르면 위천하배爲天下配는 여천하합與天下合을 말한다.

3 곽상은 "적寂으로써 물物을 대하고, 물物에 따라 전화한다"고 말했다. '물'은 일체 사물을 가리키지만 사람에 국한해서 볼 수도 있다. '적'은 "마음을 비우고 말없이 하는 것"으로 해석할 수 있다.

4 왕숙민은 적복適復을 왕복으로, 지之는 이而로, 요요撓撓는 요조撓挑로 보고서 이 구절은 "이리저리 오가면서 끝없는 세계에서 노닌다"는 것을 일컫는다고 하였다. 그러나 여기서는 성현영 설에 따라 번역하였다.

대인의 가르침은 형체가 그림자를 따르고 소리가 메아리를 따르는 듯하다. 물음이 있으면 그에 응하되 그들이 가슴속에 품은 것을 다하게 하여 천하 사람들과 짝이 된다. 소리 소문 없이 거처하며 일정한 방향 없이 행동한다. 너를 이끌고 절로 움직이는 본성을 회복케 하여 자연과 함께 오고 가므로 흔적의 끄트머리도 없으며, 죽고 사는 일이 벌어지는 티끌 세상 속을 들고 나는지라 날로 새로워지므로 시작도 없나니, 말과 행동거지는 대도와 합한다. 대도와 합하면 자기라는 것이 없어진다. 자기라는 것이 없어지면 어떻게 있는 것을 있다고 할 수 있으리오! 있는 것을 보는 사람은 옛적의 군자요 없는 것을 보는 사람은 천지의 벗이다.

5 유월은 방旁을 방方으로 읽었다. 출입무방出入無方은 일정한 방향 없이 들고 나는 것이다.

6 성현영은 "날로 새로워지므로 끝과 시작이 없다"고 하였다.

7 송론형구頌論形軀를 왕숙민은 장태염章太炎 설에 따라 모상형구貌象形軀로 보았다. 그러나 조초기는 '송론'은 언담言談이요 '형구'는 형태거동形態擧動을 가리킨다고 하였다. 역자는 이 설에 따랐다.

8 조초기는 대동大同을 대도大道로 보았다.

9 왕숙민에 따르면 이而는 즉則과 같다. 그래서 "자기를 잃게 되면 일체가 모두 잊힌다"고 말했다.

10 조초기에 따르면 도유覩有는 유有에 착안하는 것이요, 도무覩无는 무无에 착안하는 것이며, 군자는 인의仁義를 논하는 유자儒者이고 천지지우天地之友는 천지와 서로 짝할 수 있는 득도한 사람이다.

【대의】

여기에서는 대인의 가르침에 대해 언급하였다. 대인은 자기의 주관적인 생각을 개입시키지 않고 형체와 그림자, 소리와 메아리처럼 백성들의 마음을 있는 그대로 반영한다. 그렇게 하려면 자기를 잊고 천지만물의 자연스러운 변화에 응하여 천지의 벗이 되어야 한다.

7-1

賤而不可不任者, 物也. 卑而不可不因者, 民也.[1] 匿而不可不爲者, 事也.[2] 麤而不可不陳[3]者, 法也. 遠而不可不居者, 義也.[4] 親而不可不廣者, 仁也.[5] 節而不可不積[6]者, 禮也. 中而不可不高者, 德也.[7] 一而不可不易者, 道也.[8] 神而不可不爲者, 天也.[9]

천이불가불임자는 물야요 비이불가불인자는 민야요 익이불가불위자는 사야요 추이불가부진자는 법야요 원이불가불거자는 의야요 친이불가불광자는 인야요 절이불가부적자는 예야요 중이불가불고자는 덕야요 일이불가불이자는 도야요 신이불가불위자는 천야니라

1 왕선겸은 "백성이나 동식물은 비록 비천하지만 마땅히 그에 따라 맡겨야지 그 성질을 거스르면 혼란스러워진다"고 말했다.

2 왕선겸에 따르면 익匿은 미微로 해석된다. 미微는 '은미하다'이다.

3 조초기에 따르면 진陳은 시施이다. 시施는 '실행하다'이다.

4 왕숙민에 따르면 거居는 '의거하다'이다. 의義는 알맞게 하는 것을 귀하게 여기므로 비록 자기 눈앞의 이익에서 멀리 떨어져 있을지라도 반드시 그에 의거해야 한다는 것이다.

5 성현영은 "어떤 이를 가까이하면 사랑이 한쪽에 치우쳐 편협해지므로 두루 널리 사랑해야 대인大仁이라고 할 수 있다"고 말했다.

6 왕숙민에 따르면 적積은 '익히다'이다.

7 이 구절은 중화中和의 성품을 지니고서 조화를 이루면서도 세속에 물들지 않고 고상하게 할 수 있는 것이 덕임을 말한다.

8 이에 대해서 성현영은 "묘본일기妙本一氣는 만물을 모두 살려주지만 매우 간이하니 아마 도가 아닐까?"라고 말했다.

9 성현영은 "신神의 공적은 헤아릴 수 없는지라 일정한 방향 없이 드러났다가 숨기도 하면서 기회를 틈타 막힘 없이 작용하니 천연天然에 부합한다"고 하였다.

천하지만 맡기지 않을 수 없는 것이 물건이요, 낮지만 따르지 않을 수 없는 것이 백성이요, 은미하지만 하지 않을 수 없는 것이 일이요, 거칠지만 시행하지 않을 수 없는 것이 법이요, 멀지만 지키지 않을 수 없는 것이 의로움이요, 친하지만 넓히지 않을 수 없는 것이 인이요, 절도에 맞게 해야 하지만 몸소 실천하며 익히지 않을 수 없는 것이 예요, 남에 맞추어 따르지만 고상하게 하지 않을 수 없는 것이 덕이요, 한결같으면서도 간이하게 하지 않을 수 없는 것이 도요, 신령스러우면서도 그렇게 하지 않을 수 없는 것이 천이다.

故聖人觀於天而不助, 成於德而不累,[10] 出於道而不謀,[11] 會於仁而不恃,[12] 薄於義而不積,[13] 應於禮而不諱,[14] 接於事而不辭,[15] 齊於法而不亂,[16] 恃於民而不輕,[17] 因於物而不去.[18] 物者莫足爲也, 而不可不爲.[19] 不明於天者, 不純於德.[20] 不通於道者, 無自而可. 不明於道者, 悲夫!

고로 성인은 관어천이부조하며 성어덕이불루하며 출어도이불모하며 회어인이불시하야 박어의이부적하며 응어례이불휘하며 접어사이불사하며 제어법이불란하며 시어민이불경하며 인어물이불거하나니라 물자 막족위야니 이불가불위니 불명어천자는 불순어덕하고 불통어도자는 무자이가하니 불명어도자 비부라

10 조초기는 "덕성은 저절로 이루어지니 마음을 쓸 필요가 없다"고 말했다. 여기서 루累는 '마음을 쓰다'로 새겼다.

11 조초기는 "자연의 도에 따라 살아가야지 의도적으로 도모할 필요가 없다"고 하였다.

12 왕선겸은 "하는 바가 저절로 인仁에 합하는지라 남에게 의지하지 않는다"고 말했다.

13 왕숙민은 "잠시 묵을 수는 있지만 어찌 쌓는 것을 귀히 여기리오?"라고 말했다.

14 왕숙민은 휘諱를 '꺼리다'의 뜻으로 보고 "대개 세속의 예는 '……하지 말라'는 기휘忌諱가 많은데, 예에 응하되 거리끼게 하지 않는다는 것은 세속적인 예를 초월하는 것이다"라고 말했다.

15 일을 접수하되 사양하지 않는다는 것을 일컫는다. 왕숙민은 이에 대해서 "스스로 맡고 나선다는 뜻이다"라고 하였다.

16 성현영은 "사물의 성질에 따라 법으로써 가지런히 하므로 어지럽히는 일이 없다"고 하였다.

17 왕숙민은 "백성은 나라의 근본이니 낮다고 여기지 않는다"라고 말했다.

18 왕숙민에 따르면 거去는 '버리다'이다.

19 왕숙민은 물物은 천해서 위할 만한 것이 못 될 것 같지만 각기 쓰임새가 있으므로 위하지 않을 수 없다고 하였다.

20 곽상은 "자연을 제대로 모르면 인위적으로 하게 되고, 인위적으로 하게 되면 덕이 순후淳厚해지지 않는다"고 말했다.

그러므로 성인은 하늘을 본받되 조장하지 않으며, 덕이 이루어져도 마음을 써서 그렇게 된 것이 아니며, 도를 드러내도 계획하지 않으며, 인에 합하는지라 남에게 의지하지 않으며, 의에 잠시 의탁할지라도 쌓아두지 않으며, 예에 응하여도 거리끼게 하지 않으며, 일에 접하여도 사양하지 않으며, 법에 의해 가지런히 하여도 어지럽지 않으며, 백성들을 따르되 경시하지 않으며, 사물을 따르되 버리지 않는다. 사물은 위할 만한 것이 못 되지만 위하지 않을 수도 없다. 하늘에 밝지 않은 사람은 덕에 순수하지 않고 도에 통달하지 못한 사람은 제대로 살길이 없으니, 도에 밝지 않은 것은 슬픈 일이다!

7-2

何謂道? 有天道, 有人道. 無爲而尊者, 天道也. 有爲而累者, 人道也. 主者, 天道也. 臣者, 人道也.[1] 天道之與人道也, 相去遠矣, 不可不察也.[2]

하위도요 유천도하며 유인도하니 무위이존자는 천도야요 유위이루자는 인도야라 주자는 천도야요 신자는 인도야니 천도지여인도야 상거 원의니 불가불찰야니라

1 왕숙민은 "이는 자못 법가 학설의 유형이다"라고 하였다.

2 곽상은 "살피지 않으면 군주와 신하의 지위가 어지러워진다"고 하였다.

무엇을 도라 하는가? 천도가 있고 인도가 있다. 무위하면서 높은 것이 천도요, 유위하면서 얽매이는 것이 인도이다. 군주는 천도요 신하는 인도이다. 천도와 인도는 서로 멀리 떨어져 있으니 살피지 않을 수 없다.

【대의】

이 단락에서 작자는 천도와 인도, 무위와 유위의 관계를 설명하였다. 그에 따르면 인도와 유위보다 천도와 무위가 상위개념이다. 작자는 이처럼 천도를 강조하면서도 인도를 완전히 부정하지는 않았다. 또 작자는 군주와 신하의 관계도 천도와 인도의 관계와 같다고 주장하였다. 말하자면 군주는 천도와 같고 신하는 인도와 같다는 것이다. 왕숙민은 이러한 관점은 법가 학설의 유형이라고 평했다. 또한 조초기는 이 글이 「재유」의 취지와 부합하지 않고 「천지」에 속해야 할 것이 잘못된 듯하다고 하였다.

• 제12편 • 천지(天地 第十二)

【제12편 천지天地 해제】

왕부지는 말하기를 "이 편은 무위의 취지를 창언暢言하고 있으니 응제왕편과 서로 보완해서 밝힌 것이 있다"고 하였다. 왕숙민은 "이 편은 무위이치無爲而治를 논하고 있다"고 하였다.

이 편의 첫머리에서는 평형·균형을 유지하면서 변화케 하는 보이지 않는 힘을 언급하고 있다. 그 힘은 도와 덕에 바탕을 두고 있다. 이러한 이치를 아는 군주는 천도의 체현자體現者가 되어 사람들의 자연스러운 성향을 온전히 살려내야 한다. 그렇게 하려면 천지만물에 통하여 작용하는 도와 덕을 체득해야 한다. 도는 지식·총명·언변 등으로 찾을 수 있는 것이 아니다. 오히려 그것들을 모두 버려야 한다. 심지어 천지만물을 잊고 자기 자신조차도 잊어야 그의 덕이 천天과 합해질 수 있다. 그 방법으로 성수반덕性脩反德의 수양 공부가 제기된다. 이러한 시각에서 작자는 기술문명의 발전을 우려하는 관점을 천명하였다.

이 편에는 그 밖에 인간의 욕망을 긍정하고 천도와 인도, 무위와 유위의 조화를 시도하는 글도 있다. 그런 글들은 노장 정통파의 사상이 아니다. 그래서 육방호陸方壺는 "이 편은 두서가 각기 다르니 하나의 문장으로 꿸 수가 없다"고 말했다.

1-1

天地雖大, 其化均也; 萬物雖多, 其治一也[1]; 人卒[2]雖衆, 其主君也. 君原於德而成於天,[3] 故曰, 玄古之君天下, 无爲也, 天德而已矣.[4]

천지 수대나 기화 균야며 만물이 수다나 기치 일야며 인졸이 수중이나 기주 군야니라 군은 원어덕이성어천하나니 고로 왈 현고지군천하하니는 무위야라 천덕이 이의라 하노라

[1] 왕숙민에 따르면 화균化均은 사적인 정에 치우치는 일이 없는 것이고, 치일治一은 만물이 각기 제자리를 얻게 하는 것이다.

[2] 왕숙민에 따르면 인졸人卒은 인중人衆과 같다. 곽상은 "천하 사람들의 마음이 각기 다르니 무심無心한 사람이 주재해야 한다"고 말했다. 무심은 주관적인 생각이 없는 것이다.

[3] 성현영은 다음과 같이 말했다. "원原은 본本이다. 대저 군주는 사람과 사물을 주재하되 반드시 덕으로써 으뜸을 삼아야 하며, 그래서 사람들이 스스로 터득하면 그로써 자연의 성품을 온전히 이루게 된다."

[4] 곽상은 "자연의 운동에 맡긴다"고 말했다. 성현영에 따르면 현玄은 원遠이고, 고지군古之君은 삼황三皇 이전의 제왕을 일컫는다.

천지가 비록 광대할지라도 그 변화는 균등하며, 만물이 비록 다양할지라도 만물이 각기 제자리를 얻어야 한다는 이치는 하나이다. 백성이 비록 많을지라도 그의 주인은 군주이다. 군주는 덕을 근본으로 삼아 자연의 성품을 이루게 해야 한다. 그래서 아득한 옛날에 천하를 다스렸던 제왕은 무위로써 다스리고 자연의 운동에 맡겼을 뿐이라고 한다.

1-2

以道觀言, 而天下之君正[1]; 以道觀分, 而君臣之義明.[2] 以道觀能, 而天下之官治[3]; 以道汎觀, 而萬物之應備.[4] 故通於天地者, 德也; 行於萬物者, 道也; 上治人者, 事[5]也; 能有所藝[6]者, 技也. 技兼[7]於事, 事兼於義, 義兼於德, 德兼於道, 道兼於天.[8] 故曰: 古之畜天下者, 无欲而天下足, 无爲而萬物化, 淵靜而百姓定. 記曰: 「通於一而萬事畢.[9] 无心得[10]而鬼神服.」

이도로 관언하면 이천하지군이 정하고 이도로 관분하면 이군신지의 명하고 이도로 관능하면 이천하지관이 치하고 이도로 범관이면 이만물지응이 비하리라 고로 통어천지자는 덕야요 행어만물자는 도야요 상치인자는 사야요 능유소예자는 기야니 기 겸어사하고 사 겸어의하고 의 겸어덕하고 덕이 겸어도하고 도 겸어천하니라 고로 왈 고지휵천하자는 무욕이천하 족하며 무위이만물이 화하며 연정이백성이 정이라 하노라 기에 왈 통어일이만사 필하며 무심득이며 이귀신이 복이라 하도다

1 곽숭도는 "언言이란 명名이다. 군주가 자신의 명분을 바르게 하면 천하 사람들이 저절로 따르게 된다"고 말했다. 조초기는 "여기서 작자는 천도天道로써 정명正名할 것을 주장하였다"고 말했다. 전목에 따르면 군君은 명名 자가 잘못된 것이다.

2 조초기는 "천도로써 군신의 직분을 표시하면 명확해질 수 있다"고 말했다.

3 곽상은 "관직이 각각 그들의 능력에 합당하면 저절로 다스려질 것이다"라고 하였다.

4 조초기는 "천도로써 일체를 드러내면 만물의 요구가 모두 만족될 수 있다"고 말했다.

5 조초기에 따르면 사事는 정사政事이다.

6 왕숙민에 따르면 예藝는 기능이다.

7 선영에 따르면 겸兼은 통統과 같다.

8 조초기는 "도가 천에 의해서 통속된다는 식의 말은 내편에는 없다"고 하였다.

9 기記는 책 이름이다. 성현영에 따르면 일一은 도이다.

10 전목에 따르면 무심득無心得은 득무심得無心이다.

도로써 명名을 표시하면 천하의 명이 바르게 되고, 도로써 직분을 표시하면 군신의 도의가 분명해지고, 도로써 능력을 표시하면 천하의 관리가 저절로 다스려지고, 도로써 일체를 표시하면 만물의 요구가 모두 충족될 것이다. 그러므로 천지에 통하는 것은 덕이요, 만물에 작용하는 것은 도이다. 위에서 사람을 다스리는 것이 정사요, 능력에 따라 어떤 기능을 갖추는 것이 기술이다. 기술은 정사에 의해 통속되고, 정사는 도의에 의해 통속되고, 도의는 덕에 통속되고, 덕은 도에 통속되고, 도는 자연에 통속된다. 그러므로 이르기를 옛적에 천하 사람들을 육성한 사람은 무욕할지라도 천하 사람들이 만족했으며, 무위할지라도 저절로 화육化育되었으며, 심연처럼 고요할지라도 백성들이 안정되었다고 한다. 기記에 이르기를 "하나뿐인 도에 통하면 만사가 완성되며, 무심無心을 터득하면 귀신조차도 복종한다"고 하였다.

【대의】

작자는 여기서 천지만물이 평형과 균형을 이루며 변화·발전하게 하는 어떤 신비한 힘을 언급하였다. 그런 힘은 천지만물에 통하여 작용하는 도와 덕에 바탕을 두고 있다. 이러한 이치를 터득한 군주는 천도를 온몸으로 구현하는 사람이 되어 자연의 운동에 맡김으로써 사람들의 자연스러운 성품이 온전히 살아나게 할 수 있다. 그러나 조초기가 지적했듯이 도가 천에 의하여 통속된다는 말은 내편에 없다. 이 글은 노장 정통파의 사상일 수 없다. 장헝소우는 이 글이 한초 도가학파 또는 송윤학파 후학의 작품인 것 같다고 주장하였다.

2

夫子[1]曰:「夫道, 覆載萬物者也, 洋洋乎大哉![2] 君子不可以不刳[3]心焉. 无爲爲之之謂天, 无爲言之之謂德, 愛人利物之謂仁, 不同同之之謂大,[4] 行不崖異之謂寬,[5] 有萬不同之謂富.[6] 故執德之謂紀,[7] 德成之謂立, 循於道之謂備, 不以物挫[8]志之謂完. 君子明於此十者, 則韜乎其事心之大也,[9] 沛乎其爲萬物逝也.[10]

부자왈 부도는 부재만물자야니 양양호대재라 군자는 불가이불고심언이니라 무위위지지위천이오 무위언지지위덕이오 애인이물지위인이오 부동동지지위대요 행불애이지위관이오 유만부동지위부니라 고로 집덕지위기요 덕성지위립이오 순어도지위비오 불이물로 좌지지위완이니 군자 명어차십자면 즉도호기사심지대야며 패호기위만물서야니라

1 부자夫子는 노자 또는 장자라는 설이 있다. 그러나 왕숙민은 공자로 보는 것이 옳다고 하였다.

2 조초기에 따르면 양양洋洋은 끝없이 탁 트인 모습이다.

3 성현영에 따르면 고刳는 '버리다' '씻어내다'이다.

4 이에 대해서 조초기는 다음과 같이 말했다. "객관사물은 본래 이쪽 아니면 저쪽으로 구분될 수 있고 심지어 대립시켜볼 수 있다. 그러나 천도에 정통하면 이쪽과 저쪽을 나누지 않고 대립을 해소하여 다 같이 하나로 돌아가게 할 수 있으니, 이렇게 할 수 있다면 위대하다고 일컬을 수 있다."

5 조초기는 다음과 같이 말했다. "애이崖異는 뛰어나서 대중과 구별되는 것이다. 이 구절은 거동이 남다르게 특별하지 않아서 많은 사람, 많은 사물과 화동和同하되 전혀 경계선이 없는지라, 이것을 관용이라고 한다는 것을 일컫는다."

6 조초기는 "만물을 포용하여 갖지 않는 것이 없으니 이렇게 하면 가장 풍부해진다"고 말했다.

7 왕숙민에 따르면 고집덕故執德은 본래 집고덕執故德으로 썼던 것 같다. 성현영은 '이전의 덕행을 견지할 수 있다'는 뜻으로 해석하였다.

8 성현영은 좌挫를 '굽히다'로 보았다.

9 조초기에 따르면 도韜는 마음이 넓은 모양을 형용하고, 사심事心은 입심立心이다.

10 이에 대해서 성현영은 다음과 같이 말했다. "심성이 너그러우면서도 한가로우며, 덕택이 솟구치므로 온갖 생령生靈이 돌아가 의지한다."

선생님께서 말씀하셨다. "대저 도는 덮어주고 실어주는 것이니 끝없이 광활하도다! 군자는 마음을 씻어내지 않을 수 없도다. 무위로써 하는 것을 하늘이라고 하고, 무위로써 말하는 것을 덕이라고 하고, 사람을 사랑하고 만물을 이롭게 하는 것을 인이라고 하고, 서로 같지 않은 것들을 하나로 돌아가게 할 수 있는 것을 위대하다고 하며, 거동이 특별하지 않아서 사람들과 거리를 두지 않고 잘 어울리는 것을 관용이라고 하고, 갖가지 서로 다른 것들을 포용하여 가지는 것을 풍부하다고 한다. 그러므로 이전의 덕행을 견지하는 것을 기강이라고 하고, 덕행이 이루어지는 것을 자립이라고 하며, 도에 따르는 것을 완비하다고 하고, 재물이나 권력 따위 때문에 뜻을 굽히지 않는 것을 완전하다고 한다. 군자가 이 열 가지를 알면 너그러이 마음을 크게 세울 것이며, 덕택德澤이 흘러넘쳐 온갖 생령生靈이 그에게 돌아가 의지할 것이다.

若然者, 藏金於山, 藏珠於淵, 不利貨財, 不近貴富[11]; 不樂壽, 不哀夭; ,不榮通, 不醜窮[12]; 不拘[13]一世之利以爲己私分, 不以王天下爲己處顯. 顯則明,[14] 萬物一府, 死生同狀.」[15]

약연자는 장금어산하며 장주어연하야 불리화재하며 불근귀부하며 불락수하며 불애요하며 불영통하며 불추궁하며 불구일세지리하야 이위기의 사분하며 불이왕천하로 위기처현하나니 현이 즉명이니 만물이 일부며 사생이 동상이니라

11 이에 대해서 성현영은 다음과 같이 풀이하였다. "떠나가면 떠나가는 대로 찾아오면 오는 대로 맡겨두니 슬퍼하거나 즐거워하지 않으므로 밖으로 벼슬자리를 멀리하고 안으로 부귀를 가까이하지 않는다."

12 이에 대해서 곽상은 "가슴속에 수요壽夭를 잊어버리거늘 하물며 궁통窮通의 사이에서랴!"라고 말했다. 수요는 오래 살거나 요절하는 것이고, 궁통은 곤궁하거나 잘되는 것이다. 말하자면 궁통은 말할 것도 없고 수요조차 개의치 않는다는 것이다.

13 전목이 인용한 마기창 설에 따르면 구拘는 '취取하다'이다.

14 왕숙민에 따르면 현즉명顯則明 세 글자는 『곽상 주』가 원문에 잘못 끼어들어간 것이다.

15 조초기에 따르면 일부一府는 일체一體이니 앞의 구절은 이쪽저쪽을 나누지 않는 것을 말하고, 동상同狀은 모습이 같은 것이니 뒤의 구절은 생사生死를 같이 보는 것을 말한다.

이와 같은 사람은 금을 산에 저장하며 진주를 호수 속에 저장하여 재물을 이롭게 여기지 않고 부귀를 가까이하지 않으며, 오래 사는 것을 즐기지 않으며, 요절하는 것을 슬퍼하지 않으며, 뜻대로 잘되는 것을 영광으로 여기지 않으며, 뜻이 막히는 것을 부끄러워하지 않으며, 온 세상의 이로움을 취하여 자기의 사사로운 몫으로 삼지 않으며, 천하의 왕자가 되었다고 해서 자기가 위대하여 입신출세하였다고 생각하지 않는다. 만물은 한 몸이며, 죽고 사는 것은 다를 것이 없다."

【대의】

작자는 여기서 도와 덕이 인사人事보다 상위개념이라고 보면서도 양자를 조화시키려 하고 있다. 그리고 이상적인 인간으로 군자를 제시하였다. 이는 장자 정통파의 사상일 수 없다. 장형소우는 이것을 한초漢初의 작품으로 보았다.

3

夫子曰:「夫道, 淵乎其居也,[1] 漻乎其淸也.[2] 金石不得, 無以鳴.[3] 故金石有聲, 不考不鳴.[4] 萬物孰能定之![5] 夫王德之人, 素逝[6]而恥通於事, 立之本原而知通於神.[7] 故其德廣, 其心之出, 有物採之.[8] 故形非道不生, 生[9]非德不明. 存形窮生,[10] 立德明道, 非王德者邪! 蕩蕩乎! 忽然出, 勃然動,[11] 而萬物從之乎! 此謂王德之人.

부자왈 부도는 연호기거야며 류호기청야라 금석이 부득이면 무이명이니 고로 금석이 유성이나 불고하면 불명하리니 만물을 숙능정지오 부왕덕지인은 소서이치통어사하며 입지본원이지통어신이론 고로 기덕이 광하니라 기심지출은 유물이 채지니 고로 형이 비도인댄 불생하리며 생이 비덕인댄 불명하리라 존형궁생하며 입덕명도하린 비왕덕자야아 탕탕호라 홀연출하며 발연동이어든 이만물이 종지호인저 차위왕덕지인이니라

1 왕숙민에 따르면 연호기거야淵乎其居也는 연호기징야淵乎其靜也와 같다.

2 성현영에 따르면 청결하다는 것은 그것이 비록 움직일지라도 늘 청결한 것을 감탄한 것이다.

3 곽상은 "소리는 적寂으로 말미암아 두드러진다"고 말했다. 이는 소리의 근본이 적寂이라는 것을 뜻한다.

4 곽상은 "도를 체득한 사람은 사물의 감촉을 받은 뒤에 응한다는 것을 비유한다"고 하였다.

5 곽상에 따르면 사물의 감촉에 응하는 데 일정한 방식이 없다는 것이다. 성현영은 이를 사물이 오면 오는 대로 떠나가면 떠나가는 대로 비추는 명경明鏡에 비유하였다.

6 성현영에 따르면 소서素逝는 참된 것에 맡겨 나아가는 것이다.

7 왕숙민에 따르면 이 구절은 그 본원을 확립하면 지혜가 신묘神妙에 통한다는 것을 말한다.

8 성현영은 유有는 유由로, 채採는 구求로 보았다. 그에 따르면 성현의 마음이 표현되어 나오는 것은 진실로 사람들이 요구하기 때문이다.

9 조초기에 따르면 생生은 성性과 통한다.

10 성현영에 따르면 존存은 '맡기다'이고, 왕숙민에 따르면 궁생窮生은 그의 자연수명을 다하는 것이다.

11 곽상에 따르면 홀忽과 발勃은 모두 무심히 응하는 것이다.

선생님이 말씀하셨다. "대저 도는 호수처럼 고요하며, 움직일지라도 언제나 청결하다. 종과 경磬 같은 악기도 그것을 얻지 않으면 울릴 수 없다. 그러므로 종과 경이 소리를 낼 수는 있으나 치지 않으면 울리지 않을 것이니 만물을 누가 어떤 하나의 방식으로 정할 수 있겠는가! 대저 덕이 왕성한 사람은 참된 것에 맡겨 나아가지만 세속적인 일에 밝은 것을 부끄러워하며, 본원을 확립하여 지혜가 신명에 통한다. 그러므로 그의 덕이 널리 미친다. 그의 마음이 표현되어 나오는 것은 그렇게 하기를 요구하는 사람이 있기 때문이다. 그러므로 눈으로 볼 수 있는 물체는 도가 아니면 생겨 나오지 않으며, 성性은 덕이 아니면 밝아지지 않을 것이다. 몸과 물질에 맡겨 자연수명을 다하며, 덕을 세워서 도를 밝히는 것은 덕이 왕성한 사람 아니겠는가! 얼마나 너그럽고 공평한가! 홀연히 나와서 갑자기 움직이거든 많은 사람들이 그를 따를진저! 이를 일러 덕이 왕성한 사람이라고 한다.

視乎冥冥! 聽乎無聲. 冥冥之中, 獨見曉焉; 無聲之中, 獨聞和焉. 故深之又深而能[12]物焉, 神之又神而能精焉; 故其與萬物接也, 至無而供其求, 時騁而要其宿, 大小, 長短, 修遠.」[13]

시호명명하며 청호무성하니 명명지중에 독현효언하며 무성지중에 독문화언이로다 고로 심지우심이오 이능물언하며 신지우신이오 이능정언하나니 고로 기여만물로 접야에 지무이공기구하나니 시빙이요기숙인댄 대소 장단 수원이로다

12 왕숙민에 따르면 능能은 유有와 같다.

13 조초기는 다음과 같이 말했다. "접接은 '교접 또는 연계하다'이다. 지무至無는 '지극히 허무한 것'이다. …… 요기숙要其宿은 '만물의 귀착점이 되다'이다. 수원修遠은 구원久遠이다. 이 몇 구절은 도와 만물의 관계를 천명하여 진술한 것이다." 왕숙민은 이 글의 원遠 자 다음에 빠진 글이 있다고 주장하였다.

깊숙하고 어둠침침하며 들어보려고 해도 소리가 없도다. 깊숙하고 어둠침침한 가운데 홀로 광명이 드러나며 소리 없는 가운데 홀로 어우러지는 소리가 들려온다. 그러므로 깊고도 깊으면서도 사물이 존재하게 하며, 신비롭고 또 신비로우면서도 정묘精妙함이 있도다. 그러므로 그것이 만물과 접촉할 때 지극히 허무하지만 그들의 요구에 이바지하니, 때에 맞게 갖가지로 응하여 만물의 귀착점이 된다. 그래서 크면 큰 대로 작으면 작은 대로 길면 긴 대로 짧으면 짧은 대로 변화 발전하니 장구하고 원대하다."

【대의】

작자는 여기서 도를 세계에 구현할 수 있는 사람으로 왕덕지인王德之人을 등장시켰다. 그는 덕이 왕성한 사람이다. 그러한 사람은 두드려야 울리는 악기처럼 사람들의 요구에 따라 부득이 말하고 행동한다. 그렇게 함으로써 오히려 사람들이 따르게 된다는 것이다. 이 글은 무위와 유위를 조화시키려는 사상인데, 장자 정통파의 철학으로 보기 어렵다.

4

皇帝遊乎赤水之北, 登乎崑崙之丘而南望, 還歸遺其玄珠.[1] 使知索之而不得, 使離朱[2]索之而不得, 使喫詬索之而不得也. 乃使象罔, 象罔得之.[3] 皇帝曰:「異哉! 象罔乃可以得之乎!」[4]

황제 유호적수지북하실새 등호곤륜지구하사 이남망하고 선귀하시다가 유기현주하시고 사지로 색지이부득하며 사이주로 색지이부득하며 사끽구로 색지이부득야하야는 내사상망한대 상망이 득지하야늘 황제왈 이재라 상망이여 내가이득지호여

1 이이에 따르면 적수赤水는 곤륜산 아래에 있다. 곽경번에 따르면 현주玄珠는 도를 비유한다.
2 조초기에 따르면 이주離朱는 총명을 비유한다.
3 성현영에 따르면 끽구喫詬는 언변이고 상망象罔은 망상罔象이니 무심을 일컫는다.
4 곽상은 "진리는 마음을 써서 터득할 수 있는 것이 아니라는 것을 천명하고 있다"고 말했다.

황제가 적수의 북쪽으로 나들이 가서 곤륜산에 올라 남쪽을 바라보고 돌아오다가 그의 현주玄珠를 잃어버렸다. 지知로 하여금 그것을 찾아내라 하였으나 얻지 못했다. 이주로 하여금 그것을 찾아내라 하였으나 얻지 못했으며, 끽구로 하여금 그것을 찾아내라 하였지만 얻지 못했다. 그제야 상망을 시키니 상망이 그것을 찾아내었다. 황제가 말했다. "기이하도다! 상망이 도리어 그것을 찾아낼 수 있다니!"

【대의】

작자는 여기서 도를 현주라는 말로 표현하였다. 현주는 현묘한 구슬이다. 이러한 구슬은 지식·총명·언변으로 찾을 수 있는 것이 아니다. 오히려 그러한 것들을 모두 버릴 수 있는 무심無心이라야 터득할 수 있다는 것이다.

5

堯之師曰許由, 許由之師曰齧缺, 齧缺之師曰王倪, 王倪之師曰被衣.[1] 堯問於許由曰:「齧缺可以配天乎? 吾藉[2]王倪而要之.」許由曰:「殆哉圾乎天下! 齧缺之爲人也, 聰明叡知, 給數以敏,[3] 其性過人, 而又乃以人受天.[4] 彼審乎禁過, 而不知過之所由生.[5] 與之配天乎?

요지사왈허유요 허유지사왈설결이요 설결지사왈왕예요 왕예지사왈피의리니요 문어허유왈 설결은 가이배천호아 오 자왕예하야 이요지하노라 허유왈 태재급호라 천하에 설결지위인야여 총명예지하며 급삭이민하며 기성이 과인이오 이우내이인으로 수천하며 피 심호금과요 이부지과지소유생하나니 여지배천호아

1 성현영에 따르면 이상의 네 사람은 모두 요임금 때 은사隱士이다.

2 곽상에 따르면 배천配天은 천자가 되는 것을 일컫는다. 성현영에 따르면 자藉는 '말미암다'이다. 여기서는 '통하다'로 새긴다.

3 곽상에 따르면 급給은 '위태롭다'이다. 조초기에 따르면 급給은 '민첩하다'이고 삭數은 '빠르다'이고 민敏은 '영민하다'이니, 이 구절은 신속민첩한 것을 말한다.

4 왕숙민에 따르면 내乃는 차且와 같고 수受는 성成과 같으니, 이인수천以人受天은 인위로써 자연을 이루는 것을 말한다. 그런데 곽상은 "지知로써 그의 자연을 회복하기를 추구한다"고 풀이하였다.

5 곽상은 "대저 과오는 총명예지에 의지하여 생기는데도 또다시 심지心知를 사용하여 그것을 금하려고 하니, 그 과오가 더욱 심해진다"고 하였다. 말하자면 지식에 의해 파생된 문제를 지식으로 해결하려는 것은 마치 불로써 불을 끄려는 것과 같다는 것이다.

요의 스승을 허유라 하고 허유의 스승을 설결이라 하고 설결의 스승을 왕예라 하고 왕예의 스승을 피의라 한다. 요가 허유에게 물었다. "설결은 천자가 될 만합니까? 저는 왕예를 통하여 그를 모셔오고자 합니다." 허유가 말했다. "천하를 위태롭게 하기 쉽도다. 설결의 사람됨은 총명예지하며 신속민첩하며, 그 성품이 과인할 뿐만 아니라 지식으로써 그의 자연을 회복하기를 추구하며, 그는 남의 과오를 금하는 데 대해서는 자세히 알면서도 잘못이 어떻게 해서 생기는지를 모른다. 그런데도 그에게 천자 자리를 주려는가?

彼且乘人而無天,[6] 方且本身而異形,[7] 方且尊知而火馳,[8] 方且爲緒使,[9] 方且爲物絯,[10] 方且四顧而物應,[11] 方且應衆宜,[12] 方且與物化而未始有恒.[13] 夫[14]何足以配天乎? 雖然, 有族, 有祖,[15] 可以爲衆父, 而不可以爲衆父父.[16] 治, 亂之率也,[17] 北面之禍也, 南面之賊也.」[18]

피차승인이무천하며 방차본신이이형하며 방차존지이화치하며 방차위서사하며 방차위물해하며 방차사고이물응하며 방차응중의하며 방차여물화이미시유항이어니 부하족이배천호리오 수연이나 유족하며 유조하니 가이위중보언정 이불가이위중보의 보니 치 난지솔야며 북면지화야며 남면지적야니라

6 조초기에 따르면 승인乘人은 사람의 재지才智에 의지하는 것이다. 무천無天은 천도를 무시한다는 뜻이다.

7 이에 대해서 성현영은 다음과 같이 말했다. "이제 설결은 자기 자신을 근본으로 삼아 남을 이끌어 돌아오게 하려고 하니, 천하 사람들로 하여금 나와 남을 구별하여 나의 교화에 따르게 하려는 것과 같다."

8 왕숙민은 "화火는 배北의 자형字形이 잘못되었으니, 배치北馳는 곧 배치背馳로 천치舛馳와 같다"고 하였다.

9 곽상은 "장차 후세에 사물에 의하여 부려지는 단서를 일으키게 될 것이다"라고 말했다.

10 조초기에 따르면 해絯는 속박이니 위물해爲物絯는 자기 밖의 사물에 시달리는 것이다.

11 조초기에 따르면 사고四顧는 사방을 두리번거리면서 돌아보는 것이니 응대하느라 겨를이 없는 것을 형용하고, 물응物應은 만물과 서로 응접하는 것이다.

12 조초기에 따르면 많은 사람들의 요구에 영합하려는 것이다.

13 왕숙민에 따르면 이 구절은 그의 성정을 상실한 것에 대해서 말한 것이다.

14 왕숙민에 따르면 부夫는 피彼와 같다.

15 선영에 따르면 무릇 많은 무리에는 반드시 그들의 선조가 있다는 것을 뜻한다.

16 선영은 "중보보衆父父는 곧 무리의 조상이요, 온갖 변화의 대종大宗이다. 설결은 많은 사람의 아버지는 될 수 있지만 많은 사람의 아버지의 아버지는 될 수 없다는 것이다"라고 했다.

17 성현영에 따르면 솔率은 곧 주主이다.

18 왕숙민은 "이 구절은 치治는 곧 란亂의 선조이니, 신하의 화요 군주의 해라는 것을 말한다"고 하였다. 여기서는 사물 사건들이 서로 반대하는 성질을 지닌 것들을 자기 존재의 전제로 삼으면서 상반상성相反相成한다는 논리를 바탕에 두고 있다.

그는 또한 인간의 재지才智를 믿고서 천도를 보지 못하며, 장차 자기 자신을 근본으로 삼아 사람들로 하여금 나와 남을 서로 구별케 할 것이며, 장차 지식을 높여 등에 지고 달리게 할 것이며, 장차 지식에 의지해서 일을 하려다가 후세에 일에 의하여 부려지는 단서를 만들 것이며, 그래서 재물과 권력 같은 것들에 속박되게 할 것이며, 사방을 두리번거리면서 온갖 일에 대처하느라 겨를이 없게 할 것이며, 많은 사람들의 요구에 영합할 것이며, 사물에 따라 변화하다가 그의 떳떳한 성정을 상실할 것이다. 그가 어찌 족히 천자가 될 만하겠는가? 비록 그렇지만 많은 무리에는 반드시 그들의 선조가 있으니, 같은 무리의 아버지는 될 수 있지만 여러 아버지의 아버지는 될 수 없다. 안정은 혼란의 주인이며, 북면하여 신하 노릇 하는 사람의 화이며, 남면하여 임금 노릇 하는 사람을 해칠 것이다."

【대의】

작자는 여기서 인간의 지식에 의하여 파괴된 자연을 지식에 의하여 회복할 수 없다는 견해를 피력하였다. 그렇게 하면 할수록 이 세계를 악화시킨다. 따라서 인류사회의 문제들을 제대로 해결하려면 온갖 변화의 대종大宗인 중보보衆父父에 의거해야 한다. 중보보는 일체 사물들의 근원인 도를 가리킨다.

6

堯觀乎華.[1] 華封人曰:「嘻, 聖人! 請祝聖人. 使聖人壽.」堯曰:「辭.」「使聖人富.」堯曰:「辭.」「使聖人多男子.」堯曰:「辭.」封人曰:「壽, 富, 多男子, 人之所欲也, 女獨不欲, 何邪?」堯曰:「多男子則多懼, 富則多事, 壽則多辱. 是三者, 非所以養德也, 故辭.」

요관호화하더시니 화봉인이 왈 희라 성인아 청축성인하야 사성인으로 수하노라 요왈 사호리라 사성인으로 부하노라 요왈 사호리라 사성인으로 다남자하노라 요왈 사호리라 봉인이 왈 수 부 다남자는 인지소욕야어늘 여독불욕은 하야오 요왈 다남자즉다구하고 부즉다사하고 수즉다욕하니 시삼자는 비소이양덕야론 고로 사하노라

1 성현영에 따르면 화華는 지명으로 화주華州이다.

요임금이 화주 지방을 순시하였다. 화주의 국경 관리인이 말했다. “아, 성인이시여! 성인을 위해 축원하여 성인께서 장수하게 하겠습니다.” 요임금이 말했다. “사양하리라.” “성인께서 부유하게 하렵니다.” 요임금이 말했다. “사양하리라.” “성인께서 사내아이가 많게 하렵니다.” 요임금이 말했다. “사양하리라.” 국경 관리인이 말했다. “수壽, 부富, 그리고 사내아이가 많은 것은 사람들이 바라는 것입니다. 그런데도 그대만이 바라지 않는 것은 무슨 까닭입니까?” 요임금이 말했다. “사내아이가 많으면 두려운 일이 많아지고, 부유하면 일이 많아지고, 오래 살면 욕된 일이 많아질 것이네. 이 세 가지는 그것을 가지고 덕을 기르는 것이 아니므로 사양하겠네.”

封人曰:「始也我以女爲聖人邪, 今然君子也. 天生萬民, 必授之職, 多男子而授之職, 則何懼之有? 富而使人分之, 則何事之有! 夫聖人, 鶉居而鷇食,[2] 鳥行而无彰,[3] 天下有道, 則與物皆昌; 天下无道, 則修德就閒[4]; 千歲厭世, 去而上僊; 乘彼白雲, 至於帝鄕[5]; 三患[6]莫至, 身常无殃; 則何辱之有!」[7] 封人去之. 堯隨之, 曰:「請問?」封人曰:「退已!」

봉인이 왈 시야에 아 이여로 위성인야라니 금에 연하니 군자야로다 천생만민하고 필수지직하나니 다남자어든 이수지직 즉하구지유리오 부어든 이사인분지 즉하사지유리오 부성인은 순거이구식하며 조행이무창하야 천하 유도 즉여물개창하고 천하무도 즉수덕취한이라가 천세에 염세하야 거이상선하야 승피백운하야 지어제향하나니 삼환이 막지하야 신상무앙호리니 즉하욕지유리오 봉인이 거지어늘 요 수지하야 왈 청문하노라 봉인왈 퇴이어다

2 『석문』에 따르면 순거鶉居는 일정한 거처가 없는 것이다. 조초기는 "이 구절은 성인이 먹고 입고 거주하고 길을 나서는 것이 모두 새나 짐승처럼 신경 쓸 것 없이 그의 천성에 따라 자연스럽게 움직이는 것을 설명한다"고 하였다.

3 곽상은 "본성에 따라 움직여 일정한 자취를 남기지 않는다"고 말했다.

4 조초기에 따르면 취한就閒은 한가로이 사는 것이니 세상 사람들과 경쟁하지 않는 것을 나타낸다.

5 왕숙민은 "이 편은 아마 전국시대 후기 장자학파가 『장자』에 의탁한 것 같다"고 말했다.

6 삼환三患은 위에서 말한 다구多懼·다사多事·다욕多辱이다.

7 조초기는 "부성인夫聖人부터 이 구절까지 세상의 일에 따라 맡겨 살아가기만 한다면 비록 오래 살지라도 욕을 당하는 것과 같은 문제가 존재하지 않는다는 것을 설명한다"고 하였다.

국경 관리인이 말했다. "애초에 저는 그대를 성인이라고 여겼더니 이제 보니 군자에 지나지 않습니다. 하늘은 만백성을 낳고 반드시 그에게 재능을 주기 마련입니다. 사내아이가 많거든 그들에게 직무를 주면 무슨 두려운 일이 있겠습니까? 부유하거든 사람들에게 나누어준다면 무슨 어려운 일이 있겠습니까? 저 성인은 메추리처럼 일정한 거처가 없으면서 새끼 새처럼 먹으며 새처럼 날아다니되 자취가 없습니다. 천하에 도가 있으면 만물과 하나가 되어 다 같이 창성하고, 천하에 도가 없으면 덕을 닦으면서 한가로이 살다가 천 살에 세상에 물려서 세상을 떠나 등선하여 저 흰 구름을 타고서 상제가 사시는 곳에 이를 것입니다. 위에서 말한 세 가지 우환이 이르지 않아 몸에 언제나 재앙이 없을 것인데 무슨 욕스러운 일이 있겠습니까?" 국경 관리인이 떠나거늘 요임금이 그를 따라가서 말했다. "청컨대 물어보고자 하노라." 국경 관리인이 말했다. "물러가십시오!"

【대의】

작자는 여기서 인간의 욕망을 긍정할 수 있는 논리를 제시하였다. 그에 따르면 사람들은 재물을 많이 가지고 오래 살면서 자식을 많이 번식시키고 싶어 한다. 그러나 욕망에는 폐단이 없을 수 없다. 그렇지만 천지만물을 생성 변화시키는 도에 따라 덕을 기른다면 그러한 폐단에서 벗어날 수 있다는 것이다.

7

堯治天下, 伯成子高立爲諸侯.[1] 堯授舜, 舜授禹, 伯成子高辭爲諸侯而耕, 禹往見之. 則耕在野. 禹趨就下風, 立而問焉,[2] 曰:「昔堯治天下, 吾子立爲諸侯. 堯授舜, 舜授予, 而吾子辭爲諸侯而耕, 敢問, 其故何也?」子高曰:「昔堯治天下, 不賞而民勸, 不罰而民畏. 今子賞罰而民且不仁, 德自此衰, 刑自此立, 後世之亂自此始矣. 夫子闔行邪? 无落吾事!」[3] 俋俋乎耕而不顧.[4]

요 치천하할새 백성자고 입위제후라가 요 수순하시며 순이 수우하야시늘 백성자고 사위제후이경하더니 우 왕견지하니 즉경재야어늘 우 추취하풍하야 입이문언하야 왈 석에 요 치천하할새 오자 입위제후라가 요 수순하시며 순이 수여어늘 이오자 사위제후이경하나니 감문하노라 기고는 하야오 자고 왈호되 석에 요 치천하할새 불상이민권하며 불벌이민외하더니 금자는 상벌호되 이민차불인호니 덕이 자차로 쇠하며 형이 자차로 입하며 후세지란이 자차로 시의리라 부자는 합행야오 무락오사어다코 읍읍호경이불고하더라

1 성현영은 "백성자고伯成子高가 어떤 사람인지는 알 수 없지만 도를 지닌 선비인 것 같다"고 하였다.

2 왕숙민에 따르면 하풍下風은 하위下位와 같고, 입立은 잘못 끼어들어간 글자이다.

3 왕숙민에 따르면 락落은 마땅히 류留로 써야 하니, 무류오사無留吾事는 "나의 일을 가로막지 말라"는 것을 말한다.

4 『석문』에서 인용한 일설에 따르면 읍읍俋俋은 밭을 가는 사람이 걸어가는 모습이다.

요임금이 천하를 다스릴 때 백성자고가 옹립되어 제후가 된 적이 있었다. 요가 순에게 선양하시며, 순이 우에게 선양하시거늘, 백성자고가 제후 노릇 하기를 사양하고 밭을 갈았다. 우가 가서 보니 들에서 밭을 갈고 있거늘 우가 잰걸음으로 아랫자리로 나아가 그에게 물었다. "옛적에 요임금이 천하를 다스릴 때 그대가 옹립되어 제후가 되었다가 요임금이 순에게 선양하시며 순이 나에게 선양해주시거늘 그대는 제후 노릇 하기를 사양하고서 밭을 갈고 있으니, 감히 묻노라. 그 까닭이 무엇인가?" 자고가 말하기를, "옛적에 요임금이 천하를 다스릴 때 상 주지 않아도 백성들이 서로 잘해보자고 충고하며, 벌주지 않아도 백성들이 두려워하였습니다. 이제 그대는 상과 벌을 주어도 백성들이 또한 불인不仁하니 덕이 이로부터 쇠미해지며, 형법이 이로부터 생겨나며, 후세의 혼란이 이로부터 시작할 것입니다. 그대는 어찌 떠나가지 않습니까? 나의 일을 가로막지 말아주십시오" 하고 비틀비틀하며 밭을 갈면서 뒤돌아보지도 않았다.

【대의】

작자는 여기서 하夏나라 우禹임금이 상과 벌로 다스리기 시작하면서부터 도덕이 갈수록 쇠미해졌다고 주장하였다.

8

泰初有无, 无有无名[1]; 一之所起, 有一而未形.[2] 物得以生, 謂之德. 未形者有分, 且然无間, 謂之命[3]; 留動而生物,[4] 物成生理, 謂之形; 形體保神, 各有儀則,[5] 謂之性. 性修反德, 德至同於初. 同乃虛, 虛乃大. 合喙鳴[6]; 喙鳴合, 與天地爲合. 其合緡緡,[7] 若愚若昏, 是謂玄德, 同乎大順.[8]

태초에 유무요 무유무명이라 일지소기니 유일이미형하얏거늘 물득이생하니를 위지덕이오 미형자 유분이나 차연무간을 위지명이오 유동이생물이어든 물성생리를 위지형이오 형체 보신하야 각유의칙을 위지성이니 성수반덕하야 덕지면 동어초호리라 동내허요 허내대라 합훼명이니라 훼명합이면 여천지로 위합하야 기합이 민민하야 약우약혼하니 시위현덕이라 동호대순하니라

1 이에 대해서 성현영은 다음과 같이 해석하였다. "태泰는 태太이고, 초初는 시始이다. 원기元氣가 처음 싹트니 그것을 태초라고 한다. 그 기氣가 광대하여 만물의 시본始本이 될 수 있으므로 태초라고 한다. 태초에는 오직 '무'無만이 있고 아직 '유'有가 있지 않았다. '유'가 있지도 아니한데 이름을 어디에 붙이리오! 그러므로 '유'가 없으니 '이름'이 없다고 하였다."

2 곽상은 "대저 '일'一이 일어나는 것은 '지일'至一이지 '무'無에서 기원한 것이 아니다"라고 말했다.

3 왕숙민에 따르면 '차연무간'且然無間은 '왕이무간'往而無間과 같다. 이는 사물이 한순간도 그침 없이 신진대사하되 그 시초를 알 수 없다는 것을 일컫는다.

4 『석문』에 따르면 류留는 류流로 쓴 것도 있다.

5 왕숙민에 따르면 의칙儀則은 법칙과 같다.

태초에 무만이 있고, 유도 없으며 명도 없었다. '일'一을 기원케 하는 것은 '일'이로되 아직 형체가 없었다. 물物이 이것을 얻어 생겨나니 그것을 덕이라고 한다. 아직 형체가 없는 것은 분화는 있으나 간격이 없으니 명命이라고 한다. 고요히 머물러 있기도 하고 움직이면서 물物을 생기게 하고, 물이 이루어진 뒤에 생리구조가 있게 되니 그것을 형形이라고 한다. 형질을 부여받고 정신을 지켜 각기 따라야 할 법칙이 있으니 그것을 성性이라고 한다. 성을 닦아 덕을 돌이켜 덕이 지극하면 태초에 같아질 것이다. 같아져야 허虛해지고, 허해져야 지극히 커진다. 그러면 날짐승·들짐승이 부리로 부르짖듯이 무심히 말할 수 있다. 날짐승·들짐승이 부르짖듯이 무심히 말하게 되면 천지와 합할 것이다. 그처럼 완전히 합하여 어리석은 듯 어두운 듯하니 이를 덕이 현묘하고 깊다고 할 수 있는지라 태초와 하나가 되니 천하 사람들을 따를 수 있다.

6 곽상은 "말에 대하여 무심無心하되 저절로 말하게 되는 것은 새나 짐승이 우는 것과 같다"고 하였다.

7 이에 대해서 성현영은 다음과 같이 말했다. "민緡은 '합하다'이다. 성인은 안으로 지극한 이치에 부합하고 밖으로 온갖 생명에 따르니, 오직 현상과 근본이 완전히 합하지 않는 것이 없으므로 민민緡緡이라고 한다."

8 성현영은 "이와 같은 사람은 덕이 깊고 현묘하다고 일컬을 수 있으므로 태초와 하나가 되어 천하 사람들을 잘 따를 수 있다"고 하였다. 전목은 다음과 같이 말했다. "「역계사」易繫辭는 장자 후학에서 나왔는데, 송유宋儒는 또 「역계사」를 근본으로 삼았기에 『장자』의 글을 그대로 베낀 것이 많다. 오직 이 구절만은 「역계사」와 어느 것이 먼저인지 그 선후를 정하기가 매우 어렵다."

【대의】

작자는 이 글에서 인간과 만물의 기원에 대해서 말했다. 그에 따르면 태초에 무無에서 일一과 덕德이 분화하여 물物이 생기고, 거기에서 형形이 생겨났다는 것이다. '형'은 형체가 있는 사물들을 가리킨다. 그러한 사물이 존재하게 되면 각기 따라야 할 법칙이 주어지는데 그것을 성性이라고 한다. 이 '성'은 도에서 분화한 덕이 개별 사물에 펼쳐진 것이다. 인간의 '성'도 인간이라는 육체 속에 있다. 육체 속에 있는 성은 육신과 물질의 영향을 받는다. 그래서 그에 의해 물이 들고 때가 낀다. 그러면 도와 덕에서 멀어진다. 인간이 이러한 타락에서 벗어나 구원받으려면 육신과 물질에 의하여 물들고 때가 낀 성품을 닦아 그의 본성인 덕을 회복해야 한다. 그렇게 함으로써 천지만물의 본체인 도와 간격 없이 만날 수 있다. 이를 성수반덕性脩反德이라고 한다. 성수반덕은 그의 존재 순서를 거꾸로 밟아 올라가는 수양공부이다.

9

夫子[1]問於老聃曰:「有人治道若相放,[2] 可不可, 然不然. 辯者有言曰,『離堅白若縣寓.』[3] 若是則可謂聖人乎?」老聃曰:「是胥易技係, 勞形怵心者也.[4] 執狸之狗成思,[5] 猿狙之便自山林來.[6]

부자 문어노담왈 유인이 치도호되 약상방하야 가불가하며 연불연하야 변자 유언왈 이견백호되 약현우라 하나니 약시즉가위성인호잇가 노담왈 시는 서이기계라 노형출심자야니 집리지구 성사코 원저지편이 자산림으로 래어닛따녀

1 『석문』에 따르면 부자夫子는 공자이다.

2 왕숙민은 상방相放의 방放을 '거역하다'의 뜻으로 보았다. 그리고 약若은 이而와 같다고 하였다.

3 성현영은 이 구절을 "설득력이 있어서 마치 해와 달이 하늘 높이 걸려 있듯이 분명하게 한다"라고 해석하였다. 그러나 왕숙민은 현縣은 시간으로, 우寓는 우宇 자와 같이 보아 공간으로 간주하고, 이 구절은 "단단함과 흼을 마치 시간과 공간을 구별하듯 갈라지게 한다는 것을 일컫는다"고 하였다.

4 이 구절은「응제왕」편에도 보인다. 조초기에 따르면 서胥는 재지才智가 있어서 남에게 부림받는 하급관리이고, 이易는 거북점을 치는 관리이며, 기계技係는 기술에 속박되는 것이다. 이는 하급관리와 거북점을 치는 관리가 재지와 기술에 속박되어 몸을 수고롭게 하고 마음을 불안하게 하듯이 그렇게 한다는 것을 뜻한다.

5 왕숙민은 이 글이 본래 "집유지구성루"執留之狗成累로 되어 있었던 것 같다고 하였다.『석문』에 따르면 류留는 리狸로 쓴 판본도 있다. 이 구절은 "삵을 잡는 개는 얽매여서 속박당한다"는 것을 말한다.

6 왕숙민은 이 글이 본래 "원저지편자산림래자"猿狙之便自山林來藉로 되어 있었던 것 같다고 하였다. 그렇다면 이 구절은 "민첩한 원숭이는 산림에서 끌려나와 속박된다"는 것을 말한다.

공자가 노담에게 물었다. "어떤 사람이 도를 연구하되 서로 거역하여 불가하다고 하는 것을 가하다고 하며, 그렇지 않다고 하는 것을 그렇다고 한다. 변자가 '단단한 돌의 성질과 하얀 돌의 색깔을 마치 시간과 공간을 구별하듯이 구별한다'고 말한 적이 있다고 하니 이와 같이 하면 성인이라고 일컬을 수 있습니까?" 노담이 말했다. "이것은 하급관리와 거북점을 치는 관리가 재지才智와 기술에 속박되어 몸을 수고롭게 하고 마음을 불안하게 하는 것이라네. 삵을 잡는 개는 얽매여서 속박당하고 민첩한 원숭이는 산림에서 끌려나와 속박당하는 따위라네.

丘, 予告若, 而所不能聞與而所不能言. 凡有首有趾无心无耳者衆, 有形者與无形无狀而皆存者盡无.[7] 其動止也, 其死生也, 其廢起也, 此又非其所以也.[8] 有治在人,[9] 忘乎物, 忘乎天, 其名爲忘己,[10] 忘己之人, 是之謂入於天.」[11]

구아 여 고약호되 이의 소불능문과 여이의 소불능언호리라 범유수유지호되 무심무이자는 중하고 유형자의 여무형무상이개존자는 진무하니라 기동지야와 기사생야와 기폐기야왜 차우비기소이야라 유치 재인이면 망호물하며 망호천이라 기명이 위망기니 망기지인을 시지위입어천이라 하나니라

7 왕숙민에 따르면 이而는 능能으로 읽는다. 이 구절을 곽상은 다음과 같이 해석하였다. "유형有形한 것들은 무형無形 · 무상無狀한 것과 병존하지 못한다. 그러므로 도를 잘 닦은 이는 '묵은 일'(故)로써 자기를 유지하지 아니하고 날로 새로워지는 변화에 따를 뿐이다." 고故에는 일 이외에도 습성이라는 뜻이 있다.

7 왕숙민에 따르면 이 구절은 "차우비기소위야"此又非己所爲也라고 말한 것과 같다. 기其는 기己로 읽고 이以는 위爲와 같다고 본 것이다.

9 왕숙민에 따르면 유치재인有治在人은 "가위재인"可爲在人이라고 말하는 것과 같다. 자연은 인위적으로 할 수 있는 것이 아니라는 것을 말한다.

10 왕숙민에 따르면 이 구절은 "사물을 잊은 뒤에 더 나아가 자연을 잊어야 자기를 잊는 것이라고 일컬을 수 있다"는 것을 뜻한다.

11 곽경번에 따르면 이는 오직 자기를 잊은 사람만이 천天과 덕이 합할 수 있다는 것을 말한다.

공자여! 그대가 듣지 못했던 것과 그대가 말할 수 없는 것을 내가 그대에게 알려주리라! 무릇 머리가 있고 발은 있지만 마음도 없고 귀도 없는 이가 많고, 몸을 가진 이가 형체도 없고 모양도 없는 도와 함께하여 모두 갖출 수 있는 사람은 거의 없다. 도의 관점에서 보건대 운동은 정지요, 죽음은 삶이고, 폐기되는 것이 일어나는 것이다. 이것은 또한 자연의 이치라서 자기가 하는 바가 아니다. 인위적으로 할 수 있는 것은 자연이 아니라 사람에게 달려 있다. 사물을 잊은 뒤에 더 나아가 자연을 잊어야 자기를 잊는 것이라고 일컬을 수 있다. 오직 자기를 잊을 수 있는 사람만이 그의 덕德이 천天과 합할 수 있다."

【대의】

여기서 작자는 일체의 사물·사건을 잊고 또 자연을 잊으며 자기마저 잊어야 그의 덕이 천天과 합해질 수 있다고 주장하였다.

10

蔣閭葂見季徹曰[1]:「魯君[2]謂葂也曰:『請受教.』辭不獲命, 旣已告矣. 未知中否, 請嘗薦之.[3] 吾謂魯君曰:『必服恭儉, 拔出公忠之屬而无阿私,[4] 民孰敢不輯!』」季徹局局然[5]笑曰:「若夫子之言, 於帝王之德, 猶螳螂之怒臂而當車軼,[6] 則必不勝任矣. 且若是, 則其自爲處危, 其觀臺多物將往, 投迹者衆.」[7]

장려면이 견계철하야 왈 노군이 위면야하야 왈 청수교할새 사불획명하야 기이고의오 미지중비하야 청상천지하노라 오위로군왈 필복공검하야 발출공충지속호되 이무아사하면 민은 숙감부집이리오 계철이 국국연소하야 왈 약부자지언인댄 어제왕지덕에 유당랑지노비하야 이당거철이라 즉필불승임의리로다 차약시인댄 즉기자위처위 기관대라 다물장왕하야 투적자 중하리라

1 성현영에 따르면 이 두 현자는 어떤 사람인지 모른다.

2 『석문』에 따르면 노군魯君은 정공定公이라는 설도 있다.

3 왕숙민에 따르면 천薦은 진陳이다.

4 조초기에 따르면 아阿는 '치우치다'이고, 사私는 총애하고 친근한 사람이다.

5 『석문』에 따르면 국국局局은 크게 웃는 모습이다.

6 조초기에 따르면 당當은 당擋과 통용되고, 철軼은 수레바퀴轍를 가리킨다.

7 왕숙민에 따르면 이 글에서 관대觀臺는 높은 자리를 비유한다. 그러나 조초기는 궁문 양쪽에 있는 누대樓臺로 보았다. 또한 다물多物은 관대 위에 많은 법률조문을 게재하는 것을 가리키며, 투적投迹은 관대를 향하여 발을 들어올리고 오는 사람이 많다는 것을 뜻한다. 곽상은 "이는 모두 스스로 높이 치솟은 자리에 처하니 마치 관대를 볼 수 있는 것과 같다"고 말했다. 왕숙민에 따르면 다물장왕多物將往은 많은 사람들이 달려가는 대상이 된다는 것을 일컫는다. 공검恭儉·공충公忠은 모두 자취에 지나지 않으니, 자취에 발을 내디뎌 앞으로 나아가 투신한다면 공연히 공검·공충의 이름만을 갖추게 될 것이라고 하였다.

장려면이 계철을 보고 말했다. "노나라 임금이 저에게 이르기를 '청컨대 가르침을 받고자 하노라'라고 하였습니다. 사양하였지만 임금의 명을 면할 수 없었습니다. 이미 알려드렸는데 맞게 대답했는지 아닌지 몰라서 시험 삼아 진술해보려고 합니다. 저는 노나라 임금에게 말하기를 '반드시 공경스러움과 검소함을 실행하여 공평하고 충직한 절조가 있는 사람을 발탁하되 정실에 치우치는 일이 없게 하면 백성 가운데 그 누가 화목하지 않으리오?'라고 하였습니다." 계철이 크게 웃으며 말했다. "그대처럼 말하면 제왕의 덕에 대하여 마치 버마재비가 팔뚝을 걷어붙이고 높이 치켜들어 수레바퀴를 막는 것과 같으니 반드시 감당하지 못할 것이다. 또한 이와 같이 하면 그도 스스로 위급한 지경에 빠지게 될 것이니, 이는 궁문 양쪽에 높이 세워진 누대처럼 높이 치솟은 자리에 처하여 장차 그를 향하여 발을 치켜들고 나아가 투신할 사람이 많아질 것이다."

蔣閭葂覤覤然驚曰:「葂也汒若於夫子之所言矣.[8] 雖然, 願先生之言其風[9]也.」季徹曰:「大聖之治天下也, 搖蕩[10]民心, 使之成敎易俗, 擧滅其賊心而皆進其獨志,[11] 若性之自爲, 而民不知其所由然. 若然者, 豈兄堯舜之敎民, 溟涬然弟之哉?[12] 欲同乎德而心居矣!」[13]

장려면이 혁혁연경하야 왈 면야는 망약어부자지소언의로다 수연이나 원선생지언기풍야하노라 계철왈 대성지치천하야는 요탕민심하야 사지성교역속하야 거멸기적심하고 이개진기독지호되 약성지자위하면 이민부지기소유연하리니 약연자는 기형요순지교민하야 명행연제지재리오 욕동호덕이심거의리라

8 『석문』에 따르면 혁혁覤覤은 놀란 모습이다. 왕선겸에 따르면 망약汒若은 '막연하다'와 같다.

9 조초기에 따르면 풍風은 '대략'이다.

10 왕숙민에 따르면 요탕搖蕩은 방임·해방의 뜻과 가깝다.

11 『석문』에 따르면 거擧는 '모두'이다. 왕숙민에 따르면 독지獨志는 스스로 터득하려는 의지이다.

12 조초기에 따르면 형兄은 추앙한다는 것을 나타내고, 명행溟涬은 혼돈混沌하여 분명치 않은 모습이니 흐리멍덩하다는 말과 가깝고, 제弟는 아우를 자칭한 것이니 그만 못하다는 것을 가리킨다.

13 성현영에 따르면 거居는 안정하는 것을 일컫는다. 왕숙민에 따르면 이而는 즉則과 같다. 아마 마음이 안정되어야 덕德과 하나가 될 수 있을 것이다.

장려면이 놀란 듯이 말했다. "저는 선생님의 말씀이 막연합니다. 비록 그렇지만 선생님께서 그 대략을 말씀해주시기를 원합니다." 계철이 말했다. "큰 성인이 천하를 다스릴 적에 민심을 해방시켜 그로 하여금 가르침이 성공하여 풍속을 바꾸려 하며, 해치려는 그들의 마음을 모두 없애고 스스로 터득하려는 그들의 의지를 향상시키되 본성에서 저절로 우러나온 것에 따르게 하면 백성들은 그렇게 된 원인을 모를 것이다. 이와 같은 것이 어찌 요순이 백성들을 교화하는 것을 추앙하고, 만물이 아직 확실히 구별되지 않은 천지가 개벽하는 처음처럼 혼연일체가 되게 하는 것이 그만 못하다고 하는 것이겠는가? 성인이 천하를 다스리는 것은 자연의 덕과 하나가 되어 마음이 안정되기를 바랄 뿐이다."

【대의】

이 글에서 작자는 풍속을 바꾸는 일은 공평하고 충직한 인재를 발탁하여 다스림으로써 이루어지는 것이 아니라, 스스로 터득하려는 사람들의 의지를 향상시켜 본성에서 절로 우러나오는 사람들의 성향에 따라야 이루어진다고 주장하였다.

11-1

子貢南遊於楚, 反於晉, 過漢陰見一丈人方將爲圃畦,[1] 鑿隧而入井, 抱擁而出灌, 搰搰然[2]用力甚多而見功寡. 子貢曰:「有械於此, 一日浸百畦, 用力甚寡而見功多, 夫子不欲乎?」爲圃者仰而視之曰:「奈何?」曰:「鑿木爲機, 後重前輕, 挈水若抽[3]; 數如泆湯,[4] 其名爲槔.[5]」爲圃者忿然作色而笑曰:「吾聞之吾師,[6] 有機械者心有機事, 有機事者必有機心. 機心存於胸中, 則純白[7]不備; 純白不備, 則神生[8]不定; 神生不定者, 道之所不載也. 吾非不知, 羞而不爲也.」子貢瞞[9]然慙, 俯而不對.

자공 남유어초하다가 반어진할새 과한음하야 견일장인이 방장위포휴한대 착수이입정하야 포옹이출관호되 골골연용력심다코 이현공과하더니 자공왈 유계어차하니 일일에 침백휴호되 용력심과이현공다하니 부자는 불욕호아 위포자 앙이시지왈 내하오 왈 착목위기호되 후중전경케 하면 설수약추하며 삭여일탕하니 기명위고라 위포자 분연작색이소왈 오는 문지오사호니 유기계자는 심유기사하고 유기사자는 필유기심하니 기심이 존어흉중하면 즉순백이 불비하고 순백이 불비하면 즉신생이 부정하나니 신생이 부정자는 도지소부재야라 호니 오 비부지언마는 수이불위야하노라 자공이 만연참하야 부이부대니라

1 이이는 채소를 포圃라고 한다고 하였다. 휴畦는 밭이랑이다.

2 『석문』에 따르면 골골搰搰은 힘을 쓰는 모습이다.

3 추抽는 '당기다'이니 물을 길어올리는 것이다.

4 조초기에 따르면 삭數은 '빠르다'이고, 일탕泆湯은 일탕逸蕩과 통하니 물이 저절로 흘러 움직이는 모습이다.

자공이 남쪽으로 초나라에 유람 갔다가 진나라로 돌아올 때 한수의 남쪽을 지나다가 마침 밭이랑 사이에서 채소를 가꾸고 있는 어떤 노인을 만났다. 지하로 길을 파서 우물 속에 들어가 동이를 안고 나와 물을 주되 끙끙대며 힘을 매우 많이 써도 나타난 효과는 적었다. 자공이 말했다. "여기에 기계가 있는데, 하루에 밭이랑을 적시더라도 힘이 아주 적게 들고 나타난 효과는 많으니 선생님께서는 해보시지 않겠습니까?" 채소를 가꾸는 이가 고개를 들어 그를 보면서 말했다. "어떻게 하는가?" 말하기를 "나무를 뚫어 기계를 만들되 뒤쪽은 무겁고 앞쪽은 가볍게 합니다. 그러면 마치 물을 긷듯이 달아 올려서 물이 저절로 흘러넘치듯이 빠르니 그 이름을 방아두레박이라고 합니다"라고 하자 채소 가꾸는 이가 성난 표정을 지었다가 웃으며 말했다. "내가 우리 스승에게 들으니 기계를 가진 사람은 반드시 기민하게 움직여 해야 할 일이 있게 되고, 기민하게 움직여 해야 할 일이 있는 사람에게는 반드시 임기응변하는 마음이 있게 된다. 임기응변하는 마음이 가슴속에 있게 되면 순결한 품성이 갖추어지지 않는다. 순결한 품성이 갖추어지지 않으면 정신이 안정되지 않나니 정신이 안정되지 않는 사람은 도가 실리지 않는 바라고 한다오. 내가 모르는 것은 아니지만 부끄러워서 하지 않는 것이라오." 자공이 놀란 듯이 부끄러워하며 고개를 숙이고 대답하지 않았다.

5 『석문』에 따르면 고槔는 길고桔槔이다. '길고'는 방아두레박이다.
6 『석문』에 따르면 오사吾師는 노자이다.
7 조초기에 따르면 순백純白은 순결한 품성이다.
8 선현영은 신생神生을 정신으로 보았다.
9 이이에 따르면 만瞞은 부끄러워하는 모습이다. 그러나 왕숙민은 놀라는 모습으로 보았다.

有閒, 爲圃者曰:「子奚爲者邪?」曰:「孔丘之徒也.」爲圃者曰:「子非夫博學以擬聖, 於于[10]以蓋衆,[11] 獨弦哀歌以賣[12]名聲於天下者乎? 汝方將妄汝神氣, 墮汝形骸,[13] 而庶幾乎! 汝身不能治, 而何暇治天下乎? 子往矣. 無乏[14]吾事!」

유간이오 위포자왈 자는 해위자야오 왈 공구지도야로라 위포자왈 자는 비부박학이의성하며 오우이개중하야서 독현애가하야 이매명성어천하자호아 여 방장망여의 신기하며 타여의 형해라아 이서기호인저 여신불능치어니 이하가에 치천하호리오 자 왕의라 무핍오사어다

10 조초기에 따르면 오우於于는 큰 소리로 외치는 모습이다.

11 조초기에 따르면 개중은 대중을 압도하는 것이다. 그에 따르면 이 구절의 뜻은 유자儒者가 힘을 다하여 자기들의 학설을 선양하여 중론을 압도하는 것을 가리킨다.

12 왕숙민에 따르면 매賣는 매買이다.

13 타형해墮形骸는 '몸을 내버려두다'를 뜻한다.

14 『석문』에 따르면 핍乏은 '버려두다'를 뜻한다.

조금 있다가 채소 가꾸는 이가 말했다. "그대는 무엇을 하는 사람이오?" 말하기를 "공자의 제자입니다"라고 하니 채소 가꾸는 이가 말했다. "그대는 학문이 넓어서 성인에 견주며 큰소리치면서 대중을 압도하여, 홀로 앉아서 슬픈 노래를 현악기에 맞추어 불러 천하에서 명성을 사는 사람인가? 그대는 바야흐로 그대의 신기한 기운을 잊으며 그대의 몸을 내버려두어야 거의 가까워지리라! 그대의 몸조차 다스리지 못하면서 어느 겨를에 천하를 다스리겠는가? 그대는 가보시오. 나의 일을 버리게 하지 말지어다!"

11-2

子貢卑陬[1]失色, 頊頊然[2]不自得, 行三十里而後愈. 其弟子曰:「向之人何爲者邪? 夫子何故見之變容失色, 終日[3]不自反邪?」曰:「始吾以爲天下一人耳,[4] 不知復有夫人也. 吾聞之夫子, 事求可, 功求成. 用力少, 見功多者, 聖人之道. 今徒[5]不然. 執道者德全, 德全者形全, 形全者神全. 神全者, 聖人之道也. 託生與民竝行而不知其所之, 汒乎[6]淳備哉! 功利機巧必忘夫人之心. 若夫人者, 非其志不之, 非其心不爲. 雖以天下譽之, 得其所謂, 謷然[7]不顧; 以天下非之, 失其所謂, 儻然[8]不受. 天下之非譽, 无益損焉, 是謂全德之人哉![9] 我之謂風波之民.」

자공이 비추실색하야 욱욱연부자득하야 행삼십리이후에아 유한대 기제자왈 향지인은 하위자야완대 부자는 하고로 견지하고 변용실색하야 종일부자반야잇고 왈 시에 오 이위천하에 일인이라코 부지부유부인야호라 오 문지부자호니 사구가하며 공구성하야 용력이 소하고 현공이 다자는 성인지도라 호니 금도불연하야 집도자 덕전하고 덕전자 형전하고 형전자 신전하나니 신전자는 성인지도야니라 탁생하야 여민으로 병행이부지기소지라 망호순비재라 공리기교는 필망부인지심인저 약부인자는 비기지이면 부지하며 비기심이면 불위하야 수이천하로 예지하야 득기소위하야도 오연불고하며 이천하로 비지하야 실기소위하야도 당연불수하야 천하지비예에 무익손언하나니 시위전덕지인재인저 아지위풍파지민이니라

1 『석문』에 따르면 비추卑陬는 부끄럽고 두려워서 어쩔 줄 모르는 모습이다.

2 조초기에 따르면 욱욱연頊頊然은 머리를 낮추고 늘어뜨린 모습이다.

3 왕숙민에 따르면 종일終日는 '오랫동안'이다.

4 왕숙민에 따르면 '오이'吾以 다음에 '부자'夫子 두 글자가 있어야 한다.

5 조초기에 따르면 도徒는 각却이다. '각'은 '오히려'를 뜻한다.

자공이 부끄러워 낯빛이 변하여 머리를 낮추어 늘어뜨리고 마음이 편치 않아 하다가 30리를 간 뒤에야 나아졌다. 그 제자가 말했다. "조금 전의 사람은 무엇을 하는 사람입니까? 선생님은 무엇 때문에 그를 보고 용모가 달라지면서 얼굴빛이 변하여 오랫동안 스스로 돌이키지 못하십니까?" 자공이 말했다. "처음에 나는 우리 선생님은 천하에 한 사람뿐이라고 생각하였는데 다시 그런 분이 있을 줄은 몰랐다. 내가 선생님에게 들으니 일은 때에 맞게 하고자 하며 공은 이루고자 하여 힘은 적게 쓰고 효과가 많이 나타나게 하는 것이 성인의 도라고 하였는데, 지금은 오히려 그렇지 아니하여 도를 견지하는 사람은 덕이 온전하고, 덕이 온전한 사람은 몸이 온전하고, 몸이 온전한 사람은 정신이 온전하다고 한다. 정신이 온전한 것이 성인의 도이다. 세상에 삶을 의탁하여 백성들과 함께 생활하더라도 가는 바를 모르는지라 그가 이른 바를 헤아릴 수 없을 만큼 티 없이 순수하도다! 공리와 기교는 반드시 그 사람의 마음에서 잊혔을 것이다. 그 사람과 같은 이는 그 뜻이 아니면 가지 않으며, 그 마음이 아니면 하지 않는다. 비록 천하 사람들이 그를 찬양하면서 찬미할 만하다고 할지라도 오만하게 뒤돌아보지 않으며, 천하 사람들이 그를 비난하여 명성을 상실할 만하다고 할지라도 관심조차 없는 듯 받아들이지 않는다. 천하 사람들의 비난과 찬양에 털끝만큼도 영향을 받지 않으니, 이를 일러 덕이 온전한 사람이라고 할 것이다. 그러나 나는 그를 바람에 마음이 출렁이는 사람이라고 할 것이다."

6 왕선겸에 따르면 망호汒乎는 그가 이른 바를 헤아릴 수 없다는 것을 말한다.

7 왕선겸은 오연謷然이 오연傲然과 같다고 하였다. '오연'은 거만한 모습이다.

8 성현영에 따르면 당연儻然은 무심한 모습이다.

9 곽상은 "이는 송영자宋榮子의 무리이니 충분히 전덕全德했다고 할 수 없다"고 말했다.

11-3

反於魯, 以告孔子, 孔子曰:「彼假修混沌氏[1]之術者也, 識其一, 不知其二; 治其內, 而不治其外.[2] 夫明白入素, 无爲復朴, 體性抱神,[3] 以遊世俗之間者, 汝將固驚邪?[4] 且混沌氏之術, 予與汝何足以識之哉!」

반어노하야 이고공자한대 공자왈 피는 가수혼돈씨지술자야니 식기일이오 부지기이하며 치기내하고 이불치기외하나니라 부명백입소하야 무위복박하야 체성포신하야 이유세속지간자라 여장고경야인저 차혼돈씨지술을 여여여 하족이식지재리오

1 성현영에 따르면 혼돈混沌은 분별이 없는 것을 일컫는다.

2 왕선겸에 따르면 이 두 구절은 "옛것으로 향할 줄만 알고 지금의 일에 따르지 못하며, 소박함만을 지키고 세속적인 것에 응할 줄 모른다"는 것을 말한다.

3 조초기에 따르면 체성포신體性抱神은 참된 성품을 구현하고 정신을 지켜 간직하는 것이다.

4 왕숙민에 따르면 장將은 상尙과 같고 고固는 하何와 같으니, 이 구절은 "너는 오히려 어찌 놀라는가?"라고 말하는 것과 같다.

노나라에 돌아와 공자에게 아뢰었다. 공자가 말했다. "그는 혼돈씨의 도술에 의탁하여 닦은 사람이다. 하나를 알고 둘은 모르며, 안을 다스리되 밖은 다스리지 않은 것이다. 마음 바탕이 환하고 깨끗하여 아무것에도 물들지 않는 경지에 이르러 무위로써 소박한 자연으로 돌아가 참된 성품을 구현하고 정신을 지켜 간직한 사람이다. 그리하여 세속의 사이를 오고 가는데 너는 오히려 어찌 놀라는가? 또한 혼돈씨의 도술을 나와 네가 어찌 충분히 알겠는가!"

【대의】

장자는 여기서 기술문명의 발전을 우려하는 견해를 천명하였다. 그에 따르면 기계의 편리함을 모르는 바는 아니지만, 기계가 있으면 기심이 생기고, 그러면 순결한 품성이 상실되어 정신이 안정되지 않는다는 것이다.

12

諄芒將東之大壑, 適遇苑風於東海之濱.[1] 苑風曰:「子將奚之?」曰:「將之大壑.」曰:「奚爲焉?」曰:「夫大壑之爲物也, 注焉而不滿, 酌焉而不竭, 吾將遊焉.」苑風曰:「夫子无意於橫目之民[2]乎? 願聞聖治.」諄芒曰:「聖治乎? 官施[3]而不失其宜, 拔擧而不失其能, 畢見情事而行其所爲, 行言自爲而天下化,[4] 手撓顧指,[5] 四方之民莫不俱至, 此之謂聖治.」

순망이 장동지대학할새 적우원풍어동해지빈한대 원풍왈 자장해지오 왈 장지대학하노라 왈 해위언고 왈 부대학지위물야론대 주언이불만하며 작언이불갈하나니 오장유언호리라 원풍왈 부자는 무의어횡목지민호아 원문성치하노라 순망왈 성치호여 관시이부실기의하며 발거이부실기능하며 필견정사이행기소위하니 행언자위이천하화하야 수요고지에 사방지민이 막불구지하나니 차지위성치니라

1 성현영에 따르면 순망諄芒과 원풍苑風은 모두 우언寓言이다.

2 횡목지민橫目之民은 사람을 가리킨다.

3 왕숙민에 따르면 관시官施는 임용任用을 뜻한다.

4 왕숙민에 따르면 소所와 자自는 서로 보완하는 말이니 스스로에 말미암는 것이다. 언言은 어於와 같다. 이 구절은 "일의 실정을 모두 알고서 그 스스로에 말미암아 할 일을 행하니, 스스로에 말미암아 할 일을 행하면 천하가 저절로 잘될 것이다"라는 것을 말한다.

5 『석문』에 따르면 요撓는 '움직이다'인데, 사방을 지휘하는 것을 일컫는다는 설도 있다. 고지顧指는 눈으로 사람을 돌아다보며 사주하는 것이다.

순망이 동쪽의 큰 바다로 가려고 할 때 마침 동해 바닷가에서 원풍을 만났다. 원풍이 말하기를 "그대는 어디로 가려는가?"라고 하자 말했다. "큰 바다로 가려고 한다." 말하기를 "거기에서 무엇을 하려는가?"라고 하자 말했다. "대해라는 것은 그에 쏟아부어도 가득 차지 않고 퍼내도 고갈하지 않으니 나는 거기에서 놀려고 한다." 원풍이 말했다. "선생님은 사람들에게 관심이 없습니까? 원컨대 성인의 다스림에 대하여 듣고 싶습니다." 순망이 말했다. "성인의 다스림이여! 관직에 인재를 임용하되 그 알맞음을 잃지 않으며, 인재를 천거하여 발탁하되 그 재능을 놓치지 않으며, 일의 실정을 모두 알고서 그 스스로에 말미암아 할 일을 행하니, 스스로에 말미암아 할 일을 행하면 천하가 저절로 잘되어 손을 움직여 가리키고 눈으로 사람을 돌아보기만 해도 사방의 백성들이 같이 이르지 않는 이 없으니, 이를 일러 성인의 다스림이라고 하니라."

「願聞德人.」曰:「德人者, 居无思, 行无慮, 不藏是非美惡. 四海之內共利之之謂悅, 共給之之謂安; 怊[6]乎若嬰兒之失其母也, 儻[7]乎若行而失其道也. 財用有餘而不知其所自來, 飮食取足而不知其所從,[8] 此謂德人之容.」「願聞神人.」曰:「上神乘光, 與形滅亡,[9] 此謂照曠.[10] 致命盡情,[11] 天地樂而萬事銷亡,[12] 萬物復情,[13] 此之謂混冥.」[14]

원문덕인하노라 왈 덕인자는 거무사하며 행무려하며 부장시비미악하며 사해지내공리지지위열하며 공급지지위안하며 초호약영아지실기모야하며 당호약행이실기도야하며 재용유여이부지기소자래하며 음식이 취족이부지기소종하나니 차위덕인지용이니라 원문신인하노라 왈 상신승광하야 여형멸망하나니 차 위조광이니 치명진정하야 천지로 락이만사소망하며 만물이 복정하나니 차지위혼명이니라

6 『석문』에 따르면 초怊는 창悵이다. '창'은 슬퍼하는 것이다.

7 전목이 인용한 진수창陳壽昌 설에 따르면 당儻은 갈 곳을 모르는 것이다.

8 성현영은 이에 대하여 말하기를 "과욕寡欲하여 자기 분수에서 멈추므로 재물이 남아돌며, 맛을 탐내지 않으므로 음식이 충분히 얻어진다"고 하였다.

9 성현영에 따르면 승乘은 용用이고 광光은 지혜이다. 왕선겸은 "상품上品의 신인은 지혜를 써서 사물을 비추니 그 자취를 나타내지 않는다"고 말했다.

10 왕숙민에 따르면 소광昭曠은 '탁 트이고 밝다'를 뜻한다.

11 왕숙민에 따르면 치명진정致命盡情은 '그의 성명을 다하다'이다.

12 조초기에 따르면 이 구절은 "천지와 즐거움을 함께하고 만물과 같이 사라진다"는 것을 말한다.

13 왕숙민에 따르면 복정復情은 반진反眞 또는 귀근歸根과 같다. 말하자면 참된 세계인 뿌리로 돌아가는 것이다.

14 왕선겸에 따르면 혼명混冥은 현명玄冥과 혼연히 하나가 되는 것이다. '현명'은 시원하면서도 그윽하고 고요한 도를 형용한 것이다.

"덕인德人에 대하여 듣기를 원합니다"라고 하니 말했다. "덕인은 집에 가만히 있어도 생각을 떨쳐버릴 수 있으며, 걸어다닐 때에도 생각을 끊을 수 있으며, 시비선악의 관념을 간직하지 않으며, 사해 안의 사람들이 함께 이롭게 하는 것을 기뻐하며, 함께 만족하는 것을 편안해하며, 갓난아이가 그의 어머니를 잃는 것처럼 슬퍼하며 걸어다니다가 그의 길을 잃은 것처럼 멍하기도 한다. 재물이 남아돌아도 그것이 어디에서 왔는지 모르며, 음식을 충분히 얻어도 그것이 어디에서 왔는지 모른다. 이를 일러 덕인의 모습이라고 하니라." "신인에 대하여 듣기를 바랍니다"라고 하니 말했다. "상품의 신인은 지혜를 써서 사물을 비추어 형체와 함께 없어져 그 자취를 남기지 않으니, 이를 일러 탁 트이고 밝은 것이라고 한다. 그의 성명性命을 다하니 천지와 즐거움을 함께하고 만물과 같이 사라지며, 만물이 참된 세계인 뿌리로 돌아가나니 이를 일러 현명玄冥과 하나가 되는 것이라고 하니라."

【대의】

작자는 여기서 성인과 덕인과 신인의 다스림을 언급하였다. 성인이 재능 있는 인재를 발탁하여 다스린다고 하였는데, 이는 내편에서 제기한 장자의 무위 정치사상과 같지 않다.

13

門無鬼與赤張滿稽觀於武王之師.[1] 赤張滿稽曰:「不及有虞氏乎! 故離[2]此患也.」門無鬼曰:「天下均[3]治而有虞氏治之邪? 其亂而後治之與?」赤張滿稽曰:「天下均治之爲願,[4] 而何計以有虞氏爲![5] 有虞氏之藥瘍也, 禿而施髢, 病而求醫.[6] 孝子操藥以修慈父, 其色燋然, 聖人羞之.[7]

문무귀 여적장만계로 관어무왕지사하더니 적장만계왈 불급유우씨호인저 고리차환야로다 문무귀왈 천하 균치어늘 이유우씨치지야아 기란이후에 치지여아 적장만계왈 천하 균치지위원이어니 이하계이유우씨위리오 유우씨지약은 양야며 독이시체며 병이구의니 효자 조약하야 이수자부에 기색이 초연한대 성인이 수지하니라

1 문무귀門無鬼와 적장만계赤張滿稽는 모두 가설한 인물이다.

2 리離와 리罹는 서로 통용된다.

3 성현영에 따르면 균均은 평平이다.

4 조초기에 따르면 이 구절은 천하 사람들이 모두 태평을 바란다는 것을 말한다.

5 이 구절은 만약 천하가 태평하다면 근본적으로 유우씨의 통치가 필요하지 않다는 것을 뜻한다. 마치 사람의 몸이 건강하다면 의사의 치료가 필요하지 않다는 논리와 같다. 유우씨는 순임금이다.

6 이는 모두 천하가 혼란스러워진 뒤에 유우씨가 다스리게 되었다는 것을 설명한다.

7 선영에 따르면 세상이 어지러워진 뒤에 다스리는 것은 본래 혼란을 일으킬 짓을 하지 않느니만 못하다는 것이다. 마찬가지로 진정한 효자는 부모가 병든 뒤에 약을 올리는 것이 아니라 미리 병들지 않게 한다는 것이다.

문무귀가 적장만계와 함께 무왕의 군대를 보게 되었다. 적장만계가 말했다. "순임금을 따르지 못하겠도다! 그러므로 이러한 환난을 만났도다." 문무귀가 말했다. "천하가 태평하게 다스려지거늘 순임금이 다스린 것인가? 아니면 천하가 어지러워진 뒤에 다스린 것인가?" 적장만계가 말했다. "천하 사람들이 모두 태평을 바라니, 천하가 태평하다면 순임금을 고려하여 무엇하겠다는 것인가? 순임금은 머리에 부스럼이 생긴 뒤에 약을 쓰며 머리가 벗겨진 뒤에 가발을 씌우며 병든 뒤에 의원을 찾는 것과 같으니, 효자가 약을 달여서 자애로운 아버지에게 올릴 때 그 안색이 초췌하니 성인은 그것을 부끄럽게 여긴다.

至德之世, 不尙賢, 不使能; 上如標枝,[8] 民如野鹿,[9] 端正而不知以爲義,[10] 相愛而不知以爲仁, 實而不知以爲忠, 當而不知以爲信, 蠢動而相使,[11] 不以爲賜. 是故行而無迹, 事而無傳.」[12]

지덕지세에는 불상현하며 불사능하더니 상여표지하고 민여야록하야서 단정이부지이위의하며 상애이부지이위인하며 실이부지이위충하며 당이부지이위신하며 준동이상사호되 불이위사하더니 시고로 행이무적하며 사이무전하니라

8 『석문』에 따르면 나무 끝의 가지는 무심히 윗자리에 있다. 곽상은 "사람들 위에 있어도 스스로 높다고 여기지 않는다"고 말했다.

9 성현영은 "윗사람이 무위한지라 아랫사람들도 순박하니, 비유하건대 저 들사슴이 군왕에 대하여 예의를 차리지 않는 것에 견줄 수 있다"고 말했다.

10 왕선겸에 따르면 저절로 적합하기 때문이다.

11 조초기에 따르면 상사相使는 서로 부리고 돕는 것이다. 이상 네 구절은 이상세계의 사람들이 모두 자기 본성에서 저절로 우러나 행동한 것이 단정하기도 하고 서로 사랑하기도 하며 성실하고 합당하고 서로 돕기도 하지만 그것이 인仁·의義 등 후세 사람들이 말하는 도덕임을 모른다는 것을 뜻한다. 말하자면 참된 도덕은 자기 마음에서 저절로 우러나야지 인위적으로 다스리거나 가르쳐서 되는 것이 아니라는 것이다.

12 『노자』 27장에서 "잘 다니는 이는 수레바퀴 자국을 남기지 않는다"고 하였다. 따라서 지덕의 이상사회는 어떤 흔적도 남기지 않았다는 것이다.

지덕의 세상에서는 현자를 높이지 않았으며, 능력으로 사람을 부리지 않았으며, 제왕은 높은 나무의 가지처럼 스스로 높다고 여기지 않았으며, 백성들은 들사슴처럼 군왕에게 예의를 차리지 않았다. 행위가 단정하면서도 이것이 의義라는 것을 모르며, 서로 사랑하면서도 이것이 인仁이라는 것을 모르며, 성실하면서도 이것이 충忠이라는 것을 모르며, 언행이 합당하면서도 이것이 신信이라는 것을 모르며, 꿈틀거리며 서로 도우면서도 이것이 바로 은혜라는 것을 모른다. 이 때문에 다녀도 발자국이 없었으며 일을 해도 기록으로 전함이 없었다."

【대의】

부모에게 참으로 효도를 제대로 하려면 부모가 병이 생긴 뒤에 병수발을 드느라 초췌해지는 것보다 미리 병이 생기지 않도록 해야 한다. 마찬가지로 천하를 다스리려면 인류사회에 문제가 생기지 않도록 미리 대처해야 한다. 천하에 문제가 없으면 인仁과 의義와 충忠과 신信과 같은 도덕을 내세우지 않아도 자연히 그에 부합하는 행위가 나올 수 있다는 것이다.

14－1

孝子不諛其親, 忠臣不諂其君, 臣子之盛也. 親之所言而然, 所行而善, 則世俗謂之不肖子; 君之所言而然, 所行而善, 則世俗謂之不肖臣. 而未知此其必然邪! 世俗之所謂然而然之. 所謂善而善之, 則不謂之道諛之人也.[1] 然則俗故[2]嚴於親而尊於君邪? 謂己道人, 則勃然作色, 謂己諛人, 則怫然作色. 而終身道人也, 終身諛人也, 合譬飾辭聚衆也,[3] 是終始本末不相坐.[4] 垂衣裳,[5] 設采色,[6] 動容貌,[7] 以媚一世, 而不自謂道諛; 與夫人之爲徒, 通是非, 而不自謂衆人, 愚之至也.

효자는 불유기친하고 충신은 불첨기군하나니 신자지성야니라 친지소언이연하며 소행이선이어든 즉세속이 위지불초자라 하며 군지소언이연하며 소행이선이어든 즉세속이 위지불초신이라 하나니 이미지차 기필연야아 세속지소위연이연지하며 소위선이선지 즉불위지도유지인야라 하나니 연즉속이 고엄어친이존어군야아 위기도인이라커든 즉발연작색하며 위기유인이라커든 즉불연작색호되 이종신도인야하며 종신유인야하나다 합비하며 식사하며 취중야하나다 시는 종시본말이 불상좌로다 수의상하며 설채색하며 동용모하야 이미일세호되 이부자위도유라 하며 여부인지위도하야 통시비호되 이부자위중인이로라 하나니 우지지야니라

1 곽경번에 따르면 도인道人은 첨인諂人이니 도道와 첨諂은 뜻이 같다. 「어부」漁父에서 말하기를 "남의 마음과 표정과 태도를 관찰하여 비위를 맞추면서 말하는 것을 첨諂이라 하고, 옳고 그름을 가리지 않고 윗사람에게 영합하는 것을 유諛라 한다"고 하였다.

2 왕선겸의 『장자집해』에서는 고故를 고固로 썼다.

3 왕선겸이 인용한 선영 설에 따르면 "비유를 널리 모아 사람들이 알기 쉽게 응대하는 말을 수식하여 사람들이 듣기 좋게 하니, 이른바 사람을 모아 자기를 따르게 하려는 것이다"라는 것을 말한다.

4 마기창에 따르면 좌坐는 '지키다'를 뜻한다. 불상좌不相坐에 대하여 전목은 엄복嚴復의 말을 인용하여 오늘날 사람들이 말하는 모순이라는 개념과 같다고 하였다. 말하자면 부모나 군주에게 영합하는 것을 아첨이라고 하면서 남들이 말하는 대로 따라서 말하는 것을 아첨이라고 하지 않는다면 수미首尾·본말本末이 서로 지켜지지 않으니 모순이라는 것이다.

효자는 그 어버이에게 알랑대지 않고 충신은 그의 임금에게 아첨하지 않나니, 신하와 아들의 훌륭한 품덕이다. 어버이가 말한 것에 대하여 그렇다고 하며 어버이가 행한 것에 대하여 잘했다고 하거든 세속 사람들은 그를 불초한 자식이라고 한다. 군주가 말한 것에 대하여 그렇다고 하며 행한 것에 대하여 잘했다고 하거든 세속 사람들이 그를 불초한 신하라고 한다. 그러나 이러한 세평이 반드시 그러한 것인 줄은 모르겠도다! 세상 사람들이 이른바 그렇다고 한 것에 대하여 그렇다고 하며 이른바 선하다고 한 것에 대하여 선하다고 하면 그를 알랑대고 아첨하는 사람이라고 하지 않는다. 그렇다면 세속이 본래 어버이보다 존엄하고 군주보다 존엄한가? 그를 아첨하는 사람이라고 하면 발끈하며 얼굴빛을 바꾸며, 그를 알랑대는 사람이라고 하면 왈칵 성을 내며 안색을 바꾼다. 그러나 일생토록 아첨하는 사람으로 몸을 바치며 알랑대는 사람으로 몸을 바친다. 비유를 널리 모아 사람들이 알기 쉽게 응대하는 말을 꾸며 사람들이 듣기 좋게 하니 이것은 사람을 모아 자기를 따르게 하려는 것이다. 그러나 이것은 처음과 끝, 그리고 본말이 서로 모순되는 것이다. 의상을 차려입으며 아름다운 표정을 지으며 용모를 바꾸어 온 세상 사람들의 비위를 맞추면서도 스스로 아첨하고 알랑댄다고 여기지 않으며, 사람들과 패거리를 만들어 덩달아 옳으니 그르니 하면서도 자기는 별수 없는 중인衆人이라고 여기지 않으니 지극히 어리석은 것이다.

5 이 구절에 대하여 조초기는 "이것은 장식을 강구하는 것이니 고대의 제왕이 무위無爲로 다스린다는 수의상垂衣裳의 뜻과는 다르다"고 말했다.

6 조초기에 따르면 채색采色은 안색이다.

7 조초기에 따르면 동용모動容貌는 표정이나 태도를 바꾸는 것이니 남에게 아첨하는 행동을 가리킨다.

知其愚者, 非大愚也; 知其惑者, 非大惑也. 大惑者, 終身不解; 大愚者, 終身不靈.[8] 三人行而一人惑, 所適者猶可致也, 惑者少也; 二人惑則勞而不至, 惑者勝也. 而今也以[9]天下惑, 予雖有祈嚮,[10] 不可得也. 不亦悲乎!

지기우자는 비대우야며 지기혹자는 비대혹야라 대혹자는 종신불해하고 대우자는 종신불령하나니라 삼인행에 이일인이 혹이면 소적자에 유가치야리니 혹자소야르새니라 이인이 혹즉로이부지하나니 혹자 승야르새니라 이금야에 이천하로 혹이라 여 수유기향이라도 불가득야로소니 불역비호아

8 사마표에 따르면 령靈은 효曉, 즉 '알다'이다.

9 왕숙민에 따르면 이以는 즉則과 같다.

10 전목은 기향祈嚮을 희구하고 그리워하는 것으로 보았다. 그러나 해동은 '기'는 '부르다'이고 '향'은 향도嚮導라고 보는 장태염 설에 찬동하면서, 윗글은 "나 한 사람이 비록 그들의 향도가 되어 손짓하며 부른다 할지라도"라는 것을 일컫는다고 주장하였다. 향도는 길을 안내하는 사람이다.

자기 자신이 어리석은 줄을 아는 사람은 몹시 어리석은 것은 아니다. 자기 자신이 의혹되어 있다는 것을 아는 사람은 크게 의혹한 것은 아니다. 크게 의혹한 사람은 생명이 다하도록 그것을 깨닫지 못하고 몹시 어리석은 사람은 일생토록 알지 못한다. 세 사람이 가는데 한 사람이 의혹되어 있으면 가려는 곳에 그래도 이를 수 있으니, 의혹한 사람이 적기 때문이다. 두 사람이 의혹하면 수고로워도 그곳에 이를 수 없으니, 의혹한 사람이 많기 때문이다. 이제 천하 사람들이 의혹되어 있는지라 나 한 사람이 비록 그들의 향도가 되어 손짓하며 부른다 할지라도 어떻게 할 수 없으니 슬프지 아니한가!

14-2

大聲[1]不入於里耳, 折楊皇荂,[2] 則嗑然而笑. 是故高言不止於衆人之心, 至言不出, 俗言勝也. 以二缶鐘惑,[3] 而所適不得矣. 而今也以天下惑, 予雖有祈嚮, 其庸[4]可得邪! 知其不可得也而强之, 又一惑也, 故莫若釋之而不推. 不推, 誰其比[5]憂? 厲之人[6]夜半生其子, 遽取火而視之, 汲汲然唯恐其似己也.

대성은 불입어리이어늘 절양황과 즉합연이소하나니 시고로 고언이 부지어중인지심이나 지언이 불출은 속언이 승야ㄹ새니라 이이부종혹이라도 이소적을 부득의어늘 이금야에 이천하로 혹이어니 여 수유기향인들 기용가득야리오 지기불가득야요 이강지면 우일혹야어니따녀 고로 막약석지이불추니 불추인댄 수기비우리오 려지인이 야반생기자하고 거취화이시지하야 급급연유공기사기야하더라

1 대성大聲에 대하여 사마표는 함지咸池·육영六英의 음악이라 하였고, 성현영은 함지·대소大昭의 음악이라 하였다. '육영'은 전욱顓頊의 음악이고 '대소'는 순임금의 음악이라고 한다.

2 조초기에 따르면 절양折楊과 황과皇荂는 모두 통속적인 악곡 이름이다.

3 조초기에 따르면 부缶는 투박한 악기이고 종鐘은 비교적 고급스러운 아악雅樂에 쓰는 악기이니, '이이부종혹'以二缶鐘惑은 두 개의 질장구를 울리면 종 한 개의 소리는 교란되므로 듣는 이가 의혹하게 된다고 한다.

4 용庸은 '어찌'와 같다.

5 성현영에 따르면 비比는 여與이다.

6 려지인厲之人에 대하여 왕숙민은 문둥병에 걸린 사람이라고 하였다.

위대한 음악 소리는 보통사람의 귀에 들어오지 않거늘 절양과 황과 같은 통상적인 가곡에는 깔깔대며 웃는다. 이 탓에 고상한 말이 중인의 마음에 들어가지 않는지라, 지극한 말이 드러나지 않는 것은 속된 말이 우세하기 때문이다. 두 개의 투박한 질장구를 울리면 종소리는 교란되어 듣는 이가 의혹하여 뜻에 맞는 것을 얻을 수 없다. 이제 천하 사람들이 의혹되었으니 나 한 사람이 비록 그들의 향도가 되어 손짓하며 부른다고 할지라도 그 어찌 될 수 있으리오! 그것이 안 되는 일인 줄 알면서도 억지로 해보려고 하면 그 또한 하나의 의혹일 뿐이다. 그러므로 그것을 버려두고 추진하지 않는 것만 못하다. 추진하지 않을진댄 누구와 더불어 근심하리오! 문둥병에 걸려 추악하게 생긴 사람이 한밤중에 그의 아이를 낳고 갑자기 불을 가져다 그를 보고 급박하게 마음 졸이면서 그 아이가 자기와 닮지나 않았을까 두려워하더라.

【대의】

위대한 음악 소리는 평범한 사람들의 귓속에 들어가지 못한다. 마찬가지로 선각자의 뜻은 사람들에게 제대로 전달되지 못한다. 그렇다고 세상 사람들의 귀에 들어갈 수 있도록 말을 꾸며댄다고 될 일이 아니다. 그것은 세상에 아첨하는 것에 지나지 않는다. 그렇다면 세상을 바로잡을 길이 없을까? 세상 사람들이 크게 미혹해 있기에 도저히 희망이 없어 보인다.

그러나 이 글의 작자는 그래도 길이 있다고 보고 있다. 그에 따르면 자기 본연의 성품을 상실한 사람일지라도 그것을 되찾고 싶어 하는 마음이 없는 것은 아니다. 그것은 마치 문둥병에 걸려 추악하게 생긴 사람이 자기 자식만은 자기를 닮지 않기를 바라는 것과 같다. 아무리 세상 사람들이 미혹해 있다고 해도 그들이 스스로 자신의 본래 모습을 되찾아갈 수 있도록 무위자연에 따를 수밖에 없다는 것이다.

15

百年之木, 破爲犧樽,[1] 靑黃而文之, 其斷在溝中. 比犧樽於溝中之斷, 則美惡有間矣, 其於失性一也. 跖與曾史, 行義有間矣, 然其失性均也. 且夫失性有五; 一曰五色[2]亂目, 使目不明; 二曰五聲[3]亂耳, 使耳不聰; 三曰五臭[4]薰鼻, 困惾中顙[5]; 四曰五味濁口,[6] 使口厲爽[7]; 五曰趣舍滑心,[8] 使性飛揚. 此五者, 皆生之害也. 而楊墨乃始離跂[9]自以爲得, 非吾所謂得也. 夫得者困, 可以爲得乎? 則鳩鴞之在於籠也, 亦可以爲得矣.

백년지목을 파위희준코 청황이문지하니 기단은 재구중하도다 비희준어구중지단인댄 즉미악이 유간의나 기어실성에는 일야니라 척여증사 행의유간의나 연기실성은 균야니라 차부실성이 유오하니 일왈오색이 난목하야 사목으로 불명하고 이왈오성이 난이하야 사이로 불총하고 삼왈오취 훈비하야 곤수중상이오 사왈오미 탁구하야 사구로 려상이오 오왈취사 골심하야 사성으로 비양이니 차오자 개생지해야라 이양묵이 내시리기하야 자이위득하나니 비오소위득야니라 부득자 곤인댄 가이위득호아 즉구효지재어롱야도 역가이위득의어니따녀

1 성현영은 희준犧樽을 소의 모습을 새긴 제기祭器라고 하였으나, 왕숙민에 따르면 무늬를 아로새긴 단지 비슷한 술그릇이다.

2 오색五色은 청靑·황黃·적赤·백白·흑黑이다.

3 오성五聲은 궁宮·상商·각角·치徵·우羽이다.

4 오취五臭는 노린내[羶], 탄내[薰], 향기[香], 비린내[腥], 썩은 내[腐]이다.

5 이이에 따르면 곤수困惾는 코를 손상시켜 기운이 잘 통하지 못하는 것이고, 조초기에 따르면 중中은 중상中傷을 뜻한다.

백 년이 된 나무를 쪼개어 희준을 만들고 푸른 빛깔과 노란 빛깔로 무늬를 만드니 그중 다른 토막은 도랑 가운데 던져졌다. 희준과 도랑에 버려진 나무토막을 견주어보건대 아름다움과 추함의 구별은 있으나 그들이 각자 본연의 성질을 잃은 것은 같다. 도척과 증삼과 사추는 각자 의로운 일을 행하는 데 차이가 있으나 그들이 본연의 성품을 잃은 것은 균등하다. 또한 본연의 성품을 잃은 것에 다섯이 있으니, 첫째는 오색이 눈을 어지럽혀 눈이 밝지 못하게 하는 것이고, 둘째는 오성이 귀를 어지럽혀 귀를 밝지 못하게 하는 것이고, 셋째는 다섯 가지 냄새가 코를 손상해서 기운이 잘 통하지 못하게 하는 것이고, 넷째는 다섯 가지 맛이 입맛을 더럽혀 입맛을 잃게 하는 것이고, 다섯째는 이해득실 때문에 심란하여 성품을 경박하고 조급하게 하는 것이다. 이 다섯 가지는 모두 생명을 해친다. 그런데도 양주와 묵적이 자기를 특이하게 드러내면서 스스로 얻은 것이 있다고 하니 내가 이른바 터득했다고 하는 것은 아니다. 그러한 얻음은 실제로 언젠가는 어려움을 당하게 할 터인데도 그것을 얻었다고 할 수 있을까? 그렇다면 올빼미가 새초롱 속에 살게 된 것도 얻었다고 해야 할 것이다.

6 오미五味는 신맛[酸]·매운맛[辛]·단맛[甘]·쓴맛[苦]·짠맛[鹹]이고, 탁구濁口는 입맛을 더럽히는 것이다.

7 곽경번에 따르면 려厲는 '병들다'이고 상爽은 상傷이니, 사구려상使口厲爽은 입맛을 잃게 하는 것이다.

8 조초기에 따르면 이 구절은 이해득실 때문에 이리저리 생각하느라 심란해지는 것을 뜻한다.

9 왕숙민에 따르면 리기離跂는 자기를 많은 사람들로부터 특이하게 드러내려는 것을 뜻한다.

且夫趣舍聲色以柴[10]其內, 皮弁鷸冠搢笏紳修以約其外,[11] 內支盈於柴柵外重纆繳,[12] 睆睆[13]然在纆繳之中而自以爲得, 則是罪人交臂歷指[14]而虎豹在於囊檻, 亦可以爲得矣.

차부취사성색으로 이시기내하고 피변휼관과 진홀신수로 이약기외하야 내론 지영어시책하고 외론 중묵격하야 환환연재묵격지중이어늘 이자이위득하나니 즉시는 죄인이 교비력지하며 이호표 재어낭함하니도 역가이위득의어니따녀

10 시柴는 '막다'이다.

11 이 구절에 대해 성현영은 "대저 진실하지 않은 무리들은 이로운 것은 취하고 해로운 것은 버리는 것으로써 일을 삼으므로 소리와 색채 등 진실이 아닌 것들을 가지고 그의 내면세계를 옹색하게 하고, 입고 쓰고 홀을 꽂으며 그의 몸을 구속하여 무위無爲의 도를 등지고 자연스러운 성품을 어기니, 이것을 얻었다고 한다면 비둘기·올빼미와 무엇이 다르리오!"라고 해석하였다. 여기서 말한 피변皮弁은 사슴가죽으로 만든 갓인데, 조정에 출사出仕할 때나 관례冠禮 때 썼다고 한다. 휼관鷸冠은 도요새 털로 장식한 모자인데, 왕숙민에 따르면 그 새는 비가 오려고 할 때 울어서 옛적에 천문을 관장하는 사람이 썼다고 한다. 홀笏은 상아 또는 나무로 만든 것으로 조정에 갈 때 관복에 꽂았다.

12 성현영에 따르면 지영支盈은 가득 채우는 것이다. 조초기에 따르면 시책柴柵은 이로운 것은 취하고 해로운 것은 버리며 소리와 색채 같은 것을 가지고 마음을 꽉 막아서 마치 목책을 세우듯 마음이 통하지 않게 막는 것을 뜻한다.

13 환환睆睆은 눈을 뜨고 보는 모양이다.

14 역지歷指는 찰지拶指라고도 하는데, 다섯 개의 나무토막을 엮어 죄인의 손가락 사이에 끼워서 조이는 옛날 형벌의 한 가지이다.

또한 이로운 것은 취하고 해로운 것은 버리며 소리와 색채로써 그의 내면세계를 옹색하게 하고, 피변과 휼관과 홀을 꽂는 것과 큰 띠를 늘어뜨려 그의 몸을 속박하여 안으로는 목책으로 가득 채우고 밖으로는 밧줄로 거듭 엮어 동여맨 속에서 공연히 바라보면서도 스스로 얻었다고 하니, 이는 죄인이 뒷짐결박된 채 형틀에 손가락을 끼워 묶이며 호랑이와 표범이 우리 속에 갇혀 있으면서도 얻었다고 여기는 것과 다를 바 없다.

【대의】

여기서 작자는 인간이 본래의 성품을 상실하는 문제를 논하였다. 인간은 감각기관인 눈·귀·코·입을 가지고 그 대상과 관계 맺으면서 보고 듣고 냄새 맡고 먹으며, 사유기관인 심心을 가지고 이해타산에 따라 취사선택하는 사이에 인성人性을 상실할 수 있다. 그것을 실성失性이라고 하였다. 실성에는 여러 가지가 있다. 도척처럼 세상에서 악명을 떨치던 사람은 말할 것도 없고, 증삼과 사추처럼 평판이 좋았던 사람도 인간 본연의 성품을 잃었다는 측면에서는 다를 것이 없다. 그러니 하물며 잘 먹고 입으면서 갖가지 복식과 예법과 권력에 속박된 사람이랴! 그렇게 살아가는 것은 우리 속에 갇혀 있는 호랑이와 다를 바가 없다. 그러한 속박에서 벗어나려면 아름다움과 추악함, 선과 악, 명예와 치욕을 모두 잊고서 인간의 진성眞性을 보전해야 한다.

• 제13편 • 천도(天道 第十三)

【제13편 천도天道 해제】

이 편의 작자는 무위를 앞세우면서도 인의仁義와 예악제도와 법과 상벌에 따른 유위有爲의 다스림을 긍정하고, 자연계에 질서가 있듯이 인류사회에도 순서가 없을 수 없다고 주장하였다. 이는 도가 철학을 위주로 하면서도 유가와 법가의 이론을 수용하는 견해이다. 이러한 견해는 도가 철학에 대한 수정이라고 볼 수밖에 없다. 따라서 이 편은 장자 정통파의 저작이라고 할 수 없다.

그래서 전목은 "이 편은 『장자』를 본뜬 것이다"라고 말한 구양수歐陽修와 "한두 마디만 보아도 전편과 같지 않다는 것을 알 수 있다"고 한 유수계劉須溪의 설을 인용하였다. 또한 왕부지王夫之는 말하기를 "이 편의 말은 장자의 취지와 아주 서로 같지 않은 것이 있다. 특히 노자의 수정守靜의 이론에 말미암아 부연한 것도 노자에 다 부합하는 것은 아니다. 아마 진한秦漢 사이에 황노술黃老術을 배워서 군주에게 등용되기를 추구한 사람이 지은 것 같다"고 하였다. 왕숙민은 "이 편에서 제왕의 도가 허정무위에 있다고 논한 것은 『여씨춘추』呂氏春秋의 글과 자못 비슷하다"고 말했다.

1-1

天道運而无所積,[1] 故萬物成; 帝道運而无所積, 故天下歸; 聖道運而无所積, 故海內服. 明於天, 通於聖, 六通四辟於帝王之德者,[2] 其自爲也, 昧然[3]无不靜者矣. 聖人之靜也, 非曰靜也善, 故靜也; 萬物无足以鐃[4]心者, 故靜也. 水靜則明燭鬚眉, 平中準, 大匠取法焉. 水靜猶明, 而況精神! 聖人之心靜乎! 天地之鑑也, 萬物之鏡也. 夫虛靜恬淡寂漠无爲者, 天地之平而道德之至, 故帝王聖人休焉. 休則虛, 虛則實, 實者倫[5]矣. 虛則靜, 靜則動, 動則得矣. 靜則无爲, 无爲也則任事者責矣.[6] 无爲則兪兪,[7] 兪兪者憂患不能處,[8] 年壽長矣.

천도 운이무소적이론 고로 만물이 성하며 제도 운이무소적이론 고로 천하 귀하며 성도 운이무소적이론 고로 해내 복하나니 명어천하며 통어성하야 육통사벽어제왕지덕자는 기자위야 매연무부정자의니라 성인지정야는 비왈정야 선이라 고로 정야라 만물이 무족이요심자론 고로 정야니라 수 정이면 즉명촉수미하며 평중준할새 대장이 취법언하나니 수 정하야도 유명이온 이황정신이리오 성인지심정호따녀 천지감야며 만물지경야니라 부허정념담하며 적막무위자는 천지지평이도덕지지론 고로 제왕성인이 휴언하나니 휴즉허하고 허즉실이니 실자는 륜의니라 허즉정하고 정즉동이니 동즉득의니라 정즉무위하니 무위야즉임사자 책의니라 무위즉유유니 유유자는 우환이 불능처라 연수장의니

1 성현영에 따르면 적積은 '정체하다'이다.

2 왕숙민이 인용한 유월 설에 따르면, 육六이니 사四니 말한 것은 통하지 않는 곳이 없고 어디에나 열려 있다는 것을 극언極言한 것이다.

3 전목이 인용한 육장경陸長庚 설에 따르면 매昧라는 것은 혼명混冥을 뜻한다. '혼명'은 심원하면서도 적막한 도와 혼연히 하나가 되는 것이다.

4 왕념손에 따르면 요鐃는 요撓와 통하니 '어지럽다'이다.

천도가 운행하되 정체하는 것이 없으므로 만물이 생성하며, 제왕의 도가 운행하되 정체하는 일이 없으므로 천하 사람들이 따르며, 성인의 도가 운행하되 정체하는 일이 없으므로 사해 안의 사람들이 복종한다. 천天에 밝으며 성인의 도에 통하여 제왕의 덕에 통하지 않는 것이 없는 사람은 각기 스스로 하게 하니 심원하면서도 고요한 도와 하나가 되어 언제 어디서나 고요해진다. 성인이 고요하다는 것은 그가 고요함을 좋다고 하므로 고요하다는 것이 아니라 어떤 것도 충분히 마음을 어지럽히지 못하므로 고요하다는 것이다. 물이 고요하면 수염과 눈썹을 뚜렷이 비추며 평평하되 표준에 맞기 때문에 큰 목수가 거기에서 본보기를 취한다. 물이 고요하여도 오히려 밝거늘 하물며 정신이랴! 성인의 마음은 고요하다. 천지의 거울이며 만물의 거울이다. 대저 허정하고 염담하며 적막무위한 것은 천지를 균평하게 하고 도덕을 지극하게 한다. 그러므로 제왕과 성인이 여기에서 쉬나니 쉬면 허해지고, 허하면 진실해질 것이니 진실한 것이 자연의 이치이다. 허하면 고요하고 고요하면 움직일 것이니 움직이면 저절로 얻는 바가 있게 될 것이다. 고요하면 무위하니 무위하면 일을 맡은 신하들이 저절로 책임을 다할 것이다. 무위하면 여유롭고 스스로 만족할 것이니 여유롭고 스스로 만족한 사람은 우환이 마음속에 들어오지 못한지라 수명이 길어질 것이다.

5 륜倫을 곽상은 리理라고 하였고 성현영은 자연지리自然之理라고 하였다.

6 조초기는 "군주가 무위하면 신하는 저절로 책임을 다한다"고 말했다.

7 유유兪兪에 대하여 곽상은 "종용자득從容自得의 모습"이라고 말했다. '종용자득'은 여유롭고 스스로 만족하는 것이다.

8 조초기에 따르면 불능처不能處는 마음속에 들어오지 못한다는 것을 뜻한다.

夫虛靜恬淡寂漠无爲者, 萬物之本也. 明此以南鄕, 堯之爲君也; 明此以北面, 舜之爲臣也. 以此處上, 帝王天子之德也; 以此處下, 玄聖素王之道也.[9] 以此退居而閒游江海, 山林之士服; 以此進爲而撫世, 則功大名顯而天下一也. 靜而聖, 動而王, 无爲也而尊, 樸素而天下莫能與之爭美. 夫明白於天地之德者, 此之謂大本大宗, 與天和者也; 所以均調天下,[10] 與人和者也. 與人和者, 謂之人樂; 與天和者, 謂之天樂.

부허정념담하며 적막무위자는 만물지본야라 명차하야 이남향하니 요지위군야요 명차하야 이북면하니 순지위신야라 이차로 처상하니 제왕천자지덕야요 이차로 처하하니 현성소왕지도야라 이차로 퇴거이한유강해하니 산림지사복이오 이차로 진위이무세하면 즉공대명현이천하일야리라 정이성이오 동이왕이오 무위야이존이오 박소이천하 막능여지쟁미하나니라 부명백어천지지덕자는 차지위대본대종이니 여천으로 화자야니라 소이균조천하는 여인화자야니 여인화자를 위지인락이오 여천화자를 위지천락이라 하나니라

9 현성소왕玄聖素王은 천하 사람들이 우러러보고 숭배할 만한 도덕성을 갖추었지만 제왕의 자리에 있지 않은 사람이다.

10 조초기는 "무위라야 사회의 모순을 조화시키고 사람들 사이의 모순을 조화시킬 수 있다는 것이다"라고 말했다.

대저 허정·염담·적막무위라는 것은 만물의 근본이다. 이것을 알고서 남쪽을 향하여 다스리는 것이 요가 임금 노릇 한 것이요, 이를 알고서 북쪽을 향한 것이 순이 신하 노릇 한 것이다. 이로써 윗자리에 처한 것이 제왕과 천자의 덕이요, 이로써 아래에 처하는 것이 현성소왕玄聖素王의 도이다. 이로써 물러나 숨어 살면서 강과 바다에서 한가롭게 놀면 산림의 선비가 탄복하고, 이로써 나아가 천하를 다스리면 공명功名이 크게 드날려서 천하를 하나 되게 할 것이다. 고요하면 성이요, 움직이면 왕이요, 무위하면 존귀하고 소박하지만 천하에 어느 누구도 그와 아름다움을 다툴 수 없을 것이다. 대저 천지의 덕을 아는 사람, 이를 일러 대본대종이라고 일컬으니 자연과 조화를 이루는 것이다. 그로써 천하 사람들이 고루 어울리게 하는 것이 사람들과 조화를 이루는 것이다. 사람들과 조화를 이루는 것을 일러 인락人樂이라고 하고, 자연과 조화를 이루는 것을 일러 천락天樂이라고 한다.

1-2

莊子曰:「吾師乎! 吾師乎! 韲萬物而不爲戾, 澤及萬世而不爲仁, 長於上古而不爲壽, 覆載天地刻雕衆形而不爲巧,[1] 此之爲天樂. 故曰:『知天樂者, 其生也天行,[2] 其死也物化.[3] 靜而與陰同德, 動而與陽同波.』故知天樂者, 无天怨, 无人非, 无物累, 无鬼責. 故曰:『其動也天, 其靜也[4]地.』一[5]心定而王天下, 其鬼不祟, 其魂不疲, 一心定而萬物服. 言以虛靜推於天地,[6] 通於萬物, 此之謂天樂. 天樂者, 聖人之心, 以畜天下也.」[7]

장자 왈 오사호여 오사호여 제만물이불위려하며 택급만세이불위인하며 장어상고이불위수하며 부재천지하며 각조중형이불위교하니 차지위천락이니라 고로 왈 지천락자는 기생야에 천행이오 기사야에 물화하며 정이여음으로 동덕하고 동이여양으로 동파라 하니라 고로 지천락자는 무천원하며 무인비하며 무물루하며 무귀책이니 고로 왈 기동야는 천이오 기정야는 지라 하니라 일심이 정이왕천하하며 기귀불수하고 기혼이 불피라 일심이 정이만물이 복이니라 언이허정으로 추어천지하며 통어만물이니 차지위천락이니 천락자는 성인지심이 이휵천하야니라

1 이상의 여섯 구절은「대종사」에 보인다. 성현영은 "장자는 자연의 지극한 도를 스승으로 삼는다"고 말했다. 제韲는 '부수다'이다.

2 임희일林希逸에 따르면 천행天行은 천리天理의 자연에 따라 행동하는 것이니 자연의 운동이다. 말하자면 생명은 자연운동의 결과라는 것이다.

3 물화物化는 사물의 변화이니 죽음은 사물의 전화轉化라는 것이다.

4 왕숙민에 따르면 야也는 여如와 같다.

5 성현영은 "주관과 그 대상이 명합冥合하는 것을 일一이라고 한다"고 말했다.

6 조초기에 따르면 이는 "허정한 마음을 천지 사이에 확충한다는 것이니, 무슨 일을 하더라도 허정무위虛靜無爲의 태도를 취한다"는 것을 뜻한다.

7 조초기에 따르면 이는 성인은 천락의 마음을 가지고 천하를 관리한다는 것이니 이른바 무위지치無爲之治이다. 이以 자 다음에 천락을 가리키는 지之 자가 생략되었다.

장자가 말했다. "나의 스승이여! 나의 스승이여! 만물을 부수어도 사납지 않으며, 은택이 만세에 미쳐도 인仁하지 않으며, 상고보다 장구해도 장수한다고 않으며, 천지처럼 덮어주고 실어주며 온갖 모습으로 빚어서 만들지라도 솜씨 있다고 하지 않으니 이를 일러 천락이라고 한다. 그러므로 이르기를 '천락을 아는 사람은 살아서는 자연스럽게 행하고 죽어서는 사물에 따라 변화하며, 고요하여 음과 덕을 함께하고 움직여서는 양과 물결을 함께한다'고 한다. 그러므로 천락을 아는 이는 하늘을 원망하지 않으며, 사람을 비난하지 않으며, 어떤 사물에 의해서도 번거로움이 없으며 귀신을 탓하지 않는다. 그러므로 이르기를 '그가 움직이는 것은 하늘과 같고 그가 고요할 때에는 땅과 같다'고 한다. 일심一心이 어떤 일에 의해서도 흔들리지 않으면 천하 사람들의 마음이 그에게 쏠려오며, 귀신이 앙화를 끼치지 못하고 그의 혼이 지치지 않는다. 일심이 어떤 일에 의해서도 흔들리지 않으면 만물이 따를 것이다. 허정한 마음을 천지에 넓히며 만물에 통한다는 것을 말하니 이를 일러 천락이라고 한다. 성인은 천락의 마음으로 천하 사람들을 기른다."

【대의】

허정虛靜과 염담恬淡과 적막寂寞과 무위無爲가 천지만물의 근본이다. 따라서 제왕과 신하가 이에 의거하여 다스리면 천하를 하나 되게 할 수 있으며, 그로써 사람들과 조화를 이룰 수 있을 뿐만 아니라 자연과 조화를 이루며 천락天樂을 누릴 수 있다. 그래서 성인은 허정·무위하여 끊임없이 저절로 운동하는 천지만물의 자연에 따르므로 천락을 누리면서 천하의 왕자 노릇을 할 수 있다는 것이다.

2-1

夫帝王之德, 以天地爲宗, 以道德爲主, 以无爲爲常. 无爲也, 則用天下而有餘. 有爲也, 則爲天下用而不足.[1] 故古之人貴夫无爲也. 上无爲也, 下亦无爲也, 是下與上同德, 下與上同德則不臣. 下有爲也, 上亦有爲也, 是上與下同道, 上與下同道則不主. 上必无爲而用天下, 下必有爲爲天下用, 此不易之道也.[2] 故古之王天下者, 知雖落天地, 不自慮也.[3] 辯雖彫萬物,[4] 不自說也. 能雖窮[5]海內, 不自爲也. 天不産而萬物化, 地不長而萬物育, 帝王无爲而天下功.[6] 故曰莫神於天, 莫富於地, 莫大於帝王. 故曰帝王之德配天地. 此乘天地, 馳萬物, 而用人羣之道也.[7]

부제왕지덕은 이천지로 위종하고 이도덕으로 위주하고 이무위로 위상하나니 무위야 즉용천하이유여하고 유위야 즉위천하용이부족하나니 고로 고지인은 귀부무위야하더니라 상이 무위야어든 하 역무위야하면 시는 하 여상으로 동덕이니 하 여상으로 동덕즉불신이니라 하 유위야어든 상이 역유위야하면 시는 상이 여하로 동도니 상이 여하로 동도즉부주니라 상필무위하야 이용천하하고 하필유위하야 위천하용이 차 불역지도야이라 고로 고지왕천하자는 지 수락천지하야도 부자려야하며 변 수조만물하야도 부자설야하며 능이 수궁해내하야도 부자위야하니라 천이 불산이만물이 화하며 지 부장이만물이 육하며 제왕이 무위라 이천하공이니 고로 왈막신어천하며 막부어지하며 막대어제왕이라 하며 고로 왈제왕지덕이 배천지라 하노니 차 승천지하며 치만물 이용인군지도야니라

1 곽상은 "남음이 있다는 것은 한가롭다는 것을 일컫는다. 부족하다는 것은 급급한 듯이 사물에 부려지고 싶어 하는 것이다"라고 말했다.

2 작자는 여기서 무위가 모든 일의 근본이라고 하면서도 군신·상하 사이의 구별을 강조하고 있다. 이것은 장자 정통파의 사상이 아니다.

대저 제왕의 덕은 천지로써 근본을 삼고 도와 덕으로써 주인을 삼고 무위로써 떳떳한 것을 삼는다. 무위하면 천하를 써도 남음이 있고, 유위하면 천하에 의하여 쓰여도 부족하다. 그러므로 옛적 사람은 저 무위를 귀하게 여겼다. 윗사람이 무위하거든 아랫사람도 무위하면 이것은 아래와 위가 덕을 같이하는 것이다. 아랫사람이 윗사람과 덕을 같이하면 신하답지 않다. 아랫사람이 유위하거든 윗사람이 유위하면 이것은 윗사람이 아랫사람과 도를 같이하는 것이다. 윗사람이 아랫사람과 도를 같이하면 군주답지 않다. 윗사람은 반드시 무위하여 천하 사람을 쓰고, 아랫사람은 반드시 유위하여 천하 사람에 의하여 쓰이는 것, 이것이 바뀌지 않는 도이다. 그러므로 옛적에 천하에서 왕 노릇 하는 이는 지혜가 비록 천지를 망라할지라도 스스로 천하의 일에 신경 쓰지 않으며, 그의 언변이 비록 설득력이 있으면서도 온갖 것을 잘 묘사할 수 있을지라도 스스로 말하지 않는다. 능력이 온 세상에서 출중할지라도 스스로 나서서 일을 하지 않는다. 하늘은 생산하지 않아도 만물이 화육하며, 땅은 생장하지 않아도 만물이 길러지며, 제왕은 무위하더라도 천하 사람들이 공을 이룬다. 그러므로 이르기를 하늘보다 신령한 것이 없으며 땅보다 풍부한 것이 없으며 제왕보다 위대한 것이 없다고 한다. 그러므로 이르기를 제왕의 덕이 천지에 합한다고 하니, 이것이 천지를 타고 만물을 부리며 사람의 무리를 쓰는 도이다.

3 조초기에 따르면 락落은 락絡과 통하니 '망라하다'이고, 부자려不自慮는 자신이 신경 쓰지 않고 그의 자연에만 따라야 한다는 것이다.

4 성현영은 "청산유수처럼 말을 설득력 있게 잘하고 온갖 것을 잘 묘사할 수 있을지라도 그 분야 전문가에게 맡긴다면 자기는 끝내 말을 하지 않아도 될 것이다"라고 하였다.

5 왕숙민이 인용한 글에 따르면 궁窮을 개蓋로 쓴 것이 있다.

6 왕숙민에 따르면 공功 자 다음에 성成 자가 있는 판본도 있다.

7 성현영은 "만물을 보호하고 포용하면서도 주재하지 않는 천지자연의 이치에 통달하니 이 때문에 천지를 타고서 부릴 수 있고, 변화의 왕래에 맡기므로 만물을 몰아 달릴 수 있다. 백성들의 재능에 맡기는 것이 사람의 무리를 쓰는 도이다"라고 말했다.

2-2

本在於上, 末在於下.[1] 要在於主, 詳在於臣. 三軍五兵[2]之運, 德之末也. 賞罰利害, 五刑[3]之辟, 教之末也. 禮法度數,[4] 形名比詳, 治之末也.[5] 鐘鼓之音, 羽旄之容, 樂之末也.[6] 哭泣衰絰, 隆殺之服, 哀之末也.[7] 此五末者, 須精神之運, 心術之動, 然後從之者也.[8]

본은 재어상하고 말은 재어하하며 요는 재어주하고 상은 재어신하나 삼군오병지운은 덕지말야요 상벌리해 오형지벽은 교지말야요 예법도수 형명비상은 치지말야요 종고지음 우모지용은 악지말야요 곡읍최질 융쇄지복은 애지말야라 차오말자는 수정신지운하며 심술지동한 연후에야 종지자야니라

1 이이는 본은 천도이고 말은 인도라고 하였다. 성현영은 "본은 도와 덕이고, 말은 인과 의이다. 도와 덕은 순박한지라 정치의 근본이니, 상고시대에 행해졌다. 인과 의는 각박한지라 정치의 말엽이니 후대에 행해졌다는 것을 말한다"고 하였다.

2 성현영에 따르면 오병五兵은 궁弓과 수殳와 모矛와 과戈와 극戟이다. '수'는 몽둥이이고, '모'와 '과'와 '극'은 모두 창이다.

3 성현영에 따르면 오형五刑은 의劓와 묵墨과 월刖과 궁宮과 대벽大辟이다. '의'는 코를 베는 형벌이고, '묵'은 얼굴에 자자하는 것이고, '월'은 발뒤꿈치를 베는 것이고, '궁'은 생식기능을 제거하는 것이고, '대벽'은 사형이다.

4 이에 대하여 조초기는 다음과 같이 말했다. "예 아래에 법이 있고 법 아래에 수가 있고 수 아래에 도가 있다. 예는 군신부자와 같이 상하존비의 등급이고 법은 예에 근거하여 제정한 법률조문이다. 법률 가운데 각급 등차가 있어서 온갖 관리를 순서에 따라 일하게 하는지라 이러한 등차를 1~34등급의 조항으로 나열하는 것을 수라고 한다. 수 아래에 또 구체적인 제도와 조치가 있으니 도이다." 말하자면 도는 시행세칙과 같은 것이다.

근본은 위에 있고 지엽은 아래에 있다. 간요한 것은 군주에게 있고 번다한 것은 신하에게 있다. 삼군과 다섯 가지 병장기를 운용하는 것은 덕의 지엽이다. 상 주고 벌을 내리면서 이롭게 하고 해롭게도 하며 다섯 가지 형벌을 규정한 법은 근본적인 교화방법이 아니다. 예와 법과 시행세칙과 갖가지 조항 등과 형명으로 비교하여 검증하고 상세히 심사하여 다스리는 것은 근본적으로 문제를 해결하려는 정치가 아니다. 종과 북 소리와 새와 짐승의 깃과 털로 만든 도구를 가지고 춤을 추는 것은 음악의 말엽이다. 상복을 입고 눈물을 흘리며 소리 내어 울고, 참최·자최 등의 길고 짧은 복을 입는 것은 마음속에서 우러나온 슬픔을 표현하는 것이 아니다. 이 다섯 가지 지엽말단은 정신과 심술을 저절로 움직이게 한 뒤에야 따르게 해야 하는 것이다.

5 이에 대하여 조초기는 다음과 같이 말했다. "형명刑名은 곧 명실名實이니 한비韓非가 말한 순명책실循名責實과 같은 것이다. 비比는 비교 참험參驗하는 것이고 상詳은 상세하게 심사하는 것이다." '순명책실'은 한비가 제기한 관리들을 다스리는 방법으로, 직명에 따라 그가 일한 내용을 따져보는 것이다. '참험' 또한 한비가 제기한 용인술用人術의 한 가지 방법으로, 비교하여 검증하는 것이다.

6 이에 대하여 곽상은 "위대한 음악은 천지와 함께 어우러지니 우모羽旄·종고鐘鼓와 같은 것이 아니다"라고 말했다.

7 이에 대하여 조초기는 "애도는 마땅히 본성에서 나오고 진심에서 표현되어야 하니 이러해야 본질이라고 할 수 있다. 상복 같은 것은 단지 형식상의 일인지라 말엽이다"라고 말했다.

8 이에 대하여 곽상은 다음과 같이 말했다. "대저 정신·심술은 다섯 가지 말엽의 근본이다. 자연에 따라 움직이면 다섯 가지 말엽적인 일은 진작하지 않아도 저절로 들어 올려질 것이다."

2-3

末學者, 古人有之, 而非所以先也.[1] 君先而臣從, 父先而子從, 兄先而弟從, 長先而少從, 男先而女從, 夫先而婦從. 夫尊卑先後, 天地之行也, 故聖人取象焉.[2] 天尊地卑, 神明之位也. 春夏先, 秋冬後, 四時之序也. 萬物化作, 萌區有狀,[3] 盛衰之殺,[4] 變化之流也. 夫天地至神, 而有尊卑先後之序, 而況人道乎! 宗廟尙親, 朝廷尙尊, 鄕黨尙齒, 行事尙賢, 大道之序也.[5] 語道而非其序者, 非其道也. 語道而非其道者, 安取道![6]

말학자를 고인이 유지언마는 이비소이선야니라 군선이신종하며 부선이자종하며 형선이제종하며 장선이소종하며 남선이여종하며 부선이부종하나니 부존비선후는 천지지행야론 고로 성인이 취상언하시니라 천존지비하니 신명지위야요 춘하선하고 추동이 후하니 사시지서야라 만물이 화작에 맹구 유상하니 성쇠지쇄는 변화지류야라 부천지 지신호되 이유존비선후지서이온 이황인도호따녀 종묘에는 상친하고 조정에는 상존하고 향당에는 상치하고 행사에는 상현하나니 대도지서야라 어도이비기서자는 비기도야라 어도이비기도자는 안취도리오

1 성현영은 "'고지인'은 중고인中古人을 일컫는다. 선은 근본이다"라고 말했다.

2 조초기는 "취取는 '본받다'이다. 천지운행의 순서를 본받아 인륜등급人倫等級을 제정한다"고 말했다.

3 조초기에 따르면 구區는 구句와 통용된다. 『예기』「월령」 계춘季春에서 말하기를 "이달에 풀과 나무의 꼬부라진 싹이 피어나오며, 뾰족하면서도 곧은 싹이 모두 자라나온다"고 하였다. 구句는 새싹이 꼬부라져 나오는 것이다. 맹萌은 뾰족하면서도 곧은 싹이다. 조초기에 따르면 유상有狀은 '각자의 형상을 나타낸다'는 뜻이다.

4 쇄殺는 등차를 가리킨다.

5 전목은 "이것은 모두 후세 유생儒生의 말이지 어찌 진실로 장생莊生의 말이겠는가?"라고 하였다.

6 해동에 따르면 '안취도'安取道 다음에 재哉 자가 있어야 한다.

다섯 가지 지엽말단을 배우는 일은 중고中古시대의 사람들이 있게 하였건만 그것을 가지고 근본으로 삼은 것은 아니다. 군주가 앞서고 신하가 따르며 아버지가 앞서고 아들이 따르며, 형이 앞서고 아우가 따르며 어른이 앞서고 젊은이가 따르며, 남자가 앞서고 여자가 따르며 남편이 앞서고 부인이 따르나니, 대저 존비와 선후는 천지가 운행하는 순서이다. 그러므로 성인이 여기에서 상징을 취한다. 하늘은 높고 땅은 낮으니 신명神明의 지위이다. 봄과 여름이 앞서고 가을과 겨울이 뒤따르니 사시의 순서이다. 만물이 생성 발육하여 갖가지로 만들어질 적에 꼬불꼬불한 것과 뾰족뾰족한 싹이 각자의 형상을 나타내나니 성쇠의 등차는 변화의 흐름이다. 대저 천지는 지극히 신령한데도 존비와 선후의 순서가 있거늘 하물며 인도人道이랴! 종묘에서는 가까운 이를 높이고, 조정에서는 벼슬이 높은 이를 높이고, 고향마을에서는 나이를 높이고, 일을 할 적에는 현자를 높이나니 대도大道의 순서이다. 도를 말하면서도 그 순서를 부인하는 것은 그 도가 아니다. 도를 말하면서도 그 도를 부인하는 사람은 어디에서 도를 취하겠는가?

2-4

是故古之明大道者, 先明天而道德次之,[1] 道德已明而仁義次之, 仁義已明而分守[2]次之, 分守已明而形名[3]次之, 形名已明而因任[4]次之, 因任已明而原省[5]次之, 原省已明而是非次之, 是非已明而賞罰次之, 賞罰已明而愚知處宜, 貴賤履位. 仁賢不肖襲情,[6] 必分其能, 必由其名. 以此事上, 以此畜下, 以此治物, 以此修身, 知謀不用, 必歸其天, 此之謂大平, 治之至也.

시고로 고지명대도자는 선명천이도덕이 차지하고 도덕을 이명이인의 차지하고 인의를 이명이분수 차지하고 분수를 이명이형명이 차지하고 형명을 이명이인임이 차지하고 인임을 이명이원성이 차지하고 원성을 이명이시비 차지하고 시비를 이명이상벌이 차지하고 상벌을 이명이우지 처의하며 귀천이 리위하며 인현불초습정하야 필분기능하며 필유기명이니 이차로 사상하며 이차로 휵하하며 이차로 치물하며 이차로 수신호되 지모를 불용이오 필귀기천하니 차지위태평이니 치지지야니라

1 곽상은 "천天은 자연이다"라고 말했다. 성현영은 "자연이 도와 덕의 근본이므로 도덕이 그다음이다"라고 하였다.

2 분수分守에 대하여 성현영은 "각수기분各守其分이다"라고 하였다. '각수기분'은 저마다 자신의 몫을 지키는 것이다. 조초기는 '분수'를 직책으로 보았다.

3 형명形名은 사물의 실재와 명칭이다. 중국 고대철학에서는 이 개념을 통해 실체와 개념, 보편과 특수의 관계가 논의되었으며, 한비는 이를 용인술用人術에 원용하여 '순명책실'循名責實의 이론을 제기하였다.

4 조초기에 따르면 인임因任은 직위와 명호名號에 근거하여 일을 할당한 것이다. '명호'는 주로 관직 이름을 가리킨다.

5 왕숙민에 따르면 원성原省은 헤아리고 성찰하는 것이다.

6 습정襲情은 실제에 근거하는 것이다.

이 때문에 옛적에 대도大道에 밝은 사람은 먼저 자연을 밝히고 도와 덕을 그다음으로 하였다. 도와 덕을 밝힌 뒤에 인과 의를 그다음으로 하였다. 인과 의를 밝힌 뒤에 각기 그의 직책을 지키는 일을 그다음으로 하였다. 각기 그의 직책을 지키는 일을 밝힌 뒤에 형명을 그다음으로 하였다. 형명을 밝힌 뒤에 직위와 관직의 이름에 근거하여 일을 할당하는 것을 그다음으로 하였다. 직위와 관직의 이름에 근거하여 일을 할당하는 것을 밝힌 뒤에 그 실정을 헤아리고 살피는 일을 그다음으로 하였다. 헤아리고 살핀 뒤에 옳다 그르다 판단하는 것을 그다음으로 하였다. 상벌을 밝힌 뒤에 어리석은 사람과 지혜로운 사람이 각각 알맞게 처하게 하며, 귀한 이와 천한 이가 저마다 자기 자리를 밟게 하며, 어질고 현명한 사람과 같잖은 사람이 실제에 근거하여 반드시 그 능력에 맞는 몫을 차지하게 하며 반드시 그 명분에 말미암게 해야 한다. 이로써 윗사람을 섬기며, 이로써 아랫사람을 기르며, 이로써 일을 처리하며, 이로써 자기 자신을 닦되 지모를 쓰지 않고 반드시 그 자연으로 돌아가게 하나니, 이를 일러 크게 평화롭다고 일컬으니 다스림의 극치이다.

2-5

故書[1]曰: 有形有名. 形名者, 古人有之, 而非所以先也. 古之語大道者, 五變而形名可擧, 九變而賞罰可言也.[2] 驟而語形名, 不知其本也. 驟而語賞罰, 不知其始也. 倒道而言, 迕道而說者,[3] 人之所治也, 安能治人! 驟而語形名賞罰, 此有知治之具, 非知治之道. 可用於天下, 不足以用天下, 此之謂辯士, 一曲之人也. 禮法數度, 形名比詳, 古人有之, 此下之所以事上, 非上之所以畜下也.

고로 서왈 유형유명이라 하니 형명자는 고인이 유지나 이비소이선야라 고지어대도자는 오변하야아 이형명을 가거며 구변하야아 이상벌을 가언야니 취이어형명이면 부지기본야요 취이어상벌이면 부지기시야니 도도이언하며 오도이설자는 인지소치야어니 안능치인이리오 취이어형명상벌하린 차는 유지치지구요 비지치지도라 가용어천하이언정 부족이용천하니 차지위변사 일곡지인야니라 예법과 수도와 형명과 비상을 고인이 유지하니 차는 하지소이사상이라 비상지소이휵하야니라

1 성현영은 서書는 도가의 서라고 하였다. 그러나 왕숙민은 "명가·법가의 책에서도 형벌을 말한다"고 하였다.

2 곽상은 "선명천先明天부터 형명形名에 이르기까지가 다섯이요, 상벌에 이르기까지가 아홉이니, 이것이 저절로 그러한 선후의 순서이다"라고 말했다.

3 성현영은 "오迕는 역逆이다"라고 말했다.

그러므로 책에서 이르기를 형이 있고 명이 있다고 하였으니, 형명은 중고中古 사람이 있게 하였으나 근본으로 삼은 것이 아니다. 옛적에 대도를 말한 사람은 다섯 단계의 변화를 거친 뒤에야 형명을 들먹일 수 있으며, 아홉 단계의 변화를 거친 뒤에야 상벌을 말할 수 있었다. 그런데도 갑자기 형명을 말하면 그 근본을 모르게 되고, 갑자기 상벌을 말하면 그 시초를 모르게 된다. 이치를 전도하여 말하며 도를 거슬러서 말하는 사람은 남에게 다스려져야 할 것이니, 어찌 남을 다스릴 수 있으리오! 갑자기 형명과 상벌을 말한다면 이것은 통치의 수단은 있으나 통치의 도를 아는 것이 아니니, 천하 사람들에게 쓰일 수 있을지언정 족히 천하 사람들을 쓸 수는 없다. 이를 일러 변사라고 하니 일곡지인이다. 예와 법과 시행세칙과 갖가지 조항 등과 형명으로 비교하여 검증하고 상세히 심사하여 다스리는 것을 중고 사람이 말한 바 있으니, 이것은 아래에서 윗분을 섬기는 것이요 윗분이 아랫사람을 기르는 것이 아니다.

【대의】

이 장의 작자는 하늘이 높고 땅은 낮으며, 봄·여름·가을·겨울에 순서가 있듯이 인류사회에도 순서가 없을 수 없다고 주장하였다. 그러므로 다스림에도 순서가 있다. 상벌보다 먼저 옳고 그름을 판단해야 한다. 그보다 먼저 관리들의 업무실적을 평가해야 한다. 그보다 먼저 직명에 근거하여 일을 알맞게 할당해야 한다. 그보다 먼저 관직의 이름에 따라 그 실제 내용이 일치하는지 따져야 한다. 그보다 인의와 같은 윤리도덕이 앞서야 하고, 그보다 도와 덕이 앞서야 하고, 그보다 자연이 앞서야 한다. 자연은 무위와 동전의 양면과 같다. 제왕은 천지로써 근본을 삼고, 도와 덕을 주인으로 삼고, 무위로써 떳떳함을 삼아야 한다. 그러나 윗사람과 아랫사람은 구별되어야 한다. 따라서 제왕은 무위로 다스려야 하지만 신하는 유위有爲하여 일을 하고, 그에 대한 책임을 져야 한다.

이 글에서 무위를 앞세우면서도 인의·법도·시비·상벌과 같은 유위를 없앨 수 없다고 보는 관점은 도가사상을 위주로 하면서도 유가와 법가의 학설을 끌어들인 것이다. 이는 정통 도가학설에 대한 수정이라고 보지 않을 수 없다.

3

昔者舜問於堯曰:「天王[1]之用心何如?」堯曰:「吾不敖無告, 不廢窮民, 苦死者, 嘉孺子而哀婦人. 此吾所以用心已.」[2] 舜曰:「美則美矣, 而未大也.」堯曰:「然則何如?」舜曰:「天德而出寧,[3] 日月照而四時行, 若晝夜之有經, 雲行而雨施矣.」[4] 堯曰:「膠膠擾擾乎![5] 子, 天之合也; 我, 人之合也.」夫天地者, 古之所大也, 而皇帝堯舜之所共美也. 故古之王天下者, 奚爲哉? 天地而已矣.[6]

석자에 순이 문어요하야 왈 천왕지용심은 하여하니잇고 요왈 오는 불오무고하며 불폐궁민하며 고사자하며 가유자하고 이애부인하노니 차 오의 소이용심이니라 순왈 미즉미의나 이미대야로소이다 요왈 연즉하여오 순왈 천덕이출녕하야 일월이 조이사시행하며 약주야지유경하며 운행이우시의니라 요왈 교교요요호인저 자는 천지합야요 아는 인지합야로다 부천지자는 고지소대야며 이황제요순지소공미야니라 고로 고지왕천하자는 해위재시리오 천지이이의니라

1 성현영에 따르면 천왕天王은 천자와 같다.

2 성현영은 "어린아이·부인·고아·홀어미를 모두 불쌍히 여기고 좋게 칭찬하면서 돕는다"고 말했다.

3 곽상은 "천天과 더불어 나의 덕德이 부합하게 되면 비록 나돌아다닐지라도 마음이 고요할 수 있다"고 말했다.

4 곽상은 "이것은 모두 인위적으로 하지 않더라도 저절로 그렇게 되는 것이다"라고 하였다.

5 성현영은 교교요요膠膠擾擾를 "요란스러운 모습이다"라고 하였다.

6 조초기에 따르면 천지처럼 무위할 뿐이라는 것을 뜻한다.

옛적에 순이 요임금에게 물었다. "천자께서는 어떻게 마음을 쓰십니까?" 요임금이 말했다. "나는 의지할 곳 없는 사람에게 오만하지 않고, 빈궁한 백성을 버려두지 않으며, 죽어가는 사람을 마음 아프게 여기며, 어린아이를 착하게 여기고, 부인을 불쌍히 여기니, 이것이 내가 마음을 써서 극진히 하는 것이다." 순이 말했다. "좋기는 좋으나 아직 위대하다고 할 수는 없습니다." 요임금이 말했다. "그렇다면 어떻게 해야 하는가?" 순이 말했다. "하늘과 더불어 나의 덕이 부합하게 되면 비록 나돌아다닐지라도 마음이 고요할 수 있어서, 해와 달이 비추고 사시가 운행하며, 마치 밤과 낮에 떳떳함이 있는 듯하며, 구름이 떠가고 비가 내리듯이 저절로 그렇게 될 것입니다." 요임금이 말했다. "그러고 보니 내가 한 일이 요란스러웠네그려! 그대는 천도에 따르는데 나는 인위적으로 사람들에게 따른 셈이었네." 대저 천지는 예부터 위대한 것이며 황제는 요순이 섬겨 찬미하는 것이다. 그러므로 옛적에 천하에서 왕이 되는 이는 어떻게 하였겠는가? 천지처럼 무위할 따름이다.

【대의】

이 장에서는 제왕이 천지처럼 무위로 다스려야 한다는 것을 강조하고 있다.

4

孔子西藏書於周室.[1] 子路謀曰:「由聞周之徵藏史[2]有老聃者, 免而歸居, 夫子欲藏書, 則試往因焉.」孔子曰:「善.」往見老聃, 而老聃不許, 於是繙十二經以說.[3] 老聃中其說,[4] 曰:「大謾,[5] 願聞其要.」孔子曰:「要在仁義.」老聃曰:「請問, 仁義, 人之性邪?」孔子曰:「然. 君子不仁則不成,[6] 不義則不生. 仁義, 眞人之性也, 又將奚爲矣?」[7]

공자 서하샤 장서어주실이어시늘 자로 모왈 유는 문호니 주지징장사언 유노담자 면이귀거라 호니 부자 욕장서신댄 즉시왕인언하소서 공자왈 선타 하시고 왕현노담하시니 이노담이 불허하야늘 어시에 번십이경이세하야 노담중기설이어늘 왈 태만이로소니 원문기요하노라 공자 왈 요 재인의하니라 노담이 왈 청문하노라 인의는 인지성야아 공자왈 연하니라 군자 불인즉불성하고 불의즉불생하리니 인의 진인지성야라 우장해위의리오

1 사마표에 따르면 장서藏書는 그가 지은 책을 저장하는 것이다. 왕숙민은 "이것은 아마 전국 말기 사람의 말인 것 같다"고 말했다.

2 성현영에 따르면 징장사徵藏史는 당唐나라 때의 비서관秘書官과 같은데, 전적 관리를 맡아보는 관인이다.

3 『석문』에 따르면 시詩 · 서書 · 예禮 · 악樂 · 역易 · 춘추春秋의 6경에 6위六緯를 보태어 모두 12경이라고 하였다. 전목은 "위서緯書가 한漢나라 사람이 지은 것이라면 이것은 장자가 지은 것이 아님이 분명하다"고 한 왕오王敖 설을 인용하였다. 그러나 조초기는 "12경은 『춘추』를 가리킨다는 설이 있으니, 『춘추』는 춘추시대에 노魯나라 열두 군주의 연호에 따라 배열했으므로 십이공경十二公經이라고 일컬을 수 있다"고 하였다

4 조초기에 따르면 공자가 말하는 도중에 끼어들어 말하는 것이다.

5 왕숙민에 따르면 만謾은 가차하여 만曼이라고 쓰니, '길게 늘이다'를 뜻한다. 그러나 성현영은 "그것이 지나치게 번잡하고 지루한 것을 꺼린 것이다"라고 하였다.

6 왕숙민이 인용한 선영 설에 따르면 "사람이 될 길이 없다"는 뜻이다.

7 성현영은 "그러므로 인과 의가 사람의 진성眞性이라는 것을 알 수 있으니 또 어째서 그것을 의심하는가?"를 뜻한다고 하였다.

공자가 서쪽으로 가서 주나라 왕실에 책을 맡기려 하였다. 자로가 의견을 내어 말했다. "제가 들으니 주나라에 전적을 맡아보는 사람으로 노담이 있는데 그만두고 돌아가서 살고 있다고 합니다. 선생님께서 책을 맡기고자 하신다면 시험 삼아 그곳으로 가서 그를 통해 물어보십시오." 공자가 말하기를 "그게 좋겠구나"라고 하시고 그곳으로 가서 노담을 뵈었다. 그러나 노담이 그 일을 허락하지 않았다. 그래서 12경을 상세하게 부연하여 설명하였다. 노담이 그가 말하는 도중에 참견하며 말했다. "너무 복잡하고 지루하다. 그 요지만을 듣고 싶도다." 공자가 말하기를 "요지는 인과 의에 있습니다"라고 하였다. 노담이 말했다. "청컨대 묻노라, 인과 의는 사람의 천성인가?" 공자가 말했다. "그렇습니다. 군자가 인하지 않으면 군자의 행실이 이루어지지 않고, 의롭지 않으면 살길이 없습니다. 인과 의는 참으로 사람의 성품이니 또 장차 무엇 때문에 그것을 의심하겠습니까?"

老聃曰:「請問, 何謂仁義?」孔子曰:「中心物愷,[8] 兼愛无私, 此仁義之情也.」老聃曰:「意, 幾乎後言![9] 夫兼愛, 不亦迂乎! 无私焉, 乃私也. 夫子若欲使天下无失其牧乎?[10] 則天地固有常矣, 日月固有明矣, 星辰固有列矣, 禽獸固有群矣, 樹木固有立[11]矣. 夫子亦放德而行, 循道而趨, 已至矣[12]; 又何偈偈[13]乎揭仁義, 若擊鼓而求亡子焉? 意, 夫子亂人之性也!」

노담왈 청문하노니 하위인의오 공자왈 중심물개하며 겸애무사할새 차 인의지정야니라 노담왈 의라 기호라 후언이로다 부겸애는 불역우호아 무사언이 내사야니라 부자 약욕사천하로 무실기목호인댄 즉천지 고유상의며 일월이 고유명의며 성신이 고유열의며 금수 고유군의며 수목이 고유립의니 부자도 역방덕이행하며 순도이추 이지의니 우하걸걸호게인의라 약격고이구망자언이리오 의라 부자 란인지성야리로다

8 중심물개中心物愷를 선영은 '여물동락'與物同樂이라고 하였다. 그러나 해동은 '물' 자는 '이'易가 잘못된 것이라고 보고 '이개'易愷는 속마음이 화락한 것이라고 하였다.

9 후언後言을 임희일林希逸은 천근淺近한 말이라고 하였고, 조초기는 차요次要의 말이라고 하였다. '차요'는 그다지 중요하지 않은 것이다.

10 성현영은 "군왕이 뭇 생명을 방임할 수 있다면 천하는 태평하리라"고 말했다.

11 조초기에 따르면 립立은 생장하는 곳이다.

12 성현영은 "자기 자신의 본성을 방임하여 소요자재하면서 사회에서 활동하며 사람들과 왕래하는 것이다"라고 하였다.

13 『석문』에 따르면 걸걸偈偈은 힘쓰는 모습이다.

노담이 말했다. "청컨대 묻노라, 무엇을 일러 인과 의라고 하는가?" 공자가 말했다. "속마음이 화락하여 겸애하고 사사로움이 없기 때문에 이것이 인과 의의 실정입니다." 노담이 말했다. "아! 후진 말에 가깝도다. 대저 겸애는 우원하지 않은가? 사사로움이 없고자 하는 것이 바로 사사로움이다. 그대는 천하 사람들이 방임하도록 내버려두지 않겠는가? 그렇다면 천지는 본래 떳떳함이 있으며, 별들도 본래 열 지어 늘어서 있으며, 들짐승·날짐승들도 본래 떼 지어 사는 곳이 있으며, 나무도 본래 자라는 곳이 있지 않은가. 그대는 덕에 맡겨 행하며 도에 따라 나아가면 이미 지극해질 텐데 또 어찌 애를 쓰며 인과 의를 들고서 마치 북을 치며 도망친 사람을 찾듯이 하는가? 아! 그대는 사람의 성품을 어지럽힐 것이다!"

【대의】

이 글의 작자는 노담의 입을 빌려 인의仁義가 인간 본래의 성품이 아니라고 주장하였다. 따라서 인의로 다스리면 세상을 어지럽힐 수 있다고 보고, 천하 사람들로 하여금 자기 본성이 내키는 대로 살아가도록 방임할 것을 주장하였다. 천지만물에는 자연의 질서가 있으므로 저절로 제자리를 얻을 수 있다는 것이다.

5

士成綺[1]見老子而問曰:「吾聞夫子聖人也, 吾固不辭遠道而來願見, 百舍[2]重趼[3]而不敢息. 今吾觀子, 非聖人也. 鼠壤有餘蔬,[4] 而棄妹之者, 不仁也,[5] 生熟不盡於前, 而積斂无崖.」[6] 老子漠然[7]不應. 士成綺明日復見, 曰:「昔者吾有刺於子, 今吾心正卻[8]矣, 何故也?」老子曰:「夫巧知神聖之人, 吾自以爲脫[9]焉. 昔者子呼我牛也而謂之牛, 呼我馬也而謂之馬.[10] 苟有其實, 人與之名而弗受, 再受其殃.[11] 吾服也恒服,[12] 吾非以服有服.」[13]

사성기 현노자이문왈 오는 문부자 성인야라 하고 오 고불사원도이래원현하야 백사에 중견이불감식호니 금오 관자호되 비성인야로다 서양에 유여소 이기매지자하니 불인야로다 생숙이 부진어전이어늘 이적렴무애여 노자 막연불응한대 사성기 명일에 부현 왈 석자에 오유자어자호니 금에 오심이 정각의로소니 하고야오 노자왈 부교지신성지인을 오는 자이위탈언하노라 석자에 자 호아우야어든 이위지우라 하고 호아마야어든 이위지마로라 호니 구유기실이라 인여지명이어든 이불수면 재수기앙이니 오복야 항복이라 오는 비이복으로 유복이니라

1 성현영은 사성기士成綺를 어떤 사람인지 모르겠다고 하였다.

2 백사는 주막집 백 군데를 거친 것을 말한다.

3 왕숙민에 따르면 중견重趼은 중견重繭이니 '거듭 부르트다'를 뜻한다.

4 조초기에 따르면 서양鼠壤은 쥐가 사는 곳이고, 여소餘蔬는 먹다가 남긴 채소이다. 곽상에 따르면 이 구절은 물건을 아끼지 않는 것을 말한다.

5 성현영은 "매妹는 매昧와 같다. 우매한 무리들은 마땅히 유도하여 나아가게 해야 하거늘 버리고 가르치지 않으니 어찌 인자하다 하리오!"라고 하였다.

6 선영은 "날것과 익은 음식을 다 쓰지 못하면서도 탐내어 가지기를 멈추지 않는 것이다. 그런데도 노자가 검소하게 아끼기를 위주로 하므로 사성기가 비꼰 것이다"라고 말했다.

7 조초기에 따르면 막연漠然은 개의치 않는 모습이다.

사성기가 노자를 뵙고서 물었다. "제가 들으니 선생님은 성인이라 하기에 저는 먼 길을 사양하지 않고 와서 뵙고 싶었습니다. 그래서 백 군데 주막집에 묵으면서 거쳐오느라고 발이 겹겹으로 부르틀지라도 감히 쉬지 못하였습니다. 그러나 이제 제가 그대를 뵈니 성인이 아닌 것 같습니다. 쥐구멍에 먹다 남긴 채소가 있고, 우매한 사람들을 버려두고 있으니 인하다고 할 수 없습니다. 날것과 익은 음식이 앞에 매우 많은데도 거두어들여 쌓아두는 것이 끝이 없는 듯합니다." 노자가 개의치 않고 대답하지 않았다. 사성기가 이튿날 다시 뵙고 말했다. "어제 제가 그대를 찔러보았더니 이제 저의 마음이 마침 트였습니다. 무슨 까닭일까요?" 노자가 말했다. "대저 솜씨 있고 지혜로우며 신성한 사람을 나는 벗어났다고 생각하노라. 어제 그대가 나를 소라고 부르거든 소라고 여기고, 나를 말이라고 부르거든 말이라고 여길 것이다. 진실로 그러한 실제 내용이 있기에 그러한 명칭을 주었는데도 받아들이지 않으면 다시금 그 재앙을 받을 것이다. 내가 행하는 것이 언제나 떳떳하면서도 마음속에 담아두지 않는다. 나는 일부러 목적을 가지고 그렇게 행하는 것이 아니다."

8 조초기에 따르면 각卻은 극隙과 통하니 '정극'은 '마침 생각이 트이다' 또는 '비로소 알아차리다'를 뜻한다.

9 성현영에 따르면 탈脫은 면탈免脫이다. '면탈'은 '벗어나다'를 뜻한다.

10 이 글은 본명이 김해경金海卿이었던 사람이 남들이 이상李箱이라고 부르자 그것을 자기 이름으로 삼았다는 일화를 떠올리게 한다.

11 곽상은 "사람들이 비방하기도 하고 칭찬하기도 할 때에 만약 그것을 마음속에 받아들이면 명과 실이 모두 오랏줄이 될 것이니 이것이 그 재앙을 받으리라는 것이다"라고 하였다.

12 성현영은 "노군老君은 도를 체득한 위대한 성인이므로 몸과 마음을 제압하여 길들일 수 있어서 행실마다 수용할 수 있으니 소라고 부르거나 말이라고 부르더라도 오직 그에 따를 뿐이다. 이렇게 해야 언제나 떳떳하고 마음속에 담아두는 것이 아니라고 할 수 있다"고 하였다.

13 곽상은 "목적이 있어서 그렇게 한다면 언제나 떳떳한 것은 아니다"라고 하였다.

士成綺雁行[14]避影, 履行遂進而問[15]; 「修身若何?」 老子曰: 「而容崖然,[16] 而目衝然,[17] 而顙頯然,[18] 而口闞然,[19] 而狀義然,[20] 似繫馬而止也.[21] 動而持,[22] 發也[23]機,[24] 察而審,[25] 知巧而覩於泰,[26] 凡以爲不信.[27] 邊竟有人焉, 其名爲竊.」[28]

사성기 안행피영하야 이행수진이문호되 수신은 약하잇고 노자왈 이용애연하며 이목충연하며 이상규연하며 이구함연하며 이상의연한대 사계마이지야하며 동이지하며 발야기하며 찰이심하며 지교이도어태하니 범이위불신이라 하나니 변경에 유인언하면 기명위절이니라

14 안행雁行은 어른을 모시고 길을 걸을 때 기러기의 행렬처럼 아랫사람이 어른의 왼쪽에서 반 걸음쯤 뒤떨어져 가는 것이다.

15 성현영은 "감히 그의 발자취를 밟지 못하고 천천히 나아가 물은 것이다"라고 하였다.

16 왕선겸에 따르면 애연崖然은 '안연자이'岸然自異이다. '안연자이'는 자기가 잘났다고 생각하는 것이다.

17 곽상은 충연衝然을 "뚫고 나가는 듯한 모습이다"라고 하였다.

18 곽상은 규연頯然을 "아름다움을 크게 드러내는 모습이다"라고 하였다.

19 곽상은 함연闞然을 "범이 으르렁거리듯 용맹한 모습이다"라고 하였다.

20 곽경번에 따르면 의연義然은 아연峨然이다. '아연'은 건방진 모습이다.

21 성현영은 "외형은 비록 장중하지만 심성은 조급하니, 마치 도망치려는 말을 묶어놓으니 달아나려는 뜻이 있는 것과 같다"고 하였다.

22 초굉焦竑에 따르면 움직이려 하는데도 억지로 제어하는 것이다.

23 왕숙민에 따르면 야也는 여如와 같다.

24 성현영은 "밖으로 치달리려는 마음이 그 대상을 만나 드러나니, 그 드러남이 세차고 빨라서 쇠뇌의 발사장치에서 화살이 나가는 것과 같음이 있다"고 하였다.

25 곽상은 "시비를 밝히는 것이다"라고 하였다.

26 조초기는 "기지가 다양하기 때문에 보는 것이 실제를 지나치게 벗어난 것이다"라고 하였다.

27 왕숙민은 "범凡은 '모두'를 뜻하고, 불신不信은 곧 교유矯揉이다. 이 구절은 위의 여러 가지 일들이 모두 '교유'라는 것을 일컫는다"고 하였다. '교유'는 일부러 꾸미는 것이다.

28 『석문』에서는 이에 대하여 "변경 사람이 예악에 대하여 제대로 들어서 알지 못하니 설사 언어가 우연히 성현의 책에 맞을지라도 모두 훔쳐서 얻은 것과 다를 바 없거늘 그의 도를 어찌 제대로 말하겠는가?"라고 하였다.

사성기가 반걸음쯤 뒤처져 노자를 따라가며 그림자를 피하면서 살금살금 걷다가 드디어 앞으로 나아가 물었다. "몸은 어떻게 닦아야 합니까?" 노자가 말했다. "그대의 용모는 뽐내는 듯하며 그대의 눈은 뚫고 나가는 듯하며 그대의 이마는 넓고 반듯하며 그대의 입은 범이 으르렁거리며 울부짖는 듯하며 그대의 모습은 건방져 보이며 마치 묶어놓은 말이 달아나려는 듯하다. 움직이려 하는데도 억지로 제어하는 것 같으며, 쇠뇌처럼 마음이 이해타산을 위해 잽싸게 움직이며, 시비를 따지는 데 밝으면서 고집스러우며, 지혜롭고 솜씨가 있으나 실제보다 지나치게 보니, 위의 여러 가지가 모두 일부러 꾸며낸 것이다. 변경에 좀 아는 게 있는 듯한 사람이 있으면 그를 성인의 말씀을 훔친 것이라고 말하는 것과 같다."

【대의】

여기에서는 세상 사람들의 평판에 개의치 말고 자기의 솔직한 진성眞性에 따라 꾸밈없이 살아갈 것을 주장하고 있다.

6

夫子曰:「夫道, 於大不終,[1] 於小不遺, 故萬物備, 廣廣乎其无不容也, 淵淵乎其不可測也. 形德仁義,[2] 神之末也, 非至人孰能定之! 夫至人有世,[3] 不亦大乎! 而不足以爲之累. 天下奮棅而不與之偕,[4] 審乎無假而不與利遷,[5] 極物之眞, 能守其本, 故外天地, 遺萬物, 而神未嘗有所困也. 通乎道, 合乎德, 退仁義, 賓[6]禮樂, 至人之心有所定矣.」[7]

부자왈 부도는 어대에 부종하며 어소에 불유하나니 고로 만물이 비하야 광광호기무불용야며 연연호기불가측야니라 형덕인의 신지말야니 비지인이면 숙능정지리오 부지인유세 불역대호아 이부족이위지루하며 천하분병하야 이불여지해하며 심호무가하야 이불여리천하며 극물지진하야 능수기본하나니 고로 외천지하며 유만물호되 이신이 미상유소곤야니라 통호도하며 합호덕하고 퇴인의하며 빈예악하나니 지인지심이 유소정의니라

1 성현영에 따르면 종終은 궁窮을 뜻한다.

2 왕숙민에 따르면 형形은 형刑과 통하고, 덕德은 덕혜德惠를 가리킨다. '덕혜'는 덕택과 은혜이다.

3 성현영에 따르면 세世는 천하를 뜻한다.

4 사마표는 병棅은 위권威權이라고 하였다. 왕숙민에 따르면 분병奮棅은 긍권矜權과 같다. '긍권'은 권위를 뽐내는 것이다. 그러나 여기에서는 조초기 설에 따라 분奮을 '다투다'로 해석하였다.

5 왕숙민에 따르면 가假는 가차假借의 '가'이고, 리利는 물物 자가 잘못된 것이다. 그러나 여기에서는 조초기 설에 따라 심審은 '지키다'를 뜻하는 것으로 보고, 무가無假는 '순진하다'로 번역하였다.

6 유월에 따르면 빈賓은 빈擯으로 읽어야 한다. 빈擯은 '배척하다'를 뜻한다.

7 곽상에 따르면 무위無爲에서 안정하는 것이다.

선생님이 말했다. "저 도는 크다는 면에서 말하자면 끝이 없으며, 작다는 면에서 말하자면 놓치는 것이 없다. 그러므로 만물이 모두 구비되었다. 넓고도 넓어서 용납하지 않는 것이 없으며, 깊고도 깊어서 헤아릴 수 없다. 형명刑名과 공덕功德과 인의는 신神의 말단이니 지인至人이 아니면 그 누가 분변할 수 있으리오! 대저 지인이 천하를 가진 것 또한 크지 않겠는가! 그러나 번거로울 것이 없으며, 천하 사람들이 모두 권세를 다투어도 그와 함께하지 않으며, 순진함을 지켜서 이익에 따라 바뀌지 않으며, 사물의 진성眞性을 궁진窮盡하여 그 근본을 지킬 수 있다. 그러므로 천지를 마음에 두지 않으며, 만물을 잊고서 어떤 일에도 동요하지 않아 정신이 속박된 적이 없다. 도에 통하며 덕에 합하며 인의仁義를 물리치며 예악을 배척하나니, 지인의 마음은 정定한 바가 있느니라."

【대의】

여기에서는 지인至人의 마음이 명리名利와 예악 등 일체를 초탈하고 사물의 진성眞性을 남김없이 궁구하면서 그 근본을 지키니, 어떠한 사태에도 동요함 없이 정定한 바가 있다는 것을 말하고 있다.

7-1

世之所貴道者書也, 書不過語, 語有貴也. 語之所貴者意也. 意有所隨, 意之所隨者, 不可以言傳也,[1] 而世因貴言傳書. 世雖貴之, 我猶不足貴也, 爲其貴非其貴也.[2] 故視而可見者, 形與色也; 聽而可聞者, 名與聲也. 悲夫! 世人以形色名聲爲足以得彼之情! 夫形色名聲果不足以得彼之情,[3] 則知者不言, 言者不知, 而世豈識之哉!

세지소귀도자는 서야니 서불과어하니라 어유귀야하니 어지소귀자는 의야니라 의유소수하니 의지소수자는 불가이언전야어늘 이세 인귀언의 전서하나니 세수귀지나 아유부족귀야니 위기귀 비기귀야니라 고로 시이가견자는 형여색야요 청이가문자는 명여성야라 비부라 세인이 이형색명성으로 위족이득피지정이라하니라 부형색명성이 과부족이득피지정인댄 즉지자 불언하고 언자 부지니 이세는 기식지재리오

1 성현영은 "수隨는 종從이다. 의미는 도에서 나온다. 도란 눈으로 볼 수 없고 귀로 들을 수 없으므로 언어로써 전하여 말할 수 없다"고 하였다.

2 곽상은 "그가 귀하게 여기는 것은 항상 의식과 언어를 넘어서 있기 때문이다"라고 하였다.

3 왕숙민에 따르면 부夫 자는 이而와 같고, 과果는 실實이다.

세상 사람들이 귀하게 말하는 것은 글이지만, 글은 말에 지나지 않는다. 말에는 귀한 것이 있으니, 말에서 귀히 여기는 것은 의미이다. 의미에는 따르는 것이 있으니, 의미가 따르는 것은 언어로써 전할 수 없거늘 세상 사람들은 언어를 귀히 여기기에 글로써 전한다. 세상 사람들이 비록 그것을 귀히 여기지만 나는 오히려 그럴 만한 것이 못 된다고 생각한다. 그들이 귀히 여기는 것이 참으로 귀한 것은 아니기 때문이다. 그러므로 보아서 보일 수 있는 것은 형체와 빛깔이요, 들어서 들릴 수 있는 것은 언어와 소리이다. 슬프다! 세상 사람들은 형체와 빛깔과 언어와 소리로써 충분히 도의 실정을 얻었다고 하는구나! 그러나 형체와 빛깔과 언어와 소리가 실로 도의 실정을 얻지 못할진댄 아는 사람은 말하지 않고 말하는 사람은 모르는 셈이니, 세상 사람들이 어찌 그것을 알리오!

7-2

桓公讀書於堂上, 輪扁斲輪於堂下,[1] 釋椎鑿而上, 問桓公曰:「敢問, 公之所讀者何言邪?」公曰:「聖人之言也.」曰:「聖人在乎?」公曰:「已死矣.」曰:「然則君之所讀者, 故人之糟魄已夫!」[2]

환공이 독서어당상이어늘 윤편이 착륜어당하하다가 석추착하고 이상 문환공하야 왈 감문하노라 공지소독자는 하언야잇고 공왈 성인지언야라 왈 성인이 재호아 공왈 이사의니라 왈 연즉군지소독자는 고인지조백이부인저

1 『석문』에 따르면 환공은 제환공이다. 사마표에 따르면 윤편輪扁은 수레바퀴를 만드는 사람인데 이름이 편이다.

2 성현영은 "진국술은 도와 덕을 비유하고, 조박은 인과 의를 비유한다"고 하였다. 조박은 술지게미를 말한다.

제환공이 마루에서 책을 읽거늘 수레바퀴 만드는 편扁이라는 장인이 마루 아래에서 수레바퀴를 깎고 있다가 쇠뭉치와 끌을 놓고 올라가서 환공에게 물었다. "감히 묻습니다. 공께서 읽는 것은 어떤 말씀입니까?" 공이 말했다. "성인의 말씀이다." 말하기를 "성인이 있습니까?"라고 하니 공이 말했다. "죽었느니라." 말하기를 "그렇다면 군주께서 읽는 것은 옛사람의 술지게미일진저!"라고 하였다.

桓公曰:「寡人讀書, 輪人安得議乎! 有說則可, 无說則死.」輪扁曰:「臣也以臣之事觀之. 斲輪, 徐則甘而不固, 疾則苦而不入.[3] 不徐不疾, 得之於手而應於心, 口不能言, 有數[4]存焉於其間. 臣不能以喻[5]臣之子, 臣之子亦不能受之於臣, 是以行年七十而老斲輪. 古之人與其不可傳也死矣.[6] 然則君之所讀者, 古人之糟魄已夫!」

환공왈 과인의 독서를 윤인은 안득의호리오 유설즉가커니와 무설즉사하리라 윤편왈 신야는 이신지사로 관지호니 착륜이 서면 즉감이불고하고 질이면 즉고이불입하나니 불서부질은 득지어수이응어심이라 구불능언이오 유수 존언어기간하니 신도 불능이유신지자하야 신지자도 역불능수지어신이라 시이로 행년이 칠십이도록 이노착륜호이다 고지인이 여기불가전야로 사의니 연즉군지소독자는 고인지조백이부인저

3 사마표에 따르면 감甘은 느슨한 것이고, 고苦는 빠른 것이다. 그러나 조초기는 '고'를 '매끄럽지 않다'를 뜻하는 것으로 보았다.

4 이이에 따르면 수數는 술術이다. '술'은 방법이다.

5 왕숙민에 따르면 유喩는 교教와 뜻이 통한다.

6 조초기는 "옛사람의 도를 가리킨다. 도가 이미 사람을 따라 떠나갔으므로 죽었다고 말했다"고 하였다.

환공이 말했다. "과인이 책 읽는 것을 수레바퀴 만드는 사람이 어찌 의논할 수 있을까? 설명할 수 있으면 괜찮지만 그러지 못하면 죽을 것이다." 윤편이 말했다. "저는 저의 일을 가지고 볼 수밖에 없습니다. 수레바퀴를 깎는 것은 천천히 하면 느슨하여 단단하지 않고, 빠르게 하면 매끄럽지 않아 잘 들어가지 않습니다. 느리지도 않고 빠르지도 않은 정도는 손에 익어서 마음먹은 대로 되는 것인지라 입으로 말할 수 없고 그 사이에 수가 있습니다. 저는 그것을 제 아들에게 가르쳐줄 수 없고, 제 아들은 그것을 전수받지 못합니다. 이 때문에 나이 칠십에 늙도록 수레바퀴를 깎고 있습니다. 옛사람은 그가 전할 수 없는 것과 함께 죽었습니다. 그렇다면 군주께서 읽는 것은 옛사람의 술지게미일 뿐입니다."

【대의】

여기에서는 언어와 도의 관계를 논하고 있다. 언어에서 귀히 여기는 것은 의미이며, 의미는 도에서 나온다. 말하자면 진리를 떠나서는 의미를 말할 수 없다는 것이다. 그런데 도는 볼 수도 들을 수도 없다. 따라서 언어로써 도를 드러낼 수 없다. 조초기에 따르면 이러한 관점은 위진현학魏晉玄學의 언의지변言意之辯 논쟁을 일으키고 문학·예술·미학에 심원한 영향을 끼쳤다.

• 제14편 • 천운(天運 第十四)

이 편의 작자는 천지 사이의 일체 변화는 천도의 자연스러운 변화이므로 제왕은 이에 따라 다스려야 한다고 주장하였다. 또한 특별히 함지咸池라는 악곡의 연주에 견주어 도를 밝혔다. 이 악곡을 연주하는 소리를 들으면 처음에는 두려워지고, 다음에는 느슨하게 풀어지고, 마지막에는 도와 혼연일체가 되어 황홀경에 들어간다는 것이다.

도와 혼연일체가 되어야 시대와 지역과 사회 상황에 맞게 사람의 참된 성품에서 우러나오는 대로 생각하고 말하고 행동할 수 있다. 그러나 이 글의 작자가 보기에 공자는 주周나라 시대에 만들어진 예의법도를 노魯나라에서 쓰려고 한다. 이것은 원숭이에게 주공周公의 옷을 입히고, 서시西施의 모습을 흉내 내는 추한 여인의 꼬락서니와 다를 것이 없다.

자급자족하면서 소요무위하여 자신의 참된 성품을 길러 도에 따를 수 있다면 은혜를 베풀고 가르치며, 죽이고 살리는 것과 같은 방법도 사용할 수 있다. 이러한 주장은 도가 학설이 유가나 법가 학설과 삼투滲透하여 나온 결과라고 보아야 한다. 그렇다면 이 글은 여러 학파의 학설이 서로 영향을 주고받았던 전국시대 후기에 쓰인 것임을 뜻한다.

물고기의 고향은 강과 바다이다. 뭍에 튕겨져 나온 물고기는 서로 침으로 적셔줄 수 있다. 그러나 물고기의 온전한 삶은 강과 바다에서 서로 잊는 데서 성취될 수 있다. 유가에서 제창하는 인의仁義는 강과 바다를 잃은 물고기가 뭍에서 침으로 서로 적셔주는 것과 같다. 그것은 자연의 세계에서 소박한 본성에 따라 서로를 잊고 살아가는 것만 못하다. 그런데도 삼황오제·요·순·우와 같은 통치자들이 인의와 같은 도덕을 내걸고 세상을 다스리기 시작하면서부터 인류 역사는 갈수록 더 타락하였다.

이 글의 작자는 적迹과 소이적所以迹을 구별하였다. 육경六經은 성인이 남기고 간 발자취에 지나지 않는다. 발자취는 밟아야 생긴다. 우리는 육경보다 성인의 삶을 본받아야 할 것이다. 성인의 삶이란 무엇일까? 자연에 따라 자신의 소박한 본성에서 우러나오는 대로 살아가는 것이 아닐까? 이것이 이 편의 작자가 우리에게 던져주고자 하는 메시지일 것이다.

1

「天其運乎? 地其處乎? 日月其爭於所乎?[1] 孰主張是? 孰維綱是?[2] 孰居无事而推行是?[3] 意者其有機緘而不得已邪?[4] 意者其運轉而不能自止邪? 雲者爲雨乎? 雨者爲雲乎? 孰隆施是?[5] 孰居无事淫樂而勸是?[6] 風起北方, 一西一東, 在上彷徨,[7] 孰噓吸是? 孰居无事而披拂是?[8] 敢問何故?」

천이 기운호아 지 기처호아 일월이 기쟁어소호아 숙주장시며 숙유강시며 숙거무사하야 이추행시오 의자는 기유기함이부득이야아 의자는 기운전이불능자지야아 운자 위우호아 우자 위운호아 숙륭시시며 숙거무사하야 음락이권시오 풍이 기북방하야 일서일동하며 재상방황하나니 숙허흡시며 숙거무사하야 이피불시오 감문하고오

1 조초기에 따르면 해와 달이 번갈아 출몰하니 마치 그들이 거주하는 곳으로 돌아가려고 쫓아가는 것과 같은지라 그러므로 처소를 다툰다고 하였다.

2 조초기에 따르면 유강維綱은 '유지하다'이다.

3 마기창에 따르면 숙거孰居는 수기誰其와 같다. 해동에 따르면 추推 자는 이而 자 다음에 있어야 한다. 왕선겸에 따르면 위의 세 구절은 각기 하늘과 땅과 해와 달을 이어받아 말한 것이다.

4 성현영은 "열고 닫는 일을 주관하는 것이 있어서 사세事勢부득이 이와 같이 되게끔 한다는 것을 일컫는다"고 말했다.

5 유월에 따르면 융隆은 강降으로 써야 하니, 이처럼 구름을 일으키고 비가 내리게 하는 것을 일컫는다.

6 조초기에 따르면 고대 신화에서는 곧잘 운우雲雨를 하늘과 땅이 교접하는 것으로 보기 때문에 음락淫樂이라고 하였다. 권勸은 조장하는 것이다.

7 해동에 따르면 방황은 고상翺翔과 같다. '고상'은 바람이 상공에서 선회하듯 부는 것이다.

8 성현영에 따르면 피불披拂은 선동扇動과 같다.

"하늘이 운행하는가? 땅은 정지해 있는가? 해와 달이 처소를 다투는가? 누가 이와 같이 주장하여 배열하는가? 누가 이와 같이 유지하는가? 누가 일없이 이 일을 추진하는가? 혹시 사물의 발생변화를 추동하는 힘이 있어서 사세부득이 이와 같이 되게끔 하는가? 혹시 돌아가더라도 스스로 멈추지 못하는가? 구름이 비가 되는가? 비가 구름이 되는가? 누가 일없이 이 일을 즐기면서 조장하는가? 바람이 북방에서 일어나 서쪽으로 불기도 하고 동쪽으로 불기도 하며 상공에서 선회하나니, 누가 이와 같이 숨을 들이쉬기도 하고 내쉬기도 하면서 바람을 일으키는가? 누가 이와 같이 흔들어대는가? 감히 묻노니 무슨 까닭일까?"

巫咸祒曰:「來! 吾語女. 天有六極五常,[9] 帝王順之則治, 逆之則凶. 九洛之事,[10] 治成德備,[11] 監照下土, 天下戴之, 此謂上皇.」[12]

무함소 왈 래하라 오 어여호리라 천유육극오상하니 제왕이 순지즉치하고 역지즉흉이라 구락지사 치성덕비하야 감조하토어든 천하 대지하나니 차위상황이니라

9 성현영에 따르면 무함巫咸은 신무神巫인데 은殷 중종中宗의 재상이고, 육극六極은 사방과 상하이다. 오상五常은 오행五行이다. '오행'은 금金·목木·수水·화火·토土이다.

10 곽숭도에 따르면 구락지사九洛之事는 천제天帝가 우禹임금에게 내려주었다는 구주九疇이다. '구주'는 천하를 다스리는 아홉 가지 대법大法이다.

11 조초기에 따르면 치성治成은 태평시대를 실현하는 것이고, 덕비德備는 도덕을 완비한 것이다.

12 조초기에 따르면 상황上皇은 지고무상의 제왕이다.

무함소가 말했다. "이리 오너라. 내가 그대에게 말해주리라. 하늘에는 사방 상하와 오행이 있으니, 제왕이 그에 따르면 잘 다스려지고 그것을 거스르면 흉해진다. 낙서洛書에서 기록한 아홉 가지 내용은 태평세계를 실현하고 도덕을 완비하여 천하를 환히 비추거든 천하 사람들이 그를 추대하게 하려는 것이니, 이를 상황上皇이라 일컫는다."

【대의】

여기에서는 천지와 해와 달이 운행하고 바람이 불 때 구름이 흐르고 비가 내리는 까닭에 대하여 질문을 제기하였다. 이 글의 작자는 이에 대하여 무함소巫咸祒라는 현자를 등장시켜 그것은 육극六極·오상五常을 통한 천도의 자연스러운 변화이므로 지고무상의 제왕은 이에 따라 천하를 다스린다고 답변하였다.

2

商大宰蕩問仁於莊子.[1] 莊子曰:「虎狼, 仁也.」曰:「何謂也?」莊子曰:「父子相親, 何爲不仁?」曰:「請問至仁.」莊子曰:「至仁無親.」大宰曰:「蕩聞之, 無親則不愛, 不愛則不孝. 謂至仁不孝, 可乎?」莊子曰:「不然. 夫至仁尙矣, 孝固不足以言之. 此非過孝之言也,[2] 不及孝之言也. 夫南行者至於郢, 北面而不見冥山, 是何也? 則去之遠也.[3] 故曰: 以敬孝易, 以愛孝難; 以愛孝易, 以忘親難; 忘親易, 使親忘我難; 使親忘我易, 兼忘天下難; 兼忘天下易, 使天下兼忘我難.

상태재탕이 문인어장자한대 장자 왈 호랑이 인야니라 왈 하위야오 장자 왈 부자상친이어니 하위불인이리오 왈 청문지인하노라 장자왈 지인은 무친이니라 태재왈 탕은 문지호니 무친즉불애하고 불애즉불효라 호니 위지인을 불효 가호아 장자왈 불연하니라 부지인은 상의라 효 고부족이언지니 차는 비과효지언야라 불급효지언야로다 부남행자 지어영하야 북면이불견명산하논돈 시하야오 즉거지원야르새니라 고로 왈 이경으로 효는 이하고 이애로 효는 난하며 이애로 효는 이하고 이망으로 친이 난하며 망친은 이하고 사친으로 망아 난하며 사친으로 망아는 이하고 겸망천하 난하며 겸망천하는 이하고 사천하로 겸망아 난하니라

1 사마표에 따르면 상商은 송宋이고, 태재大宰는 관직이고, 탕蕩은 자字이다.

2 왕숙민에 따르면 마기창은 "지효至孝는 어버이와 함께 서로를 잊고, 지인至仁은 천하 사람들과 함께 서로를 잊는 것이다"라고 하였다. 이로써 보면 '지인'과 '지효'는 상대방을 사랑한다는 의식 없이 사람과 부모를 사랑하고 공경하는 것임을 알 수 있다. 따라서 이러한 사랑은 언어로써 표현할 수 없다는 것이다.

3 이에 대하여 곽상은 다음과 같이 말했다. "명산은 북극에 있는데도 남쪽으로 가서 그것을 보려 하고, 지인至仁은 특정한 사람을 사랑하는 것이 아닌데도 인애仁愛로써 그것을 말하고자 한다. 그러므로 영郢은 비록 보일지라도 명산에서 더욱 멀어지고, 인효仁孝는 비록 드러나기야 하겠지만 지리至理에서 더욱 멀어진다."

송나라 태재 탕이 장자에게 인仁에 대하여 물었다. 장자가 말했다. "호랑이와 이리도 인하니라." 말하기를 "무엇을 일컫습니까?"라고 하니 장자가 말했다. "아비와 자식이 서로 가까이 사랑하는데 어찌 인하지 않겠는가?" 말하기를 "청컨대 지인至仁을 묻습니다"라고 하니 장자가 말했다. "지극히 인한 사람은 특별히 가까이 사랑하는 이가 없느니라." 태재가 말했다. "제가 들으니 가까이하지 않으면 사랑하지 않고, 사랑하지 않으면 불효하다고 하니 지인을 불효라고 해도 되겠습니까?" 장자가 말했다. "그렇지 않다. 대저 지인은 최고의 경지이니 효도는 말로써 그것을 충분히 표현할 수 없다. 이것은 효를 초월한다는 것을 말하는 것이 아니라 진정한 효에 미치지 않는다는 것을 말한다. 대저 남쪽으로 가는 사람이 영이라는 곳에 이르러 북쪽으로 향해도 명산을 보지 못하는 것은 무엇 때문인가? 거기에서 멀리 떨어져 있기 때문이다. 그러므로 말하기를 공경으로써 효도하기는 쉬우나 사랑으로써 효도하기는 어려우며, 사랑으로써 효도하기는 쉬우나 어버이를 잊기는 어려우며, 어버이를 잊기는 쉬우나 어버이로 하여금 나를 잊게끔 하기는 어려우며, 어버이로 하여금 나를 잊게끔 하기는 쉬우나 천하 사람을 아울러 잊기는 어려우며, 천하 사람을 아울러 잊기는 쉬우나 천하 사람들로 하여금 나를 아울러 잊게 하기는 어렵다고 한다.

夫德遺堯舜而不爲也,[4] 利澤施於萬世, 天下莫知也, 豈直太息而言仁孝乎哉![5] 夫孝悌仁義, 忠信貞廉, 此皆自勉以役其德者也, 不足多也.[6] 故曰, 至貴, 國爵幷焉[7]; 至富, 國財幷焉; 至願, 名譽竝焉. 是以道不渝.」[8]

부덕이 유요순이불위야하며 이택이 시어만세호되 천하 막지야하나니 기직태식이 언인효호재리오 부효제인의 충신정렴은 차 개자면하야 이역기덕자야라 부족다야니라 고로 왈호되 지귀는 국작을 병언하고 지부는 국재를 병언하고 지원은 명예를 병언이라 시이로 도 불유라 하노라

4 이에 대하여 성현영은 다음과 같이 말했다. "유遺는 '잊어버리다'이다. 요와 순 두 임금은 성대한 덕이 심원하면서도 그 자신의 덕을 잊고서 사물의 자연스러운 성향에 맡겨 인위적으로 하지 않으니, 이것은 천하를 아울러 잊기가 어렵다는 것을 해설한 것이다."

5 왕숙민에 따르면 이것은 유가의 선비들이 세상에 대하여 우려의식을 품고 지나치게 탄식하는 것을 말한 것이다.

6 성현영은 이에 대하여 다음과 같이 말했다. "덕은 진성眞性이다. 이 위의 여덟 가지 일은 모두 성정性情을 인위적으로 꾸며내 억지로 권면하기에 힘쓰면서 자기를 버리고 남을 본받으려고 자기 자신의 성품을 부려먹은 것이므로 찬양할 만한 것이 못 된다."

7 『석문』에 따르면 병幷은 '버리다'이다.

8 성현영은 "유渝는 '변하다' '각박하다'이다. 부귀를 잊을 뿐만 아니라 또 명예도 버리니, 이 때문에 도덕이 순박하고 두터워 부귀나 명예와 같은 일에 따라 변하지 않는다"고 하였다.

천연의 덕을 갖춘 사람은 요·순을 잊고서 일부러 하지 않으며, 이로움과 은택이 만세에 베풀어져도 천하 사람들이 그를 알지 못하나니 어찌 크게 탄식하기만 하면서 인仁과 효孝를 말하겠는가! 대저 효제와 인의와 충신과 곧고 바르며 청렴한 것, 이것들은 스스로 힘쓰면서 그의 덕을 부담스럽게 하는지라 찬양할 만한 것이 못 된다. 그러므로 말하기를 지극히 지위가 높은 사람은 국가의 벼슬자리를 버리고, 지극히 부유한 사람은 온 나라의 재물을 버리고, 바라는 것이 지극한 사람은 명예를 버린다. 이 때문에 도덕이 빛바래지 않는다고 한다."

【대의】

이 장에서는 유가에서 표방하는 도덕 개념들에 문제를 제기하였다. 그에 따르면 인의仁義·효제孝悌·충신忠信·정렴貞廉은 인간의 진성眞性인 덕德이라고 할 수 없다. 그것을 사람들에게 가르치고 권고하면 할수록 진성에서 멀어진다. 진성은 자연의 도에 따름으로써 살려질 수 있다. 다시 말하면 어버이에게 효도한다는 의식 없이 자연에 따라 나의 진성으로 어버이를 대하면 효孝가 되고, 천하 사람을 사랑한다는 의식 없이 자연에 따라 나의 진성으로 천하 사람들을 대하면 인仁이 된다. 이러한 효와 인이 지효至孝·지인至仁이라고 할 수 있다. 따라서 참다운 도덕은 의도적으로 인의·효제·충신·정렴 등의 도덕적인 행위를 하는 것이 아니라, 어떤 도덕적인 행위를 한다는 의식 없이 자연에 따라 나의 진성으로 다른 사람을 대하고 일을 하면 인의·효제·충신·정렴 등의 도덕적인 행위로 표현될 수 있다는 것이다.

3-1

北門成[1]問於皇帝曰:「帝張咸池之樂於洞庭之野,[2] 吾始聞之懼, 復聞之怠, 卒聞之而惑; 蕩蕩默默, 乃不自得.」[3]

북문성이 문어황제하야 왈 제 장함지지악어동정지야이어시늘 오 시문지구하고 부문지태하고 졸문지이혹하야 탕탕묵묵하야 내부자득호어다

1 성현영에 따르면 북문성北門成은 황제의 신하이다.

2 조초기에 따르면 장張은 '연주하다'이고, 함지咸池는 악곡 이름이다. 성현영에 따르면 '동정지야'洞庭之野는 하늘과 땅 사이이지, 태호太湖의 '동정'이 아니다.

3 선영에 따르면 부자득은 정신이 안정되지 않고 입으로 말조차 할 수 없어서 그의 정상을 잃은 것이다.

북문성이 황제에게 물었다. "황제께서 동정의 들녘에서 함지의 악곡을 연주하시거늘 저는 처음 듣고서 두려워지고, 다시 듣고서 풀어지고, 끝까지 듣고서 의혹하여 황홀하고 아무것도 알 수 없어서 제정신을 차릴 수 없었습니다."

帝曰:「汝殆其然哉! 吾奏之以人,[4] 徵之以天, 行之以禮義, 建之以太清.[5] 四時迭起,[6] 萬物循生[7]; 一盛一衰, 文武倫經[8]; 一淸一濁, 陰陽調和, 流光其聲[9]; 蟄蟲始作, 吾驚之以雷霆[10]; 其卒无尾, 其始无首[11]; 一死一生, 一僨一起; 所常无窮,[12] 而一不可待. 汝故懼也.[13]

제왈 여 태기연재인저 오 주지이인하며 징지이천하고 행지이예의하며 건지이태청호니 사시 질기어든 만물이 순생하야 일성일쇠에 문무륜경하며 일청일탁에 음양조화하야 유광기성하며 칩충이 시작이어든 오 경지이뢰정이라 기졸이 무미하며 기시 무수하야 일사일생하며 일분일기라 소상이 무궁하야 이일을 불가대하니 여고로 구야로다

4 이에 대하여 조초기는 다음과 같이 말했다. "주지이인奏之以人은 표현하려는 주제가 사람의 일에 관련된 것이다. 징徵은 인증引證이다. 징지이천徵之以天은 자연현상을 사례로 들어 증명하는 것이다. 행지이예의行之以禮義는 악곡의 내용이 예의를 표현하는 것이다. 건지이태청建之以太淸은 천도로써 근본을 삼는 것이다."

5 이에 대하여 곽상은 다음과 같이 말했다. "이로써 보건대 지악至樂이라는 것은 음성을 일컫는 것이 아니라는 것을 알겠으니, 반드시 먼저 순천順天·응인應人하여 마음으로 터득하고 본성에 맞게 한 연후에 그것을 소리로써 표현하고 악곡으로 연주할 따름이다."

6 이 구절 위에 원래 "부지악자, 선응지이인사, 순지이천리, 행지이오덕, 응지이자연, 연후조리사시, 태화만물"夫至樂者, 先應之以人事, 順之以天理, 行之以五德, 應之以自然, 然後調理四時, 太和萬物이라는 35자가 있었다. 그러나 요내姚鼐에 따르면 이는 곽상주가 원본에 잘못 끼어들어간 것이다.

7 왕숙민에 따르면 순循은 순順이니 일체 사물들이 순서에 따라 생겨나는 것이다.

8 이에 대하여 곽숭도는 다음과 같이 말했다. "예禮는 절제하고자 힘써 나아가야 되니 힘써 노력함으로써 아름다움을 삼는다. 음악은 흘러넘치는 즐거움을 그치게 해야 하니 억지함으로써 아름다움을 삼는다. 그러므로 음악이 한 단락 끝난 뒤에 잦아들어가듯이 하는 것은 곡조의 남은 소리이다. 처음 음악을 연주할 때 먼저 북을 두드려 문덕文德을 밝히고, 마무리할 때 다시 징을 치고 태무太武의 춤을 추면서 무공武功을 밝힌다. 문덕과 무공이 성하기도 하고 쇠해지기도 하면서 윤경倫經한다. '윤경'은 경륜經綸이라는 말과 같다. 경륜은 갖가지 소리를 배합하여 조화롭게 하는 것이다."

황제가 말했다. "그대는 아마 그러했을 것이다! 나는 그것을 사람의 일을 가지고 연주하며, 자연현상을 사례로 들어 증명하고, 예의로써 그 내용을 표현하며, 천도로써 그의 근본을 삼는다. 사계절이 갈마들거든 만물이 그에 따라 생겨 성대해지기도 하고 쇠약해지기도 함에 문덕文德과 무공武功을 표현하는 갖가지 소리가 어울려 조화를 이루며, 맑아졌다가 탁해졌다가 할 적에 음과 양이 조화하여 음악 소리가 흘러넘쳐 천지 사이에 충만하며, 겨울잠을 자던 벌레가 꿈틀거리듯 하거든 봄철의 우레처럼 우렁차고 번개 불빛처럼 번쩍번쩍하며 고무시킨다. 그 음악 소리의 끝은 꼬리가 없으며, 그 시작은 머리가 없으며, 악곡이 높아졌다가 낮아지고, 고요했다가 울리기도 하면서 만물이 생겨나 죽어가며 오르락내리락하는지라 그러므로 언제나 무궁하여 모두 다 예측할 수 없으니 그대는 그래서 두려워했을 것이다."

9 해동에 따르면 광光은 가차假借하여 광廣으로도 쓴다. 조초기에 따르면 이 구절은 음양 두 기운이 화합해서 음악 소리가 흘러 움직여 천지 사이에 충만하다는 것을 표현한다.

10 조초기에 따르면 악곡이 봄날 경칩 때 겨울잠을 자던 벌레가 활동하기 시작하는 광경을 표현한다는 것이다. 『주역』 예豫괘 상象전에서 말하기를 "우레가 나와 땅이 진동하는 것이 '예'이니, 선왕이 그로써 음악을 만들고 덕을 숭상한다"고 하였다. 이로써 보면 음악은 자연계의 천둥번개 현상에서도 상象을 취했던 것 같다.

11 이에 대하여 곽숭도는 다음과 같이 말했다. "세찬 천둥소리가 일어날 때 그것이 어디로부터 일어나는지를 알 수 없다. 그것이 어떻게 마치는지를 모른다. 그것이 일어나는 쪽이 머리이고, 생명의 발단이다. 그것이 끝나는 곳이 꼬리이고, 죽어서 돌아가는 곳이다. 죽고 사는 것은 만물의 상도인지라 하늘과 더불어 무궁하지만 갑자기 이르니 사물이 기다릴 수 있는 것이 아니다. 그로써 음악의 변화가 자연에서 움직이는 것을 비유한다."

12 왕숙민에 따르면 소所는 고故와 같다.

13 왕숙민에 따르면 일一에는 개皆의 뜻이 있다. '개'는 모두를 뜻한다.

3-2

吾又奏之以陰陽之和, 燭之以日月之明[1]; 其聲能短能長, 能柔能剛; 變化齊一, 不主故常[2]; 在谷滿谷, 在阬滿阬; 塗郤守神,[3] 以物爲量.[4] 其聲揮綽, 其名高明.[5]

오 우주지이음양지화하고 촉지이일월지명호니 기성 능단능장하며 능유능강하야 변화 제일하야 부주고상하야 재곡만곡하고 재갱만갱이리라 도각수신하야 이물로 위량호니 기성이 휘작하야 기명이 고명이러라

1 성현영에 따르면 이것은 두 번째 연주이다.

2 조초기에 따르면 고상故常은 '케케묵은 방식'이다.

3 성현영에 따르면 도각수신塗郤守神은 심지의 틈새를 막고 고요히 집중된 정신을 지키는 것이다.

4 왕숙민에 따르면 이以는 여與와 같다. 조초기에 따르면 이 몇 구절은 음악 소리가 퍼져 공명을 일으키는 상태를 표현한다.

5 조초기에 따르면 휘작揮綽은 '은은하다'이고, 고명高明은 높고 낭랑한 소리이다.

나는 또 음양의 조화로써 연주하고 햇빛과 달빛으로써 비추듯하니, 그 소리가 짧기도 하고 길기도 하며 부드럽기도 하고 강하기도 하여 변화가 일정하지 않아 고정된 틀을 지키지 않는다. 골짜기에서는 골짜기를 가득 채우고 구덩이에서는 구덩이를 가득 채우듯이 공명을 불러일으킨다. 마음의 틈새를 막고 고요히 정신을 지키게 하여 크고 작거나 길고 짧거나 듣는 사람들의 국량局量에 따라 공감을 불러일으키니, 그 소리가 은은하여 그 생동하는 모습이 높고 낭랑하다.

是故鬼神守其幽,[6] 日月星辰行其紀. 吾止之於有窮, 流之於无止.[7] 子[8]欲慮之而不能知也, 望之而不能見也, 逐之而不能及也; 儻然立於四虛之道,[9] 倚於槁梧而吟. 目知窮乎所欲見,[10] 力屈乎所欲逐, 吾旣不及已夫![11] 形充空虛, 乃至委蛇.[12] 汝委蛇, 故怠.[13]

시고로 귀신이 수기유하고 일월성신이 행기기어늘 오 지지어유궁하며 유지어무지라 자 욕려지이불능지야하며 망지이불능견야하며 수지이불능급야하니라 당연립어사허지도하야 의어고오이음한댄 목지이 궁호소욕견하며 력이 굴호소욕축이라 오기불급이부오 형충공허하야 내지위이호니 여도 위이 고로 태하도다

6 조초기에 따르면 만물이 편안하여 각기 제자리를 얻으므로 귀신은 그들이 활동하는 어두컴컴한 구석을 지키고, 해와 달과 별들이 본래 궤도에 따라서 운행하는 것이다.

7 소여蘇輿에 따르면 지止와 류流는 모두 그의 자연에 따르는 것을 말한다. 조초기에 따르면 이것은 악곡 연주의 변화를 묘사한 것이니, 멈추어야 할 때는 멈추고 연주해야 할 때는 연주하여 언제나 자연에 따라 높낮이와 멈춤과 꺾임이 모두 합당하다는 것이다.

8 왕숙민에 따르면 자子는 북문성을 일컫는다.

9 왕숙민에 따르면 당儻은 눈에 정기라고는 하나도 없이 앞을 보는 것이니 무심한 모습이다. 조초기에 따르면 사허四虛는 사방이 아득하고 텅 빈 것이다.

10 왕숙민에 따르면 이 글은 본래 "지곤호소욕려, 목궁호소욕견, 력굴호소욕축"知困乎所欲慮, 目窮乎所欲見, 力屈乎所欲逐이라고 써야 한다. 이는 "지각작용은 생각하고 싶은 것에 의하여 지치고, 시력은 보고 싶은 것에 의해서 다하고, 힘은 쫓아가고 싶은 것에 의하여 다한다"는 뜻이다.

11 왕숙민에 따르면 오吾는 본래 자子 또는 여女라고 써야 하니 북문성을 일컫고, 부夫는 의矣와 같다. 이 구절은 "그대는 이미 미치지 못할 것이니 내버려두게나!"라는 말이다.

12 왕숙민에 따르면 이 구절은 북문성의 몸은 비록 충만한 듯하지만 실은 공허하여 풀어지기에 이른 것을 일컫는다.

13 왕숙민에 따르면 이 구절은 "그대는 이미 풀어질 대로 풀어졌으므로 두려워하는 감정이 마침내 느슨해졌다"는 말이다.

이 때문에 귀신이 그 어두컴컴한 곳을 지키고 해와 달과 별들이 그 궤도를 운행하거늘, 나는 멈추어야 할 곳에서는 멈추며 연주해야 할 곳에서는 흐르게 한다. 그대는 그것을 생각해보려고 해도 알지 못할 것이며, 그것을 바라보려고 해도 볼 수 없으며, 그것을 쫓아가보려고 해도 미치지 못했을 것이다. 무심히 사방이 텅 빈 곳에 서서 오동나무에 의지하여 읊조린다. 지각작용은 생각하고 싶은 것에 의하여 지치고, 시력은 보고 싶은 것에 의하여 다하며, 힘은 쫓아가고 싶은 것에 의하여 다한다. 그대는 이왕에 미치지 못할 일이니 내버려두게나! 그대의 몸은 충만한 듯하지만 실은 공허하여 풀어지기에 이르게 된 것이다. 그대는 이미 풀어졌기에 두려운 감정이 느슨해진 것이로다.

3-3

吾又奏之以无怠之聲,[1] 調之以自然之命,[2] 故若混逐叢生, 林樂而无形[3]; 布揮而不曳,[4] 幽昏而无聲.[5] 動於无方, 居於窈冥[6]; 或謂之死, 或謂之生; 或謂之實, 或謂之榮[7]; 行流散徙,[8] 不主常聲.[9] 世疑之, 稽於聖人,[10] 聖也者, 達於情而遂於命也.[11] 天機不張而五官皆備,[12] 此之謂天樂, 无言而心說. 故有焱氏[13]爲之頌曰:『聽之不聞其聲, 視之不見其形, 充滿天地, 苞裹六極.』[14] 汝欲聽之而無接焉,[15] 而故惑也.

오 우주지이무태지성하고 조지이자연지명호니 고로 약혼축총생하야 임악이무형하며 포휘이불예하며 유혼이무성하니라 동어무방하고 거어요명한댄 혹위지사라하며 혹위지생이라 하며 혹위지실이라 하며 혹위지영이라 하나다 행류산사하야 부주상성한댄 세 의지하야 계어성인하나니 성야자는 달어정이수어명야라 천기 부장이오관이 개비하니 차지위천락이라 하나니 무언이심열이니라 고로 유염씨 위지송하야 왈 청지불문기성하며 시지불견기형이오 충만천지하며 포과육극이 여 욕청지이무접언이라 이 고로 혹야로다

1 성현영에 따르면 이는 세 번째 연주이다. 곽상은 "의식이 이미 느슨해졌으니 이에 다시 느슨함이 없게 하려는 것이다. 이것이 지극한 것이다"라고 말했다.

2 「달생」達生편에서 이르기를 "내가 왜 그렇게 되었는지 모르는데도 그러한 것을 명이라고 한다"고 하였다. '자연지명'自然之命은 자연의 규율이다.

3 왕숙민에 따르면 '혼축총생'은 오음五音이 뒤섞여 울리는 것을 상징하고, '임악'은 곧 총악叢樂 또는 취악聚樂이니 번다한 음조가 서로 뒤섞이는 것이다. 또 선영에 따르면 '혼축'은 뭇 새들이 뒤섞여 쫓아가듯 하는 것을 상징하고, '총생'은 초목이 떼 지어 자라나는 듯한 모습을 상징한다.

4 곽숭도는 이에 대하여 다음과 같이 말했다. "휘揮는 떨쳐일어나는 것이니 마치 그것을 퍼뜨리고서 끌어당길지라도 더욱 길어져서 그것을 끌어당기는 것이 없는 듯하다는 것이다. 번다한 음조가 서로 뒤섞일지라도 형체가 없다는 것은 그 소리가 모여드는 것이고, 흩어져도 끌어당기지 않는다는 것은 그 소리가 유장悠長하다는 것이다."

5 왕숙민에 따르면 심원하고 쥐 죽은 듯이 고요하여 정적으로 돌아가는 것을 일컫는다.

6 왕숙민에 따르면 움직이고 멈추니 모두 그 끝을 캘 수 없다는 것을 일컫는다.

나는 또 느슨함이 없는 소리를 연주하고 자연의 율동으로써 어울리게 한다. 그러므로 뭇 새들이 뒤섞여 쫓아가듯이 갖가지 소리가 뒤섞여 울리고, 풀과 나무가 떼 지어 자라듯이 번다한 음조가 서로 뒤섞여 어떤 음인지 구체적으로 드러나지 않는다. 펴지지도 끌어당기지도 않으며, 심원하고 쥐 죽은 듯이 고요하여 정적으로 돌아간다. 격식 없이 움직이고 깊고 현묘한 곳에서 그칠진댄, 그것을 겨울의 풀과 나무처럼 죽었다고 하는가 하면, 봄날의 풀과 나무처럼 살아난다고 하기도 하며, 그것을 열매라고 하는가 하면 꽃이라고도 한다. 퍼져 흐르고 흩어져 돌기도 하여 틀에 박힌 소리를 위주로 하지 않는다. 세상 사람들이 변화무쌍한 소리를 의심하여 성인에게 물어본다. 성聖이라는 것은 성정에 통하고 명命에 따르는 것이다. 그의 자연을 보존하고 오관을 모두 갖추고 있으니, 이를 일러 천락天樂이라고 하니, 말이 없어도 마음이 즐거우니라. 그러므로 신농씨가 그것을 칭송하기를 "들어도 그 소리가 들리지 않으며, 보아도 그 모습이 보이지 않고, 천지에 충만하며 천지 사방을 감싼다"고 하니 그대가 그것을 들어도 파악할 수 없으므로 그대가 의혹하였도다.

7 조초기에 따르면 이는 생물이 태어나 자랐다가 죽기도 하고, 꽃 피고 열매 맺는 것으로써 갖가지 음악의 실태를 비유한 것이다.

8 조초기에 따르면 행류行流는 퍼져 흐르는 것이요 산사散徙는 흩어져 도는 것이니, 모두 악곡의 선율이 전개되어 변화하는 것을 묘사한다.

9 상성常聲은 옛날과 다름없는 소리이니, 틀에 박힌 소리이다.

10 해동에 따르면 이것은 세상 사람들이 음악이 변화무쌍하다는 것을 의심하여 그 일을 성인에게 묻는 것을 일컫는다.

11 성현영은 달達은 통通이고, 수遂는 순順이라고 해석하였다.

12 왕숙민에 따르면 천기부장天機不張은 그의 자연을 보존하는 것이고, 오관五官은 귀·눈·코·입·마음을 일컫는다.

13 성현영에 따르면 염씨焱氏는 신농神農이다. 산목에는 '표'焱라고 되어 있다.

14 육극六極은 천지사방이다.

15 조초기에 따르면 무접無接은 파악할 수 없는 것이다.

樂也者, 始於懼, 懼故祟.[16] 吾又次之以怠, 怠故遁,[17] 卒之於惑,[18] 惑故愚; 愚故道,[19] 道可載而與之俱也.」

악야자는 시어구니 구론 고로 수하나니라 오 우차지이태호니 태론 고로 둔하나니라 졸지어혹호니 혹이론 고로 우하니라 우론 고로 도니 도는 가재이여지구야니라

16 수祟는 신이 나와서 사람을 놀라게 하는 것이다.

17 조초기는 말하기를 "마음이 느슨해지므로 결국 움츠러들어 회피하는 것이다"라고 하였다.

18 왕숙민에 따르면 배학해裴學海는 말하기를 "어於는 이以와 같다. 이에 대하여 선영이 말하기를 '시무룩하여 멍한 모습이 마치 무지한 것 같다'"고 하였다.

19 왕숙민은 말하기를 "무지하면 도와 비슷해진다"고 하였다.

음악이란 두려움에서 시작하니, 두려우므로 놀래키듯 소름 끼치게 된다. 나는 또 그다음에 풀어주어 느슨하게 하니 마음이 느슨해지므로 끝내 움츠러들게 된다. 그래서 마침내 의혹하게 된다. 의혹하게 되므로 무지해진다. 무지해지므로 도와 혼연일체가 되나니, 도가 그대를 싣고서 그대와 더불어 함께하니라.

【대의】

이 장에서는 음악과 도의 관계를 논하였다. 박소정朴素晶이 인용한 유봉포劉鳳苞 설에 따르면 "천고 이래 음악을 논한 글 가운데 이와 같이 미묘한 문장은 없다. …… 이것은 음악을 빌려 도를 밝힌 것이다"千古論樂者, 無以妙文. …… 借樂以明道라고 말했다.

황제黃帝가 동정의 들녘에서 함지咸池의 악곡을 연주하니 북문성이라는 사람이 처음 듣고서 두려워지고, 다시 듣고서 느슨하게 풀어지고, 끝까지 듣게 되었을 때는 황홀경에 들어갔다는 것이다. 이 단락의 내용과 의미에 관해서는 박소정의 「함지악곡의 번역과 주석」(한서대학교 부설 동양고전연구소, 『동방학』 제6집, 2000년 12월)에서 자세히 논하였으니 참고하기 바란다.

4-1

孔子西遊於衛. 顏淵問師金[1]曰:「以夫子之行爲奚如?」師金曰:「惜乎, 而夫子其窮哉!」顏淵曰:「何也?」師金曰:「夫芻狗之未陳也, 盛以篋衍,[2] 巾[3]以文繡, 尸祝齊戒以將[4]之. 及其已陳也, 行者踐其首脊, 蘇者取而爨之而已. 將復取而盛以篋衍, 巾以文繡, 遊居寢臥其下, 彼不得夢,[5] 必且數眯焉. 今而夫子, 亦取先王已陳芻狗, 聚弟子游居寢臥其下. 故伐樹於宋, 削迹於衛, 窮於商周, 是非其夢邪? 圍於陳蔡之間, 七日不火食, 死生相與隣, 是非其眯邪?

공자서유어위하실새 안연이 문사금하야 왈 이부자지행으로 위해여오 사금왈호되 석호라 이부자는 기궁재인저 안연왈 하야오 사금왈 부추구지미진야엔 성이협연하며 건이문수하고 시축이 제계이장지라가 급기이진야하야는 행자 천기수척하고 소자 취이찬지이이니 장부취이성이협연하며 건이문수하고 유거침와기하하며 피부득몽인댄 필차삭미언하리니 금에 이부자 역취선왕의 이진추구하야 취제자하야 유거침와기하론 고로 벌수어송하며 삭적어위하며 궁어상주하니 시 비기몽야아 위어진채지간하야 칠일을 불화식하야 사생이 상여린하니 시 비기미야아

1 이이에 따르면 사師는 노나라 태사이고 금金은 그의 이름이다.

2 이이에 따르면 연衍은 사笥이다. '사'는 상자를 뜻한다.

3 왕숙민에 따르면 건巾은 '입히다' 또는 '장식하다'를 뜻한다.

4 장將에 대하여 왕숙민은 '보내다'를 뜻하는 것으로 보았으나 조초기는 '받들다'로 보았다.

5 조초기는 부득몽不得夢을 부득악몽不得惡夢으로 보았다.

공자가 서쪽으로 위나라를 여행하실 때 안연이 노나라 태사인 금金에게 물었다. "선생님의 이번 여행을 어떻게 생각하십니까?" 태사 금이 말하였다. "애석하도다. 그대의 선생님은 곤궁한 일을 당할 것 같도다." 안연이 말하였다. "어째서 그렇습니까?" 태사 금이 말하였다. "대저 풀강아지를 차려놓기 전에는 상자에 담아서 화려하게 수놓은 것으로 장식하고 시축尸祝이 재계하고서 그것을 받든다. 그것이 차려지고 쓰인 뒤에는 그 머리와 척추를 밟고서 지나가고, 나무꾼이 가져다가 그것을 부뚜막에서 태울 것이다. 만약 어떤 사람이 그것을 다시 가져다가 상자에 담고 화려하게 수놓은 것으로 꾸미고 그 아래에서 한가롭게 지내다가 잠들면, 이런 사람은 악몽에 시달리거나 아니면 반드시 곧장 가위눌리게 될 것이다. 이제 그대의 선생님은 선왕이 이미 쓰고 버린 풀강아지를 가져다가 제자들을 모아 그 아래에서 한가로이 지내다가 잠드는 셈이다. 그러므로 송나라에서 나무가 베어지고, 위나라에서 발자취가 끊기었으며, 상나라와 주나라에서 곤궁한 일을 당하였으니, 이것이 그러한 악몽이 아니겠는가? 진나라와 채나라 사이에서 포위되어 이레 동안이나 불을 때어 밥을 지어 먹지 못하여 죽음과 삶이 서로 이웃하였으니, 이것이 가위눌리듯이 정신 면에서 압박을 당한 것이 아니겠는가?

4-2

夫水行莫如用舟, 而陸行莫如用車. 以舟之可行於水也而求推之於陸, 則沒世不行尋常.[1] 古今非水陸與? 周魯非舟車與? 今蘄[2]行周於魯, 是猶推舟於陸也, 勞而无功, 身必有殃. 彼未知夫无方之傳, 應物而不窮者也.[3]

부수행은 막여용주코 이륙행은 막여용거하니 이주지가행어수야로 이구추지어륙이면 즉몰세라도 불행심상하리니 고금이 비수륙여아 주로 비주거여아 금에 기행주어로하논대 시는 유추주어륙야라 노이무공이오 신필유앙하리니 피는 미지부무방지전이 응물이불궁자야로다

1 왕선겸에 따르면 심상尋常에서 심尋은 여덟 자를 가리키고, 상常은 심의 배이다. 여기서는 '얼마 가지 못한다'로 새겼다.

2 기蘄는 '구하다'이다.

3 조초기에 따르면 무방無方은 일정한 방향이 없는 것이다. 전傳은 옛적의 역참驛站에서 전용하던 차량이다. 이 두 구절은 "그는 일정한 방향이 없는 전거傳車가 일체를 응접하되 사통팔달하여 털끝만큼도 장애가 없다는 점을 모르는 것을 일컫는다. 작자는 이로써 무위의 정치를 주장한 것을 비유하였다."

대저 물 위로 다니는 데는 배를 쓰는 것보다 나은 것이 없다. 뭍으로 다니는 데는 수레를 쓰는 것보다 나은 것이 없다. 물 위로 다닐 수 있는 배를 뭍에서 밀고자 하면 한평생 해볼지라도 몇 자 가지 못할 것이다. 예와 지금이 물과 뭍과 같은 것 아니겠는가? 주나라와 노나라가 배와 수레 같은 것 아니겠는가? 지금 노나라에서 주나라의 방식을 행하고자 하니 이것은 뭍에서 배를 미는 것과 같은지라, 수고로워도 공이 없고 몸에는 반드시 재앙이 있을 것이다. 그는 일정한 방향 없이 전하는 것이라야 온갖 일에 대응하되 막힐 것이 없다는 점을 모르는 사람이로다.

4-3

且子獨不見夫桔槔[1]者乎? 引之則俯, 舍之則仰. 彼, 人之所引, 非引人也, 故俯仰而不得罪於人. 故夫三皇五帝之禮義法度,[2] 不矜於同而矜[3]於治, 故譬三皇五帝之禮義法度, 其猶柤梨橘柚邪! 其味相反而皆可於口.[4]

차자는 독불견부길고자호아 인지즉부하고 사지즉앙하나니 피 인지소인이라 비인인야론 고로 부앙이부득죄어인하나니라 고로 부삼황오제지례의법도는 불긍어동이오 이긍어치하시나니 고로 비삼황오제지례의법도컨댄 기유사리귤유야인저 기미상반하니 이개가어구니라

1 길고桔槔는 용두레이다.

2 오제五帝는 황제 · 전욱顓頊 · 제곡帝嚳 · 제요帝堯 · 제순帝舜이다. 왕숙민에 따르면 황皇은 왕王과 통용된다. 삼왕三王은 하우夏禹 · 상탕商湯 · 주문왕周文王이다.

3 성현영에 따르면 긍矜은 '아름답다'이다.

4 성현영은 이에 대하여 다음과 같이 말했다. "저 아가위와 배와 귤과 유자는 달거나 쓴 맛은 다르지만, 씹어 먹기에 이르러서는 모두 입에 맞다. 비유하건대 삼황오제는 각박하거나 순박한 것이 시대에 따라 다르지만 정치를 하기에 이르러서는 모두 시의에 맞게 대처하였다."

뿐만 아니라 그대만이 저 용두레를 보지 못하였는가? 그것을 잡아당기면 엎어지고, 그것을 놓으면 치켜 선다. 그것은 사람이 끄는 것이지 사람을 끌어당기는 것은 아니다. 그러므로 엎어지거나 치켜 서거나 남을 탓할 수는 없다. 그러므로 저 삼황오제의 예의법도는 서로 같기에 아름다운 것이 아니라, 나라를 안정시켰기 때문에 아름답다. 그러므로 삼황오제의 예의법도에 견주건대 그것은 마치 아가위와 배와 귤과 유자와 같을진저! 비록 그 맛은 서로 다르지만 모두 입에는 맞을 수 있다.

4-4

故禮義法度者, 應時而變者也. 今取猨狙而衣以周公之服, 彼必齕齧挽裂, 盡去而後慊.[1] 觀古今之異, 猶猨狙之異乎周公也. 故西施[2]病心而矉其里, 其里之醜人見之而美之, 歸亦捧心而矉其里. 其里之富人見之, 堅閉門而不出, 貧人見之, 挈妻子而去走.[3] 彼知矉美而不知矉之所以美. 惜乎, 而夫子其窮哉!」[4]

고로 예의법도자는 응시이변자야니라 금에 취원저하야 이의이주공지복하면 피필흘설만열하야 진거이후에야 겸하나니 관고금지이컨댄 유원저지이호주공야니라 고로 서시 병심이빈기리어늘 기리지추인이 견지이미지하야 귀하야 역봉심이빈기리한대 기리지부인은 견지코 견폐문이불출커늘 빈인은 견지코 설처자이거주하니 피 지빈미요 이부지빈지소이미하니라 석호라 이부자는 기궁재인저

1 이이에 따르면 겸慊은 족足이다. '족'은 '만족하다'이다.

2 서시西施는 월越나라 미인이다.

3 성현영은 이에 대해 말하기를 "자기를 버리고 남을 본뜨니 그 의례義例가 이러하다"고 하였다. 의례는 이치를 천명하는 사례이다.

4 곽상은 이에 대하여 말하기를 "저 예의에 견주어보건대 그때에 맞추어 그것을 쓴다면 그것이 서시처럼 아름다우나 때가 지났는데도 버리지 않는다면 추한 사람과 다를 바 없다"고 하였다.

그러므로 예의법도는 때에 응하여 변하는 것이다. 이제 원숭이를 데려와서 주공의 복장을 입히면 그놈은 그 옷을 반드시 잡아당겨 찢어서 모두 버린 뒤에야 만족스러워할 것이다. 예와 지금이 다른 것을 보건대 마치 원숭이가 주공과 다른 것과 같다. 그러므로 서시가 가슴이 아파서 이마를 찌푸리는데, 그녀의 이웃에 사는 추한 사람이 그것을 보고 아름답게 여기어 돌아가서 가슴을 부여잡고 어루만지면서 그의 이웃 사람들에게 이마를 찌푸려 보였다. 그녀의 이웃에 사는 부자는 그것을 보고 문을 단단히 닫고 나오지 않고, 가난한 사람은 그것을 보고 처자식을 끌고서 떠나갔다고 한다. 그는 찌푸리는 아름다움만을 알았지 찌푸리는 것이 아름다웠던 까닭을 몰랐던 것이다. 애석하도다! 그대의 선생님은 곤궁한 일을 당할 것이로다!"

【대의】

예의법도禮義法度는 시대와 지역과 사회 상황에 맞아야 한다. 그러한 상황 속에 있는 어떤 사람의 성품이 몸이라면 도덕규범과 이념과 제도는 의복과 같다. 몸에 맞지 않는 옷은 갈아입어야 한다. 아무리 위대한 선성先聖·선사先師가 제정한 규범과 법이라고 해도 시대가 달라지면 바꾸어야 한다. 이러한 견지에서 주나라 시절에 제정된 예의법도를 몇백 년이 지나 노나라에서 쓰려는 것은 원숭이에게 주공周公의 복장을 입히고, 이맛살을 찌푸리는 서시西施의 모습을 흉내 내는 추한 여인의 꼬락서니와 다를 바 없다고 주장하였다.

5-1

孔子行年五十有一而不問道, 乃南之沛見老聃.[1] 老聃曰:「子來乎? 吾聞子, 北方之賢者也, 子亦得道乎?」孔子曰:「未得也.」老子曰:「子惡乎求之哉?」曰:「吾求之於度數,[2] 五年而未得也.」老子曰:「子又惡乎求之哉?」曰:「吾求之於陰陽, 十有二年而未得.」

공자가 행년이 오십유일이로되 이불문도하야 내남지패하야 현노담한대 노담왈 자는 래호인저 오 문자는 북방지현자야라 호니 자는 역득도호아 공자왈 미득야이로이다 노자왈호되 자는 오호구지재오 왈 오 구지어도수를 오년이미득야이로이다 노자왈 자우오호에 구지재오 왈 오이 구지어음양을 십유이년이미득이로이다

1 사마표는 말하기를 "노자는 진陳나라 상相 땅 사람이다. 상은 지금 고현苦縣에 속하는데 패땅과 서로 가깝다"고 하였다. 여기서 말한 지금은 사마표가 살던 때이다.

2 도수度數는 제도와 규정이다. 「천도」天道편의 예법도수禮法度數에 관한 주를 참조할 것.

공자가 나이 쉰하나가 되었는데도 도를 깨닫지 못하여 마침내 남쪽의 패 땅으로 가서 노담을 뵈었다. 노담이 말하였다. "그대가 왔는가? 내가 들으니 그대는 북방의 현자라고 하던데, 그대도 도를 터득하였는가?" 공자가 말하였다. "아직 터득하지 못하였습니다." 노자가 말하였다. "그대는 어디에서 그것을 찾아보았는가?" 말하기를 "저는 제도와 규정에서 그것을 찾아보았으나 5년이 되어도 아직 터득하지 못하였습니다." 노자가 말하였다. "그대는 또 어디서 그것을 찾아보았는가?" 말하기를 "저는 그것을 음양에서 찾아보기를 12년이나 해보았으나 아직 터득하지 못하였습니다."

老子曰:「然. 使道而可獻, 則人莫不獻之於其君; 使道而可進, 則人莫不進之於其親; 使道而可以告人, 則人莫不告其兄弟; 使道而可以與人, 則人莫不與其子孫. 然而不可者, 无佗也, 中无主而不止, 外无正[3]而不行. 由中出者, 不受[4]於外, 聖人不出; 由外入者, 無主於中, 聖人不隱.[5] 名, 公器也, 不可多取. 仁義, 先王之蘧廬也,[6] 止[7]可以一宿而不可久處, 覯而多責.[8]

노자왈 연타 사도이가헌인댄 즉인이 막불헌지어기군이며 사도이가진인댄 즉인이 막부진지어기친이며 사도이가이고인인댄 즉인이 막불고기형제며 사도이가이여인인댄 즉인이 막불여기자손하리라 연이불가자는 무타야라 중무주이부지하고 외무정이불행하나니라 유중출자를 불수어외면 성인불출하며 유외입자를 무주어중하나 성인이 불은하나니라 명은 공기야라 불가다취오 인의는 선왕지거려야라 지가이일숙이언정 이불가구처니라 구이면 이다책이라

3 유월에 따르면 정正은 필匹 자가 잘못된 것이다.

4 왕숙민에 따르면 불수不受는 불응不應과 같다.

5 성현영에 따르면 은隱은 장藏이다. '장'은 '간직하다'이다. 곽상은 이에 대하여 말하기를 "밖에서 들어온다는 것은 배우기에 말미암아 성품을 이루는 것이다. 비록 남의 가르침에 의지하여 배움이 이루어진다고 해도 마땅히 안에 그 자질이 있어야 하니, 만약 속에 줏대가 없으면 성인의 도를 간직할 수 없다"고 하였다.

6 곽상은 거려蘧廬는 전사傳舍와 같다고 하였다. '전사'는 나그네를 맞이하여 숙박할 수 있게 하는 곳이다.

7 왕숙민에 따르면 지止 자가 없는 판본도 있다.

8 조초기에 따르면 구覯에는 교적交積의 뜻이 있다. '교적'은 함께 뒤섞여서 모여 있는 것이다. 그에 따르면 이 구절은 언제나 인의라는 도덕관념에 도취해 있으면 언젠가는 책망받을 일이 많아지리라는 것이다.

노자가 말하였다. “그렇다. 만약 도를 바칠 수만 있다면 사람들 가운데 누구인들 그의 임금에게 바치지 않을 사람이 없을 것이다. 만약 도를 진상할 수만 있다면 그의 어버이에게 진상하지 않을 사람이 없을 것이다. 만약 도를 사람들에게 알려줄 수 있다면 그의 형제에게 알려주지 않을 사람이 없을 것이다. 만약 도를 사람들에게 줄 수 있다면 그의 자손에게 물려주지 않을 이가 없을 것이다. 그런데도 그렇게 할 수 없는 까닭은 다름 아니라 마음속에 도를 받아들일 수 있는 바탕이 없으면 도에 대하여 들을지라도 흘려듣게 되고, 밖에 그에 어울리는 상대가 없으면 행해지지 않기 때문이다. 안에서 나간 것을 밖에서 받아들이지 않으면 성인은 이러한 가르침을 내지 않으며, 밖에서 들어오는 것을 마음속에서 받아들일 바탕이 없으면 성인은 받아들여서 간직하지 않는다. 명예는 공평하게 써야 할 천하의 공기公器인지라 자기만 많이 차지해서는 안 된다. 인의는 선왕의 주막집인지라 단지 하룻밤 묵을 수는 있을지언정 오래 머무를 수 없는지라 오래 머무르면 책망받을 일이 많아질 것이다.”

5-2

古之至人, 假道於仁, 託宿於義, 以遊逍遙之虛,[1] 食於苟簡之田,[2] 立於不貸之圃.[3] 逍遙, 无爲也; 苟簡, 易養也; 不貸, 无出也. 古者謂是采眞之遊.[4]

고지지인은 가도어인하며 탁숙어의하야 이유소요지허하며 식어구간지전하며 입어부대지포하리니 소요는 무위야요 구간은 이양야요 부대는 무출야니 고자에 위시를 채진지유라 하더라

1 조초기에 따르면 허虛는 허墟와 통하는데, '허'는 경지이다.

2 조초기에 따르면 구간지전苟簡之田은 그럭저럭해도 수확이 있을 수 있는 밭이다. 인위적으로 힘을 쓰지 않아도 다스릴 수 있다는 것을 비유한다.

3 곽상은 말하기를 "부대不貸라는 것은 자기를 손상하면서 남을 위하지 않는 것이다"라고 하였다.

4 왕숙민에 따르면 채진지유采眞之遊는 도를 터득하는 행실을 일컫는다.

옛적의 지인은 인仁에서 길을 빌리며 의義에서 잠시 묵고서 소요의 경지에서 노닐며 그럭저럭해도 수확이 있는 밭에서 먹으며, 빌려줄 게 없이 자급자족할 수 있는 채소밭에 발을 붙인다. 소요는 무위요, 그럭저럭해도 수확이 있는 것은 자기를 용이하게 기를 수 있다. 빌려줄 게 없이 자급자족한다는 것은 내줄 것이 없는 것이다. 옛적에 이를 일러 도를 터득하는 행실이라고 하더라.

5-3

以富爲是者, 不能讓祿; 以顯爲是者, 不能讓名; 親權者, 不能與人柄. 操之則慄, 舍之則悲, 而一無所鑑, 以闚其所不休者, 是天之戮民也.[1] 怨恩取與諫教生殺, 八者, 正之器也, 唯循大變无所湮者爲能用之. 故曰, 正者, 正也. 其心以爲不然者, 天門弗開矣.」[2]

이부로 위시자는 불능양록하고 이현으로 위시자는 불능양명하고 친권자는 불능여인병이라 조지즉율하고 사지즉비하야 이일무소감하야 이규기소불휴자는 시 천지륙민야니라 원은취여간교생살 팔자는 정지기야라 유순대변하야 무소인자 위능용지하나니 고로 왈 정자 정야니 기심이 이위불연자는 천문이 불개의라 하니라

1 곽상은 말하기를 "그가 나아갈 줄은 알면서 그칠 줄을 모르면 성명性命이 손상되므로 륙戮이라고 말한 것이다"라고 하였다.

2 이에 대하여 성현영은 다음과 같이 말했다. "순循은 순順이다. 인湮은 '막히다'이다. 오직 마땅히 인리人理에 순응하여 변화에 따르고 물정에 통하되 막히지 않는 사람이다. 그러므로 이상의 여덟 가지 일로써 다스릴 수 있다. 바르게 변화하여 천리天理에 합한다. 그러므로 '정자, 정야'正者, 正也라고 하였다. 그 마음이 이와 같지 못한 사람은 천기天機의 문이 막히어 열리지 않는다. 천문天門은 심心이다." 그러나 왕숙민은 '천문'은 아마도 대도大道를 일컫는 것 같다고 하였다.

넉넉한 재물을 좋다고 하는 사람은 녹을 사양하지 못하고, 드날리는 것을 좋다고 하는 사람은 명성을 사양하지 못하고, 권세를 가까이하는 사람은 남에게 자루를 주지 못한다. 그것을 잡으면 두렵고 그것을 놓치면 슬퍼하여, 위에서 말한 여러 가지 가운데 하나도 제대로 살피지 못하여 끊임없이 그가 추구하고자 하는 권세와 명리名利를 주시하니, 이는 하늘로부터 형벌을 받은 사람이다. 원망과 은혜와 갖는 것과 주는 것과 간하는 것과 가르치는 것과 살리는 것과 죽이는 것, 이 여덟 가지는 바르게 다스리는 수단이다. 오직 천도가 운행하는 데 따라서 막히지 않는 사람이라야 그것을 사용할 수 있느니라. 그러므로 이르기를 바르게 다스리는 것이 바른 것이니, 그 마음이 이와 같이 할 수 없다고 생각하는 사람에게는 천기天機의 문이 열리지 않을 것이라고 하니라.

【대의】

이 글의 작자는 도는 제도와 규정·음양에서 구할 수 없으며, 도는 그것을 받아들일 수 있는 바탕이 있어야 배울 수 있고, 그것을 받아들일 만한 사람이라야 전할 수 있다고 주장하였다. 또한 인의仁義는 주막집과 같아서 나그네가 한때 머무를 수는 있으나 오래 살 수 있는 집이 아니다. 도를 터득하려면 인의에 오래 머무르지 않고 자급자족하면서 소요무위하며 자기의 참된 성품이 자라나게 해야 한다. 그래서 대도의 흐름과 율동에 따를 수 있다면 원怨·은恩·취取·여與·간諫·존存·생生·살殺 등의 수단을 모두 사용할 수 있다는 것이다. 이것은 도가학파와 그 밖의 유가·법가·음양가의 학설이 서로 삼투滲透하는 정황을 반영한다.

6

孔子見老聃而語仁義. 老聃曰:「夫播糠眯目, 則天地四方易位矣; 蚊虻噆膚, 則通昔不寐矣.[1] 夫仁義憯然乃憤吾心,[2] 亂莫大焉. 吾子使天下无失其朴, 吾子亦放風而動,[3] 總德而立矣,[4] 又奚傑然若負建鼓而求亡子者邪?[5] 夫鵠不日浴而白, 烏不日黔而黑.[6] 黑白之朴, 不足以爲辯; 名譽之觀,[7] 不足以爲廣. 泉涸, 魚相與處於陸, 相呴以濕, 相濡以沫, 不若相忘於江湖!」[8]

공자 현노담하야 이어인의한대 노담왈 부파강이 미목하면 즉천지사방이 역위의오 문맹이 참부하면 즉통석불매의나니 부인의 참연하야 내분오심하나니 난막대언이니라 오자 사천하로 무실기박하면 오자도 역방풍이동하며 총덕이립의리니 우해걸연약부건고하야 이구망자자야오 부곡은 불일욕이백하고 오는 불일검이흑하니 흑백지박은 부족이위변이며 명예지관은 부족이위광이니라 천학커든 어 상여처어륙하야 상구이습하며 상유이말하나니 불약상망어강호니라

1 곽상이 말하기를 "외물外物이 가한 것이 비록 작다고 해도 상성傷性은 이미 컸던 것이다"라고 하였다. '상성'은 사람의 영혼이 상처 입은 것과 같은 것이다.

2 왕숙민에 따르면 분憤은 궤憒 자가 잘못된 것이다. '궤'는 '어지럽다'이다.

3 왕숙민에 따르면 풍風은 속俗과 같다. 그렇다면 방풍이동放風而動은 '풍속에 따라 움직이다'를 뜻한다.

4 왕숙민에 따르면 총덕總德은 그의 덕을 전일하게 하는 것을 일컫는다.

5 왕숙민에 따르면 걸연傑然은 걸걸연傑傑然으로 써야 하며, 약부若負 위에 게인의揭仁義 세 글자가 있다고 봐야 한다. 그 뜻은 「천도」편의 게게연偈偈然과 같다. '게게연'은 힘을 쓰는 모습이다. 건고建鼓는 큰북을 뜻한다.

6 조초기는 말하기를 "만물은 각기 자기 자신의 본성이 있으니 검거나 흰 새털을 억지로 바꿀 수 없는 것과 같다. 변辯은 변變이다"라고 하였다.

7 관觀은 옛날 궁문 앞쪽에 있는 망루이다. 왕선겸은 말하기를 "명예의 아름다운 경관도 본성에 더 넓힌 바가 있게 할 수 없다"고 하였다. 이는 명예가 좋은 것이라고 해도 자신의 본성을 살리는 데 도움이 되지 못한다는 것을 뜻한다.

8 이 글은 「대종사」편에도 있다.

공자가 노담을 뵙고 인의仁義를 말하니 노담이 말하였다. "퍼뜨린 겨가 눈에 들어오면 천지 사방이 자리를 바꾸고, 모기와 등에가 살을 물면 온 밤을 잠들지 못한다. 대저 인의가 호되게 아프게 하여 나의 마음을 어지럽히나니 어지럽히는 것이 이보다 더한 것이 없다. 그대가 천하 사람들로 하여금 그들의 소박한 성품을 잃지 않게 하면 그대도 무위의 바람에 따라서 움직이며 그들의 덕을 전일하게 하면서 헤아릴 수 없는 공을 세울 것이니, 또 어찌 애를 써서 마치 큰북을 짊어지고 둥둥 울리면서 도망친 아들을 찾듯이 하는가? 대저 학은 날마다 목욕하지 않아도 희고, 까마귀는 날마다 물들이지 않아도 검으니, 꾸미지 않아도 그 자체로 검고 흰 것은 아무리 해도 변하지 않으며, 명예의 아름다운 경관도 충분히 본성을 넓혀주지 못하니라. 샘이 마르거든 물고기가 서로 더불어 뭍에 처하여 서로 습기로써 숨을 내쉬고 서로 침으로써 적셔주나니, 강과 바다에서 서로를 잊는 것만 못하니라."

【대의】

학은 희고 까마귀는 검듯이 사물에는 모두 자기 나름의 본성이 있다. 그 본성은 소박하다. 사람들을 그러한 소박한 본성에 따라 무위로 움직이게 한다면 이루 말할 수 없이 좋은 효과가 나타날 수 있다. 그러면 물고기가 강과 바다에서 서로를 의식하지 못하는 것과 같아질 것이다. 인의도덕은 강과 바다를 잃은 물고기가 뭍에 나뒹굴면서 서로 침으로 적셔주듯 본연의 세계를 상실한 사람들이 서로 돕는 것과 같은 지엽말단적인 해결방법이다. 그러한 방법으로는 사람의 본성을 온전히 살려낼 수 없다는 것이다.

7-1

孔子見老聃歸, 三日不談, 弟子問曰: 「夫子見老聃, 亦將何規[1]哉?」 孔子曰: 「吾乃今於是乎見龍![2] 龍, 合而成體, 散而成章,[3] 乘雲氣而養乎陰陽.[4] 予口張而不能嗋, 予又何規老聃哉!」 子貢曰: 「然則人固有尸居而龍見, 淵默而雷聲,[5] 發動如天地者乎? 賜亦可得而觀乎?」 遂以孔子聲見老聃.[6]

공자 현노담하시고 귀하야 삼일을 불담하신대 제자 문왈 부자 견노담하샤 역장하규재잇고 공자왈 오 내금에야 어시호에 견룡호라 용은 합이성체하고 산이성장하야 승운기이양호음양하나니 여 구장이불능협하곤 여는 우하규노담재리오 자공왈 연즉인이 고유시거이룡현하며 연묵이뢰성하야 발동이 여천지자호아 사도 역가득이관호잇가 수이공자성으로 현노담호대

1 조초기에 따르면 규規는 규회規誨이다. '규회'는 '훈계하고 타이르다'이다.

2 조초기에 따르면 용龍은 노담을 비유한다.

3 곽상에 따르면 노담이 변화할 수 있다는 것을 일컬은 것이다.

4 왕숙민에 따르면 양養과 상翔은 옛적에 통용되었다. '상'은 '빙빙 돌며 날다'이다.

5 「재유」편에 이 두 구절이 있다. 그런데 왕숙민은 이에 대하여 말하기를 "지인이 집에 있기도 하고 나가기도 하며 말하기도 하고 침묵하기도 하는 모습을 말하니, 글의 뜻이 결코 엇갈리지는 않지만 「재유」편과 반드시 완전히 같다고 할 수는 없다"고 하였다.

6 조초기에 따르면 이공자성以孔子聲은 '공자의 명성에 의지하여……'이다.

공자가 노담을 뵙고 돌아와 사흘 동안이나 말하지 않았다. 제자가 묻기를 "선생님께서는 노담을 보고서 어떻게 그를 훈계하고 타이르셨습니까?"라고 하였다. 공자가 말하였다. "나는 이제야 이리하여 용을 보았다. 용은 웅크리어 사리면 온전한 한 마리의 용이 되고, 펼치어 춤을 추면 찬란한 문채를 이루어 구름을 타고 음양의 기운을 타고서 하늘을 빙글빙글 돌며 나니, 나는 입 벌려 다물지 못하고 말았는데 내가 또 어떻게 노담을 타일러 훈계하였겠는가?" 자공이 말하였다. "그렇다면 지인은 본래 집에 있을 때는 고요하다가도 나가서는 용처럼 나타나며, 말은 우레 소리 같고 침묵은 호수와 같아 천지처럼 변화무쌍하여 예측할 수 없습니까? 저도 한번 찾아뵐 수 있겠습니까?" 드디어 공자의 명성에 의지하여 노담을 뵈었다.

7-2

老聃方將倨堂而應, 微曰: 「予年運而往矣,[1] 子將何以戒我乎?」 子貢曰: 「夫三皇[2]五帝之治天下不同, 其係聲名一也.[3] 而先生獨以爲非聖人, 如何哉?」 老聃曰: 「小子少進! 子何以謂不同?」 對曰: 「堯授舜, 舜授禹, 禹用力而湯用兵,[4] 文王順紂而不敢逆, 武王逆紂而不肯順, 故曰不同.」

노담이 방장거당이응하야 미왈 여는 년운이왕의로니 자는 장하이계아호오 자공왈 부삼황오제지치천하 부동하나 기계성명은 일야니 이선생이 독이위비성인은 여하재오 노담왈 소자아 소진하라 자는 하이위부동고 대왈 요 수순하시며 순이 수우하야시늘 우는 용력이탕은 용병하고 문왕은 순주이불감역하야늘 무왕은 역주이 불긍순할새 고로 왈부동이라 하노이다

1 조초기에 따르면 년운이왕年運而往은 '나이를 먹어 늙고 허약하다'이다.

2 삼황三皇은 삼왕三王으로 쓴 판본도 있다. 성현영에 따르면 삼왕은 복희伏羲·신농神農·황제黃帝이다.

3 왕숙민에 따르면 계성명係聲名은 성명聲名이 서로 이어진 것이다. '성명'은 명성과 같다.

4 성현영에 따르면 우禹는 치수하느라 힘을 썼고, 탕湯은 걸桀을 정벌하느라 용병用兵하였다.

노담이 바야흐로 마루 위에 걸터앉아 응하여 낮은 소리로 이르기를 "나는 나이 먹어 늙고 허약한데 그대는 무엇을 가지고 나를 가르치려 하는가?"라고 하였다. 자공이 말하였다. "저 삼황오제가 천하를 다스리는 방법은 같지 않았으나 그들이 이어온 명성은 같았는데 선생만이 홀로 그분들이 성인이 아니라고 하는 것은 어째서입니까?" 노담이 말하였다. "젊은이여, 좀 앞으로 다가오게나! 그대는 무엇을 가지고 같지 않다고 하는가?" 자공이 대답하였다. "요는 순에게 넘겨주시며 순은 우에게 넘겨주시거늘, 우는 힘을 사용하였고 탕은 군대를 썼고 문왕은 주紂를 따르고 감히 거역하지 않았거늘 무왕이 주를 거역하며 따르려 하지 않았기에 같지 않다고 하였습니다."

老聃曰:「小子少進! 余語汝三皇五帝之治天下. 皇帝之治天下, 使民心一, 民有其親死不哭而民不非也.[5] 堯之治天下, 使民心親, 民有爲其親殺其殺而民不非也.[6] 舜之治天下, 使民心競, 民孕婦十月而生子, 子生五月而能言, 不至乎孩而始誰,[7] 則人始有夭矣. 禹之治天下, 使民心變, 人有心而兵有順,[8] 殺盜非殺,[9] 人自爲種而天下耳,[10] 是以天下大駭, 儒墨皆起. 其作始有倫, 而今乎婦女,[11] 何言哉! 余語汝, 三皇五帝之治天下,[12] 名曰治之, 而亂莫甚焉. 三皇之知, 上悖日月之明, 下睽山川之精, 中墮四時之施,[13] 其知憯於蠣蠆之尾,[14] 鮮規之獸,[15] 莫得安其性命之情者, 而猶自以爲聖人, 不亦可恥乎, 其无恥也?」子貢蹴蹴然立不安.[16]

노담왈 소자아 소진하라 여 어여삼황오제지치천하호리라 황제지치천하는 사민심으로 일이라 민이 유기친사커든 불곡하야도 이민이 불비야하니라 요지치천하는 사민심으로 친이라 민 유위기친하야 쇄기쇄하야도 이민이 불비야하니라 순지치천하는 사민심으로 경이라 민이 잉부 시월에 이생자하며 자생오월이능언하야 부지호해하야셔 이시수오하니 즉인시유요의니라 우지치천하는 사민심으로 변하야 인유심이병유순이며 살도 비살이라 인자위종이오 이천하이라 시이로 천하 대해하야 유묵이 개기하야 기작시에는 유륜하더니 이금호에는 부녀는 하언재리오 여 어여 삼황오제지치천하호리라 명왈치지나 이란막심언하니라 삼황지지는 상패일월지명하며 하규산천지정하며 중휴사시지시하야 기지 참어래채지미와 선규지수라 막득안기성명지정자어늘 이유자이위성인이로라 하나니 불역가치호아 기무치야여 자공이 축축연립불안이러라 노담이 말하였다. "젊은이여, 조금 더 앞으로 나오게나! 내가 삼황오제가 천하를 다스린 것에 대하여 그대에게 말해주리라. 황제가 천하를 다스린 것은 민심을 하나 되게끔 하였는지라 백성들이 비록 그 어버이가 죽었을지라도 곡하지 않아도 백성들이 비방하지 않았다. 요가 천하를 다스린 것은 민심을 친하게 하였는지라 백성들이 비록 그 어버이를 위하여 다른 사람들에 대한 상복 입는 기간을 감쇄하여도 백성들이 비난하지 않았다. 순이 천하를 다스릴 적에는 민심을 경쟁시켜 백성들이 아이 밴 부인이 열 달에 아들을 낳으며, 아들을 낳은 지 다섯 달 되면 말할 수 있게 하여, 어린아이가 석 달이 채 안 되어 누구인지를 알아보아 분별하기 시작하니 사람에게 비로소 요절하는 이가 있게 되었다. 우가 천하를 다스릴 적에는 민심을 변질시켜 사람들에게 나름의 마음이 있게 되고, 병장기를 사용하는 것이 각기 나름의 이유가 있게 하며, 도적을 죽이는 것은 살인이 아니라고 하는지라 사람들은 각자 한동아리를 만들고서 천하를 위해서라고 하였다. 이 때문에 천하 사람들이 크게 놀라게 되어 유가와 묵가가 모두 들고일어났다. 그들이 처음 시작할 때에는 순서가 있더니 이제는 위배하고 있는데 그대는 그래도 무엇을 말하겠는가? 내가 그대에게 삼황오제가 천하를 다스렸던 것에 대하여 말해보리라. 이름하여 다스린다고 하지만 혼란이 이보다 큰 것이 없었느니라. 삼황의 지식은 위로 해와 달의 밝음을 어기며, 아래로 산천의 정기를 어그러지게 하며, 가운데로 사시의 은택을 손상하여 그들의 지식이 전갈의 꼬리보다도 독한지라 조그마한 짐승이나 벌레조차도 성명의 실정을 편케 할 수 없거늘 그런데도 오히려 스스로 성인이라고 하나니 부끄럽지 아니한가? 아마 부끄러워할 줄 아는 감정조차 없는 것이 아닐까?" 자공이 놀라 허둥지둥하며 불안하게 서 있더라.

5 왕숙민에 따르면 윗글의 유有는 수雖와 뜻이 같다.

6 왕숙민에 따르면 쇄殺는 복服 자로 써야 한다.

7 왕숙민은 말하기를 "해孩의 고문古文은 해咳이다. 그렇다면 '부지호해이시수'不至乎孩而始誰는 대개 어린아이가 곧 석 달이 채 안 되어 누구인지를 알아보는 것을 일컬으니 다른 사람을 알아보는 것이다"라고 하였다.

8 왕숙민은 말하기를 "순順에는 이理의 뜻이 있다. '인유심'人有心은 사람마다 각기 나름의 마음이 있게 된 것은 인심이 변했기 때문이라는 것을 일컫는다. '병유순'兵有順은 병기를 사용하는 것은 각기 나름의 이유가 있다는 것을 일컫는다"고 하였다.

9 『묵자』墨子「소취」小取에서 말하기를 "살도비살인"殺盜非殺人이라고 하였다. 묵자의 후학들은 겸애이론을 옹호하기 위하여 도적이라는 개념과 사람이라는 개념은 다르다는 시각에서 도적을 죽이는 것은 사람을 죽이는 것이 아니라고 주장한 것이니, 왕숙민에 따르면 장자의 뜻은 도적을 죽이는 것도 살인이라고 보는 것이다.

10 조초기에 따르면 종種은 유類이니 동아리이다.

11 전목에 따르면 여女는 아래에 붙여 읽어야 하는데 자공을 일컫는 것이다. 왕숙민에 따르면 부婦는 가차하여 부負로도 쓴다. '부'는 '어기다'를 뜻한다. 이 구절은 "그것이 시작할 때에는 본래 순서가 있었으나 이제는 위배하고 있으니 너는 그래도 무엇을 말하겠는가?"를 일컫는다.

12 왕선겸에 따르면 삼황三皇은 마땅히 삼왕三王으로 써야 한다.

13 이 세 구절은「거협」胠篋편에 보인다.

14 『석문』에 따르면 려채蠣蠆는 채갈蠆蠍로 써야 한다. 꼬리가 긴 것이 '채'이고 꼬리가 짧은 것을 '갈'이라고 한다. 채갈은 꼬리 끝에 독침이 있어서 쏘면 극독劇毒을 일으킨다고 한다.

15 왕숙민에 따르면 이것은 조그마한 짐승이거나 벌레이다.

16 성현영에 따르면 축축연蹴蹴然은 놀라 두려워하는 모습이다.

【대의】

이 장에서는 인의仁義가 사람들로 하여금 방향을 잃게 하여 삼황오제 이래 천하가 날이 갈수록 혼란스러워졌다고 주장하고 있다. 즉 황제가 천하를 다스려 민심을 하나가 되게 하려고 했고, 요임금은 천하를 다스려 민심을 친하게 하려고 했으며, 순임금은 천하를 다스려 민심을 경쟁하게 했으며, 우임금은 천하를 다스려 민심을 변질시켰다는 것이다. 그래서 사람들에게 자기만을 위하려는 생각이 있게 되고, 나와 남을 구별하기 시작하여 유가·묵가 등 갖가지 학파가 들고일어나 자기의 학설로 천하를 바로잡겠다고 나섰다는 것이다. 이것은 역사가 갈수록 나빠져간다는 일종의 퇴행적 역사관이라고 할 수 있다.

8

孔子謂老聃曰:「丘治詩書禮樂易春秋六經,[1] 自以爲久矣, 孰知其故矣[2]; 以奸者七十二君,[3] 論先王之道而明周召之迹, 一君無所鉤用.[4] 甚矣夫! 人之難說也! 道之難明邪?」老子曰:「幸矣子之不遇治世之君也! 夫六經, 先王之陳迹也, 豈其所以迹哉![5] 今子之所言, 猶迹也. 夫迹, 履之所出, 而迹豈履哉! 夫白鶂之相視,[6] 眸子不運而風化; 蟲, 雄鳴於上風, 雌應於下風而風化[7]; 類自爲雌雄, 故風化.[8] 性不可易, 命不可變, 時不可止, 道不可壅. 苟得於道, 无自而不可; 失焉者,[9] 无自而可.」

공자 위노담하야 왈 구 치시서예악역춘추육경하야 자이위구의요 숙지기고의라 이간자 칠십이군이니 논선왕지도이명주소지적호되 일군에도 무소구용호니 심의부라 인지난세야여 도지난명야여 노자 왈 행의라 자지불우치세지군야여 부육경은 선왕지진적야니 기기소이적재리오 금자지소언이 유적야니 부적은 리지소출이니 이적은 기리재리오 부백역지상시호되 모자 불운이풍화하며 충이 웅명어상풍이어든 자응어하풍이풍화하야 류 자위자웅 고로 풍화하나니라 성불가역이며 명불가변이며 시불가지며 도불가옹이니 구득어도하면 무자이불가커니와 실언자는 무자이가하니라

1 전목이 인용한 황진黃震 설에 따르면 육경六經이라는 이름은 한漢에서 시작되었다.

2 조초기에 따르면 숙孰은 숙熟과 통한다. 고故는 일이다.

3 조초기에 따르면 간奸은 '구하다'이니 관록官祿을 구하는 것이다.

4 구鉤는 『석문』에서는 취取라고 하였는데 왕숙민은 인引이라고 하였다.

5 곽상에 따르면 '소이적'所以迹은 진성眞性이다.

6 사마표는 말하기를 "백역白鶂은 서로 바람의 기운을 기다려서 화생化生하는 것이다"라고 하였다. 『석문』에 따르면 서로 바라보기만 해도 음양陰陽이 된다는 말도 있다.

공자가 노담에게 말하였다. "제가 시·서·예·악·역·춘추 육경을 연구하여 스스로 오래되었다고 여겼고 그 일을 자세히 아는지라 그로써 벼슬을 구한 것이 일흔두 임금이었습니다. 선왕의 도를 논하고 주공·소공의 공업을 천명하였으나, 한 분의 임금조차도 저를 취하여 쓴 이가 없었습니다. 심하도다! 사람을 설득하기 어려움이여! 도를 밝히는 것이 어려워서일까요?" 노자가 말하였다. "다행이로다! 그대가 치세治世의 군주를 만나지 못함이여! 대저 육경은 선왕의 진부한 자취이니, 어찌 자취가 그에 말미암아 생기게 한 것이겠는가? 이제 그대가 말한 것은 자취와 같다. 대저 자취는 밟아서 나온 것이거늘 자취가 어찌 밟음 자체이겠는가? 저 흰 황새는 서로 바라보되 눈동자가 움직이지 않고서도 바람기를 기다려서 새끼를 낳을 수 있으며, 벌레는 수컷이 윗바람 쪽에서 울거늘 암컷이 아랫바람 쪽에서 응하여 바람기로 새끼를 낳아서 같은 유類가 스스로 암컷과 수컷이 되므로 풍화라고 한다. 성性은 바꿀 수 없으며, 명命은 변할 수 없으며, 시간은 멈출 수 없으며, 도는 막을 수 없다. 진실로 도를 얻으면 말미암는 것마다 가하지 않은 것이 없거니와 그것을 잃은 것은 말미암는 것마다 가한 것이 없느니라."

7 왕숙민에 따르면 풍風은 암수가 서로 유인하는 것이고, 화化는 감촉하여 새끼를 배는 것이다. 이에 대하여 곽상은 말하기를 "역이라는 물새는 눈동자를 서로 쳐다보고 벌레는 울음소리로써 서로 응하니, 모두 합하기를 기다리지 않고서도 곧 새끼를 낳을 수 있으므로 풍화라고 한다"고 하였다.

8 곽상은 이에 대하여 다음과 같이 말하였다. "대저 유類가 같은 암컷과 수컷은 각기 스스로 상감相感할 수 있다. 서로 다르게 감응하는 것은 끝을 다할 수 없으나 진실로 그의 유類를 얻으면 새끼 낳기가 어렵지 않다. 그러므로 멀리서 감응하여 풍화風化하는 것이 있다."

9 왕숙민에 따르면 언焉은 지之와 같다.

孔子不出三月，復見曰:「丘得之矣. 烏鵲孺魚傅沫,[10] 細要者化,[11] 有弟而兄啼.[12] 久矣夫丘不與化爲人![13] 不與化爲人, 安能化人!」老子曰:「可. 丘得之矣!」

공자 불출삼월하얏다가 부현하야 왈 구 득지의로이다 오작이 유코 어 부말코 세요자 화하나니 유제이형제하나니라 구의부라 구는 불여화로 위인이로니 불여화로 위인이면 안능화인이리오 노자왈호되 가하다 구 득지의로다

10 조초기에 따르면 유孺는 부화하여 새끼를 낳는 것이다. 그는 말하기를 "부말傅沫은 입 거품을 상대방에게 넘겨 수태하는 것이다. 물고기는 체외수정을 하지만 그중 어떤 물고기는 입안에 알을 머금고서 부화하는 것도 있다. 여기서 작자는 자기의 착각에 근거하여 말하였다"고 했다.

11 조초기는 말하기를 "허리가 가는 것은 나나니벌과 같은 것이다. …… 그러한 물건은 수컷인데 암컷이 없어서 교접하지 않고, 생산하지 않으면서 언제나 뽕나무벌레를 취하여 길러서 모두 자기 새끼로 만든다"고 하였다. 시詩·소아小雅·소완小宛에 "나나니벌이 업어가서 길러가지고 자기 자식을 만들도다"라는 구절이 있다.

12 성현영은 말하기를 "동생이 생기면 형이 사랑을 잃고, 큰 것을 젖혀두고 어린것을 불쌍히 여기므로 울게 된다. 이로써 지나간 일은 집착해서는 안 된다는 것을 알고 오직 그에 따라야 물아物我 모두 번거로움이 없어진다"고 하였다.

13 왕숙민에 따르면 위인爲人은 위우爲偶와 같다. '위우'는 짝이 되는 것이다. 그렇다면 '불여화위인'不與化爲人은 변화와 더불어 짝이 되지 못하는 것이다.

공자가 석 달 동안이나 문밖 출입을 하지 않다가 다시 노자를 뵙고 말하였다. "저는 도를 터득하였습니다. 까마귀와 까치는 부화해서 새끼를 낳고, 물고기는 입 거품을 상대방에게 넘기어 새끼를 낳고, 허리가 가는 것은 남의 새끼를 자기 새끼로 바꾸나니 동생이 생기면 형이 울어댄 지가 오래되었습니다. 오래되었도다! 제가 변화와 짝이 되지 못함이여! 변화와 더불어 짝이 되지 못하면 어떻게 남을 감화할 수 있으리오!" 노자가 말하였다. "되었다! 공자는 그것을 터득하였도다!"

【대의】

이 장에서는 적迹과 소이적所以迹을 구별하였다. 육경六經은 성인이 지은 글을 수록한 문헌이다. 이 육경은 성인이 살고 간 뒤에 남긴 발자취와 같은 것이다. 육경이 성인이 남기고 간 발자취라면 그 발자취를 있게 한 소이적所以迹은 성인이 살고 간 삶 자체이다. 성인은 천도의 자연스러운 변화에 따라 살고 갔다. 이러한 천도의 자연을 터득하여 그에 따라야 어떤 일이나 통할 수 있다. 그러지 않고 성인이 남기고 간 발자취인 육경을 읽고 따른다면 사람을 감화할 수 없다는 것이다.

• 제15편 • 각의(刻意 第十伍)

【제15편 각의刻意 해제】

사마담司馬淡은 「논육가요지」論六家要指에서 말하기를 "도가는 사람의 정신을 전일케 한다"道家使人精神專一고 하였다. 사람은 그의 정신이 건전해야 무병장수하며 행복할 수 있다. 이 편의 작자는 그러한 방법을 '양신지도'養神之道라고 하였다. 그렇게 하려면 순수하고 고요하고 분산되지 않고 담박한 마음을 가지고 본성이 저절로 우러나오는 대로 말하고 행동해야 한다.

이와 같이 정신을 기르려면 청정淸靜한 삼림 속으로 들어가야 할까? 굳이 그럴 필요가 없다. 그래서 말하기를 "그의 의지를 준엄하게 하여 그의 행실을 고상하게 하지 않으며, 인의 없이도 몸을 닦으며……, 강과 바다가 없이도 한가로우며…… 끝없이 마음을 고요하게 하는 것이 천지의 도이며 성인의 덕이다"라고 하였다. 이러한 견지에서 말하기를 "염담恬淡과 적막寂漠과 허무虛無·무위無爲가 천지의 준칙이며, 도덕의 본질이다"라고 하고 "'평이염담'平易恬淡의 심성을 지니면 우환이 가슴속에 들어오지 않으며, 사특한 기운이 들어오지 않으며, 그의 덕이 온전하고 정신이 이지러지지 않는다"고 하였다. 여기서 제기한 '평이염담'은 뒷날 인물 품평品評과 예술작품 평가의 기준으로 제기된 '평담무미'平淡無味의 원형原型이다.

이 글의 작자는 이미 왕숙민이 지적한 것처럼 '고왈'故曰 운운하는 말을 여섯 번이나 썼다. 이는 자신의 주장을 정당화하기 위하여 이전 장자학파의 이론을 인용한 것이라고 보아야 할 것이다. 따라서 이 글은 장자

후학이 쓴 것이라고 보지 않을 수 없다. 그래서 왕부지는 말하기를 “이 편은 「양생주」 「대종사」의 ‘서여지론’緖餘之論이다”라고 하였다. ‘서여지론’은 후세 사람이 그 취지에 따라 쓴 글을 뜻한다. 그러나 그는 이 글이 유창하면서도 완곡하고 생동하면서도 오묘한 이치를 추구한 내편內篇과 현격한 차이가 있다고 주장하였다.

1-1

刻意[1]尙行, 離世異俗,[2] 高論怨誹,[3] 爲亢而已矣; 此山谷之士, 非世之人, 枯槁赴淵者之所好也. 語仁義忠信, 恭儉推讓爲修而已矣; 此平世之士, 敎誨之人, 遊居學者之所好也. 語大功, 立大名, 禮君臣,[4] 正上下, 爲治而已矣; 此朝廷之士, 尊主强國之人, 致功幷兼者之所好也.

각의상행하야 이세이속하야 고론원비하리 위항이이의니 차는 산곡지사 비세지인의 고고부연자지소호야니라 어인의충신과 공검추양하리 위수이이의니 차는 평세지사 교회지인의 유거학자지소호야니라 어대공하며 입대명하며 예군신하며 정상하하리 위치이이의니 차는 조정지사 존주강국지인의 치공병겸자지소호야니라

1 사마표에 따르면 각의刻意는 그의 의지를 준엄하게 하는 것이다.

2 왕숙민에 따르면 이속異俗은 이속離俗과 같으니 '이세이속'離世異俗은 세속을 초탈하는 것이다.

3 이이에 따르면 원비怨誹는 무도한 세상을 비난하고 자기가 불우함을 원망하는 것이다.

4 조초기에 따르면 예군신禮君臣은 임금과 신하가 예의로써 서로를 대하는 것이다.

자기 자신의 의지를 준엄하게 하고 행실을 고상하게 하여 세속을 초탈하여, 고담준론을 일삼고 자기가 불우하다고 원망하며 세상이 무도하다고 비난하는 것은 바람 부는 숲 속에서 뜻을 도도하게 하려는 것일 뿐이다. 이것은 산골짜기의 선비로서 세상을 비난하면서 초췌한 얼굴로 깊은 물속에 뛰어들 수 있는 사람이 좋아하는 것이다. 인의仁義·충신忠信과 공검恭儉과 사양하는 일에 대하여 말하는 것은 자기 몸을 닦기 위해서일 뿐이다. 이것은 당시 사회를 태평하게 다스리려는 선비로서 사람들을 가르쳐 깨우치려는 사람들 가운데 멀리 나가보기도 하고 집에 머물기도 하면서 배우려는 사람이 좋아하는 것이다. 위대한 공에 대하여 말하며 위대한 명성을 세우며 군신 사이의 예의를 연구하고 상하의 명분을 바르게 하려는 것은 다스리기 위한 것일 따름이다. 이것은 조정의 선비로서 군주를 높이고 나라를 부강하게 하려는 사람들 가운데 공을 세워 다른 나라를 겸병하려는 자들이 좋아하는 것이다.

就藪澤, 處閒曠, 釣魚閒處, 无爲[5]而已矣; 此江海之士, 避世之人, 閒暇者之所好也.[6] 吹呴呼吸, 吐故納新,[7] 熊經[8]鳥申,[9] 爲壽而已矣; 此導引之士, 養形之人,[10] 彭祖壽考者之所好也.

취수택하며 처한광하야 조어한처하린 무위이이의니 차강해지사 피세지인과 한가자지소호야니라 취구호흡하야 토고납신하며 웅경조신하린 위수이이의니 차는 도인지사 양형지인의 팽조수고자지소호야니라

5 해동은 말하기를 "'무위'無爲는 마땅히 위무爲無로 써야 하는데, '위무'는 세상을 도피하는 것을 일컫는다"고 하였다.

6 왕숙민은 말하기를 "이 글을 보니 장자가 피세避世하는 사람이 아니라는 것을 알 수 있다"고 하였다.

7 이이는 말하기를 "낡은 기운을 내뱉고 새로운 기운을 들이쉬는 것이다"라고 하였다.

8 사마표는 말하기를 "곰이 나무에 매달리듯이 하면서 인기引氣하는 것이다"라고 하였다. '인기'는 기氣를 마음먹은 대로 몸 안에 운행시켜 신선하고 부드러운 기혈이 통하고, 정신을 활기차고 건전하게 하는 양생술이다.

9 성현영은 말하기를 "새가 공중을 날며 발을 쭉 펴듯이 하는 것이다"라고 하였다.

10 도인導引에 대해 이이는 말하기를 "기운을 끌어들여 안정되게 하고 몸을 끌어당겨 부드럽게 하는 것이다"라고 하였다. 근래에 마왕퇴 삼호 한묘馬王堆三號漢墓에서 발굴된 백화 도인도帛畫導引圖를 통하여 당시 도인체조의 일단을 알 수 있다.

초목이 우거진 큰 늪으로 나가며, 조용하고 광활한 곳에서 낚시질하면서 한가로이 살아가는 것은 세상을 도피하는 것일 뿐이다. 이것은 강호의 선비로서 피세하려는 사람과 한가한 사람이 좋아하는 것이다. 숨을 불어 내쉬기도 하고 숨을 내쉬었다가 들이쉬기도 하여 낡은 공기를 뱉어내고 신선한 공기를 흡수하며, 곰처럼 나무에 매달리고 새가 두 다리를 쭉 펴고 공중을 날듯이 하는 것은 오래 살기 위해서일 따름이다. 이것은 도인술을 하는 선비로서 몸을 가꾸려는 사람들 가운데 팽조처럼 장수하려는 사람이 좋아하는 것이다.

1-2

若夫不刻意而高, 无仁義而修, 无功名而治, 无江海而閒,[1] 不導引而壽, 无不忘[2]也, 无不有也, 澹然无極而衆美從之, 此天地之道, 聖人之德也.

약부불각의이고하며 무인의이수하며 무공명이치하며 무강해이한하며 부도인이수하야 무불망야하며 무불유야하야 담연무극이어든 이중미종지하린 차는 천지지도며 성인지덕야니라

1 왕숙민에 따르면 이것은 입속入俗하면서도 초속超俗하는 것이다.

2 곽경번은 말하기를 "망忘은 곧 망亡의 가차자이다. 망亡은 이已와 같다"고 하였다.

그의 의지를 준엄하게 하여 그의 행실을 고상하게 하지 않으며, 인의仁義 없이도 자기 몸을 닦으며, 공명 없이도 다스리며, 강과 바다 없이도 한가로우며, 도인술을 하지 않고서도 장수하며, 그만두지 않는 것도 없으며, 갖지 않은 것도 없어서 끝없이 마음이 고요한 사람과 같은 이는 온갖 아름다움이 그를 따른다. 이것이 천지의 도이며, 성인의 덕이다.

【대의】

여기에서 작자는 세상 선비의 유형을 열거하고, 그들을 담연澹然한 도·덕과 구별하였다. 고요한 마음이 바로 천지의 도이자 성인의 덕이라는 것이다.

2-1

故曰, 夫恬惔寂漠虛无无爲, 此天地之平而道德之質也.[1] 故聖人休休焉則平易矣,[2] 平易則恬惔矣. 平易恬惔, 則憂患不能入, 邪氣不能襲, 故其德全而神不虧.

고로 왈 부염담적막과 허무무위는 차 천지지평이도덕지질야라 고로 성인은 휴휴언즉평이의오 평이즉염담의오 평이염담 즉우환이 불능입하며 사기 불능습하나니 고로 기덕이 전 이신이 불휴니라

1 조초기에 따르면 평平은 준칙이고, 질質은 본질이다.

2 유월에 따르면 이것은 본래 "고왈성인휴언, 휴즉평이의"故曰聖人休焉, 休則平易矣라고 써야 한다.

그러므로 염담·적막과 허무·무위, 이것이 천지의 준칙이며 도덕의 본질이다. 그러므로 성인은 그러한 세계에서 쉬나니, 쉬면 평이하고 평이하면 염담해진다. 평이염담하면 우환이 가슴속에 들어오지 않으며 사특한 기운이 들어오지 못한다. 그러므로 그의 덕이 온전하고 정신이 이지러지지 않는다.

2-2

故曰, 聖人之生也天行, 其死也物化; 靜而與陰同德, 動而與陽同波[1]; 不爲福先, 不爲禍始; 感而後應, 迫而後動, 不得已而後起.[2] 去知與故,[3] 循天之理. 故曰无天災, 无物累, 无人非, 无鬼責.[4] 其生若浮, 其死若休. 不思慮, 不豫謀. 光矣而不燿, 信矣而不期,[5] 其寢不夢, 其覺无憂. 其神純粹, 其鬼不罷. 虛无恬惔, 乃合天德.[6]

고로 왈 성인지생야에는 천행이오 기사야에는 물화니 정이여음으로 동덕이오 동이여양으로 동파하나니라 불위복선하며 불위화시오 감이후에 응하며 박이후에 동하며 부득이이후에 기라 하나니라 거지여고코 순천지리하나니 고로 왈무천재하며 무물루하며 무인비하며 무귀책하니라 기생이 약부하고 기사 약휴하니 불사려하며 불예모하며 광의이불요하며 신의이불기하며 기침이 불몽하며 기교 무우하며 기신이 순수하며 기귀이 불피하야 허무염담하야 내합천덕이니라

1 이 네 구절은 「천도」에 보인다.

2 왕숙민은 말하기를 "『장자』 『맹자』에서 모두 곧잘 '부득이'不得已를 말하는데, 『장자』의 '부득이'가 곧 자연에 따르는 것이라면 『맹자』의 '부득이'는 사람의 일에 국한된 것이다"라고 하였다.

3 왕숙민에 따르면 이 고故 자는 마땅히 교巧라고 해석해야 한다.

4 왕숙민에 따르면 이 네 구절에서 말한 것은 아마 추위·더위·물·불이 해치지 못하고, 가무와 여색, 재물과 이로운 것이 미혹시키지 못하고, 옳다, 그르다, 그렇다, 그렇지 않다고 판단하는 일이 어지럽히지 못하고, 가지각색의 사악한 세력과 악당들이 어지럽히지 못한다는 것을 뜻하는 듯하다.

5 조초기에 따르면 이 구절은 "비록 신용을 지키지만 반드시 약정하지는 않더라도 순수하게 자연에 따르는 것"을 뜻한다.

6 왕숙민은 말하기를 "아마 자연의 덕성과 합한다는 것을 일컫는 듯하다"고 하였다.

그러므로 성인은 살아서는 자연에 따라 행동하고, 죽을 무렵에는 사물에 따라 변화한다. 고요하면 음과 덕을 함께하고, 움직이면 양과 물결을 같이한다. 좋은 일을 하려고 앞에 나서지 않으며, 나쁜 일을 하려고 시작하지 않고, 감동한 뒤에 응하며, 바싹 밀린 뒤에 움직이며, 그렇게 하지 않을 수 없게 된 뒤에 일어난다. 지식과 교묘한 솜씨를 버리고 자연의 이치에 따른다. 그러므로 천재가 없으며, 여색과 재물과 같은 것들이 번거롭게 하지 못하며, 남들이 이러니저러니 한다고 하여 동요하지 않으며, 가지각색의 사악한 세력과 악당들이 어지럽히지 못한다. 살아서는 범연한 듯이 걸림이 없고, 죽기에 이르면 쉬는 듯이 한다. 사려하지 않고 미리 계획하지 않는다. 빛이 나도 뽐내지 않으며, 신실하여 약정하지 않더라도 자연에 따른다. 잠잘 때 꿈꾸지 않고, 깨어나서도 근심이 없다. 정신이 순수하며 혼이 지치지 않는다. 허무염담해야 천덕天德에 합할 것이다.

2-3

故曰, 悲樂者, 德之邪; 喜怒者, 道之過; 好惡者, 德之失. 故心不憂樂, 德之至也; 一而不變, 靜之至也; 无所於忤, 虛之至也; 不與物交, 惔之至也; 无所於逆,[1] 粹之至也. 故曰, 形勞而不休則弊, 精用而不已則勞, 勞則竭.

고로 왈 비락자 덕지사요 희노자 도지과요 호오자 덕지실이라 하노니 고로 심불우락은 덕지지야라 일이불변이 정지지야라 무소어오 허지지야라 불여물교 담지지야라 무소어역이 수지지야라 고로 왈 형로이불휴즉폐하고 정용이불이즉로하니 로즉갈이라 하나니라

1 왕숙민에 따르면 어오於忤·어역於逆의 어於는 여與와 같다.

그러므로 슬퍼하거나 즐거워하는 것은 소박한 본성인 덕이 비뚤어진 것이요, 기뻐하고 성내는 것은 본성의 자연스러운 흐름인 도가 지나친 것이요, 좋아하고 미워하는 것은 소박한 본성인 덕이 상실된 것이라고 한다. 그러므로 마음이 근심하거나 즐거워하지 않을 수 있는 것이 소박한 본성인 덕에 이른 것이요, 한결같으면서도 변치 않는 것이 천지만물의 본체인 정靜에 이른 것이다. 거스르는 것이 없음이 지극히 활짝 트인 허령한 마음이요, 무심히 외계 사물과 왕래하는 것이 지극히 담박한 마음이요, 이치에 어긋나는 것이 없음이 지극히 순수한 마음이다. 그러므로 말하기를 "몸이 수고로워도 쉬지 않으면 지치고, 정력을 쓰고서도 그만두지 않으면 수고로우니, 수고로우면 고갈된다"고 한다.

【대의】

여기에서는 장자가 말하는 성인을 제시하였다. 성인은 허무염담하여 천덕에 부합하는 인물이다. 허무염담한 성인은 덕이 온전하고 정신이 이지러지지 않는다. 이러한 성인의 마음은 본성의 경지로, 지극히 고요하고 허령하며 담박하고 순수하다.

3-1

水之性, 不雜則淸, 莫動則平; 鬱閉而不流, 亦不能淸; 天德之象也. 故日, 純粹而不雜, 靜一而不變, 惔而无爲, 動而以天行,[1] 此養神之道也. 夫有干越之劍者,[2] 柙而藏之, 不敢輕用也, 寶之至也. 精神四達竝流,[3] 无所不極, 上際於天,[4] 下蟠於地. 化育萬物, 不可爲象, 其名爲同帝.

수지성이 부잡즉청하고 막동즉평이나 울폐이불류하면 역불능청하나니 천덕지상야니라 고로 왈 순수이부잡하며 정일이불변하며 담이무위하며 동이이천행이 차양신지도야라 하니라 부유간월지검자 합이장지하야 불감경용야는 보지지야己새니라 정신이 사달병류하야 무소불극하야 상제어천하며 하반어지하야 화육만물호되 불가위상이 기명이 위동제니라

1 왕숙민에 따르면 이而 자는 잘못 끼어들어간 것이고, 이以는 윗글의 이而와 서로 보완하는 구실을 하는 글자이다.

2 사마표에 따르면 간干은 오吳이다.

3 해동에 따르면 병竝은 방滂으로 읽어야 한다. '방'은 '세차게 흐르다'를 뜻한다.

4 왕숙민에 따르면 제際는 접接과 같다.

물의 성품은 섞이지 않으면 맑아지고, 움직이지 않으면 평평하나, 막혀서 흐르지 않으면 맑아질 수 없나니 천덕天德의 모습이다. 그러므로 "순수하면서도 섞이지 않으며, 고요히 하나가 되어 변치 않아 담박하면서도 무위하며, 움직이되 자연에 따라 행하니, 이것이 신神을 가꾸는 길이다"라고 한다. 대저 오나라와 월나라에서 나온 보검을 가진 사람이 그것을 상자에 넣어 보관하여 감히 가벼이 쓰지 않는 까닭은 지극히 보배롭기 때문이다. 정신이 사방으로 세차게 흘러넘쳐서 이르지 않는 곳이 없어 위로 하늘에 이르며 아래로 땅에 서려 만물을 화육하되 형상으로 한정할 수 없으니 그것을 천제天帝와 같다고 말하니라.

3-2

純素之道, 唯神是守; 守而勿失, 與神爲一,[1] 一之精通,[2] 合於天倫.[3] 野語有之曰:「衆人重利, 廉士重名, 賢人尙志, 聖人貴精.」故素也者, 謂其无所與雜也; 純也者, 謂其不虧其神也. 能體純素,[4] 謂之眞人.

순소지도는 유신을 시수니 수이물실하면 여신위일이니 일지정통에는 합어천륜이니라 야어에 유지하니 왈 중인은 중리하고 염사는 중명하고 현인은 상지하고 성인은 귀정이라 하니 고로 소야자는 위기무소여잡야요 순야자는 위기불휴기신야니 능체순소할새 위지진인이라 하니라

1 왕숙민에 따르면 여與는 사使와 같으니 '정신을 전일케 하는 것'이다.

2 전목이 인용한 무연서武延緒의 말에 따르면 정통精通은 통정通精으로 써야 할 것 같다.

3 성현영에 따르면 륜倫은 리理이다.

4 성현영은 말하기를 "체體는 오해悟解이다"라고 하였다. '오해'는 이해하는 것이다.

순수하고 소박한 도는 오직 신神만을 지키니, 지켜서 잃지 않으면 정신이 전일해질 것이다. 전일하여 정기에 통하면 천리天理에 합하니라. 속어에 다음과 같은 말이 있으니 "중인衆人은 이익을 중시하고, 청렴한 선비는 명예를 중시하고, 현인은 뜻을 숭상하고, 성인은 정기를 귀히 여긴다"고 한다. 그러므로 소박이라는 것은 그에 섞이는 것이 없는 것이요, 순수라는 것은 그의 정신이 이지러지지 않는 것을 일컫는다. 순수하고 소박한 덕을 체득할 수 있다면 그를 진인眞人이라고 한다.

【대의】

여기에서 작자는 양신養神의 방법을 제시하면서 정신을 기르면 천지를 관장하는 천제天帝와 같은 경지에 이른다고 말한다. 진인眞人이 바로 양신의 방법을 통해 순수하고 소박한 도를 체득한 인물이라는 것이다.

• 제16편 • 선성(繕性 第十六)

사람에게 심성心性보다 더 소중한 것은 없을 것이다. 어떻게 해야 심성을 아름답게 닦아 기를 수 있을까? 공자는 사思와 학學의 방법을 제기하였다. '사'는 사물의 이치를 깊이 사색하여 옳은 것과 그른 것을 명료하게 판단하는 것이고, '학'은 선각자의 지知와 행行을 후각자가 본받아 익히는 것이다. 이것을 흔히 사학병진설思學竝進說이라고 한다.

그러나 이 글의 작자는 이를 속학俗學·속사俗思라고 보고 그러한 방법으로 복기초復其初·치기명致其明하려는 사람을 '폐몽지민'蔽蒙之民이라고 하였다. 그 까닭은 무엇일까? 사람들은 물질적인 세계 속에서 물질적인 육체를 가지고 온갖 물질들과 관계 맺으면서 살아가는 사이에 애초의 맑고 밝았던 심성이 물들고 때가 끼어 그의 본래 모습을 잃게 된다. 그의 본래 성품을 상실한 사람을 '도치지민'倒置之民이라고 한다. '도치지민'은 그의 뿌리인 도를 등지고 지엽말단적인 물질에 얽매여 거꾸로 살아가는 사람이다.

그러면 제대로 살아가는 길은 무엇일까? 물질의 세계에서 초탈하여 일체 물질들로 하여금 물질이 되게 하는 물물자物物者인 도의 세계로 방향을 바꾸어 그 도의 자연스러운 성향에 따라야 할 것이다. 이 글의 작자는 그러한 세계를 '지일'至一이라는 개념으로 표현하였다. '지일'은 혼연일체를 이루어 천지만물이 모두 저절로 그러한 무위자연의 세계이다.

이 글의 작자는 이념양지以恬養知와 이지양념以知養恬으로 이러한 세계에 이를 수 있다고 말하였다. 이는 물이 고요하면 맑아져서 그 시원하고 맑은 본래 성질이 되살려지듯이 사람은 그의 마음을 고요하게 하면 고요하고 담백한 심성이 밝아질 것이니, 그 밝아진 지혜로써 다시 고요하고 담백한 심성을 기르는 것이다. 이를 '지여념교상양'知與恬交相養이라고 하였다. 왕부지王夫之에 따르면 이러한 이론은 장자의 뜻에 부합한다.

그러나 이 글에는 앞뒤가 맞지 않는 것이 있고, 조리가 정연하지 않은 것도 있다고 하였다. 뿐만 아니라 이 편에는 벼슬하는 것을 부정적으로 보고, 도를 가진 사람이 뜻을 펴지 못하고 숨어 사는 것을 탄식하는 말도 있다. 그래서 왕부지는 이 글은 당시 사회에서 뜻을 얻지 못한 사람이 장자에 가탁하여 쓴 것 같다고 주장하였다.

1

繕性於俗, 俗學以求復其初[1]; 滑欲於俗,[2] 思以求致其明; 謂之蔽蒙之民. 古之治道者, 以恬養知; 知生而无以知爲也, 謂之以知養恬.[3] 知與恬交相養, 而和理出其性.[4] 夫德, 和也; 道, 理也. 德无不容, 仁也; 道无不理, 義也; 義明而物親, 忠也; 中純實而反乎情, 樂也[5]; 信行容體而順乎文, 禮也.[6] 禮樂偏行, 則天下亂矣. 彼正而蒙己德, 德則不冒,[7] 冒則物必失其性也.

선성어속하야 속학으로 이구복기초하며 골욕어속하야 사이구치기명을 위지폐몽지민이라 하나니라 고지치도자는 이념으로 양지호되 지생이무이지위야하니 위지이지로 양념이라 하나니라 지여념으로 교상양 이화리 출기성하나니라 부덕은 화야요 도는 이야요 덕무불용은 인야요 도무불리는 의야요 의명이물친은 충야요 중순실이반호정은 악야요 신행용체이순호문은 예야니 예악은 편행 즉천하 난의리라 피 정이몽기덕이언정 덕즉불모니 모즉물필실기성야리라

1 최선에 따르면 선繕은 '다스리다'이다. 그러나 『석문』에서는 선善이라고 보는 설도 있다고 하였다. '속학'俗學의 '속' 자는 잘못 끼어들어간 글자이다.

2 최선에 따르면 골滑은 치治이다.

3 전목이 인용한 왕응린王應麟 설에 따르면 이념양지以恬養知는 주정主靜하여 식識이 더욱 밝아지는 것이고, 이지양념以知養恬은 치지致知하여 근본이 더욱 견고해지는 것이다.

4 왕숙민에 따르면 출기出其는 생어生於와 같다. 마기창은 사마자미司馬子微 설을 인용하여 화和와 리理는 곧 도道와 덕德이라고 하였다.

5 『예기』「악기」樂記에서 말하기를 "군자는 자기의 정욕을 돌이켜 자기가 좋아하고 싫어하는 뜻을 조화시킨다"고 하였다. 락樂은 음악의 악樂과 통용된다.

6 이 구절은 왕선겸의 『장자집해』에 의거하여 해석하였다.

7 왕숙민에 따르면 몽蒙은 피被이고 기己는 기其로 읽으며 모冒는 란亂이니, 이는 "그가 바르게 하여 정도를 실천하는 성인의 은덕을 입을 수 있다. 은덕을 입으면 어지럽히지 아니할 것이다"를 뜻한다.

세속적인 학문으로 심성을 닦아서 그의 근본을 회복하고자 하며, 세속적인 생각으로써 욕구를 다스려 그의 밝음을 추구하는 것을 막힌 사람이라고 한다. 옛적에 도를 연구한 사람은 마음을 고요하게 하여 지혜를 가꾸되 지혜가 생겨나도 지혜에 맡기지 않으니, 이를 일러 치지致知하여 고요한 마음을 가꾼다고 한다. 알 수 있는 마음을 넓히면서 마음을 고요하게 하여 양쪽을 가꾸어 기르면 자연의 이치가 성품에서 생겨 나온다. 대저 덕은 조화롭게 하는 것이며, 도는 자연의 이치이다. 덕은 포용하지 않는 것이 없으니 인仁이요, 도는 이치에 맞지 않는 것이 없으니 의義요, 의가 뚜렷하게 발휘되어 사람을 가까이 사랑하는 것이 충忠이요, 속마음이 순수하고 진실하여 진실한 성정性情으로 돌아가게 하는 것이 음악이요, 용모와 태도를 실행하여 자연의 절문節文에 따르는 것이 예이다. 예악이 치우쳐서 행해지면 천하가 혼란스러워질 것이다. 그가 바르게 하여 정도를 실천하는 성인의 은덕을 입을 수 있고, 은덕을 입으면 혼란스러워지지 않을 것이다. 그러나 혼란스러워지면 사람들은 반드시 그의 본성을 잃을 것이다.

【대의】

여기에서 작자는 폐몽지인와 도를 추구하는 사람을 구별한다. 폐몽지인은 세속적인 지식과 생각에서 벗어나지 못한다. 반면에 도를 추구하는 사람은 지知와 념恬이 서로를 가꾸고 기르게 하여 성품에서 도와 덕이 우러난다.

2-1

古之人, 在混芒之中,[1] 與一世而得澹漠焉. 當是時也, 陰陽和靜, 鬼神不擾, 四時得節, 萬物不傷, 群生不夭, 人雖有知, 无所用之,[2] 此之謂至一.[3] 當是時也, 莫之爲而常自然.[4]

고지인은 재혼망지중하야 여일세이득담막언하니 당시시야하야 음양이 화정하며 귀신이 불요하며 사시 득절하며 만물이 불상하며 군생이 불요라 인수유지나 무소용지니 차지위지일이라 당시시야하야 막지위이상자연하더니라

1 왕숙민에 따르면 혼망混芒은 혼명混冥과 같은데, 혼混은 대大이니 '대명지중'大冥之中은 도를 일컫는다.

2 곽상은 말하기를 "그의 자연에 맡길 따름이다"라고 하였다.

3 곽상은 말하기를 "만물이 모두 저절로 그러한지라, 그러므로 지일至一이라고 한다"고 하였다.

4 성현영은 말하기를 "그를 시키는 이가 없는데도 스스로 하는 것이 무위無爲이고, 그렇게 하게 하는 소이를 모르지만 그러한 것이 자연이다"라고 하였다.

옛적 사람은 크게 하나로 어우러진 세계에서 온 세상과 하나가 되어 세상 물욕 없이 편안하고 고요하였다. 이때를 당하여 음과 양이 고요히 어우러지며, 귀신조차 어지럽히지 않으며, 사시가 절기를 잃지 않으며, 만물이 다치지 않으며, 뭇 생명이 꺾이지 않았다. 사람들이 비록 지식이 있을지라도 쓸 데가 없었으니 이를 일러 지일至一이라고 하였다. 이때를 당하여 시키는 사람이 없어도 언제나 저절로 잘되어갔다.

2-2

逮德下衰, 及燧人伏羲始爲天下,[1] 是故順而不一. 德又下衰, 及神農黃帝始爲天下,[2] 是故安而不順. 德又下衰, 及唐虞始爲天下, 興治化之流,[3] 澆淳散朴,[4] 離道以善, 險德以行,[5] 然後去性而從於心.[6] 心與心識, 知而不足以定天下,[7] 然後附之以文, 益之以博. 文滅質, 博溺心, 然後民始惑亂, 无以反其性情而復其初.[8]

체덕이 하쇠하야 급수인복희 시위천하라 시고로 순이불일하니라 덕우하쇠하야 급신농황제 시위천하라 시고로 안이불순하니라 덕우하쇠하야 급당우 시위천하라 흥치화지류하야 효순산박하야 리도이선하며 험덕이행한 연후에 거성이종어심하야 심이 여심으로 식하니라 지이부족이정천하한 연후에야 부지이문하며 익지이박하니라 문멸질하며 박이 익심한 연후에야 민시혹란하야 무이반기성정이 복기초하니라

1 수인씨燧人氏는 전설적인 제왕으로, 나무를 문질러서 불씨를 얻어 사람들이 날것을 익혀 먹게 했다고 한다. 복희씨伏羲氏는 목축할 수 있는 방법을 발명했다는 전설적인 제왕이다.

2 신농은 농업기술을 발명했다는 상고시대의 전설적인 제왕이다. 황제는 헌원씨軒轅氏라고도 한다. 신농씨는 공공共工을 쳤고, 황제는 치우蚩尤와 싸웠다고 한다. 치우는 동방 구려족東方九黎族의 수장이라고 한다. 치우는 전쟁의 신으로 전쟁터에서 마禡 제사에 그를 받들어 제사를 지냈다. 그는 아마 한민족의 조상이었던 것 같다.

3 선영에 따르면 그 근원을 잃은 것이다. 근원을 잃으면 나쁜 방향으로 흐를 수 있다.

4 조초기에 따르면 이 구절은 순박한 풍속을 파괴하는 것을 말한다.

5 왕숙민에 따르면 선善은 선繕과 통하는데 선繕은 '다스리다'를 뜻한다. 왕선겸에 따르면 험險은 위危를 뜻한다.

6 성현영은 "자연의 성을 버리고 분별하는 마음을 따르는 것이다"라고 해석하였다.

7 왕숙민은 식識을 직織의 가차자라고 보아 교직交織의 뜻으로 읽었다. 그에 따르면 이 구절은 "심과 심을 교직하여 비록 지혜로워졌을지라도 족히 천하를 안정시키지 못한다"는 것을 일컫는다.

8 곽상은 말하기를 "초初는 성명의 근본을 일컫는다"고 하였다.

덕이 쇠락하여 수인·복희씨가 처음으로 천하를 다스리게 되었다. 이 때문에 민심이 따르기는 하였지만 하나가 되지는 않았다. 덕이 또 쇠락하여 신농·황제가 천하를 다스리기 시작하였다. 이 때문에 안정되었지만 민심이 따르지 않았다. 덕이 또 쇠락하여 요와 순 임금이 다스리기 시작하여 다스리고 교화하는 폐단을 일으켰다. 순박한 성품을 각박하게 하여 자연의 도를 벗어나 다스리며, 소박한 덕을 위태롭게 하여 행한 뒤에 천성을 버리고 분별하는 인심을 따르게 하였다. 심心과 심을 교직하여 비록 지혜로워졌을지라도 족히 천하를 안정시키지 못하게 되었다. 그런 뒤에 문식을 덧붙이며 박식을 보태었다. 문식이 질박한 성품을 없애고 박식이 사람의 마음을 침몰시킨 뒤에야 사람들이 어지러워지기 시작하여, 그의 본래 성정을 돌이켜서 그의 본래 성명性命을 회복하지 못하게 되었다.

2-3

由是觀之, 世喪道矣, 道喪世矣. 世與道交相喪也,[1] 道之人何由興乎世,[2] 世亦何由興乎道哉! 道无以興乎世, 世无以興乎道, 雖聖人不在山林之中, 其德隱矣.

유시관지컨대 세 상도의며 도 상세의라 세여도 교상상야니 도지인은 하유흥호세며 세 역하유흥호도재리오 도 무이흥호세며 세 무이흥호도면 수성인이 부재산림지중이라도 기덕이 은의리라

1 성현영은 이에 대하여 다음과 같이 말하였다. "상喪은 '버려두다'이다. 이러한 사적事迹으로 말미암아 관찰하기 때문에 시세가 각박해져서 무위의 도를 폐기하니, 무위의 도 역시 순박하고 평화로운 세상이 변하게 버려두게 된다는 것을 알겠다."

2 성현영에 따르면 도지인道之人은 가슴에 도를 간직한 사람이다.

이로써 보건대 시대적인 형세가 도를 상실케 하나니, 무위의 도 역시 세상이 변하도록 버려두고 있다. 세상과 도가 서로 함께 상실케 하니 도를 간직한 사람이 어떻게 세상을 일으키며 세상 또한 어떻게 도를 일으킬 수 있겠는가? 도가 세상을 일으킬 수 없으며 세상도 도를 일으킬 수 없다면, 비록 성인이 산림 속에 있지 않을지라도 그 덕이 은폐될 것이다.

2-4

隱, 故不自隱. 古之所謂隱士者, 非伏身而弗見也, 非閉其言而不出也, 非藏其知而不發也, 時命大謬也.[1] 當時命而大行乎天下, 則反一无迹[2]; 不當時命而大窮乎天下, 則深根寧極而待[3]; 此存身之道也.

은이 고부자은이니라 고지소위은사자는 비복신이불현야며 비폐기언이불출야며 비장기지이불발야라 시명이 대류야ㄹ새니라 당시명이대행호천하하야는 즉반일무적하고 부당시명이대궁호천하하야는 즉심근녕극이대하나니 차 존신지도야니라

1 이에 대해 성현영은 말하기를 "황당무계한 시대에 봉착하여 어려운 운명을 만났기 때문이다"라고 하였다.

2 왕숙민은 말하기를 "순박한 마음으로 하나가 된 세계로 돌아가서 자취조차 없는 것을 일컫는다"고 하였다.

3 왕숙민이 인용한 고추월高秋月 설에 따르면 근根과 극極은 성명을 일컫는다.

은폐되는 것은 본래 스스로 숨는 것이 아니다. 옛적의 이른바 은사는 그의 몸을 엎드려 나타나지 않게 하는 것이 아니며, 그의 말문을 닫아서 말이 나오지 않게 하는 것이 아니며, 그의 지식을 숨겨서 발휘하지 않는 것이 아니라 시대적인 조건이 크게 사리에 맞지 않기 때문이다. 시대적인 조건이 맞아서 천하에 뜻을 크게 실행할 수 있다면 순박한 마음으로 하나가 된 세계로 돌아가 자취조차 없어질 것이고, 시대적인 조건이 맞지 않아 천하에서 몹시 곤궁해지면 성명性命을 깊이 뿌리내려 편케 하나니, 이것이 몸을 보존하는 길이다.

【대의】

여기에서는 도를 추구하는 사람이 몸을 보존하는 방법을 제시하고 있다. 시대적인 조건이 맞으면 하나가 된 세계에서 자취조차 없을 것이요, 맞지 않으면 성명性命을 가꾼다는 것이다.

3-1

古之存身者, 不以辯飾知,[1] 不以知窮天下, 不以知窮德,[2] 危然處其所而反其性已,[3] 又何爲哉! 道固不小行, 德固不小識. 小識傷德, 小行喪道. 故曰, 正己而已矣. 樂全之謂得志.[4]

고지존신자는 불이변으로 식지하며 불이지로 궁천하하며 불이지로 궁덕이오 위연처기소하야 이반기성이니 우하위재리오 도고불소행이며 덕고불소식이니 소식은 상덕하고 소행은 상도하나니라 고로 왈 정기이이의라 하니 낙전지위득지니라

1 왕숙민에 따르면 날마다 그의 지식을 가지고 남들과 논변을 일삼은 혜시惠施와 같은 이가 언변으로 지식을 꾸민 사람이다.

2 성현영은 말하기를 "지식은 그의 분수에서 그쳐야지 끝이 없는 지식을 가지고 그가 그의 자득自得을 번거롭게 해서는 안 된다"고 하였다. '자득'은 스스로 만족하는 것을 뜻한다.

3 곽상은 말하기를 "위연危然은 홀로 바르게 하는 모습이다"라고 하였다.

4 왕선겸은 말하기를 "그의 본래 성품을 즐겁게 하고 온전히 보존하는 것이 바로 득지得志이다"라고 하였다.

옛적에 몸을 보존한 사람은 언변으로 지식을 꾸미지 않으며, 지식을 가지고 천하 사람들을 곤란하게 하지 않으며, 지식으로써 스스로 터득하는 것을 방해하지 않는다. 홀로 제자리에 있으면서 그의 본래 성품을 돌이킬 뿐이니 또 무슨 짓을 하겠는가! 도는 본래 자질구레하게 행하지 않으며 덕은 본래 자질구레하게 알려고 하지 않는다. 자질구레한 지식은 덕을 해치고 자질구레한 행실은 도를 상하게 한다. 그러므로 자신을 바르게 할 뿐이라고 하니, 그의 성품을 즐겁게 하고 온전히 보존하는 것을 일러 뜻을 얻었다고 한다.

3-2

古之所謂得志者, 非軒冕之謂也, 謂其无以益其樂而已矣. 今之所謂得志者, 軒冕之謂也. 軒冕在身, 非性命也, 物之儻來,[1] 寄者也. 寄之, 其來不可圉, 其去不可止. 故不爲軒冕肆志, 不爲窮約趨俗,[2] 其樂彼與此同,[3] 故无憂而已矣, 今寄去則不樂, 由是觀之, 雖樂, 未嘗不荒也.[4] 故曰, 喪己於物, 失性於俗者, 謂之倒置之民.[5]

고지소위득지자는 비헌면지위야라 위기무이익기락이이의러니 금지소위득지자는 헌면지위야라 헌면이 재신이 비성명야라 물지당래 기자야니라 기지는 기래를 불가어며 기거를 불가지니 고로 불위헌면하야 사지하며 불위궁약하야 추속하야 기락피를 여차로 동이론 고로 무우이이의니라 금에 기거즉불락하나니 유시관지컨댄 수락이라도 미상불황야로다 고로 왈 상기어물하고 실성어속자를 위지도치지민이라 하노라

1 곽경번에 따르면 당儻은 '혹연지사'或然之詞이다. '혹연지사'는 '혹 그럴 수 있다는 말'이다.

2 왕숙민에 따르면 궁약窮約은 궁고窮固이고, 추趨는 부附이다. '부'는 따르는 것이고, '궁고'는 곤궁한 것이다.

3 성현영은 말하기를 "대저 고관대작과 곤궁한 일은 모두 갑자기 찾아오게 마련이다. 저 고관대작을 즐겼다면 이 곤궁한 일도 기뻐해야 할 것이다. 둘 다 일시 의탁한 것이므로 서로 다를 바가 없다"고 하였다. 말하자면 벼슬자리가 찾아오거나 곤궁한 일이 닥치는 것은 모두 우연한 일이므로 자기에게 찾아오는 대로 즐거이 맞이하고 보내야 한다는 것이다.

4 성현영은 말하기를 "비록 즐거워할지라도 마음이 뒤숭숭하지 않은 적이 없다"고 하였다.

5 유사배劉師培는 도치지민倒置之民은 '역생지인'逆生之人이라고 말하는 것과 같다고 하였다. '역생지인'은 거꾸로 살아가는 사람이다.

옛적에 이른바 뜻을 얻었다는 것은 고관대작을 일컫는 것이 아니라 그의 즐거움에 더 이상 보탤 것이 없게 하는 것을 일컬을 뿐이다. 그러나 오늘날에 이른바 뜻을 얻었다는 것은 고관대작이 되는 것을 일컫는다. 고관대작은 자기 자신에게서 자기가 태어날 때 부여받은 본성에 들어 있던 것이 아니라 물건이 뜻밖에 홀연히 와서 잠시 의탁한 것이다. 의탁한 것은 그것이 오는 것을 막을 수 없으며, 그것이 가는 것을 멈추게 할 수 없다. 그러므로 고관대작을 위하여 그의 뜻을 내버려두지 않으며, 곤궁하다고 하여 세속에 따르지 않으며, 저 고관대작을 즐기기를 이 곤궁한 일에 대처하듯이 한다. 그러므로 근심이 없을 따름이다. 그러나 이제 저 속물들은 (권력과 재물 같은 것이) 잠시 의탁했다가 떠나거든 즐거워하지 않나니, 이로써 보건대 그들이 비록 즐거워한다 할지라도 마음이 뒤숭숭하지 않은 적이 없었을 것이다. 그러므로 자기를 권력과 재물과 같은 외물外物에 의하여 상실하고, 자기가 태어날 때 부여받은 본성을 세속적인 일 때문에 상실하는 사람을 일컬어 거꾸로 살아가는 사람이라고 하나니라.

【대의】

작자는 몸을 보존하는 사람은 자신을 바르게 함으로써 뜻을 얻음[得志]을 말했다. '득지'는 성품을 즐겁게 하고 온전히 보존하는 것을 말한다. 이와 달리 세속적인 가치 때문에 자신과 본성을 상실하는 사람을 도치지민倒置之民이라고 한다.

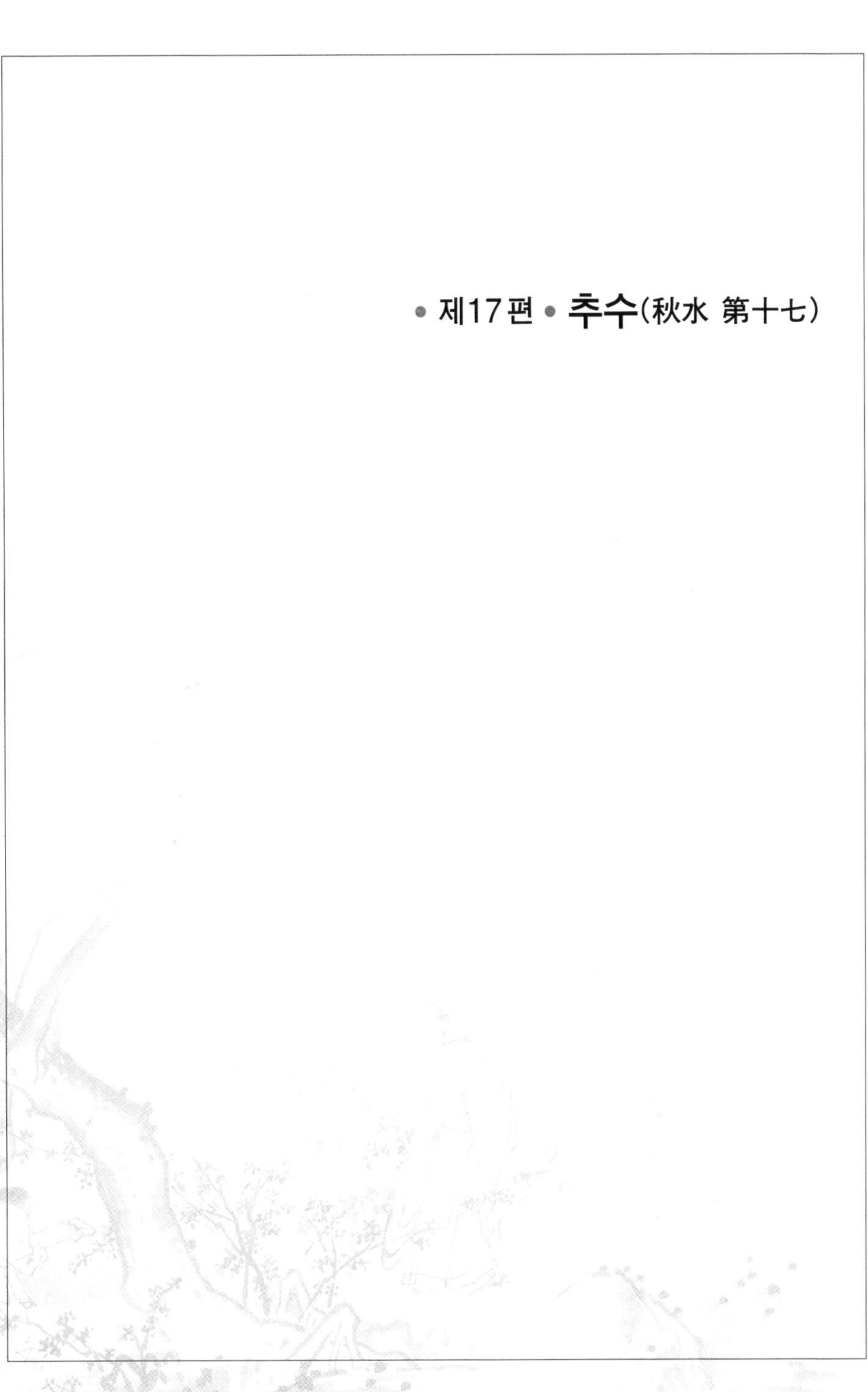

• 제17편 • 추수(秋水 第十七)

【제17편 추수秋水 해제】

이 편은 황하黃河의 신 하백河伯과 바다의 신 북해약北海若의 대화를 빌려 장자 철학의 근본문제들을 논하고 있다. 하백은 일상인의 시각을 대변하고, 북해약은 장자의 시각을 대변하는 것처럼 보인다.

하백이 때마침 불어난 물결을 타고 황하의 애사崖涘에서 벗어나 끝없이 광활한 바다로 나와 새로운 세계에 눈을 뜸으로써, 북해약과 대리大理를 논하는 형식으로 둘 사이의 7문7답이 펼쳐진다.

하백이 원래 안주했던 황하는 양쪽의 가장자리에 의해 국한되어 있는 유한한 세계였다. 이를 이 편에서는 '애사'라고 표현하였다. 애사란 소대小大·정조精粗·종시終始·생사生死·유무有無·장단長短·다소多少·치란治亂·시비是非·귀천貴賤·물아物我 등 대비가 있다는 것을 뜻한다. 현상계는 이러한 대비가 있는 세계이며, 인간들은 여기에 살고 있다. 이러한 세계에 살고 있는 인간들은 어떤 시대, 어떤 지역, 어떤 교육에 따라 형성된 의식을 지니고서 생각하고 말하고 행위한다. 그러한 의식은 시대·지역·교육에 따라 국한되지 않을 수 없다. 이는 애사에서 벗어나지 못한 의식이라고 할 수 있다. 그래서 그러한 의식은 소대·정조·종시·생사·유무·장단·다소·치란·시비·귀천·물아 등의 분별과 대립에서 벗어나지 못한다.

북해약은 이러한 의식에 입각한 인간들의 관점을 '이물관지'以物觀之라고 하였다. 이물관지에 따라 온갖 차별이 일으켜져 만물을 제일하게 보지 못한다. 북해약은 이와 대조적으로 '이도관지'以道觀之를 제시하였다.

이도관지는 천지만물의 근본이면서 천지만물을 총괄하는 도의 관점에서 사태를 보는 것이다. 이러한 관점을 취하면 소대·귀천 등의 분별과 대립이 사라지고 사물을 그 자체로서 있는 그대로 볼 수 있다.

이러한 관점에서 북해약은 '무위자화'無爲自化의 이론을 제기하였다. 무위자화란 공명功名·득실得失의 관념뿐만 아니라 자아의식마저도 잊어버리고 자연스러운 변화에 맡기는 것이다. 그래서 북해약은 천天과 인人을 일단 구분한 뒤 '무이인멸천'無以人滅天·'무이고멸명'無以故滅命·'무이득순명'無以得殉名을 주장하였다.

이처럼 무위자화의 원칙에 근거하여 생각하고 행동하기를 반복함으로써 '반기진'反其眞할 수 있다. 반기진이란 자기 자신의 내면에 흐르는 자연본성을 회복하는 것을 뜻한다. 자연본성을 회복하면 도를 알게 되고, 도를 알게 되면 자연에 근거하여 천연의 덕을 지켜 천기天機를 타고 움직이므로 '무위이무불위'無爲而無不爲할 수 있다. 그리하여 어떠한 사물에 의해서도 자아가 상처를 입지 않을 수 있으니 이를 '불이물해기'不以物害己라고 한다.

「추수」의 이러한 사상은 왕부지王夫之가 지적한 것처럼 「소요유」와 「제물론」의 주요 논점을 표현하므로 장자 철학을 이해하는 데 좋은 길잡이가 될 수 있다. 비록 장자의 문인이 이 글을 지었을지라도 의리義理면에서뿐만 아니라 문체도 뛰어난 작품이므로 일독할 값어치가 충분하다고 본다.

1-1

秋水時至, 百川灌河,[1] 涇流[2]之大, 兩涘渚[3]崖之間, 不辯牛馬. 於是焉河伯欣然自喜,[4] 以天下之美爲盡在己. 順流而東行, 至於北海, 東面而視,[5] 不見水端, 於是焉河伯始旋其面目, 望洋向若而歎曰[6]:「野語[7]有之曰:『聞道百以爲莫己若者』, 我之謂也. 且夫我嘗聞少仲尼之聞而輕伯夷之義者, 始吾弗信; 今我睹者之難窮也, 吾非至於子之門, 則殆矣, 吾長見笑於大方之家.」[8]

추수시지하야 백천관하하야 경류지대 양사저애지간에 불변우마러니 어시언에 하백이 흔연자희하야 이천하지미로 위진재기라 하야 순류이동행하야 지어북해하야 동면이시하니 불견수단이어늘 어시언에 하백이 시선기면목하야 망양하고 향약이 탄왈 야어에 유지하니 왈 문도백하고 이위막기약자 아지위야로다 차부아 상문소중니지문이경백이지의자하고 시오불신하나니 금아 도자지난궁야호니 오비지어자지문이런든 즉태의라 오장견소어대방지가랏다

1 이이에 따르면 물은 봄에 생겨 가을에 왕성하다. 하河는 황하이다.

2 왕숙민에 따르면 『석명』釋名 「석수」釋水에서 "직파위경"直波爲涇이라고 썼다. '직파'는 곧게 일렁이는 물결이다.

3 사마표에 따르면 물 가운데 사람이 거주할 만한 곳을 저渚라고 한다.

4 『석문』에 따르면 하백은 성명이 빙이馮夷이다. 성현영은 황하의 신으로 보았다. 왕인지의 『경전석사』經傳釋詞에 따르면 언焉은 호乎와 같다.

5 왕숙민에 따르면 면面은 '향하다'이다.

6 최선에 따르면 망양望洋은 망양望羊과 같다. '망양'은 우러러보는 모습이다. 사마표에 따르면 약은 바다의 신이다.

7 야어野語는 속어이다.

8 사마표에 따르면 대방大方은 대도大道이다. 왕숙민에 따르면 '대방지가'大方之家는 '대도지인'大道之人이라고 말하는 것과 같다.

가을 물이 때마침 불어나 온갖 냇물이 황하로 흘러들어간다. 거대한 물결이 곧게 흐르니, 황하 양쪽 물속의 작은 육지 가장자리 사이에 있는 소와 말조차도 분간되지 않았다. 이에 하백이 혼연히 스스로 기뻐서 천하의 장관이 모두 자기에게 있다고 생각했다. 하백은 흐르는 물을 따라 동쪽으로 가 북해에 이르러 동쪽을 쳐다보니 물의 끝이 보이지 않았다. 이에 하백이 비로소 그의 얼굴빛을 바꾸어 북해약을 우러러보며 감탄하여 말하였다. "속어에 이르기를 갖가지 도리를 많이 듣고 자기만 한 사람이 없다고 여긴다더니 이는 나 같은 사람을 두고 한 말 같소. 또한 내가 일찍이 공자의 학식을 대수롭지 않게 여기고 백이의 의로움을 별게 아니라고 여기는 사람의 말을 듣고 처음에 나는 믿지 않았다가 이제야 나는 끝을 헤아리기 어려운 그대의 모습을 보게 되니, 내가 그대의 문앞에 이르지 않았던들 위태로울 뻔하였소. 나는 대도大道를 터득한 사람에게 오래도록 웃음거리가 되었을 것이오."

1-2

北海若曰:「井鼃不可以語於海者, 拘於虛也[1]; 夏蟲不可以語於氷者, 篤[2]於時也; 曲士[3]不可以語於道者, 束於敎也. 今爾出於崖涘, 觀於大海, 乃知爾醜, 爾將可與語大理矣.[4] 天下之水, 莫大於海, 萬川歸之, 不知何時止而不盈, 眉閭[5]泄之, 不知何時已而不虛; 春秋不變, 水旱不知. 此其[6]過江河之流, 不可爲量數. 而吾未嘗以此自多者, 自以比形於天地而受氣於陰陽, 吾在天地之間, 猶小石小木之在大山也, 方存乎見少, 又奚以自多!

북해약왈 정와를 불가이어어해자는 구어허야니라 하충을 불가이어어빙자는 독어시야니라 곡사를 불가이어어도자는 속어교야니라 금이는 출어애사하야 관어대해하고 내지이추하니 이는 장가여어대리의로다 천하지수 막대어해하니 만천이 귀지호되 부지하시지이불영하며 미려설지호되 부지하시이이불허하며 춘추에 불변하며 수한을 부지하나니 차기과강하지류 불가위량수로되 이오 미상이차로 자다자는 자이비형어천지하며 이수기어음양이라 오 재천지지간한대 유소석소목지재대산야하니 방존호견소어니 우해이자다리오

1 『석문』에 따르면 허虛는 허墟로 쓴 판본도 있다. 왕인지에 따르면 와鼃는 본래 어魚로 썼을 텐데 뒷날 누가 고친 것이다.

2 곽경번에 따르면 독篤은 고固이다.

3 사마표에 따르면 곡사曲士는 향곡지사鄕曲之士이다. '향곡'은 시골이다.

4 왕숙민이 인용한 배학해裴學海 설에 따르면 장將은 금今과 같다. 대리大理는 대도大道와 같다.

5 곽경번에 따르면 미려尾閭는 옥초沃焦라고도 하는데, 물을 바다 밖으로 내보내는 것으로 동쪽 대해 가운데에 있다.

6 왕숙민에 따르면 차기此其는 복합사이니 차此도 기其이다.

북해약이 말했다. "우물 안 개구리와 더불어 바다에 대하여 말할 수 없는 것은 터에 국한되어 있기 때문이요, 여름 벌레와 더불어 얼음에 대하여 말할 수 없는 것은 때에 제한되어 있기 때문이요, 시골구석만을 아는 선비와 도에 대하여 말할 수 없는 것은 교육에 속박되어 있기 때문이다. 이제 그대가 국한이 있는 물가에서 벗어나 대해大海를 보고서야 그대의 고루함을 알았으니 그대와 더불어 큰 이치를 말할 만하겠구나. 하늘 아래 물로서 바다보다 더 큰 것이 없으니 온갖 시냇물이 흘러들어 영원히 그치지 않지만 바다는 끝내 가득 차 넘치지 않으며, 미려尾閭에서 배설하지만 영원히 마를 날이 없으며 일 년 내내 아무런 변화가 없으며 홍수와 가뭄도 알지 못하니, 이는 그의 용량이 장강과 황하의 유량보다 숫자로써 헤아릴 수 없을 만큼 크기 때문이오. 그러나 내가 이 때문에 자만한 적이 없는 것은 내가 천지에 의하여 형체를 갖추었고 음양의 변화에 의하여 생기를 받았다고 생각하였기 때문이오. 내가 천지 사이에 있는 것은 마치 돌멩이와 조그만 나무가 큰 산에 있는 것과 같으니, 바야흐로 내 존재가 보잘것없다는 것을 알아냈으니 또 무엇을 가지고 자만하겠소!

計四海之在天地之間也, 不似礨空[7]之在大澤乎? 計中國之在海內, 不似稊米之在大倉乎? 號物之數謂之萬, 人處一焉; 人卒[8]九州, 穀食之所生, 舟車之所通, 人處一焉; 此其比萬物也, 不似豪末之在於馬體乎? 五帝之所連,[9] 三王之所爭, 仁人之所憂, 任士[10]之所勞, 盡此矣. 伯夷辭之以爲名, 仲尼語之以爲博, 此其自多也, 不似爾向之自多於水乎?」

계사해지재천지지간야컨댄 불사뢰공지재대택호아 계중국지재해내컨댄 불사제미지재대창호아 호물지수하야 위지만이나 인처일언하며 인졸구주 곡식지소생과 주거지소통에 인처일언하니 차기비만물야컨댄 불사호말지재어마체호아 오제지소연과 삼왕지소쟁과 인인지소우와 임사지소로에 진차의어늘 백이사지하야 이위명하고 중니어지하야 이위박하니 차기자다야 불사이의 향지자다어수호아

7 『석문』에서는 뢰공礨空을 작은 구멍이라고 하였는데, 조초기는 돌멩이 위의 작은 구멍이라고 하였다.

8 사마표는 졸卒은 중衆이라고 하였다. 왕숙민은 인졸人卒은 곧 사람의 다수를 말한 것이라고 하였다.

9 왕숙민은 연連은 마땅히 선禪으로 써야 할 것 같다고 하였다.

10 왕숙민은 임사任士는 협사俠士와 같은 부류인 듯하다고 하였다.

사해가 하늘과 땅 사이에 있는 것을 계산해보건대 돌멩이의 작은 구멍이 큰 못 속에 있는 것과 같지 않은가? 중국이 바다 안에 있는 것을 계산해보건대 싸라기가 큰 창고 안에 있는 것과 같지 않은가? 사물의 수를 일컬어 만萬이라고 하지만 사람은 그 가운데 하나를 차지할 뿐이오. 사람들이 모여 사는 천하는 곡식이 자라는 곳이며 배와 수레가 왕래하는 곳이지만 사람들은 그중 하나를 차지할 뿐이오. 이러한 사람은 만물과 견주어보건대 털끝이 말 몸 위에 있는 것과 같지 않은가? 오제五帝가 선양한 것과 삼왕三王이 쟁탈한 것과 인인仁人이 우려한 것과 임사任士가 노고한 것이 모두 이와 같을 따름이오. 그런데도 백이는 사양하여 명성을 얻었고 중니는 의논하여 박학해졌으니, 그들이 이로써 스스로 만족해한 것은 그대가 조금 전에 황하 물이 불어났을 때 자만한 것과 같지 않은가?”

【대의】

인류사회에는 잘난 사람들이 많다. 삼왕三王 · 오제五帝 같은 제왕이 있는가 하면 백이伯夷와 공자가 있고, 인인仁人과 임사任士가 있다. 인인이 유가 계열의 인물로 훌륭한 도덕을 갖춘 사람이라면, 임사는 묵가 계열의 인물로 의협심이 많은 사람이다. 이들은 모두 저마다의 재능과 지식과 도덕성을 가지고 희비애환으로 교직交織된 인류 역사를 연출해낸다.

그러나 이 글의 작자는 여기에 하백과 북해약을 등장시켜 더 높은 차원에서 그들을 내려다보았다. 하백은 황하의 신이고 북해약은 바다의 신이다. 황하는 양안으로 가로막혀 있다. 그러나 바다는 끝이 없다. 끝이 없는 바다의 관점에서 보면 양쪽에 제방이 있는 황하는 답답하기만 하다.

이처럼 사람들은 그가 살고 있는 시대와 지역, 그리고 그가 받은 교육에 따라 국한된 의식을 안고 살고 있다. 그들은 바다처럼 끝없는 세계가 있는지조차 모른다. 이것은 우물 안 개구리와 다를 바 없다. 유가에서 선사先師라 하여 추앙하면서 본보기로 내세우는 백이와 공자 같은 사람도 그중 하나이다. 우리는 어떻게 해야 그러한 국한성을 돌파하고 드넓은 세계로 나아갈 수 있을까? 일단 자만심을 버리고 겸허할 필요가 있다. 이것이 이 글의 작자가 우리에게 주는 메시지인 듯하다.

1-3

河伯曰:「然則吾大天地而小毫末, 可乎?」北海若曰:「否, 夫物, 量无窮,[1] 時无止,[2] 分无常,[3] 終始无故.[4] 是故大知觀於遠近, 故小而不寡,[5] 大而不多, 知量无窮; 證曏今故,[6] 故遙而不悶, 掇而不跂,[7] 知時无止; 察乎盈虛, 故得而不喜, 失而不憂, 知分之无常也[8]; 明乎坦塗,[9] 故生而不說, 死而不禍, 知終始之不可故也.

하백왈 연즉오대천지이소호말이 가호아 북해약왈 부라 부물 량무궁하며 시무지하며 분무상하며 종시무고하니 시고로 대지라아 관어원근 고로 소이불과하며 대이부다하야 지량무궁이니라 증향금고하야 고요이불민하며 철이불기하야 지시무지니라 찰호영허 고로 득이불희하며 실이불우하야 지분지무상야니라 명호탄도고로 생이불열하며 사이불화하야 지종시지불가고야니라

1 선영은 량무궁量無窮을 '각기 국량이 있다'로 풀이하였다. 곽상은 사람마다 각기 량量이 있다고 하였다.

2 성현영은 시무지時无止에 대하여 새롭고 또 새로워지니 머무름이 없다고 하였다. 이는 사물이 존재하는 시간이 끝이 없다는 것을 뜻한다.

3 성현영은 분무상分无常에 대하여 부여받은 몫의 조건이 때에 따라 변한다고 하였다.

4 곽상은 종시무고終始无故에 대하여 날로 새로워지는 것이라고 하였고, 조초기는 고故는 고固와 통하니 고정하는 것이라고 하였다.

5 성현영은 말하기를 "대성인의 지혜로써 심원한 이치를 보고 가까이 있는 일을 살피는지라, 그러므로 털끝은 비록 작을지라도 그 자체로는 자족自足하여 적을 것이 없다"고 하였다.

6 성현영은 말하기를 "이미 소대小大가 소대가 아니라는 것을 안다면 고금古今도 고금이 있는 것이 아니라는 것을 증명할 수 있다"고 하였다.

하백이 말했다. "그렇다면 내가 천지는 크다고 하고 털끝은 작다고 해도 괜찮겠습니까?" 북해약이 말했다. "안 된다. 대저 사물은 각기 국량이 한없이 다르며 시간이 끝이 없으며 부여받은 몫이 일정치 않으며 시작과 끝이 고정됨이 없다. 이 때문에 크게 지혜로운 사람은 먼 곳과 가까운 곳을 아울러 보므로 작아도 적다고 하지 않고 커도 많다고 여기지 않으니 사물의 국량이 각기 무궁하게 다름을 알기 때문이오. 고금의 일에서 증거를 구하니 비록 오래 살지라도 근심하지 않으며 수명이 짧을지라도 부러워하지 않나니 시간에 그침이 없음을 알기 때문이오. 사물의 몫이 찼다가 비었다가 하는 이치를 알므로 얻어도 기뻐하지 않으며 잃어도 근심하지 않으니 부여받은 몫이 일정치 않다는 것을 알기 때문이오. 대도大道를 환히 알므로 태어나도 기뻐하지 않으며 죽어도 재화災禍로 여기지 않으니 처음과 끝이 고정되어 있지 않다는 것을 알기 때문이오.

7 곽상은 말하기를 "요遙는 '길다'이고 철掇은 '짧다'와 같다"고 하였다. 성현영은 이에 대하여 다음과 같이 말했다. "이미 고금에 고금이 없다는 것을 안다면 수요壽夭에도 수요가 없는 것이다. 이 때문에 수명이 연장되어도 끝내 삶에 싫증을 내어 번민하지 않고 품수받은 나이가 짧아도 오래 사는 것을 우러러보지 않고 변화에 따르고 맡기는지라, 어떻게 변할지라도 내가 아닌 적이 없게 된다."

8 성현영은 다음과 같이 말했다. "대저 천도에 영허盈虛가 있다면 사람의 일에 어찌 득실得失이 없겠는가? 이 때문에 찼다가 비었다가 하는 변화를 보고 얻었다가 잃었다가 하는 이치를 잘 알므로 갑자기 얻은 것은 때가 그렇게 한 것이므로 기뻐할 만한 것이 못 되고, 우연히 잃은 것은 명命이 그렇게 한 것이므로 슬퍼할 것이 못 된다."

9 성현영에 따르면 탄도坦塗는 탄탄하게 평등한 큰 길이다.

計人之所知, 不若其所不知; 其生之時, 不若未生之時; 以其至小求窮其至大之域, 是故迷亂而不能自得也.[10] 由此觀之, 又何以知毫末之足以定至細之倪! 又何以知天地之足以窮至大之域!」[11]

계인지소지론 불약기소부지며 기생지시 불약미생지시하니 이기지소로 구궁기지대지역이라 시고로 미란이불능자득야하나니라 유차관지컨댄 우하이지호말지족이정지세지예며 우하이지천지지족이궁지대지역이리오

10 이에 대하여 성현영은 다음과 같이 말했다. "지극히 작은 것은 자기 지식이요, 지극히 큰 것은 앎의 대상이다. 대저 한계가 있는 작은 지식을 가지고 끝이 없는 대상을 추구한다면 끝없는 대상은 다 탐구되지 못한 채 유한한 지식은 이미 손상된다. 이 때문에 종신토록 논란 속에 빠져 뿌리로 돌아갈 길이 없으며, 자기를 상실하고 남을 부러워하면서 스스로 만족하지 못한다."

11 왕숙민에 따르면 예倪는 애崖와 같으니 '예'와 역域은 곧 작고 큰 것의 한계에 관해서 말한 것이다.

사람이 아는 것을 계산해보면 그가 모르는 것만 못하며 그가 살아온 시간은 아직 살아보지 않은 시간만 못하니, 그 지극히 작은 것으로 그 지극히 큰 영역을 궁구하고자 하는지라 이 때문에 미혹되고 혼란해져서 스스로 터득하지 못한다오. 이로써 보건대 또 무엇을 가지고 털끝이 지극히 작은 것이라고 충분히 단정할 수 있다는 것을 알며, 또 무엇을 가지고 천지가 지극히 큰 영역을 충분히 다할 수 있다는 것을 알겠는가!"

【대의】

이 세계에는 큰 것과 작은 것, 긴 것과 짧은 것, 시작과 끝, 생과 사, 성공과 실패가 있다. 그래서 천지는 크고 가을 털끝은 작다고 한다. 이렇게 보는 것이 정말 타당한 근거가 있을까? 이 글의 작자는 이 점에 문제를 제기하고 있다.

1-4

河伯曰:「世之議者皆曰:『至精无形, 至大不可圍.』是信情乎?」[1] 北海若曰:「夫自細視大者不盡, 自大視細者不明.[2] 夫情, 小之微也; 垺, 大之殷也[3]; 故異便,[4] 此勢之有也.[5] 夫精粗者, 期[6]於有形者也; 无形者, 數之所不能分也; 不可圍者, 數之所不能窮也.[7] 可以言論者, 物之粗也; 可以意致者, 物之精也; 言之所不能論, 意之所不能致者, 不期精粗焉.[8]

하백왈 세지의자 개왈 지정은 무형하고 지대는 불가위라 하나니 시신정호아 북해약왈 부자세로 시대자는 부진하고 자대로 시세자는 불명이니 부정은 소지미야요 부는 대지은야니 고로 이편하니 차는 세지유야니라 부정조자는 기어유형자야니 무형자는 수지소불능분야요 불가위자는 수지소불능궁야라 가이언론자는 물지조야요 가이의치자는 물지정야니 언지소불능론이며 의지소불능치자는 불기정조언이니라

1 성현영은 말하기를 "신信은 실實이다. 지극히 정세한 것은 더 이상 형질形質이 없고, 지극히 광대한 것은 둘러쌀 수가 없다"고 하였다. 선영은 "신정信情은 실리實理이다"라고 하였다. 그러나 왕숙민은 말하기를 "위圍는 '둘러싸다'를 뜻하는 것이 아니라 범위範圍를 일컫는다"고 하였다. 범위는 '제한하다' 또는 '개괄하다'를 뜻한다.

2 이에 대하여 곽상은 다음과 같이 말했다. "눈이 보는 것은 일정한 끝이 있으니 무궁할 수 없다. 그러므로 큰 것에 대해서는 다하지 않은 것이 있고 작은 것에 대해서는 분명치 않은 것이 있으니 단지 시력이 미치지 않은 것에 지나지 않는다. 정精과 대大는 모두 무無가 아니거늘 어떻게 형체가 없어서 둘러쌀 수 없다는 것을 알겠는가!"

3 이에 대하여 성현영은 다음과 같이 말했다. "정精은 '미소하다'이고, 부垺는 '성대하다'이다. 작은 것 가운데 작은 것과 큰 것 가운데 큰 것은 품수받은 기氣가 비록 다를지라도 결코 유형有形에서 떠난 것은 아니다."

4 조초기에 따르면 편便은 변辨과 통하니 이편異便은 '분별하다'이다.

하백이 말했다. "세상에서 의논하는 사람들은 모두 '지극히 정세精細한 것은 형질이 없고 지극히 큰 것은 둘러쌀 수 없다'고 말하니 이것은 실정입니까?" 북해약이 말했다. "대저 세細로부터 대大를 보면 끝이 보이지 않고 대로부터 세를 보면 분명치 않을 것이오. 대저 정精이란 작은 것 가운데 미소한 것이고 부垺는 큰 것 가운데 성대한 것인지라 그러므로 분별이 되니 이것은 형상이 있는 것이어야 대소의 구별이 가능함을 말하오. 대저 정精과 조粗라는 것은 유형有形한 것에 의존하니 무형無形한 것은 수에 의하여 나누지 못할 것이요, 에워쌀 수 없는 것은 수에 의하여 궁진窮盡하지 못할 것이다. 언어로써 논할 수 있는 것은 사물의 거친 것이요, 사유로써 이를 수 있는 것은 사물의 정세한 것이다. 언어로써 논하지 못하며 사유로써 성찰하여 이를 수 없는 것은 정精과 조粗에 한정되지 않는다.

5 왕숙민은 말하기를 "세勢도 형形이다. '차세지유'는 '차형지유'라고 말한 것과 같다. 정精과 미微와 부垺와 은殷은 모두 형形이다"라고 하였다.

6 조초기는 "기期는 대待이니 '의뢰하다'를 뜻한다"고 하였으나 왕숙민은 '기'는 정定과 같다고 하였다.

7 성현영은 말하기를 "형체가 없어서 에워쌀 수 없다는 것은 도道이다. 지도至道는 깊고 현묘하여 심색心色을 넘어서 있으므로 개념이나 수로써 분별할 수 없다. 또한 수량으로 궁진할 수 없다"고 하였다. '심색'은 마음과 지각할 수 있는 형질이다.

8 이에 대하여 곽상은 다음과 같이 말했다. "오로지 무無일 뿐인데 어찌 정精이니 조粗니 하는 것이 있겠는가? 대저 언어와 사유는 유有이지만 말하려는 것과 사유하려는 것은 무無이다. 그러므로 언어와 사유를 넘어선 것을 찾으려면 언어도 없고 사유도 없는 세계로 들어간 뒤에야 이르게 될 것이다." 왕숙민은 말하기를 "오묘한 이치는 자연히 언어와 사유의 밖에 있다"고 하였다.

是故大人之行, 不出乎害人, 不多[9]仁恩; 動不爲利, 不賤門隸; 貨財弗爭, 不多辭讓; 事焉不借人, 不多食乎力,[10] 不賤貧汚[11]; 行殊乎俗, 不多辟異[12]; 爲在從衆, 不賤佞諂[13]; 世之爵祿不足以爲勸, 戮恥不足以爲辱; 知是非之不可爲分, 細大之不可爲倪.[14] 聞曰: 『道人不聞, 至德不得, 大人无己.[15]』 約分之至也.」[16]

시고로 대인지행은 불출호해인호되 부다인은하며 동불위리하나 불천문예하며 화재부쟁호되 부다사양하며 사언불차인호되 부다식호력하며 불천빈오하며 행수호속하되 부다벽이하며 위재종중하야 불천녕첨이라 세지작록으로 부족이위권하며 륙치로 부족이위욕이오 지시비지불가위분이며 세대지불가위예하나니 문호니 왈 도인은 불문하고 지덕은 부득하고 대인은 무기라 하니 약분지지야ㄹ새니라

9 조초기에 따르면 다多는 '찬미하다'이다. 그러나 여기서는 자다自多, 즉 '자만하다'의 뜻으로 새긴다.

10 조초기는 말하기를 "식호력食乎力은 자기 노력으로 먹고사는 것이다"라고 하였다.

11 성현영은 말하기를 "현묘한 도를 체득하였으므로 정욕이 없으니 청렴을 귀히 여기거나 남욕을 천시하는 것을 구차하게 상관하지 않는다"고 하였다.

12 조초기는 말하기를 "벽이辟異는 편이偏異니 오늘날 '남달리 특별한 주장을 내세우다'라는 말과 같다"고 하였다.

13 왕숙민은 말하기를 "천賤은 마땅히 귀貴 자로 써야 할 것 같다"고 하였다. 그러나 여기서는 원래대로 '천시하다'로 새긴다.

14 성현영은 말하기를 "각기 옳다 그르다 하고 고집하므로 시是와 비非는 일정하게 나눌 수 있는 것이 아니다. 서로 커졌다 작아졌다 하므로 작은 것과 큰 것은 한계가 있을 수 없다. 천지도 털끝같이 작게 볼 수 있다는 것을 일컫는 것이 아닐까?"라고 하였다.

15 성현영은 말하기를 "득得이란 잃지 않는다는 것을 이름한다. 극치에 이른 사람은 얻고 잃는 것을 균일하게 보니 잃을 것도 없고 얻을 것도 없다. 그러므로 『노자도덕경』에서 이르기를 '상덕上德은 덕을 덕으로 여기지 않는다'고 하였다"라고 했다.

16 조초기에 따르면 "약분지지約分之至는 분별을 극에 이르도록 축소하는 것이니 정신 면에서 일체 대립·모순관계를 쓸어 없애는 것이다."

이 때문에 대인의 행위는 남을 해치는 데로 나아가지 않되 인의와 은혜를 자만하지 않으며, 이利를 위해 행동하지 않되 문지기를 천시하지 않으며, 재물을 다투지 않되 사양을 자만하지 않으며, 남의 힘을 빌려 일을 하지 않되 자기 힘으로 사는 것을 자만하지 않으며, 청렴함을 귀하게 지키되 탐오貪汚를 천시하지 않으며, 행실이 탈속하지만 남달리 특별한 주장을 내세우지 않으며, 대중을 따라 행위하되 아첨하는 사람을 천시하지 않는다. 세상의 높은 지위와 두터운 녹祿으로도 충분히 그를 권하지 못하며 형벌과 치욕으로도 충분히 그를 욕되게 하지 못할 것이오. 옳고 그름을 나눌 수 없음을 알며 작고 큼을 나눌 수 없다는 것을 안다. 내 들으니 '도인道人은 세상에 이름을 날리지 않고 지덕至德은 덕을 덕으로 여기지 않고 대인大人은 무기無己이다'라고 하니, 이는 분별을 극에 이르도록 축소하였기 때문일 것이오."

【대의】

이 단락에서는 시是와 비非, 세細와 대大를 나눌 수 없는 무형無形의 세계를 언급하면서 이러한 세계에 속하는 문제들은 언어로써 논할 수 없고 사유로써 이를 수 없다는 것을 시사하고 있다.

1-5

河伯曰:「若[1]物之外, 若物之內, 惡至[2]而倪貴賤? 惡至而倪小大?」北海若曰:「以道觀之, 物无貴賤[3]; 以物觀之, 自貴而相賤[4]; 以俗觀之, 貴賤不在己. 以差觀之. 因其所大而大之, 則萬物莫不大; 因其所小而小之, 則萬物莫不小; 知天地之爲稊米也, 知毫末之爲丘山也, 則差數覩矣.[5]

하백왈 약물지외와 약물지내에 오지이예귀천이며 오지이예소대오 북해약왈 이도로 관지컨댄 물무귀천커니와 이물로 관지컨댄 자귀이상천하고 이속으로 관지컨댄 귀천이 부재기하니라 이차로 관지컨댄 인기소대이대지 즉만물이 막불대하고 인기소소이소지 즉만물이 막불소하니 지천지지위제미야하며 지호말지위구산야하면 즉차수를 도의리라

1 왕숙민에 따르면 약若은 혹或과 같다.

2 조초기에 따르면 오지惡至는 하종何從이다. '하종'은 "무엇에 의거하여……"를 뜻한다.

3 이에 대하여 성현영은 다음과 같이 말했다. "도道는 비어서 어디에나 통하는 오묘한 이치이고, 물物은 장애를 받을 수 있는 거친 일이다. 거친 것으로써 오묘한 것을 보기 때문에 크고 작은 것이 있지만 오묘한 것으로써 거친 것을 보면 귀한 것도 천한 것도 없다."

4 왕선겸은 말하기를 "세상 사람들은 밖에서 오는 영광과 치욕을 귀한 것과 천한 것으로 여긴다"고 하였다.

5 곽상은 말하기를 "크다는 것은 넉넉한 것이요, 작다는 것은 여유가 없는 것이다. 그러므로 성품이 넉넉하기에 크다고 이름한다면 털끝과 구산丘山이 그 이름을 달리할 수 없고, 여유 없는 것에 말미암아 작다고 한다면 천지와 싸라기도 그 칭위를 달리할 것이 없다"고 하였다. 조초기에 따르면 '차수도'差數覩는 차별의 한계를 뚜렷이 알 수 있는 것이다.

하백이 말했다. “물物의 외부나 물의 내부에서 무엇에 근거하여 귀貴와 천賤을 나누며 무엇에 근거하여 소小와 대大를 나눌 수 있습니까?” 북해약이 말했다. “도道의 관점에서 보면 물에 귀천이 없으나 물의 관점에서 보면 자기는 귀하고 상대방을 천하다고 하고, 세속의 관점에서 보면 귀와 천이 자기에게 달려 있지 않다오. 사물의 상대적인 차별로써 보건대 그의 큰 것에 따라 그것을 크다고 하면 어떤 사물이든 크지 않은 것이 없고, 그 작다는 것에 따라 작다고 하면 어떤 사물이든 작지 않은 것이 없다. 천지도 싸라기처럼 작을 수 있고 털끝도 구산丘山처럼 클 수 있다는 것을 안다면 차별의 정도를 뚜렷이 알 수 있을 것이오.

以功觀之, 因其所有而有之, 則萬物莫不有; 因其所无而无之, 則萬物莫不无; 知東西之相反而不可以相无, 則功分定矣.[6] 以趣觀之, 因其所然而然之, 則萬物莫不然; 因其所非而非之. 則萬物莫不非; 知堯桀之自然而相非, 則趣操覩矣.[7]

이공으로 관지컨댄 인기소유이유지 즉만물이 막불유하고 인기소무이무지 즉만물이 막불무하니 지동서지상반하나 이불가이상무하면 즉공분이 정의리라 이취로 관지컨댄 인기소연이연지 즉만물이 막불연하고 인기소비이비지 즉만물이 막불비하니 지요걸지자연이상비인댄 즉취조를 도의리라

6 이에 대하여 곽상은 다음과 같이 말했다. "그러나 피彼와 아我가 서로 더불어 입술과 이와 같은 관계를 이루며, 입술과 이는 서로 위한 적이 없지만 입술이 없으면 이가 시리다. 그러므로 '피'가 자기 자신을 위하더라도 나를 도와주는 공이 커지니, 이것은 서로 상반하지만 서로가 없어서는 안 된다는 것이다. 그러므로 그가 자기 자신을 위하기 때문에 그의 공이 없다고 한다면 천하의 공이 없지 않은 것이 없다. 그가 없어서는 안 되기 때문에 그의 공이 있다고 한다면 천하의 공이 있지 않은 것이 없다." 이에 따르면 손과 발과 눈이 각기 서로를 위한다는 생각 없이 각기 자기 역할에 충실하다면 결국 서로를 위하게 된다는 논리가 성립한다. 이것은 각 분야에 종사하는 사람들의 역할에도 적용할 수 있다.

7 성현영에 따르면 연然은 시是와 같다. 왕숙민에 따르면 취조趣操는 의지와 취향의 절조이다.

공효功效로써 보건대 그의 있다고 하는 것에 따라 공효가 있다고 한다면 어떤 사물이든 있지 않은 것이 없고, 그의 없다고 하는 것에 따라 그것이 없다고 한다면 어떤 사물이든 없지 않은 것이 없다. 동과 서가 상반하지만 서로 없으면 안 된다는 것을 안다면 만물의 공효의 성격이 정해질 것이다. 취향으로 보건대 그것이 그럼직하다는 것에 따라 그것이 그럼직하다고 한다면 어떤 사물이든 그럼직하지 않은 것이 없고, 그것이 그럼직하지 않다는 것에 따라 그것이 그럼직하지 않다고 하면 어떤 사물이든 그르지 않은 것이 없으니, 요堯와 걸桀이 스스로를 옳다고 여기고 상대방을 그르다고 비판한다는 것을 안다면 취향의 근거를 알 수 있을 것이다.

1-6

昔者堯舜讓而帝, 之噲[1]讓而絶; 湯武爭而王, 白工[2]爭而滅. 由此觀之, 爭讓之禮, 堯桀之行, 貴賤有時, 未可以爲常也. 梁麗[3]可以衝城, 而不可以窒穴, 言殊器也; 騏驥驊騮, 一日而馳千里, 捕鼠不如狸狌,[4] 言殊技也; 鴟鵂[5]夜撮蚤, 察毫末, 晝出瞋目而不見丘山, 言殊性也.

석자에 요순은 양이제어늘 지쾌는 양이절하며 탕무는 쟁이왕이어늘 백공은 쟁이멸하니 유차로 관지컨댄 쟁양지례와 요걸지행 귀천유시라 미가이위상야로다 양려는 가이충성호되 이불가이질혈이니 언수기야니라 기기화류는 일일이치천리호되 포서는 불여리성하니 언수기야니라 치휴는 야촬조하며 찰호말호되 주출하야는 진목이불견구산하나니 언수성야니라

1 『석문』에 따르면 지之는 연나라 재상 자지子之이고, 쾌噲는 연왕燕王의 이름이다.

2 『석문』에 따르면 백공白公은 이름이 승勝인데 초평왕楚平王의 손자이다.

3 성현영에 따르면 량梁은 들보이고 려麗는 마룻대이다.

4 왕숙민에 따르면 이而는 능能이니 이치천리而馳千里는 '능히 천리를 달리다'이다. 리狸와 성狌은 살쾡이와 족제비이다.

5 치휴鴟鵂는 부엉이이다.

옛날에 요와 순은 선양禪讓하여 제帝가 되었으나 연나라 임금 쾌와 재상 자지子之는 왕위를 선양하여 멸망하였으며, 탕湯과 무왕武王은 쟁탈하여 왕이 되었으나 백공白公은 쟁탈하다가 멸망하였다. 이로써 보건대 쟁탈과 선양의 예와 요와 걸의 행실은 시대에 따라 귀해지기도 하고 천해지기도 하는지라 고정되어 있다고 할 수 없을 것이오. 대들보로는 성벽을 쳐부술 수 있지만 쥐구멍을 막을 수 없으니 그릇이 다르기 때문이요, 기기화류騏驥驊騮는 하루에 천 리를 달릴 수 있지만 쥐잡이에는 고양이와 삵만 못하니 재주가 다르기 때문이요, 부엉이는 밤에 팔딱팔딱 뛰는 벼룩을 움킬 수 있으며 털끝을 살필 수 있지만 낮에 나와서는 눈을 크게 떠도 큰 산과 언덕조차도 보지 못하니 그들의 성질이 다르기 때문일 것이오.

故曰, 蓋師是而无非, 師治而无亂乎?[6] 是未明天地之理,[7] 萬物之情者也. 是猶師天而无地, 師陰而无陽, 其[8]不可行明矣. 然且語而不舍, 非愚則誣也. 帝王[9]殊禪, 三代殊繼. 差其時, 逆其俗者, 謂之篡夫; 當其時, 順其俗者, 謂之義之徒. 默默乎河伯! 女惡知貴賤之門, 小大之家!」

고로 왈 개사시이무비하며 사치이무란호인댄 시미명천지지리와 만물지정자야니 시유사천이무지하며 사음이무양이라 기불가행이 명의어늘 연차어이불사하나니 비우즉무야니라 제왕이 수선하며 삼대수계하니 차기시하며 역기속자란 위지찬부라 하고 당기시하야 순기속자란 위지의지도라 하나니 묵묵호인저 하백아 여는 오지귀천지문과 소대지가리오

6 조초기에 따르면 개蓋는 합盍과 통하니 "어찌 ……?" 또는 "어찌 ……할 수 있으리오?"이다.

7 조초기는 말하기를 "차此는 시是를 스승 삼아 비非를 무시하고, 치治를 스승 삼아 란亂을 무시하는 사람이다. 천지만물은 끊임없이 변화하는 것이니 시와 비, 치와 란이 모두 상반상성相反相成하는 것이다"라고 하였다.

8 왕숙민은 기其는 필必과 같다고 하였다.

9 성현영에 따르면 제왕帝王은 오제五帝와 삼왕三王이다.

그러므로 '어찌 시是를 표준으로 삼아 비非를 없애지 않으며 치治를 떠받들고 난亂을 없애려고 하지 않는가?'라고 말한다면 이것은 아직 천지의 이치와 만물의 실정을 모르는 사람이다. 이것은 천天만 알고 지地를 무시하며 음陰만 알고 양陽을 간과하는 것과 같은지라 그것이 안 되는 말임이 분명하거늘, 그럼에도 그러한 방식으로 말하여 그치지 않으니 이는 어리석은 탓이 아니면 속이는 짓일 것이오. 오제五帝와 삼왕三王이 선양의 방식을 달리하니 그 때에 맞지 않으며 그 풍속을 거스르면 찬탈한 놈이라 하고, 그 때에 합당하고 그 습속을 따르면 그를 의로운 무리라고 하니 침묵할진저, 하백이여! 그대가 어찌 귀천의 도리와 소대의 세계를 알겠는가!"

【대의】

이 단락에 이르러 이도관지以道觀之·이물관지以物觀之·이속관지以俗觀之·이차관지以差觀之·이공관지以功觀之·이취관지以趣觀之 등 여러 가지 관점을 제시하였다. 사물·사건은 보는 관점에 따라 갖가지로 다를 수 있다. 이러한 관점을 크게 '이도관지'와 '이물관지'로 나눌 수 있다. 자기 나름의 의식을 가지고 사물을 보는 것은 '이물관지'에 속한다. '이물관지' 하면 사물은 귀貴와 천賤, 대大와 소小, 유有와 무無, 시是와 비非, 연然과 불연不然이 분별된다.

사물·사건을 나누어 보는 관점을 벗어나지 못하면 천지만물이 혼연일체가 되어 헤아릴 수 없이 많은 방식으로 헤아릴 수 없이 많은 사물·사건을 연출해내는 대자연의 장관도 볼 수 없고, 온갖 사물·사건이 어우러져 연출해내는 대교향악의 소리도 들을 수 없다. 사태를 표면적으로만 보지 않고 실질적·근원적·자체적으로 보려면 일체 사물·사건의 근원이면서 일체 사물·사건들을 총괄하는 도의 관점에서 보아야 한다. 이를 '이도관지'라고 하였다.

1-7

河伯曰:「然則我何爲乎, 何不爲乎? 吾辭受趣舍, 吾終[1]奈何?」北海若曰:「以道觀之, 何貴何賤, 是謂反衍[2]; 无拘而志, 與道大蹇.[3] 何少何多, 是謂謝施[4]; 無一而行, 與道參差.[5] 嚴嚴乎若國之有君,[6] 其无私德; 繇繇[7]乎若祭之有社, 其无私福; 泛泛[8]乎其若四方之无窮, 其无所畛域. 兼懷萬物, 其孰承翼?[9] 是謂无方.[10]

하백왈 연즉아하위호며 하불위호오 오사수취사를 오종내하오 북해약왈 이도로 관지컨댄 하귀하천이리오 시위반연이니 무구이지어다 여도대건하리라 하소하다리오 시위사이이니 무일이행이어다 여도참치하리라 엄엄호약국지유군이라 기무사덕이며 유유호약제지유사라 기무사복이며 범범호기약사방지무궁이라 기무소진역이어다 겸회만물이어니 기숙승익이리오 시위무방이라

1 왕숙민에 따르면 종終은 장將과 같다.

2 조초기에 따르면 반연反衍은 서로 반대되는 방향으로 전개되는 것이니 오늘날 말로 전화轉化이다.

3 조초기에 따르면 건蹇은 '저촉하다'이다.

4 조초기에 따르면 사이謝施는 대사전화代謝轉化이다. 대사전화는 대립전화對立轉化를 말한다.

5 곽상에 따르면 참치參差는 도에 맞지 않는 것이다. 본래는 '츤치'라고 읽는다.

6 성현영에 따르면 도를 체득한 선비는 모습이 장엄하고 우러러보인다.

7 성현영에 따르면 유유繇繇는 장구한 모습이다. 그러나 조초기는 말하기를 "'유유'는 유유悠悠와 통하니 자득自得한 모양이다"라고 하였다. 자득은 스스로 만족하는 것이다.

8 조초기에 따르면 범범泛泛은 광활한 모습이다.

9 조초기에 따르면 승익承翼은 비호를 받는 것이다.

10 왕선겸에 따르면 무방无方은 한쪽으로 치우침이 없는 것이다.

하백이 말했다. “그렇다면 나는 무엇을 할 것이며 무엇을 하지 않아야 합니까? 내가 사양하고 받아들이며 나아가고 포기하는 것을 내가 장차 어떻게 해야 합니까?” 북해약이 말했다. “도로써 비추어보건대 무엇을 귀하다고 하고 무엇을 천하다고 하리오? 이것을 일러 서로 반대편으로 발전하는 것이라고 하니 너의 뜻을 고집하며 지키지 말라! 도와 더불어 크게 저촉될 것이다. 무엇을 적다고 하고 무엇을 많다고 하리오? 이것을 일러 번갈아 옮아가는 것이라고 하니 너의 행위를 고집하지 말지어다! 도와 더불어 부합하지 않을 것이다. 엄숙하기가 마치 나라에 임금이 있는 듯이 하여 누구에게나 은덕을 사사로이 베풀지 말며, 유유자득하기가 마치 제사에 토지신이 있는 듯이 하여 복을 사사로이 내리지 말며, 광활하기가 마치 사방이 무궁하듯이 하여 경계를 나누는 바가 없게 해야 할 것이다. 만물을 고루 포용할 것이니 그 어느 것이 비호를 입을 것인가? 이를 일러 일정한 견해가 없는 것이라고 한다.

萬物一齊, 孰短孰長? 道无終始, 物有死生, 不恃其成[11]; 一虛一盈, 不位乎其形.[12] 年不可擧,[13] 時不可止; 消息盈虛, 終則有[14]始. 是所以語大義之方,[15] 論萬物之理也. 物之生也, 若驟若馳, 无動而不變, 无時而不移. 何爲乎, 何不爲乎? 夫固將[16]自化.」

만물일제어니 숙단숙장이리오 도무종시어니 물유사생가 불시기성하며 일허일영하야 불위호기형하며 년불가거며 시불가지라 소식영허 종즉유시하니 시소이어대의지방이며 론만물지리야라 물지생야 약취약치니 무동이불변하며 무시이불이하나니 하위호며 하불위호리오 부고장자화니라

11 선영은 말하기를 "생사가 있다면 사물이 이루어진 것을 믿을 것이 못 된다"고 하였다.

12 조초기에 따르면 위位는 우宇이고, 형形은 성成과 뜻이 같다.

13 왕숙민에 따르면 년불가거年不可擧는 년불가대年不可待라고 말한 것과 같다.

14 조초기에 따르면 유有는 우又이다.

15 조초기에 따르면 대의지방大義之方은 대도의 방향·원칙이다.

16 왕숙민에 따르면 장將은 당當과 같다.

만물이 모두 제일齊一하니 그 어느 것이 짧고 어느 것이 길겠는가? 도에는 시작과 끝이 없으니 물의 생사는 단지 일시의 현상이므로 그 이루어진 형태를 믿지 아니할 일이로다. 한때 비었다가 한때 차기도 하므로 그 이루어진 형태를 오로지 지키지 아니할 일이로다. 아직 오지 않은 세월을 앞당길 수 없으며 흘러가는 시간을 멈추게 하지 못한다. 스러져 없어지고 생겨 자라남과 차고 비움이 끝나면 또 시작하니 이것이 대도大道의 방향을 말하고 만물의 이치를 논하는 소이所以라 한다. 만물의 생장은 마치 뛰듯이 치달리듯이 하며 움직여 변화하지 않는 것이 없으며 시시각각 옮아가지 않는 것이 없으니 무엇을 하며 무엇을 하지 않으리오? 대저 마땅히 스스로 변화함에 맡길 일이로다."

【대의】

도의 관점에서 보면 사물은 끊임없이 상반상성相反相成하면서 반대면으로 전화轉化한다. 따라서 사물을 고정해서 어떤 것이 귀하다거나 천하다고 할 수 없으며, 어떤 것이 적다거나 많다고 할 수 없다. 그러므로 사태를 제대로 보려면 고정관념을 버리고 도의 관점에서 있는 그대로 비추어보며 사물·사건들이 저절로 변화하는 데 맡겨야 한다.

1-8

河伯曰:「然則何貴於道邪?」[1] 北海若曰:「知道者必達於理, 達於理者必明於權, 明於權者不以物害己. 至德者, 火弗能熱, 水弗能溺, 寒暑弗能害, 禽獸不能賊. 非謂其薄之也,[2] 言察乎安危, 寧[3]於禍福, 謹於去就, 莫之能害也. 故曰, 天在內, 人在外, 德在乎天.[4] 知天人之行, 本乎天, 位乎得[5]; 蹢躅而屈伸, 反要而語極.」[6]

하백왈 연즉하귀어도야오 북해약왈 지도자는 필달어리하고 달어리자는 필명어권하고 명어권자는 불이물로 해기하나니라 지덕자는 화불능열하며 수불능익하며 한서불능해하며 금수불능적하나니 비위기박지야라 언찰호안위하며 녕어화복하며 근어거취라 막지능해야니라 고로 왈 천은 재내하고 인은 재외하며 덕은 재호천이니 지천인지행하고 본호천하야 위호득하며 척촉이굴신이 반요이어극이니라

1 이에 대하여 왕숙민은 말하기를 "하백의 뜻은 그 자화自化에 맡기는 데 있지만 장자의 말은 자화에 따르는 데 있다. 자화에 따르려면 어떤 것을 마땅히 해야 하고 어떤 것을 마땅히 해서는 안 되는지를 알아야 한다. 그러므로 반드시 도를 귀히 여겨야 한다. 그러나 그 자화에 맡기면 어떤 것을 해야 하고 어떤 것을 해서는 안 되는지를 모를 것이니 어떻게 도가 마땅히 귀하다는 것을 알겠는가?"라고 하였다.

2 조초기는 말하기를 "박薄은 박절迫切이니 의미를 확대하면 '범하다'이다. 이 구절은 덕이 지극한 사람은 일부러 물과 불, 추위와 더위, 짐승과 같은 것을 범하지 않는다는 것을 일컫는다"고 하였다.

3 조초기에 따르면 녕寧은 '고요하다'이다.

하백이 말했다. "그렇다면 어째서 도를 귀하다고 하는가?" 북해약이 말했다. "도를 아는 사람은 반드시 사리에 통달하고 사리에 통달한 사람은 반드시 권변에 밝고 권변에 밝은 사람은 외물로써 자신을 해치지 않을 것이오. 덕이 지극한 사람은 불이 뜨겁게 하지 못하며 물이 빠뜨리지 못하며 추위와 더위가 해치지 못하며 금수가 해치지 못하오. 이는 그가 일부러 그것들에 부딪치는 것을 일컫는 것이 아니라 안위安危를 살피며 화복禍福에 동요하지 않으며 거취를 신중히 하는지라 어떤 것도 그를 해칠 수 없다는 것을 말하오. 그러므로 천연은 안에 있고 인위는 밖에 있으며 덕은 천연에 있다고 말한다오. 천天과 인人의 운동을 알고 천에 뿌리를 두고 덕을 지키며 왔다 갔다 하며 굽히기도 하고 펴기도 하여 근본으로 돌아가 궁극적인 근원을 깨닫느니라."

4 조초기는 말하기를 "천성天性은 마음속에 간직되어 있고, 인사人事는 밖에 행동으로 표현되고, 도덕은 천성 면에서 구현된다"고 하였다.

5 왕숙민은 말하기를 "천天은 부夫 자가 잘못된 것이다. …… 여기에서 득得은 마땅히 덕德으로 써야 한다. 위位는 거居와 같다"고 하였다. 그러나 조초기는 위호득位乎得은 '천덕天德을 편히 지키다'를 뜻한다고 하였다.

6 성현영에 따르면 척촉蹢躅은 일정치 않게 나아가고 물러나는 모습이다. 왕숙민은 말하기를 "어語는 가차하여 오悟가 되니 '반요이어극'反要而語極은 '반본이오원'反本而悟源이라고 말하는 것과 같다"고 하였다.

1-9

河伯曰:「何謂天? 何謂人?」北海若曰:「牛馬四足, 是謂天; 落馬首,[1] 穿牛鼻, 是謂人. 故曰, 无以人滅天, 无以故[2]滅命, 无以得殉名.[3] 謹守而勿失, 是謂反其眞.」

하백왈 하위천이며 하위인고 북해약왈 우마의 사족이 시위천이오 낙마수하며 천우비 시위인이니라 고로 왈 무이인으로 멸천하며 무이고로 멸명하며 무이득으로 순명하야 근수이물실이 시위반기진이니라

1 성현영에 따르면 락落은 락絡과 같다.

2 고故에 대하여 왕선겸은 조작造作이라고 하였고, 왕부지는 지智, 왕숙민은 교巧, 조초기는 사事라고 하였다.

3 왕숙민에 따르면 "탐욕으로 명예를 추구하다"라고 말하는 것과 같다.

하백이 말했다. "무엇을 천天이라 하며 무엇을 인人이라 하는가?" 북해약이 말했다. "소와 말에 네 다리가 있는 것, 이것을 천이라 하고, 말 머리를 씌우고 소의 코를 뚫는 것, 이것을 인위라고 하오. 그러므로 '인위人爲로써 천연天然을 훼멸毁滅하지 말며 세상사로써 천명을 훼멸하지 말며 탐욕으로 명예를 추구하지 말라! 이러한 도리를 삼가 지켜 잃지 않는 것, 이것을 그의 참됨으로 돌아가는 것이라 한다'고 말한다오."

【대의】

여기에 이르러 하백과 북해약의 7문7답이 끝났다. 여기서 작자는 천재내天在內 · 인재외人在外의 관점을 제출하였다. 천天은 천연 · 자연을 뜻하고 인人은 인위를 뜻한다. 이러한 관점에서 보면 인위적으로 하는 일체의 행위는 표면적인 문제 해결방식에 지나지 않는다. 사태를 근본적으로 해결하려면 자연에 따라야 한다. 자연에 따르려면 천에 뿌리를 두고 덕을 지키면서 근본으로 돌아가 궁극적인 근원을 깨달아야 한다. 그리하여 반기진反其眞하여 인위로써 자연이 부여한 고귀한 것들을 손상하지 말라는 것이 이 글의 취지이다.

2

夔憐蚿, 蚿憐蛇, 蛇憐風, 風憐目, 目憐心.[1] 夔謂蚿曰:「吾以一足趻踔而行, 予无如矣.[2] 今子之使萬足, 獨奈何?」蚿曰:「不然. 子不見夫唾者乎? 噴則大者如珠, 小者如霧, 雜而下者不可勝數也. 今予動吾天機,[3] 而不知其所以然.」蚿謂蛇曰:「吾以衆足行, 而不及子之无足, 何也?」蛇曰:「夫天機之所動, 何可易邪? 吾安用足哉!」

기 련현하고 현이 련사하고 사 련풍하고 풍이 련목하고 목이 련심하나니 기 위현왈 오이일족으로 침탁이행호되 여무여의어늘 금자지사만족은 독내하오 현왈 불연하니라 자불견부타자호아 분즉대자는 여주하고 소자는 여무하야 잡이하자 불가승수야니라 금여는 동오의 천기라 이부지기소이연하노라 현이 위사하야 왈 오이중족으로 행호되 이불급자지무족은 하야요 사왈 부천기지소동은 하가역야리오 오안용족재리오

1 전목이 인용한 육장경 설에 따르면 기夔는 발이 하나이고 노래기는 발이 백 개이고 뱀은 발이 없지만, 모두 스스로 갈 수 있다. 그러나 그래도 형체가 있다. 바람은 형체는 없지만 저절로 가고, 눈은 가지는 않지만 이를 수 있다. 그러나 마음은 신神으로 작용하되 고금우주古今宇宙에 두루 미치지 않는 곳이 없다.

2 왕숙민에 따르면 절뚝발이는 앞으로 나갔다가 물러나기도 하므로 침탁趻踔이라 일컫는다. 전목에 따르면 무여无如는 무내無奈와 같다.

3 조초기에 따르면 천기天機는 천天에 의하여 생긴 기능이다.

외발짐승이 백족충百足蟲이라는 노래기를 부러워하고, 노래기가 뱀을 부러워하고, 뱀이 바람을 부러워하고, 바람이 눈을 부러워하고, 눈은 마음을 부러워하였다. 외발짐승이 노래기에게 말했다. "나는 다리 하나로 앙감질하여 뛰어가지만 나는 어찌할 도리가 없거늘 이제 그대는 많은 다리를 쓰니 도대체 어떻게 하겠다는 게요?" 노래기가 말했다. "그렇지 않네. 그대는 저 침 뱉는 것을 보지 못했는가? 훅 하고 뿜어내면 큰 것은 구슬과 같고 작은 것은 안개와 같아 섞여 떨어지는 것이 헤아릴 수 없다네. 이제 나는 내 천연의 기능을 움직이는지라 그 소이연所以然을 모른다네." 노래기가 뱀에게 말했다. "나는 많은 발로 걸어가되 오히려 다리 없는 그대만도 못한 것은 무엇 때문인가?" 뱀이 말했다. "저 천연의 기능에 따라 움직이는 것을 어찌 다른 것과 바꿀 수 있겠소? 내 어찌 발을 쓸 필요가 있겠소!"

蛇謂風曰:「予動吾脊脅而行, 則有似[4]也. 今子蓬蓬然起於北海, 蓬蓬然入於南海, 而似无有, 何也?」風曰:「然. 予蓬蓬[5]然起於北海而入於南海也, 然而指我則勝我, 鰌我亦勝我. 雖然, 夫折大木, 蜚大屋者, 唯我能也, 故以衆小不勝爲大勝也. 爲大勝者, 唯聖人能之.」

사위풍하야 왈 여 동오척협이행은 즉유사야커니와 금자는 봉봉연기어북해하야 봉봉연입어남해호되 이사무유는 하야오 풍왈 연하다 여 봉봉연기어북해이입어남해야하노라 연이지아하야는 즉승아하고 추아하야도 역승아하나니 수연이나 부절대목하며 비대옥자는 유아야 능야하노라 고로 이중소불승으로 위대승야하노니 위대승자는 유성인이아 능지하나니라

4 왕숙민에 따르면 유사有似는 본래 사유似有로 써야 한다.

5 왕숙민에 따르면 봉봉蓬蓬은 바람이 성한 모습을 묘사한 것이다.

뱀이 바람에게 말했다. "내가 나의 등허리와 두 겨드랑이를 움직여 갈진댄 그래도 발이 있는 것과 같거니와, 이제 그대는 휙휙 하며 북해에서 일어나 휙휙 하며 남해로 들어가되 마치 형체가 없는 것과 같은 것은 어째서인가?" 바람이 말했다. "그렇다. 나는 휙휙 북해에서 일어나 남해로 들어간다. 그러나 나를 손가락으로 막으면 나를 이기고 나를 발길질해도 나를 이길 것이다. 비록 이러하지만 대저 큰 나무를 부러뜨리고 집채를 불어 날리는 것은 오로지 나만이 할 수 있다. 그러므로 온갖 작은 것들을 이기지 않는 것으로써 대승大勝을 삼으니, 대승을 이룰 수 있는 것은 오직 성인이라야 해낼 수 있을 것이다."

【대의】

여기에서 작자는 천기天機라는 개념을 제기하였다. 천기는 천天에서 개별 사물에 주어진 자연적인 기능이다. 사람은 누구나 이러한 기능을 지니고 있다. 따라서 나는 나의 이러한 기능을 살려내면 그만이지 굳이 남을 부러워할 필요가 없다. 나에게 주어진 소중한 기능을 제쳐두고 남을 따라가다 보면 나의 길을 잃고 헤매면서 자족自足·자득自得할 수 없다.

3

孔子遊於匡, 宋人圍之數帀, 而絃歌不惙.[1] 子路入見, 曰:「何夫子之娛也?」孔子曰:「來! 吾語女. 我諱[2]窮久矣, 而不免, 命也; 求通久矣, 而不得, 時也. 當堯舜之時而天下无窮人, 非知得也; 當桀紂之時而天下无通人, 非知失[3]也; 時勢適然.[4] 夫水行不避蛟龍者, 漁父之勇也; 陸行不避兕虎者, 獵夫之勇也; 白刃交於前, 視死若生者, 烈士之勇也; 知窮之有命, 知通之有時, 臨大難而不懼者, 聖人之勇也. 由處矣,[5] 吾命有所制矣.」[6]

공자 유어광하실새 송인이 위지수잡이어늘 이현가불철하신대 자로 입현 왈 하부자지오야잇고 공자왈 래하라 오 어여호리라 아 휘궁이 구의로되 이불면은 명야라 구통이 구의로되 이부득은 시야니라 당요순지시이천하에 무궁인하니 비지 득야며 당걸주지시이천하에 무통인하니 비지 실야라 시세 적연이니라 부수행에 불피교룡자는 어부지용야요 육행에 불피시호자는 엽부지용야요 백인이 교어전이어든 시사약생자는 열사지용야요 지궁지유명하며 지통지유시하야 임대난이불구자는 성인지용야니라 유아 처의어다 오명이 유소제의리라

1 조간의趙諫議 본에서는 철惙을 철輟로 썼다. 성현영에 따르면 철輟은 '그치다'이다.

2 조초기에 따르면 휘諱는 기忌이다. '기'는 '근심하다'이다.

3 조초기에 따르면 지실知失은 재지가 부족하여 실수하는 것이다.

4 조초기에 따르면 그때의 시운을 만난다는 말이다.

5 조초기에 따르면 처의處矣는 '편히 있지!'를 뜻한다.

6 조초기에 따르면 천명에 의해 지배되므로 천명에 맡긴다는 것을 말한다.

공자가 광 땅에서 여행할 때 송나라 사람들이 그를 여러 겹으로 포위하거늘 공자는 되레 거문고를 타고 노래 부르기를 그치지 않았다. 자로가 들어가 뵙고 말했다. "선생님은 어째서 그처럼 즐거워하십니까?" 공자가 말했다. "이리 오너라! 내 너에게 일러주겠다. 내가 뜻을 펼 수 없는 것을 근심한 지 오래되었으되 면치 못한 것은 명命이다. 오래도록 통通을 구하였으나 얻지 못한 것은 시時이다. 요임금과 순임금의 시대를 당하여 천하에 곤궁한 사람이 없었으니 이는 당시 사람들이 지혜로써 얻은 것이 아니며, 걸임금과 주임금의 시대를 당하여 천하에 뜻이 통한 사람이 없었으니 이는 당시 사람들이 재주와 지혜가 부족하여 잃은 것이 아니라 시세時勢가 마침 그러했기 때문이다. 대저 물 위로 다닐 때 교룡蛟龍을 피하지 않는 것은 어부의 용기요, 육지로 다닐 때 무소와 호랑이를 피하지 않는 것은 사냥꾼의 용기요, 시퍼런 칼날이 앞에서 교차해도 죽음을 삶처럼 보는 것은 열사烈士의 용기요, 곤궁에 명命이 있음을 알며 통通에 시時가 있음을 알아 큰 곤란에 맞닥뜨려서도 두려워하지 않는 것은 성인聖人의 용기이다. 자로야, 걱정하지 마라. 내 명命은 천天에 의하여 지배되느니라."

无幾何, 將甲者進, 辭曰[7]: 「以爲陽虎也, 故圍之.[8] 今非也, 請辭而退.」

무기하요 장갑자 진하야 사하야 왈 이위양호야라 하야 고로 위지하다소니 금에 비야실새 청사이퇴하노이다

7 왕숙민에 따르면 장將은 지持와 같고 사辭는 사謝와 같다.

8 양호陽虎는 원래 노魯나라의 가신으로, 뒷날 노나라의 정권을 찬탈했다. 그는 노정공魯定公 6년, 당시 정鄭나라에 속해 있던 광匡 땅을 침략하였다. 광 땅 사람들이 그를 매우 증오하고 있던 터에 그곳을 지나가던 공자가 양호처럼 보여서 공자는 그들에게 포위당했다.

얼마 지나지 않아 병장기를 가진 장교가 들어와 사죄하며 말했다. "저희들은 선생님을 양호라고 여겼기 때문에 에워쌌지만, 이제 아니시므로 사죄하고 물러납니다."

【대의】

살다 보면 일이 잘 풀려나갈 때가 있는가 하면 난관에 맞닥뜨릴 때도 있다. 여기에 좋아하거나 두려워하는 것과 같은 감정을 개입시킬 필요가 없다. 어려운 일을 만나 두려워한다고 그 일을 해결하는 데 도움이 되는 것은 아니다. 감정을 개입시키지 않고 주어진 사태에 대처하는 것, 이것이 세상일로써 천명天命을 손상하지 않는 길이다.

4-1

公孫龍問於魏牟曰[1]:「龍少學先王之道, 長而明仁義之行; 合同異, 離堅白; 然不然, 可不可; 困百家之知, 窮衆口之辯; 吾自以爲至達已. 今吾聞莊子之言, 汒焉異之.[2] 不知論之不及與, 知之弗若與? 今吾无所開吾喙, 敢問其方.[3]」

공손룡이 문어위모하야 왈 용이 소학선왕지도하고 장이명인의지행하야 합동이하며 리견백하야 연불연하며 가불가하야 곤백가지지하며 궁중구지변하야서 오 자이위지달이라니 금오 문장자지언하고 망언이지하노니 부지케라 논지불급여잇가 지지불약여잇가 금오 무소개오훼로소니 감문기방하노이다

1 사마표에 따르면 용龍은 조趙나라 사람이고, 모牟는 위魏나라 공자公子이다.

2 왕숙민에 따르면 망汒은 망茫 자의 일부가 생략된 것 같고, 언焉은 연然과 같다.

3 왕숙민에 따르면 방方은 이理와 같다.

공손룡이 위모에게 물었다. "나는 어려서 선왕先王의 도를 배웠고 자라서 인의仁義의 덕행을 밝히어 사물의 동同과 이異를 하나로 합하고 물체의 견堅의 성질과 백白의 빛깔을 분리하여 다른 사람이 옳지 않다고 하는 것을 옳다고 하고 다른 사람이 불가不可하다고 하는 것을 가하다고 하여 백가百家의 재지才智를 모두 곤란케 하며 뭇 사람들의 구변口辯을 모두 궁지에 몰아넣으면서 나는 스스로 지극히 통달하였다고 여겼소. 이제 내가 장자의 말을 듣고 망연히 기이하게 느끼니 모르겠습니다. 변론이 미치지 못하는가? 재지가 그만 못한가? 이제 나는 내 입을 열 수 없으니 감히 그에 대하여 어찌할 수 있는가를 묻습니다."

公子牟隱[4]机大息，仰天而笑曰：「子獨不聞夫埳井之鼃乎？[5] 謂東海之鱉曰：『吾樂與！出跳梁乎井幹[6]之上，入休乎缺甃之崖；赴水則接腋持頤，蹶泥則沒足滅跗[7]；還虷蟹與科斗，[8] 莫吾能若也．且夫擅一壑之水，而跨跱埳井之樂，此亦至矣，夫子奚不時[9]來入觀乎！』東海之鱉左足未入，而右膝已縶矣．於是逡巡而却，告之海曰：『夫千里之遠，不足以擧其大[10]；千仞之高，不足以極其深．禹之時十年九潦，而水弗爲加益；湯之時八年七旱，而崖不爲加損．夫不爲頃久推移，不以多少進退者，此亦東海之大樂也．』於是埳井之鼃聞之，適適然驚，規規然自失也．[11]

공자모 은궤태식하고 앙천이소하야 왈 자독불문부감정지와호아 위동해지오하야 왈 오락여인저 출조량호정간지상하다가 입휴호결추지애하야 부수즉접액지이하고 궐니즉몰족멸부하노니 선간해여과두 막오능약야하니라 차부천일학지수하야 이과치감정지락이 차역지의니 부자는 해불시래하야 입관호오 동해지별이 좌족을 미입하야서 이우슬이칩의어늘 어시에 준순이각하야 고지해하야 왈 부천리지원으로 부족이거기대며 천인지고로 부족이극기심이니 우지시에 십년에 구료로되 이수 불위가익이며 탕지시에 팔년에 칠한이로되 이애 불위가손하니 부불위경구하야 추이하며 불이다소로 진퇴자는 차역동해지대락야니라 어시에 감정지와문지하고 적적연경하야 규규연자실야하니라

4 왕숙민에 따르면 은隱은 '의거하다'이다.

5 왕숙민에 따르면 감정埳井은 부서진 우물이고, 독獨은 하何와 같다.

6 사마표에 따르면 정간井幹은 우물 난간이다.

7 사마표에 따르면 멸滅은 몰沒이고, 부跗는 발등이다. '몰'은 '파묻히다'이다.

8 사마표에 따르면 선還은 '돌아보다'이다. 왕숙민에 따르면 선간해여과두還虷蟹與科斗는 주위의 장구벌레와 게와 올챙이들을 둘러보는 것이다.

공자모가 책상에 의지하여 크게 탄식하고 하늘을 우러러 크게 웃으면서 말했다. “그대만은 어찌 부서진 우물 안의 개구리에 대하여 듣지 못했는가? 그것이 동해의 자라에게 ‘나는 즐겁도다! 나는 우물 난간 위에서 뛰놀다가 벽돌이 깨져 떨어져나간 우물 벽 속에 들어가 쉬기도 하며, 물 위에 떠서 헤엄치면 물이 내 두 겨드랑이와 두 뺨을 찰랑찰랑 간지럽히고 진흙을 밟으면 발이 잠기고 발등이 파묻히니 장구벌레와 게와 올챙이들을 돌아보건대 어느 것도 나만 한 놈이 없더군요. 뿐만 아니라 나는 웅덩이 하나의 물을 독차지하여 부서진 우물의 즐거움을 편안히 즐기는 것이 또한 극치에 이른 것이오. 그대는 어찌 당장 와서 들어와보지 않는가?’라고 말했다오. 동해의 자라가 왼발을 미처 들여놓지 못하였는데 오른쪽 무릎이 벌써 걸려버리거늘 이에 머뭇머뭇 물러나서 그에게 바다에 대하여 알려주었소. ‘저 바다는 천 리의 아득함으로도 충분히 그 크기를 형용하지 못하며 천 길의 높이로도 충분히 그 깊이를 다하지 못한다. 우임금 때 십 년에 아홉 번 큰 홍수가 있었으나 그 때문에 물이 불어나지 않았으며, 탕임금 때 팔 년에 일곱 번이나 가뭄이 들었으나 물가가 더 줄어들지 않았다오. 시간의 길고 짧음 때문에 변치 않으며 수량의 많고 적음 때문에 수위가 오르내리지 않는 것은 이 또한 동해의 큰 즐거움이오.’ 이에 부서진 우물 안의 개구리가 그 말을 듣고 두려워하며 쭈뼛쭈뼛 망연자실하였소.

9 왕숙민에 따르면 시時는 즉卽과 같다.

10 왕숙민이 인용한 유월 설에 따르면 해海 자는 마땅히 ‘왈부’曰夫 두 글자 다음에 있어야 한다. 부족이거기대不足以擧其大는 “족히 그 크기를 다하지 못한다”라고 말한 것과 같다.

11 적적適適은 놀라 두려워하는 모습이고, 규규規規는 멍한 모습이다. ‘적적’의 원음은 ‘턱턱’이다.

4-2

且夫知不知是非之竟,[1] 而猶欲觀於莊子之言, 是猶使蚊虻負山, 商蚷馳河也, 必不勝任矣. 且夫知不知論極妙之言而自適一時之利者, 是非埳井之鼃與? 且彼方跐黃泉而登大皇,[2] 无南无北, 奭然四解, 淪於不測[3]; 无東无西, 始於玄冥, 反於大通.[4] 子乃規規然而求之以察,[5] 索之以辯, 是直用管窺天, 用錐指地也, 不亦小乎! 子往矣!

차부지 부지시비지경이오 이유욕관어장자지언이면 시유사문맹으로 부산이며 상거로 치하야라 필불승임의리라 차부지 부지론극묘지언이오 이자적일시지리자는 시는 비감정지와여아 차피방차황천이등태황이라 무남무북하며 석연사해하야 윤어불측이라 무동무서하야 시어현명하야 반어대통이어늘 자내규규연이구지이찰하며 색지이변하나니 시는 직용관규천이며 용추지지야니 불역소호아 자는 왕의어다

1 왕숙민에 따르면 경竟은 오늘날의 경境 자이다.

2 성현영에 따르면 태황大皇은 천天이고, 석연奭然은 석연釋然이다.

3 왕숙민에 따르면 윤어불측淪於不測은 입어부진入於不盡과 같다.

4 조초기에 따르면 반反은 반返과 통용되니 복귀하는 것이고, 대통大通은 통하지 않는 곳이 없는 것이다.

5 조초기에 따르면 내乃는 각却이고, 규규연規規然은 식견이 얕고 좁으며 융통성 없는 모습이다.

뿐만 아니라 지력智力이 시비是非의 경계선을 알지 못하면서도 오히려 장자의 학설을 관觀하고자 한다면 이는 마치 모기로 하여금 산을 짊어지고 노래기로 하여금 황하를 건너게 하는 것과 같은지라 반드시 감당하지 못할 것이오. 뿐만 아니라 지력이 장자의 지극히 미묘한 말을 이해하지 못하되 스스로 한때의 명리名利에 만족하는 사람은 부서진 우물 안의 개구리가 아니겠는가? 하물며 그는 바야흐로 황천을 밟고 태황大皇으로 오르는지라 남도 없고 북도 없으며, 탁 트여 사방으로 통달하고 헤아릴 수 없이 깊은 세계로 들어간지라 동도 없고 서도 없어서 현명玄冥에서 시작하여 대통大通으로 들어가거늘 그대는 오히려 고집스럽게 좁은 소견으로 그를 재보고자 하며 논변 잘하는 것으로 구하고자 하니, 이는 겨우 대롱으로 하늘을 들여다보며 송곳으로 땅에 점을 찍어 재려는 것이니 또한 작지 않은가? 그대는 어서 떠나게!

且子獨不聞夫壽陵餘子之學行於邯鄲與?[6] 未得國能, 又失其故行矣, 直匍匐而歸耳. 今子不去, 將忘子之故,[7] 失子之業.」公孫龍口呿而不合, 舌擧而不下, 乃逸而走.

차자는 독불문부수릉여자지학행어한단여아 미득국능하야 우실기고행의오 직포복이귀이니라 금자 불거하면 장망자지고하며 실자지업이라 하야늘 공손룡이 구거이불합하며 설거이불하하야 내일이주하니라

[6] 조초기에 따르면 수릉壽陵은 조나라 고을인 듯하다. 국능國能은 수도 사람들이 걸음걸이 하는 재능이며, 여자餘子는 소년이다. 사마표에 따르면 한단邯鄲은 조나라 도읍이다.

[7] 왕숙민은 말하기를 고故는 습習과 같다고 하였다. 그러나 여기에서는 조초기 설에 따라 원래의 보행기법으로 해석한다.

또한 그대는 어찌 수릉壽陵의 소년이 한단에 가서 걸음걸이를 배웠다는 이야기를 듣지 못하였는가? 미처 도읍 사람들의 걸음걸이를 배우기도 전에 또 원래 길 걷는 능력마저 잃어버리고 하는 수 없이 기어서 돌아갔다네. 이제 그대가 떠나지 않으면 장차 그대의 본래 기능조차 잊어버릴 것이며 그대의 본래 학업조차 잃어버리게 될 것이다!" 공손룡이 입을 벌려 다물지 못하고 혀를 들어 내리지 못하며 곧 도망하여 갔다.

【대의】

이 장에서는 당시 논변술로 뛰어난 공손룡을 등장시켜 오묘한 이치는 논변으로 알 수 있는 것이 아니라는 점을 시사한다.

5

莊子釣於濮水,[1] 楚王使大夫二人往先焉,[2] 曰:「願以境內累矣!」莊子持竿不顧, 曰:「吾聞楚有神龜,[3] 死已三千歲矣, 王以巾笥而藏之廟堂之上. 此龜者, 寧其死爲留骨而貴乎? 寧其生而曳尾於塗中乎?」二大夫曰:「寧[4]生而曳尾塗中.」莊子曰:「往矣! 吾將曳尾於塗中.」

장자조어복수이어늘 초왕이 사대부이인으로 왕선언하야 왈 원이경내로 루의호라 장자 지간불고하야 왈 오문호니 초유신구 사이삼천세의어늘 왕이 이건사이장지묘당지상이라 호니 차구자 영기사위류골이귀호아 영기생이예미어도중호아 이대부왈 녕생이예미도중이니라 장자왈 왕의어다 오장예미어도중호리라

1 조초기에 따르면 복수濮水는 오늘날 안휘성安徽省 봉양현鳳陽縣 북쪽에 있는 물 이름이다.
2 사마표에 따르면 초왕楚王은 초위왕楚威王이다. 선先은 초왕의 뜻을 미리 전하는 것이다.
3 신구神龜는 점치는 데 쓰는 거북이다.
4 녕寧은 '차라리 ……하는 편이 낫다'를 뜻한다.

장자가 복수에서 낚시질하거늘 초왕楚王이 대부 두 사람을 시켜 그에게 가서 먼저 초왕의 뜻을 전하여 말했다. "원컨대 국가 대사를 그대에게 맡기어 그대를 번거롭게 하고자 하오!" 장자가 낚싯대를 잡은 채 뒤도 돌아보지 않고 말했다. "내가 들으니 초나라에 신령스러운 거북이 있었는데 벌써 죽은 지 삼천 년이나 되었거늘 왕이 그것을 대나무 상자에 담고 다시 수건으로 싸서 묘당廟堂 위에 잘 간직하라고 하였습니다. 이 거북은 죽어서 뼈를 남기어 귀하게 되고 싶었겠습니까, 아니면 차라리 살아서 진흙 속에서 꼬리를 끌며 살고 싶었겠습니까?" 두 대부가 말했다. "차라리 살아서 진흙 속에서 꼬리를 흔들고 싶어 할 것입니다." 장자가 말했다. "가보시오! 나는 장차 진흙 속에서 꼬리를 흔들고 싶소."

【대의】

여기에서는 재상 자리를 사양하고 전원에서 자유롭게 살아가는 길을 추구한 장자의 실례를 들어 벼슬하면서 사는 것보다 더 값진 삶의 길이 있다는 것을 시사한다.

6

惠子相梁,[1] 莊子往見之. 或謂惠子曰:「莊子來, 欲代子相.」於是惠子恐, 搜於國中三日三夜. 莊子往見之, 曰:「南方有鳥, 其名爲鵷鶵,[2] 子知之乎? 夫鵷鶵, 發於南海而飛於北海, 非梧桐不止,[3] 非練實[4]不食, 非醴泉不飮.[5] 於是鴟[6]得腐鼠, 鵷鶵過之,[7] 仰而視之曰:『嚇!』今子欲以子之梁國而嚇[8]我邪?」

혜자 상량이어늘 장자 왕견지하니 혹위혜자하야 왈 장자래하야 욕대자상이라 하야늘 어시에 혜자공하야 수어국중을 삼일삼야어늘 장자 왕견지하야 왈 남방에 유조하니 기명이 위원추니 자는 지지호아 부원추 발어남해하야 이비어북해할새 비오동이어든 부지하며 비련실이어든 불식하며 비예천이어든 불음이러니 어시에 치 득부서하야 원추과지어늘 앙이시지하고 왈 혁하니 금자 욕이자지량국으로 이혁아야아

1 『석문』에 따르면 상량相梁은 양혜왕의 재상이다.

2 이이에 따르면 원추鵷鶵는 난봉鸞鳳에 속한다.

3 지止는 '깃들이다'를 뜻한다.

4 성현영에 따르면 연실練實은 죽실竹實이다.

5 이이에 따르면 예천醴泉은 단술처럼 단맛이 나는 샘물이다.

6 조초기에 따르면 치鴟는 곧 새매인데 여기에서는 혜시를 비유하고, 썩은 쥐는 재상 자리를 비유한다.

7 조초기에 따르면 원추가 지나간다는 것은 장자가 양梁나라에 온 것을 비유한다.

8 사마표에 따르면 혁嚇은 성낼 때 나는 소리이니, 자기 먹이를 남이 빼앗아갈까 봐 성낸 소리를 지르는 것이다.

혜시가 양나라 재상이 되었거늘 장자가 그를 보러 갔다. 어떤 사람이 혜시에게 말했다. "장자가 와서 그대 대신 재상이 되려고 할 것이오." 이에 혜시가 두려워하여 도성 안에서 사흘 낮 사흘 밤을 수색하였다. 장자가 가서 보고는 말했다. "남방에 어떤 새가 있어 그 이름이 원추이니 그대는 그것을 아는가? 저 원추는 남해에서 출발하여 북해로 날아갈 때 오동나무가 아니면 깃들지 않으며 대나무 열매의 씨가 아니면 먹지 않고 단 샘물이 아니면 마시지 않는다네. 이때에 솔개가 썩은 쥐를 얻었는데 원추가 날아가자 머리를 들어 쳐다보고는 '샤' 하였다는데, 이제 그대는 그대의 양나라 재상 자리 때문에 나에게 '샤' 하려고 하는가?"

【대의】

이 장에서는 재상 자리를 썩은 쥐에 견주면서 권세를 추구하는 삶을 폄하하고 있다.

7

莊子與惠子遊於濠梁之上.[1] 莊子曰:「儵魚出遊從容,[2] 是魚之樂也.」惠子曰:「子非魚, 安知魚之樂?」[3] 莊子曰:「子非我, 安知我不知魚之樂?」惠子曰:「我非子, 固不知子矣; 子固非魚也, 子之不知魚之樂, 全矣.」莊子曰:「請循其本. 子曰『汝安知魚樂』云者, 旣已知吾知之而問我,[4] 我知之濠上也.」[5]

장자 여혜자로 유어호량지상이러다 장자왈 조어 출유종용하나니 시 어지락야니라 혜자왈 자비어이어시니 안지어지락고 장자왈 자비아이어이니 안지아의 부지어지락고 혜자왈 아 비자란대 고부지자의어니와 자고비어야라 자지부지어지락이 전의니라 장자왈 청순기본하노라 자왈 여안지어락고 운자 기이지오의 지지이문아하린대 아도 지지호상야호라

1 호濠는 물 이름인데 지금의 안휘성 봉양현 북쪽에 있다. 이곳에 장자의 무덤이 있다고 한다. 양梁은 사마표에 따르면 돌로 물의 흐름을 끊은 것이다.

2 성현영에 따르면 종용從容은 마음대로 거리낌 없이 노는 것이다.

3 성현영에 따르면 이것은 물성物性을 체득하지 못하고 근거 없이 질의한 것이다. 『순자』荀子「해폐」解蔽에서 말하기를 "혜자惠子는 사辭에 가려 실實을 모른다"고 하였다. '사'는 명제를 가리키고 '실'은 사물의 실제를 가리킨다. 이에 대하여 왕숙민은 말하기를 "『성현영소』成玄英疏에서 물성을 체득하지 못했다고 한 것은 바로 실實을 모른다는 것이다"라고 하였다.

장자가 혜시와 더불어 호라는 물의 징검다리 위에서 놀았다. 장자가 말했다. "피라미가 조용하게 나와 노니나니 이것이 물고기의 즐거움이로다." 혜시가 말했다. "그대가 물고기가 아닌데 어떻게 물고기의 즐거움을 아는가?" 장자가 말했다. "그대는 내가 아닌데 어떻게 내가 물고기의 즐거움을 모른다는 것을 아는가?" 혜시가 말했다. "내가 그대가 아닐진대 본래 그대를 모른다고 하겠거니와 그대는 본래 물고기가 아닌지라 그대가 물고기의 즐거움을 모른다는 것은 완전하네." 장자가 말했다. "청컨대 그 본래로 거슬러가보세. 그대가 '네가 어떻게 물고기의 즐거움을 아는가' 운운한 것은 이미 내가 그것을 안다는 것을 알고서 나에게 물은 셈이네. 나는 호라는 물의 징검다리 위에서 알았네."

4 이에 대하여 조초기는 다음과 같이 말했다. "'네가 물고기의 즐거움을 아는가?'라는 것은 본래 반어법을 써서 물은 것이니 '네가 어떻게 물고기가 쾌락하다는 것을 아는가?'를 뜻한다. 장자는 도리어 투환 개념偸換概念의 수법으로 궤변을 전개하여 혜시가 물은 것을 '네가 어디서 물고기가 즐겁다는 것을 알았느냐?'의 뜻으로 받아들여 물은 문제를 위치로 바꾸었다. 이리하여 원래의 반문 어구에 이미 장자가 물고기의 쾌락을 알았다는 것을 혜시가 긍정하는 뜻이 포함되어 있는 것처럼 되었다. 그리하여 혜시의 물음이 장자가 어디에서 물고기의 즐거움을 알았느냐 하는 것에 지나지 않게 되고 말았다. 장자는 이 점을 붙잡아 혜시가 이미 그가 물고기의 쾌락을 알았다는 전제 아래 문제를 제기한 것임을 밝혔다."

5 왕숙민이 인용한 마기창 설에 따르면 "이것은 자기의 성性을 남김없이 다 궁구하여 사물의 성을 다 궁구할 수 있다는 것이다. 물고기만 그런 것이 아니라 천하의 사물이 모두 그렇다. 장자와 같은 이는 물物에 잘 통한다고 일컬을 수 있다"고 하였다. 이는 장자가 만물에 통할 수 있는 자신의 본성으로 물고기의 즐거움을 직관했다는 것을 뜻한다.

【대의】

이 장에서는 작자가 당시 논변에 뛰어난 혜시와 장자의 대화 형식을 빌려 사람이 만물과 통할 길이 있음을 시사하였다. 사람과 피라미는 비록 유類가 다른 생물종이지만 각기 도道에서 주어진 성품을 지니고 있는 이상 그 성품을 매개로 하여 서로 통할 수 있다. 이처럼 인성人性이 물성物性에 통할 수 있다면 천지여아병생天地與我竝生하고 만물여아위일萬物與我爲一할 수 있으니, 이것이 장자의 만물일체관萬物一體觀이다.

• 제18편 • 지락(至樂 第十八)

【제18편 지락至樂 해제】

지락은 즐거움의 극치이다. 즐거움이란 욕구와 충족이 균형을 이룰 때 느낄 수 있는 미묘한 심리현상이라고 정의할 수 있다. 그렇다면 욕구하는 기관과 대상이 있어야 할 것이다. 사람들이 추구하는 욕구 대상은 재물과 권력과 도덕적 행위라고 할 수 있다. 세상 사람들은 그러한 대상을 추구하고, 그리하여 목적을 이루면 즐거워한다. 또한 자기와 가까운 이가 죽거나 자기 몸에 이상이 생기거나 죽음이 닥치면 슬퍼하고 두려워하며 고통을 느낀다. 사람들은 누구나 '이고득락'離苦得樂을 원한다. 그러나 그들은 저 산 너머에 피어오르는 무지개를 좇듯이 엉뚱한 길로 달려간다. 그것은 모두 인위人爲이다.

지극한 즐거움은 무위無爲에 의하여 누릴 수 있다. 무위는 무아無我의 심경에서 느낄 수 있는 유열愉悅과 같은 것이다. 이는 대상이 없는 즐거움이다. 저 마음속 깊은 곳에서 솟구쳐오르는 즐거움이다. 이러한 즐거움은 천지만물의 변화를 달관하면서 자기 자신의 본성과 사물의 자연에 따름으로써 누릴 수 있다.

1－1

天下有至樂无有哉? 有可以活身者无有哉? 今奚爲奚據?[1] 奚避奚處? 奚就奚去? 奚樂奚惡? 夫天下之所尊者, 富貴壽善也[2]; 所樂者, 身安厚味美服好色音聲也; 所下者, 貧賤夭惡也[3]; 所苦者, 身不得安逸, 口不得厚味, 形不得美服, 目不得好色, 耳不得音聲; 若不得者, 則大憂以懼,[4] 其爲形也, 亦愚哉!

천하에 유지락가 무유재아 유가이활신자아 무유재아 금에 해위해거며 해피해처며 해취해거며 해요해오오 부천하지소존자는 부귀수선야요 소락자는 신안후미미복호색음성야요 소하자는 빈천요악야요 소고자는 신부득안일하며 구부득후미하며 형부득미복하며 목부득호색하며 이부득음성이니 약부득자인 즉대우이구하나니 기위형야 역우재라

1 조초기에 따르면 거據는 안지安止이니 위爲와 상대가 된다.
2 왕숙민에 따르면 선善은 미美를 일컫는다.
3 성현영에 따르면 악惡은 악명惡名이다.
4 왕숙민에 따르면 이以는 차且와 같다.

천하에는 지극히 즐거운 것이 있는가 없는가? 그로써 몸을 활기차게 살려낼 수 있는 방법이 있는가 없는가? 이제 무엇을 해야 하고 무엇을 그만두어야 할 것인가? 무엇을 피하고 무엇에 마음을 두어야 하는가? 어디로 나아가고 어떤 것을 떠나야 할까? 무엇을 즐기고 무엇을 싫어해야 할까? 세상 사람들이 높이는 것은 재물 많음과 지위 높음과 오래 사는 것과 좋은 명성이고, 즐거워하는 것은 몸이 편안한 것과 감칠맛이 있는 좋은 맛과 화려한 복식과 아름다운 색채와 듣기 좋은 소리이고, 낮추는 것은 가난한 것과 지위가 낮은 것과 요절하는 것과 나쁜 명성이고, 괴로워하는 것은 몸이 편하고 한가롭지 못한 것과 입이 감칠맛 나는 것을 얻지 못하는 것과 몸이 화려한 복식을 얻지 못하는 것과 눈이 아름다운 색채를 얻지 못하는 것과 귀가 듣기 좋은 소리를 얻지 못하는 것이다. 만약 이런 것들을 얻지 못하면 크게 근심하고 두려워하나니, 그와 같이 몸을 위하는 것은 어리석도다.

1-2

夫富者, 若身疾作,[1] 多積財而不得盡用, 其爲形也亦外矣.[2] 夫貴者, 夜以繼日, 思慮善否, 其爲形也亦疏矣. 人之生也, 與憂俱生, 壽者惛惛,[3] 久憂不死, 何故也! 其爲形也亦遠矣. 烈士爲天下見善矣, 未足以活身. 吾未知善之誠善邪, 誠不善邪? 若以爲善矣, 不足活身; 以爲不善矣, 足以活人. 故曰: 「忠諫不聽, 蹲循[4]勿爭.」 故夫[5]子胥爭之以殘其形, 不爭, 名亦不成. 誠有善无有哉?

부부자는 약신질작하야 다적재이부득진용하나니 기위형야 역외의라 부귀자는 야이계일하야 사려선비하나니 기위형야 역소의라 인지생야 여우구생이어늘 수자는 혼혼하야 구우불사하나니 하고야오 기위형야 역원의라 열사는 위천하견선의나 미족이활신하나니 오미지케라 선지성선야아 성불선야아 약이위선의인댄 부족활신이오 이위불선의인댄 족이활인이로다 고로 왈 충간을 불청이어든 준순물쟁이라 하나니 고로 부자서쟁지하야 이잔기형하나 부쟁이면 명역불성하리려니 성유선가 무유재인저

1 왕숙민에 따르면 질작疾作은 역작力作과 같다. '역작'은 '힘을 다하는 것이다.

2 왕숙민에 따르면 외外는 원遠과 뜻이 같다.

3 혼혼惛惛은 어두운 모습이다.

4 왕념손에 따르면 준순蹲循은 나아가지 못하고 뒤로 멈칫멈칫 물러나는 것이다.

5 왕숙민에 따르면 고부故夫는 복합사이니 부夫도 고故이다.

저들 재물이 많은 사람은 몸을 수고롭게 하고 급하게 일을 하여 재물을 많이 쌓았는데도 다 쓰지 못하나니, 그와 같이 몸을 위하는 것은 바깥에서 헤매는 것이다. 저들 지위가 높은 사람은 밤을 낮으로 이어서 선행을 권하고 잘못을 고치고자 생각하나니, 그와 같이 몸을 위하는 것도 소원할 따름이다. 사람의 삶은 근심과 더불어 함께 살거늘 오래 산 사람은 흐리멍덩하여 오래도록 근심하면서도 죽지 않으니 얼마나 고통스러울까? 그와 같이 몸을 위하는 것도 소원하도다. 열사烈士는 천하 사람들이 훌륭하다고 여기게 하지만 충분히 몸을 살리지 못하나니 나는 모르겠노라, 선이 진실로 선인가, 진실로 불선인가? 만약 선이라고 한다면 충분히 몸을 살려내지 못하고 불선이라고 할진댄 충분히 사람들을 살려내는 것을 어쩌랴. 그러므로 이르기를 "충성을 다하여 간한 것을 듣지 않거든 뒤로 멈칫멈칫 물러나 다투지 말라" 하나니, 그러므로 오자서는 다투다가 그 몸을 해쳤으니 다투지 않으면 그와 같은 명성조차도 이루지 못하였을 것이다. 그렇다면 진실로 선이 있는 것인가 없는 것인가?

1-3

今俗之所爲與其所樂, 吾又未知樂之果樂邪, 果不樂邪? 吾觀夫俗之所樂, 擧[1]群趣者誙誙[2]然如將不得已, 而皆曰樂者, 吾未之樂也, 亦未之不樂也.[3] 果有樂无有哉? 吾以无爲誠樂矣, 又俗之所大苦也. 故曰:「至樂无樂, 至譽无譽.」[4]

금속지소위와 여기소락을 오는 우미지락지과락야아 과불락야아 오관부속지소락한댄 거군취자 경경연여장부득이 이개왈락자를 오미지락야하며 역미지불락야하노니 과유락가 무유재인저 오는 이무위로 성락의로니 우속지소대고야로다 고로 왈 지락은 무락하고 지예는 무예라 하니라

1 왕숙민에 따르면 거擧는 개皆이다.

2 경경誙誙은 융통성이 없는 모습이다.

3 왕숙민에 따르면 두 미未 자 다음에 지知 자가 있어야 하며, 지之는 기其와 같다.

4 왕숙민에 따르면 이 구절은 "지덕至德이 광대하여 일컬을 수 없다"는 것을 말한다.

이제 세속 사람들이 하는 것과 그들이 즐거워하는 것을 나는 또 즐거움이 과연 즐거운 일인가 과연 즐겁지 않은 일인가를 모르겠다. 내가 저들 세속 사람들이 즐기는 것을 보건대 모두 떼 지어 앞다투어 달려가는 사람들이 죽음을 재촉하듯 하면서 그만두지 못하는 것 같다. 그러면서도 모두 이르기를 즐겁다고 하는 것을 나는 그것이 즐거운 줄을 모르겠으며 그것이 즐겁지 않은지도 모르나니, 과연 즐거움이라는 것이 있는가 없는가? 나는 무위를 진실로 즐거움이라고 여기는데 또한 세상 사람들이 매우 견디기 어려워하는 것이다. 그러므로 이르기를 "지극히 즐거운 것은 즐거움이 없고, 지극히 명예로운 것은 명예가 없다"고 한다.

1-4

天下是非果未可定也.[1] 雖然, 无爲可以定是非. 至樂活身, 唯无爲幾存. 請嘗試言之. 天无爲以之淸, 地无爲以之寧, 故兩无爲相合, 萬物皆化.[2] 芒[3]乎芴乎, 而无從出乎! 芴乎芒乎, 而无有象乎! 萬物職職,[4] 皆從无爲殖. 故曰天地无爲也而无不爲也, 人也孰能得无爲哉!

천하시비를 과미가정야로되 수연이나 무위 가이정시비니 지락활신은 유무위아 기존이니라 청상시언지하노라 천무위라 이지청하며 지무위라 이지녕하니 고로 양무위 상합이라아 만물이 개화하야 황호홀호 이무종출호며 홀호황호 이무유상호라 만물직직아 개종무위식하나니 고로 왈천지는 무위야이무불위야라 하나니 인야는 숙능득무위재오

1 왕숙민에 따르면 지락至樂·활신活身과 같은 것을 둘러싼 시비是非이다.

2 왕숙민에 따르면 화化 자 다음에 생生 자가 있어야 한다.

3 이이에 따르면 망芒은 음이 황이다.

4 이이에 따르면 직직職職은 번식하는 모습이다.

천하 사람들이 옳다 그르다 하는 것은 과연 판정할 수 없도다. 비록 그렇지만 무위로써 시와 비를 판정할 수 있다. 지극히 즐거운 것과 몸을 활기차게 하는 것은 무위라야 거의 가깝다. 청컨대 시험 삼아 말해보리라. 하늘은 무위로써 맑으며 땅은 무위로써 편안하니, 그러므로 두 무위가 서로 합해야 만물이 모두 화생한다. 황홀하구나, 일체가 나온 것이 없구나! 황홀하구나, 형상이 없구나! 만물이 헤아릴 수 없이 많으나 모두 무위로부터 번식한다. 그러므로 이르기를 "천지는 무위하되 무불위"라고 한다. 사람 가운데 누가 무위할 수 있겠는가!

【대의】

세상 사람들은 재물을 많이 가지거나 지위가 높아지면 즐거워한다. 또 선행을 권하고 잘못을 고치고자 한다. 그러나 이 글의 작자는 세상 사람들이 선善하다고 하는 것이 참으로 선한지, 그리고 재물과 지위가 사람들을 참으로 즐겁게 할 수 있는지에 의문을 나타낸다. 이 글의 작자는 세상 사람들과 다른 방향에서 지락을 추구한다. 그것이 바로 무위無爲이다.

2

莊子妻死, 惠子弔之, 莊子則方箕踞鼓盆而歌. 惠子曰: 「與人居, 長子老身死,[1] 不哭亦足矣,[2] 又鼓盆而歌, 不亦甚乎!」 莊子曰: 「不然. 是其始死也, 我獨何能无槪然![3] 察其始而本无生, 非徒无生也而本无形, 非徒无形也而本无氣. 雜乎芒芴之間,[4] 變而有氣, 氣變而有形, 形變而有生, 今又變而之死, 是[5]相與爲春秋冬夏四時行也. 人且偃然寢於巨室,[6] 而我噭噭然隨而哭之, 自以爲不通乎命, 故止也.」

장자의 처 사어늘 혜자 조지러니 장자즉방기거하야 고분이가이어늘 혜자왈 여인거 장자라가 노신사어든 불곡이 역족의어늘 우고분이가하나니 불역심호아 장자왈 불연하니라 시기시사야에 아인들 독하능무개연이리오마는 찰기시이본무생이로다 비도무생야라 이본무형하도다 비도무형야라 이본무기하도다 잡호황홀지간하야 변이유기코 기변이유형하고 형변이유생이라가 금우변이지사하니 시는 상여위춘추동하하야 사시행야니라 인차언연침어거실이어늘 이아교교연수이곡지하면 자이위불통호명이니 고로 지야호라

1 성현영에 따르면 "자손을 기르다가 아내가 늙어서 사망하였다"는 것을 일컫는다.

2 왕숙민에 따르면 역亦은 이已와 같다.

3 왕숙민에 따르면 독獨은 역亦과 같고, 연然은 호乎와 같다. 장자는 아내가 죽으니 처음에는 그도 개탄하지 않을 수 없었으며, 혜시가 죽었을 때도 장자는 그의 묘소를 지나면서 또한 감상적으로 한 말이 있었다. 그렇다면 장자도 본래 정감이 깊은 사람이다. 그러나 단지 거기에서 더 나아가 정감을 잊었을 따름이다. 이상은 왕숙민의 견해이다.

4 저백수는 말하기를 "황홀芒芴은 황홀恍惚과 같이 읽는다"고 하였다.

5 왕숙민에 따르면 시是는 유猶와 같다.

6 왕숙민에 따르면 차且는 이已와 같고, 언偃은 가차하여 안安이 된다.

장자 부인이 죽거늘 혜시가 조문하러 갔다. 장자는 바야흐로 두 발을 뻗고 앉아서 질동이를 두드리며 노래를 부르고 있었다. 혜시가 말하였다. "사람과 같이 살며 자식을 기르다가 몸이 늙어 죽게 되거든 통곡을 하지 않아도 정리에 맞지 않거늘, 하물며 질동이를 두드리며 노래를 부르고 있으니 너무 심하지 않은가?" 장자가 말했다. "그렇지 않네. 이 사람이 처음 죽었을 적에 난들 어찌 개탄함이 없을 수 있었겠는가? 그러나 그녀의 시초를 생각해보니 원래 생명이 없었다네. 생명이 없었을 뿐 아니라 본래 형체도 없었다네. 형체가 없었을 뿐 아니라 본래 기氣조차 없었다네. 황홀한 세계에 있다가 섞여 변화하여 기가 있게 되고 그 기가 변하여 형체가 있게 되고 그 형체가 변하여 생명이 있게 되었다가 이제 또다시 변하여 죽음으로 갔으니, 이것은 봄·가을·겨울·여름이 서로 갈마들어 사시가 운행하는 것과 같은 이치일세. 이제 내 아내는 편안히 천지라는 거대한 방에서 잠들게 되었는데 내가 꺼이꺼이 소리 내어 따라 통곡하면 나 자신이 명命에 통하지 않는 것 같아 그만두었다네."

【대의】

부인의 죽음이라는 사태에 임하는 장자의 사례를 들어, 사람이 죽고 사는 것은 봄·여름·가을·겨울이 운행하는 것과 같은 자연의 변화이므로 이에 슬퍼하는 감정을 개입시키는 것은 부질없는 일임을 밝히고 있다.

3

支離叔與滑介叔[1]觀於冥伯之丘,[2] 崑崙之虛, 黃帝之所休. 俄而柳[3]生其左肘, 其意蹶蹶然[4]惡之. 支離叔曰:「子惡之乎?」滑介叔曰:「亡,[5] 予何惡! 生者, 假借也; 假之而生生者,[6] 塵垢也. 死生爲晝夜. 且吾與子觀化而化及我, 我又何惡焉!」[7]

지리숙이 여골개숙으로 관어명백지구와 곤륜지허에 황제지소휴러니 아이류생기좌주어늘 기의궐궐연오지한대 지리숙이 왈 자는 오지호아 골개숙이 왈 무라 여하오리오 생자는 가차야라 가지이생생자는 진구야니라 사생이 위주야니 차오여자로 관화어늘 이화급아어니 아는 우하오언이리오

1 이이에 따르면 지리支離는 망형忘形이고, 골개滑介는 망지忘智이다. 조초기에 따르면 두 사람은 모두 가설한 인물이다.

2 이이에 따르면 명백冥伯은 언덕 이름인데 묘명杳冥을 비유한다. '묘명'은 심오한 것을 뜻한다.

3 왕숙민에 따르면 류柳는 가차하여 류瘤가 된다. '류'는 혹이다.

4 성현영에 따르면 궐궐蹶蹶은 놀라 움직이는 모습이다.

5 성현영에 따르면 무亡는 무無이다.

6 조초기에 따르면 '가지이생생자'假之而生生者는 곧 사람의 몸뚱이에서 생긴 종양이다.

7 왕숙민에 따르면 언焉은 호乎와 같다.

지리숙이 골개숙과 함께 황제가 쉬었다는 명백이라는 언덕과 곤륜의 세계에서 유람하였다. 잠깐 사이 왼쪽 팔뚝에 혹이 생기거늘 놀랍게 느낀 듯이 싫어하였다. 지리숙이 말하였다. "그대는 그것을 싫어하는가?" 골계숙이 말하였다. "아니다. 내가 무엇을 싫어하겠는가? 산다는 것은 빌리는 것이다. 빌렸는데도 생겨난 생명은 먼지와 티끌이다. 죽고 사는 것이 밤과 낮 같은데, 나는 또한 그대와 함께 만물의 변화를 관조하거늘 변화가 나에게 닥쳤으니 내가 또 무엇을 싫어하겠는가?"

【대의】

몸에 혹이 생기는 것과 같은 불상사가 사람에게 닥치는 것은 일종의 자연의 변화이므로, 그에 개의할 필요가 없다는 것이다.

4

莊子之楚, 見空髑髏, 髐然[1]有形, 撽[2]以馬捶因而問之, 曰: 「夫子貪生失理, 而爲[3]此乎? 將子有亡國之事, 斧鉞之誅, 而爲此乎! 將[4]子有不善之行, 愧遺父母妻子之醜,[5] 而爲此乎? 將子有凍餒之患, 而爲此乎? 將子之春秋故[6]及此乎?」

장자 지초하다가 견공촉루 효연유형어늘 교이마추하고 인이문지 왈 부자 탐생실리 이위차호아 장자는 유망국지사와 부월지주하야 이위차호아 장자는 유불선지행하야 괴유부모처자지추 이위차호아 장자는 유동뇌지환 이위차호아 장자지 춘추 고급차호아

1 『석문』에 따르면 효연髐然은 뼈가 흰 모습인데 바싹 마른 모양을 하고 있다.
2 『석문』에 따르면 교撽는 옆에서 치는 것이다.
3 왕숙민에 따르면 위爲는 여如와 같다.
4 왕숙민에 따르면 장將은 억抑과 같다. '억'은 접속사로 '그렇지 않으면'을 뜻한다.
5 왕숙민에 따르면 추醜는 치恥와 같다.
6 왕숙민에 따르면 고故는 당當과 같다.

장자가 초나라에 가다가 살이 하나도 없는 해골을 보았다. 메말랐는데도 사람 두개골의 형상을 하고 있거늘 말채찍으로 때리고 내친김에 묻기를 "선생은 삶을 탐내다가 이치를 어기어 이렇게 되었는가? 그대는 나라를 멸망시키는 일을 만나 도끼로 찍혀 죽게 되어 이와 같이 되었는가? 아니면 그대에게 좋지 않은 행실이 있어서 부모와 처자가 낯을 들고 다닐 수 없도록 부끄러운 짓을 하여 이렇게 되었는가? 아니면 그대에게 춥고 배고픈 환난이 있어서 이렇게 되었는가? 아니면 그대의 나이가 본래 이에 이르게 하였는가?"

於是語卒, 援髑髏, 枕而臥. 夜半, 髑髏見夢曰: 「子之談者似辯士. 視子所言, 皆生人之累也, 死則无此矣. 子欲聞死之說乎?」 莊子曰: 「然.」 髑髏曰: 「死, 无君於上, 无臣於下; 亦无四時之事, 從然以天地爲春秋,[7] 雖南面王樂, 不能過也.」 莊子不信, 曰: 「吾使司命復生子形, 爲子骨肉肌膚, 反子父母妻子閭里知識, 子欲之乎?」[8] 髑髏深矉蹙頞[9]曰: 「吾安能棄南面王樂而復爲人間[10]之勞乎!」

어시에 어졸하고 원촉루하야 침이와러니 야반에 촉루현몽하야 왈 자지담자 사변사라 시자소언은 개생인지루야어니와 사즉무차의하니라 자는 욕문사지열호아 장자왈 연하다 촉루왈 사는 무군어상하며 무신어하하며 역무사시지사요 종연이 천지로 위춘추하나니 수남면왕락이라도 불능과야니라 장자불신하야 왈 오 사사명으로 부생자의 형하야 위자 골육기부하고 반자의 부모처자려리지식호리니 자는 욕지호아 촉루 심빈축알하야 왈 오는 안능기남면왕락하고 이부위인간지로호리오

7 왕숙민에 따르면 종연從然의 종從은 범泛 자로 써야 할 것 같고, 이以는 여與와 같다. '범연'은 전혀 아랑곳하지 않는 모습이다.

8 왕숙민은 말하기를 "장자는 태어나 살다가 죽는 것을 봄·가을·겨울·여름 등 사시가 유행하는 것으로 보는데 사명司命으로 하여금 해골이 살아생전처럼 되돌아가게 해준다는 것이 어찌 장자의 뜻이겠는가?"라고 하였다.

9 왕숙민에 따르면 축蹙 자 다음에 다시 알頞 자가 있을 필요가 없다. 빈축矉蹙은 눈썹을 찌푸리고 콧방울을 찡그려 움츠리는 것이다.

10 「장군방」張君房 본에서는 인간人間을 생인生人으로 썼다.

이에 말을 마치고 해골을 끌어당겨서 베고 잠들었다. 밤중에 해골이 꿈에 나타나 말하였다. "아까 그대가 말한 것은 변사와 같더라. 그대가 말한 것을 보니 모두 산 사람들의 번거로움이거니와, 죽으면 이와 같은 것이 없느니라. 그대는 죽음에 관한 말을 듣고 싶은가?" 장자가 말했다. "그렇다." 해골이 말했다. "죽음의 세계에는 위에 군주가 없고 아래에 신하가 없으며, 또한 사시의 일이 없고 범연히 천지와 함께 봄가을을 삼나니 비록 남면한 천자의 즐거움일지라도 이보다 나을 수 없다." 장자가 믿기지 않아 말하기를 "내가 사람의 생명을 맡은 신으로 하여금 그대의 육체를 부활시켜 그대의 뼈와 살과 피부를 보태고 그대의 부모와 처자와 이웃과 잘 아는 사람들에게 돌려보낼 수 있는데, 그대는 그렇게 하는 것을 바라는가?" 해골이 눈썹을 깊게 찌푸리고 콧방울을 찡그려 움츠리며 말하기를 "내가 어찌 남면南面하는 천자의 즐거움을 버리고 인간세상의 수고로운 생활을 다시 할 수 있겠는가?"

【대의】

여기에서 사후의 세계를 예찬한 것은 장자의 본래 취지라고 볼 수 없다. 생사의 관문을 넘어서야 한다는 장자의 사상을 지나치게 확대한 감이 있다.

5

顔淵東之齊, 孔子有憂色, 子貢下席而問曰:「小子敢問, 回東之齊, 夫子有憂色, 何邪?」孔子曰:「善哉汝問! 昔者管子有言, 丘甚善之, 曰:『褚小者不可以懷大, 綆短者不可以汲深.』[1] 夫若是者, 以爲命有所成而形有所適也,[2] 夫不可損益.[3] 吾恐回與齊侯言堯舜黃帝之道,[4] 而重以燧人神農之言. 彼將內求於己而不得, 不得則惑, 人惑則死.[5]

안연이 동지제할새 공자 유우색이어시늘 자공이 하석이문하야 왈 소자는 감문하노이다 회 동지제어늘 부자 유우색은 하야잇고 공자왈 선재라 여문이여 석자에 관자유언을 구심선지하노니 왈 저소자는 불가이회대오 경단자는 불가이급심이라 하니 부약시자는 이위명유소성이형유소적야라 부불가손익이니라 오는 공회여제후로 언요순황제지도요 이중이수인신농지언하면 피장내구어기이부득이라 부득즉혹하리니 인혹즉사하리라

1 성현영은 말하기를 "이 말은 관자管子의 책에서 나왔다"고 하였다. 그러나 현행『관자』에는 이 말이 보이지 않는다.

2 왕숙민은 말하기를 "명命은 수요궁달壽夭窮達처럼 각기 이루어진 바가 있고, 형形은 대소大小·장단長短처럼 각기 알맞은 바가 있다"고 하였다.

3 왕숙민에 따르면 부夫는 차此와 같다.

4 왕숙민에 따르면 제후齊侯는 경공景公인 듯하다.

5 왕숙민은 말하기를 "인혹즉사人惑則死는 마땅히 제나라 임금을 가리키지, 제나라 임금이 안회를 죽인다는 것을 일컫는 것이 아니다"라고 하였다.

안연이 동쪽으로 제나라에 갈 때 공자에게 근심스러운 빛이 있거늘 자공이 자리에서 내려와 물었다. "제자는 감히 묻습니다. 안회가 동쪽으로 제나라에 가거늘 선생님께 근심스러운 빛이 있으니 어째서 그렇습니까?" 공자가 말했다. "좋다, 너의 물음이여! 옛적에 관자가 한 말을 내가 매우 좋다고 여겼으니, 이르기를 '자루가 작은 것은 큰 물건을 쌀 수 없고 짧은 두레박줄로는 깊은 샘물을 길을 수 없다'고 하였다. 대저 이와 같은 것은 명命에는 정해진 것이 있고 형체에는 그에 맞는 것이 있는지라 이를 덜거나 빼서는 안 된다는 것이니라. 나는 안회가 제나라 임금과 더불어 요임금·순임금·황제의 도를 말하고 게다가 수인씨와 신농씨의 말을 보태게 되면 저 제나라 임금은 장차 자기 자신 안에서 찾아보다가 이해하지 못할 것인지라, 이해하지 못하면 의혹하게 될 것이다. 사람이 의혹하면 죽게 될 것이다.

且女獨不聞邪?[6] 昔者海鳥[7]止於魯郊, 魯侯御而觴之于廟,[8] 奏九韶以爲樂, 具太牢以爲膳.[9] 鳥乃眩視憂悲, 不敢食一臠, 不敢飲一杯, 三日而死. 此以己養養鳥也, 非以鳥養養鳥也. 夫以鳥養養鳥者, 宜栖之深林, 遊之壇陸,[10] 浮之江湖, 食之鰌鯈, 隨行列而止, 委蛇而處.[11] 彼唯人言之惡聞, 奚以夫譊譊爲乎![12] 咸池九韶之樂, 張之洞庭之野,[13] 鳥聞之而飛, 獸聞之而走, 魚聞之而下入, 人卒聞之, 相與還而觀之.[14] 魚處水而生, 人處水而死, 彼必相與異, 其好惡故異也.[15] 故先聖不一其能, 不同其事. 名止於實, 義設於適,[16] 是之謂條達而福持.」[17]

차여 독불문야아 석자에 해조 지어로교어늘 노후 아이상지우묘호되 주구소이위악하며 구태뢰이위선한대 조내현시우비하야 불감식일련하며 불감음일배하고 삼일이사하니 차는 이기양으로 양조야라 비이조양으로 양조야ㄹ새니라 부이조양으로 양조자는 의서지심림하며 유지단륙하며 부지강호하며 사지추조하고 수행렬이지하며 위이이처니 피유인언지오문이온 해이부뇨뇨위호리오 함지구소지악을 장지동정지야하면 조 문지이비하며 수 문지이주하며 어 문지이하입커든 인졸문지하고 상여환이관지하나니라 어는 처수이생하고 인은 처수이사하나니 피필상여이기호오고이야라 하니라 고선성이 불일기능하며 부동기사라 명지어실하며 의설어적하니 시지위조달이복지니라

6 왕숙민에 따르면 독獨은 하何와 같다.

7 성현영에 따르면 해조海鳥는 원거爰居이다. '원거'는 봉황 비슷한 바닷새라고 한다.

8 왕숙민은 말하기를 "노후魯侯는 문공文公을 일컫는 것 같다"고 하였다.

9 성현영에 따르면 구소九韶는 순임금의 음악이고, 태뢰太牢는 소와 양과 돼지 고기로 만든 요리이다.

10 조초기에 따르면 단육壇陸은 광활한 대지이다.

또한 너는 어찌 듣지 못하였는가? 옛적에 바닷새가 노나라 성 밖에 날아들었다. 노나라 임금이 그 새를 맞이하여 사당에서 술대접을 하였다. 구소를 연주하고 태뢰의 성찬을 베풀어 환대하였다. 그러나 그 새는 되레 눈이 어지럽고 마음이 슬퍼서 감히 고기 한 점 먹지 못하고 물 한 모금 마시지 못하고 사흘 만에 죽고 말았다. 이것은 자기를 기르는 방법으로 새를 기른 것이지 새를 기르는 방법으로 새를 기른 것이 아니다. 새를 기르는 방법으로 새를 기르려고 하는 사람은 그 새가 깊은 숲 속에 깃들어 살고 드넓은 대지에서 노닐며 강과 호수에서 헤엄치면서 미꾸라지와 피라미를 먹게 하고 행렬을 따라 머물며 여유롭고 든든하게 살아가게 해야 한다. 그들은 사람의 말을 듣기조차 싫어하거늘 저 왁자지껄한 소리를 가지고 무엇에 쓰겠는가? 함지와 구소의 음악을 동정의 들녘에서 연주하면 새들이 듣고서 날아가며 짐승들이 듣고서 도망치며 물고기가 듣고서 물속으로 들어갈 것이거늘, 뭇 사람들은 듣고서 서로 둘러싸고 구경한다. 물고기는 물속에 처하여 살아가지만 사람은 물속에 처하면 죽는다. 그들은 반드시 서로 성품이 다르며, 좋아하고 싫어하는 감정도 본래 다르다. 그러므로 옛 성인들은 그들의 기능을 획일화하지 않고 그들의 일을 같지 않게 하였다. 이름은 실질에서 그쳐야 하며 의義는 성품에 알맞게 베풀어야 하니, 이를 일러 조리 정연하고 막힘없이 뻗어나가고 행복을 얻는 것이라고 한다."

11 성현영에 따르면 위이委蛇는 위이逶迤인데, '위이'는 관서자득寬舒自得이다. '관서자득'은 마음이 편안하고 시원하며 든든한 것이다.

12 왕숙민에 따르면 유唯는 내乃와 같고, 이부以夫는 용피用彼와 같다. 조초기에 따르면 부夫는 '저것'이니 구소九韶의 음악을 가리킨다. 구소의 음악 소리는 사람들이 들으면 아름답다고 하지만 새는 왁자지껄한 소리로 듣는다는 것이다.

13 성현영에 따르면 동정의 들녘은 천지 사이를 일컫는다. 왕숙민에 따르면 장張은 주奏와 같다.

14 사마표에 따르면 졸卒은 중衆이고, 성현영에 따르면 환還은 '둘러싸다'이다.

15 조초기에 따르면 고故는 고固와 통한다. '고'는 '본래'를 뜻한다.

16 왕숙민에 따르면 의설어적義設於適은 의시어의義施於宜라고 말하는 것과 같다. 이에 대하여 성현영은 해석하기를 "알맞음에 따라 시설施設하되 성품에 맞게 할 따름이다"라고 하였다. '시설'은 베풀어 갖추는 것을 뜻한다.

17 왕숙민에 따르면 조달條達은 막힘 없이 통하는 것이고, 복지福持는 폭주輻湊라고 써야 한다. '폭주'는 틀림없이 한군데로 모으는 것이다. 그에 따르면 '조달'은 '의설어적'義設於適을 이어받아서 말한 것이고, '복지'는 '명지어실'名止於實을 이어받아 말한 것이다. 그러나 성현영에 따르면 '복지'는 복덕福德을 부지扶持하는 것이다.

【대의】

여기에서는 이기양양조以己養養鳥와 이조양양조以鳥養養鳥를 대조적으로 제시하였다. '이기양양조'가 자신의 기호대로 새를 기르는 것이라면, '이조양양조'는 새의 성향에 따라 새를 기르는 방식이다. 노나라 임금은 기이한 바닷새를 자기가 좋아하는 방식으로 환대하였다. 그러나 그 새는 되레 죽고 말았다.

통치자들은 자기 생각대로 백성을 다스리려 하기 십상이다. 그러면 백성들은 상처를 입는다. 사람들은 자기 생각대로 자기 자녀를 키우려 하기 십상이다. 그러면 그 자녀는 상처를 입는다. 사람들은 자기중심적인 생각을 품고 자연계의 사물을 대할 수 있다. 그래서 인간의 자의로 자연계를 변형·개조하고 이용한다. 그러는 사이에 생태계가 파괴된다. 우리는 이 글의 취지를 살려 사물을 그 자체로 보고 대하는 세계관을 지니도록 애써야 할 것이다.

6

列子行食於道從,[1] 見百歲髑髏, 攓[2]蓬而指之曰:「唯予與汝知而未嘗死, 未嘗生也.[3] 若果養[4]乎? 予果歡乎?」

열자 행식어도종하다가 견백세촉루하고 건봉이지지하야 왈 유여여여로 지이미상사하며 미상생야하노니 약이 과양호아 여 과환호아

1 사마표에 따르면 도종道從은 길가이다.

2 사마표에 따르면 건攓은 '뽑다'이다.

3 왕숙민은 말하기를 "이而는 내乃와 같다. 내乃는 '너'이다. 사死는 해골을 일컫고, 생生은 열자 자신을 일컫는다. 열자와 해골은 해골이 죽은 적도 없고 열자가 산 적도 없다는 것을 함께 안다는 것이니, 이것은 생사를 넘어선다는 설이다"라고 하였다.

4 유월은 말하기를 "양養은 양恙으로 읽는다. …… '양'은 '근심하다'이다"라고 하였다.

열자가 여행 도중 길가에서 밥을 먹다가 오래 묵은 해골을 보고 풀대를 뽑아 그것을 가리키며 말했다. "오직 나와 너만이 네가 죽은 적도 없고 산 적도 없는 것을 안다. 네가 과연 근심하는가? 내가 과연 기뻐하는가?"

7

種有幾,[1] 得水則爲㡭,[2] 得水土之際則爲鼃蠙之衣,[3] 生於陵屯則爲陵舄,[4] 陵舄得鬱棲[5]則爲烏足.[6] 烏足之根爲蠐螬,[7] 其葉爲胡蝶.[8] 胡蝶胥也化而爲蟲,[9] 生於竈下, 其狀若脫,[10] 其名爲鴝掇.[11] 鴝掇千日爲鳥,[12] 其名爲乾餘骨.[13] 乾餘骨之沫爲斯彌,[14] 斯彌爲食醯.[15] 頤輅生乎食醯, 黃軦生乎九猷,[16] 瞀芮生乎腐蠸.[17]

종이 유기오 득수즉위계이오 득수토지제즉위와빈지의니라 생어릉둔즉위릉석이오 능석이 득울서즉위오족이오 오족지근은 위제조요 기엽은 위호접이니 호접은 서야니 화이위충하나니라 생어조하하야 기상약태하니 기명이 위구철이니 구철이 천일에 위조하나니 기명이 위건여골이라 간여골지말이 위사미오 사미 위식혜니 이로이 생호식혜하고 황황이 생호구유하고 무예생호부권이니라

1 왕숙민은 말하기를 "종種은 물종物種이니 곧 물류物類를 일컫는다. 유有는 유由와 같다. …… '물류'는 모두 기미에서 나왔다는 것을 일컫는다"고 하였다. 『열자』列子「천서」天瑞에 이러한 내용의 글이 보인다.

2 이에 대하여 『석문』에서 이르기를 "만물은 비록 조짐이 있으나 수분과 토양의 기운을 얻어야 서로 이어서 생겨난다"고 하였다.

3 성현영에 따르면 와빈지의鼃蠙之衣는 청태靑苔이고, 조초기에 따르면 온조薀藻나 개구리밥과 같은 유類의 식물이다. '온조'는 수초水草 이름이다.

4 릉둔陵屯에 대하여 왕선겸은 말하기를 "높고 깨끗한 곳이니 총괄하여 물이 없는 곳을 일컫는다"고 하였다. 이에 대하여 사마표는 다음과 같이 말했다. "물질이 물에 말미암아 이루어져서 육산陸産이 되고, 언덕에서 자라다가 변화하여 질경이가 되니, 이름을 릉석陵舄이라고 바꾸게 되었다. 택석澤舄이라고도 하는데 건조한가 습한가에 따라 변한다. 그러나 그 조상을 모르니 물질의 변화는 일정한 형상이 없다는 것을 말한다. 사람이 죽으면 또한 변화하여 초목이 되고, 초목의 정수가 변화하여 사람이 되기도 한다." 이상에서 말한 것은 비록 서기 3세기경 진晉나라(265~316)의 사마표 설이지만, 이로써 우리는 중국 고대의 물질관을 엿볼 수 있다.

5 성현영은 말하기를 "울서鬱棲는 썩은 흙이다. 릉석이 늙은 뒤에 변하여 썩은 흙이 된다"고 하였다. 조초기에 따르면 릉석은 질경이·택석과 같은 것이다.

물종物種에는 기미가 있고 물을 얻으면 마름이 된다. 물과 흙이 서로 이어진 곳을 얻으면 청태(푸른 이끼)가 된다. 언덕에서 자라면 능석택석이 된다. 택석이 썩은 흙을 얻으면 오족이 되고 오족의 뿌리가 나무 풍뎅이가 되고 그 잎은 나비가 되고 나비는 한순간에 변하여 벌레가 되고 부엌 밑에서 살아 그 모습이 막 허물 벗고 나온 듯이 부드러우니 그 이름이 구철이다. 구철이 천 일에 변화하여 새가 되니 그 이름이 간여골이다. 간여골의 침이 사미가 되고 사미가 식초처럼 시어지면 파리매가 되고 누에노리가 식초처럼 시어진 데서 생기고 황광이 구유(오래된 술)에서 생기고 무예가 썩은 노린재에서 생긴다.

6 조초기에 따르면 오족烏足은 질경이·택석의 변종이다.

7 조초기에 따르면 제조蠐螬는 풍뎅이의 유충이다.

8 조초기는 말하기를 "나비의 번데기가 오족의 잎 위에 기생하여 벌레로 바뀔 때 마치 오족의 잎이 변하여 이루어진 것처럼 보이기 때문에 이러한 말이 있게 된 것 같다"고 하였다.

9 왕숙민에 따르면 서胥는 한순간을 뜻한다. 나비가 한순간에 변하여 벌레가 된다는 것이다.

10 이 글은 "부엌 밑에서 생겨 그 모양이 껍질을 벗은 듯하다"는 것을 일컫는다.

11 조초기는 말하기를 "구철鴝掇은 간여골幹餘骨의 유충이다. 형상이 여리기 때문에 껍질을 막 벗고 나온 것처럼 보인다"고 하였다.

12 왕숙민에 따르면 위爲 자 앞에 화이化而 두 글자가 있어야 할 것 같다.

13 간여골幹餘骨에 대하여 조초기는 말하기를 "매우 단단한 일종의 갑충甲蟲일 수 있다. 고대에는 날아다니는 벌레도 새라고 일컬은 것 같다"고 하였다.

14 이이에 따르면 사미斯彌는 벌레이다.

15 왕숙민에 따르면 식혜食醯는 초파리이다.

16 사마표에 따르면 이로頤輅·황황黃軦은 모두 벌레 이름이다. 이이는 말하기를 "구九는 마땅히 구久라고 해야 한다. '구'는 '늙다'이다. 유猷는 벌레 이름이다"라고 하였다.

17 왕숙민이 인용한 주준성朱駿聲 설에 따르면 무예瞀芮는 모기이다. 그리고 권蠸은 오이에 기생하여 사는 누런색 노린재이다. 왕숙민은 말하기를 "'무예생호부권'瞀芮生乎腐蠸 다음에 글이 많이 빠진 것 같다"고 하였다.

羊奚比乎不筍, 久竹生青寧[18]; 青寧生程,[19] 程生馬, 馬生人, 人又反入於機.[20] 萬物皆出於機, 皆入於機.[21]

양해 비호불순하고 구죽이 생청녕하고 청녕이 생정하고 정이 생마하고 마 생인하고 인이 우반입어기하나니 만물이 개출어기하며 개입어기하나니라

18 왕숙민이 인용한 『사마표 주』에서 말하기를 "양해羊奚는 뿌리가 순무 비슷한데 그 뿌리가 죽순이 생기게 하지 않는 대나무와 오랫동안 가까이 잇닿아 있으면 청녕을 낳는다. 청녕은 벌레 이름이다"라고 하였다.

19 전목이 인용한 진경원陳景元 설에 따르면 월나라 사람들은 표범을 정程이라고 하였다.

20 왕숙민은 말하기를 "기機는 기幾와 통한다. 대개 물류物類는 모두 기미에서 생겨나오니, 하나의 기운이 변하여 온갖 형태로 전개되다가 사람에 이르렀다가 또다시 기미로 들어간다"고 하였다

21 곽상은 이르기를 "이것은 하나의 기운이 갖가지로 변화한다는 것이니, 변화는 있으나 생사는 없다는 것을 말한다"고 하였다.

양해가 죽순을 낳지 않는 늙은 대나무와 가까이 붙어서 청녕을 낳고 청녕이 표범을 낳고 표범이 말을 낳고 말이 사람을 낳고 사람이 또 기미로 돌아간다. 만물이 모두 기미에서 나와 모두 기미로 돌아간다.

【대의】

물종物種에는 기미가 있다. 그 기미가 만나는 여건에 따라 천태만상의 생성 변화가 전개된다. 이것은 변화는 있지만 생사가 있는 것은 아님을 뜻한다. 사물이 변화하는 이러한 이치를 이해한다면 생사生死와 수요壽夭를 우려할 필요가 없다. 내 생명이 어떻게 변화할지라도 이를 관조하면서 자연에 따라 살아간다면 지락至樂을 누릴 수 있다.

• 제19편 • 달생(達生 第十九)

【제19편 달생達生 해제】

대자연에서 고귀한 생명을 부여받고서 우리는, 하지 않아도 될 생각과 말과 행동을 얼마나 많이 하면서 헛되이 인생을 보내버리고 마는가?

이 글의 첫머리 곽상의 뜻풀이에 따르면 생명의 실정을 잘 아는 사람은 분수 밖의 일을 추구하지 않는다. 그러한 사람은 인생을 달관한 사람이다. 그는 양형養形보다 양신養神에 힘쓴다. 양형이 육신의 생명을 가꾸는 것이라면, 양신은 정신적인 생명을 가꾸어 기르는 것이다. 그렇게 하려면 사람이 대자연에서 부여받은 성품을 한결같이 보존하며, 그의 원기元氣를 가꾸어 그의 덕德이 천도天道와 합하게 하여 천지만물의 뿌리인 도에 통하게 해야 한다. 이것이 이 편의 기본관점이다.

이에 근거하여 이 글의 작자는 여러 가지 풍부한 사례를 들어 양신의 방법과 그 효과의 절묘함을 설명하였다. 그에 따르면 인간의 본성인 덕을 온전히 가꾸어 신神이 움직이게 하려면 나의 진성眞性이 아닌 '물'物의 얽매임에서 벗어나야 한다. '물'은 인간의 삶에 없어서는 안 되는 것이지만 인간의 삶을 속박할 수 있다. 그러한 '물'에는 음식도 있고 생활필수품도 있으며, 재물과 권력뿐만 아니라 각각의 경험, 갖가지 관념, 그리고 자기 육체가 있다.

이러한 '물'의 속박에서 벗어나려면 식욕과 성욕과 지식욕과 명리名利 관념과 사적인 자아의식뿐만 아니라 자기의 육신조차 잊고 무아의 세계에 몰입하여 '이천합천'以天合天해야 한다. '이천합천'은 나의 자연과 사물의 자연이 혼연일체가 되는 것이다. 이를 '망적지적'忘適之適이라고도 하였다. '망적지적'은 쾌락하려는 의식조차 없는 쾌락함이다. 이러한 무아지경無我之境에 몰입하면 일상심은 사라지고 제3의 마음이라고 할 수 있는 신神이 움직인다. 이러한 경지에 이르면 허정虛靜한 마음으로 사물의 자연에 따라 살아갈 수 있을 뿐만 아니라 위대한 예술작품을 만들어낼 수도 있다. 허정한 마음으로 사물의 자연스러운 결에 따르는 것을 '연독이위경'緣督以爲經이라고 한다. 이것은 「양생주」養生主편의 주지主旨이다. 그래서 귀유광歸有光과 왕숙민 등은 이 편이 「양생주」편의 취지를 발휘했다고 말하였다.

또한 이 편에서 사례로 든 자경梓慶이 북틀을 만든 것과 공수工倕가 동그라미를 그린 일에 관한 우언寓言은 조초기에 따르면 정밀한 미학美學사상을 담고 있기에 뒷날 중국의 문예와 예술사에 특수한 영향을 끼쳤다. 이 편의 이러한 기본관점과 우언들은 그 뜻이 심오하고 내용이 다양하다. 그래서 왕부지는 말하기를 "문장의 글귀가 심원하여 충분히 미언微言을 표현하였다. 비록 장자의 손에서 나오지 않았다 해도 장자의 참된 뜻을 터득한 사람이 기술한 것이다"라고 하였다.

1-1

達生之情者, 不務生之所无以爲,[1] 達命之情者, 不務命之所无奈何.[2] 養形必先之以物,[3] 物有餘而形不養者有之矣; 有生必先无離形, 形不離而生亡者有之矣. 生之來不能却, 其去不能止. 悲夫! 世之人以爲養形足以存生[4]; 而養形果不足以存生, 則世奚足爲哉! 雖不足爲而不可不爲者, 其爲不免矣.[5]

달생지정자는 불무생지소무이위하고 달명지정자는 불무명지소무내하하나니라 양형호되 필선지이물하나니 물유여이형불양자 유지의니라 유생인댄 필선무리형하나니 형불리이생망자 유지의니라 생지래를 불능각이며 기거를 불능지어늘 비부라 세지인이 이위양형이 족이존생이라 하나니 이양형이 과부족이존생인댄 즉세해족위재오 수부족위나 이불가불위자는 기위불면의니라

1 왕선겸은 "정情은 실實이다"라고 하였다. 곽상은 "'생지소무이위자'生之所无以爲者는 분수 밖의 일이다"라고 하였다. 전목이 인용한 요범姚範 설에 따르면 생生은 성性으로 읽어야 한다.

2 왕숙민은 성性은 지우교졸智愚巧拙과 같은 것이고, 명命은 궁달화복窮達禍福과 같은 것이라고 주장하였다. 이에 따르면 성性이 사람이 태어날 때 하늘에서 부여받은 것이라면, 명命은 시대적·사회적인 상황 속에서 만나는 조건이라고 할 수 있다.

3 성현영에 따르면 물物이란 먹고 입는 데 필요한 돈·재물·물품 따위를 일컬으니, 아침저녁으로 필요한 것이다.

4 왕숙민에 따르면 과果는 실實과 같다.

5 왕숙민에 따르면 몸을 위하지 않을 수 없다는 것을 일컫는다.

생명의 실정을 잘 아는 사람은 성품 가운데 어떻게 할 수 없는 것에 힘쓰지 않고 명命의 실정을 잘 아는 사람은 지성으로 어떻게 할 수 없는 것에 힘쓰지 않는다. 몸을 가꾸려면 반드시 물질로써 우선해야 하지만 물질에는 남음이 있어도 몸을 가꾸지 못하는 사람이 있다. 생명이 있게 된 이상 반드시 몸이 먼저 죽는 일이 없게 해야 할 것이다. 몸은 죽지 않았지만 생명이 없어진 사람이 있느니라. 생명이 찾아온 것을 물리칠 수 없으며 그것이 떠나가는 것을 만류할 수 없거늘, 슬프다! 세상 사람들은 몸을 가꾸는 것을 가지고 족히 생명을 보존하는 것이라고 생각하니 몸을 가꾸는 것이 족히 생명을 보존하지 못할진댄 세상일을 어찌 족히 힘쓸 만하겠는가! 비록 족히 힘쓸 만하지 않으나 하지 않을 수 없는 까닭은 피할 수 없기 때문이다.

1-2

夫欲免爲形者,[1] 莫如棄世. 棄世則无累, 无累則正平, 正平則與彼更生,[2] 更生則幾矣. 事奚足棄而生奚足遺? 棄事則形不勞, 遺生則精不虧. 夫形全精復, 與天爲一.[3] 天地者, 萬物之父母也, 合則成體, 散則成始.[4] 形精不虧, 是謂能移[5]; 精而又精, 反以相天.[6]

부욕면위형자는 막여기세니 기세즉무루하고 무루즉정평하고 정평즉여피로 갱생이니 갱생즉기의니라 사 해족기며 이생이 해족유이리오마는 기사즉형불로하리며 유생즉정불휴하리니 부형전정복이면 여천으로 위일하리라 천지자는 만물지부모야라 합즉성체하고 산즉성시하나니 형정이 불휴할새 시위능이니 정이우정하야 반이상천하리라

1 왕숙민에 따르면 부夫는 여如와 같다.

2 곽상은 갱생이란 날로 새로워지는 것을 일컫는다고 하였다.

3 성현영은 말하기를 "'여천위일'與天爲一은 현묘한 자연의 덕과 하나가 되는 것이다"라고 하였다.

4 성현영은 말하기를 "대저 음과 양이 혼합하면 체질을 이루고, 기식氣息이 이산離散하면 태어나기 이전의 시초로 돌아간다"고 하였다.

5 성현영은 말하기를 "변화에 따르고 맡기어 사물·사건과 더불어 같이 옮아갈 수 있는 것이다"라고 하였다.

6 왕숙민에 따르면 "'정이우정'精而又精은 '전이우전'專而又專이라고 말하는 것과 같으니 용지불분用志不分을 일컫고, 상相은 수隨이고, 이以는 어於와 같으니, '반이상천'反以相天은 자연으로 돌아가 따르는 것을 말한다. '용지불분'은 뜻을 집중하여 분산시키지 않는 것이다.

대저 몸을 위해서 번거로움을 피하려는 사람은 세속의 일을 버리는 것만 한 것이 없다. 세속의 일을 버리면 번거로움이 없어지고 번거로움이 없어지면 바르고 평화로워지고 바르고 평화로워지면 변화와 함께 날로 새로워질 것이고 날로 새로워지면 거의 도에 가까워질 것이다. 세속의 일이 어찌 족히 버릴 만하며 생명이 어찌 족히 잊을 만한가? 세속의 일을 버리면 몸이 수고롭지 않을 것이며 생명을 잊으면 정신이 소모되지 않을 것이다. 대저 몸이 온전해지고 정신이 회복되면 천天과 하나가 될 것이다. 천지는 만물의 부모이다. 둘이 합하면 몸을 이루고 흩어지면 생명이 있기 전의 태초로 돌아갈 것이다. 몸과 정신이 소모되지 않으므로 이것을 능히 옮길 수 있는 것이라고 한다. 정세하고 또 정세하여 근원으로 돌아가서 자연의 도道를 따를 것이다.

【대의】

생명을 잘 가꾸려면 우선 몸을 돌봐야 한다. 그러나 그것만으로 생명을 제대로 보존할 수 있는 것은 아니다. 이 글의 작자는 육체적인 생명이 온전해지고 정신적인 생명이 회복되려면 마음을 정세하게 하여 근원으로 돌아가서 도道에 따라야 한다고 주장하였다. 이것이 이 편의 기본관점이다.

2-1

子列子問關尹曰[1]:「至人潛行不窒,[2] 蹈火不熱, 行乎萬物之上而不慄. 請問何以至於此?」

자열자 문관윤하야 왈 지인은 잠행부질하며 도화불열하며 행호만물지상이불률하나니 청문하이지어차오

1 성현영은 말하기를 "옛사람은 스승을 '자'子라고 일컬었는데 그것은 또한 덕德이 있다는 미칭美稱이기도 하다. 이 두 가지 뜻을 갖추었으므로 자열자子列子라고 하였으니 곧 열어구列禦寇이다. 관윤關尹은 성명이 윤희尹喜이다"라고 하였다. 왕숙민은 말하기를 "이 장은 마땅히 열자列子의 제자들에 의하여 기술한 것에 뿌리를 두고 있다"고 하였다.

2 곽상은 말하기를 "그의 마음이 허虛하므로 군실羣實을 제어할 수 있다"고 하였다. '군실'은 많은 사람이나 사물을 가리킨다.

열자列子가 관윤關尹에게 물었다. “지인至人은 물속으로 잠수해도 막히지 않으며 불을 밟아도 뜨겁지 않으며 만물 위를 걸어다녀도 떨지 않나니, 청컨대 묻습니다. 어떻게 이에 이를 수 있을까요?”

關尹曰:「是純氣之守也,[3] 非知巧果敢之列.[4] 居, 予語汝! 凡有貌象聲色者, 皆物也, 物與物何以相遠? 夫奚足以至乎先? 是形色而已.[5] 則物之造乎不形而止乎无所化,[6] 夫得是而窮之者, 物焉得而止焉![7] 彼將處乎不淫之度, 而藏乎无端之紀,[8] 遊乎萬物之所終始,[9] 壹其性,[10] 養其氣,[11] 合其德,[12] 以通乎物之所造.[13] 夫若是者, 其天守全, 其神無郤, 物奚自入焉![14]

관윤왈 시순기지수야라 비지교과감지열이니라 거하라 여 어여호리라 범유모상성색자는 개물야니 물여물이면 하이상원이리오 부해족이지호선이리오 시형색이이니라 즉물지조호불형이지호무소화하나니라 부득시이궁지자는 물이 언득이지언이리오 피장처호불음지도하야 이장호무단지기하며 유호만물지소종시하야 일기성하며 양기기하며 합기덕하야 이통호물지소조하나니 부약시자는 기천이 수전하며 기신이 무각이어니 물이 해자입언이리오

3 왕숙민은 지之는 소所와 같다고 하였다.

4 조초기에 따르면 열列은 유類와 같다.

5 성현영은 말하기를 "보고 듣는 것을 끊을 수 있으므로 모양과 상象이 있는 것들을 초월하여 만물보다 앞서 있는 세계에 있을 수 있다"고 하였다.

6 왕숙민은 말하기를 "지之는 내乃와 같다. …… 소所는 어조사이니 '무소화'无所化는 곧 불화不化이다. 불형不形·불화不化는 모두 도道를 비유한다"고 하였다.

7 곽상은 말하기를 "대저 지극한 것은 물物이 제어할 수 있는 것이 아니다"라고 하였다. 왕숙민은 말하기를 "지止와 제制는 소리가 비슷하고 뜻도 통한다"고 하였다.

8 왕숙민에 따르면 피彼는 '지인'을 일컫고, '처호불음지도'處乎不淫之度는 중中을 따르는 것으로 떳떳함을 삼는다는 뜻이다. '장호무단지기'藏乎无端之紀는 곧 자취를 드러내지 않는다는 것을 뜻한다.

9 왕숙민에 따르면 변화의 길에서 노닌다는 것을 뜻한다. 그러나 전목은 말하기를 "'만물지소종시'萬物之所終始는 곧 날로 새로워지는 변화이다"라고 하였다.

관윤이 말했다. "이것은 순수한 기氣를 지킨 것인지라 앎이나 기교, 과감한 것과 같은 부류가 아니다. 좀 앉아라, 내가 너에게 말해주리라. 무릇 모양과 형상과 소리와 빛깔이 있는 것은 모두 물物이니 그들이 모두 물이라면 어찌 서로를 멀리하리오? 또 어떻게 물보다 앞선 세계에 이를 수 있겠는가? 이것은 똑같이 형체와 빛깔이 있는 물건이기 때문이다. 그러나 만물은 형체가 없는 도道에서 만들어져 어떤 것에 의해서도 화육化育되지 않는 것에 의해 제어된다. 대저 이 이치를 터득해서 궁구窮究한 사람을 세상의 온갖 것들이 어떻게 제어할 수 있겠는가! 그는 장차 적절한 분수를 지키고서 끝이 없는 벼리에 마음을 숨기며 만물이 시작하고 끝나는 세계에서 노닐 것이다. 그의 성품을 한결같이 하며 그의 원기元氣를 가꾸어서 그의 덕성이 천도와 합하여 만물이 만들어진 곳에 통한다. 대저 이와 같은 사람은 그의 자연을 온전히 지켜서 그의 정신에 틈이 없을 것이니, 물物이 어디로부터 들어오겠는가!

10 성현영은 말하기를 "본성에 따라 움직이므로 한결같다"고 하였다.

11 성현영은 '원기를 아끼고 가꾸다'의 뜻으로 풀이하였다.

12 조초기는 말하기를 "덕성을 천도와 서로 합하게끔 한다"고 하였다.

13 왕숙민은 '물지소조'物之所造는 도를 일컫는다고 하였다.

14 이에 대하여 성현영은 다음과 같이 말했다. "이와 같은 사람은 자연의 도를 보존하고 지키어 온전하되 이지러지지 않는다. 그의 정신이 집중되어 빛을 발산하니 틈이 있는 적이 없다. 그러므로 세속의 사물이 어디에서 영부靈府로 들어오겠는가!" '영부'는 혼령이 깃들어 있는 곳이니 마음을 비유한다.

2-2

夫醉者之墜車, 雖疾不死. 骨節與人同而犯害與人異, 其神全也, 乘亦不知也, 墜亦不知也, 死生驚懼不入乎其胸中, 是故遻物而不慴.[1] 彼得全於酒而猶若是, 而況得全於天乎?[2] 聖人藏於天, 故莫之能傷也. 復讐者不折鏌干,[3] 雖有忮心者不怨飄瓦,[4] 是以天下平均.[5] 故无攻戰之亂, 无殺戮之刑者, 由此道也.

부취자지추거에는 수질이되 불사하나니 골절이 여인동하나 이범해여인이는 기신전야일새니라 승역부지야하며 추역부지야하야 사생경구를 불입호기흉중이라 시고로 오물이부접하나니 피 득전어주하야도 이유약시온 이황득전어천호아 성인은 장어천 고로 막지능상야하나니라 복수자 부절막간하며 수유기심자라도 불원표와하나니 시이로 천하에 평균하니 고로 무공전지란하며 무살륙지형자는 유차도야니라

1 『석문』에 따르면 오遻는 오忤이다. 곽상은 저촉하는 것을 일컫는다고 하였다. 접慴은 '두려워하다'이다.

2 왕숙민이 인용한 상수 설에 따르면 '득전어천'得全於天은 자연무심自然無心하여 지극한 이치에 맡겨 따르는 것이다.

3 이이에 따르면 막간鏌干은 막야鏌耶와 간장干將이니, 이것은 모두 옛적의 예리한 칼 이름이다.

4 곽상은 말하기를 "날아서 떨어지는 기왓장이 비록 사람을 맞힐지라도 사람이 그것을 원망하지 않는 까닭은 그 기왓장이 어떤 감정을 품지 않았기 때문이다"라고 하였다.

5 곽상은 말하기를 "무릇 불평이라는 것은 감정이 있음으로 말미암는다"고 하였다. 말하자면 세상에 원망하거나 미워하는 감정이 없어지면 천하는 저절로 평화로워진다는 것이다. 왕숙민에 따르면 '평균'平均은 복합사이니 '균'도 '평'이다.

대저 술 취한 이가 수레에서 떨어질 때에는 비록 낙상을 입을지라도 죽지 않는다. 골절이 사람들과 같은데도 입은 상처는 사람들과 다르니 그 정신이 온전하기 때문이다. 올라탄 줄도 모르고 떨어진 것도 몰라서, 죽고 사는 것과 놀라움을 가슴속에 들이지 않는다. 이 때문에 사물과 부딪쳐도 겁내지 않는다. 그 사람과 같이 술에 의해 온전해질 수 있어도 오히려 이와 같거늘 하물며 자연에 의하여 온전해질 수 있는 사람이랴! 성인은 정신을 자연의 세계에 저장해두므로 그를 다치게 할 수 있는 것이 없다. 복수하는 사람은 막야·간장이라는 보검을 절단하지 않으며, 비록 남을 시기하고 미워하는 마음을 품은 사람일지라도 날아오는 기왓장을 원망하지 않는다. 이로써 천하 사람들이 평화로울 수 있다. 그러므로 공격하여 싸우는 혼란이 없으며 살육하는 형벌이 없게 하는 것은 이 도道에 말미암아서이다.

不開人之天, 而開天之天,[6] 開天者德生, 開人者賊生. 不厭其天, 不忽於人,[7] 民幾乎以其眞!」[8]

불개인지천하고 이개천지천이니 개천자는 덕생하고 개인자는 적생하나니 불염기천하며 불홀어인이면 민이 기호이기진이니라

6 곽상은 말하기를 "'개천'開天은 성性이 움직이는 것이고, '개인'開人은 지知가 작용하는 것이다"라고 하였다.

7 왕숙민은 말하기를 "'기'其와 '어'於는 서로 보완하는 글이니 '기'는 '어'와 같다"고 하였다.

8 왕숙민은 말하기를 "민民은 사람과 같고 이以는 유有와 같다. 천天과 인人이 상응하면 사람은 거의 그 참된 것을 갖게 될 것이다"라고 하였다.

사려하는 인간의 지성을 열지 않고 사려하지 않고서도 아는 본성을 움직여야 할 것이다. 본성이 움직이면 덕德이 생기고 사려하는 지성이 열리면 해치려는 마음이 생길 것이다. 자연스러운 성향을 싫증내지 않으며 사람을 소홀히 하지 않으면 사람들이 그의 참된 성품을 지니게 될 것이다!"

【대의】

작자는 여기에서 지인至人을 예로 들어 양생養生의 도道를 설명하였다. 지인은 장자가 이상시하는 인물이다. 그는 어떠한 사물이나 사건에 의해서도 상해를 입지 않을 수 있다. 그 이유는 무엇일까?

지인은 그의 성품을 한결같이 하여 그의 원기를 가꾸어서 그의 덕성이 천도와 합하여 만물이 만들어진 곳[物之所造]에 통한다. 왕숙민의 해석에 따르면 '만물이 만들어진 곳'은 도道이다. 이 글의 작자에 따르면 지인은 이 '도'에 말미암아 본성을 움직인다. 본성을 움직인다는 것은 자기 본성에서 우러나오는 대로 생각하고 말하고 행동하는 것을 뜻한다.

3

仲尼適楚, 出於林中,[1] 見痀僂者承蜩, 猶掇之也.[2] 仲尼曰:「子巧乎! 有道邪?」曰:「我有道也. 五六月累丸二而不墜,[3] 則失者錙銖; 累三而不墜, 則失者十一; 累五而不墜, 猶掇之也. 吾處身也,[4] 若厥株拘[5]; 吾執臂也, 若槁木之枝[6]; 雖天地之大, 萬物之多, 而唯蜩翼之知. 吾不反不側, 不以萬物易蜩之翼, 何爲而不得!」孔子顧謂弟子曰:「用志不分, 乃凝於神,[7] 其痀僂丈人之謂乎!」

중니적초할새 출어림중하다가 견구루자 승조하닌 유철지야하고 중니왈 자는 교호아 유도야아 왈 아는 유도야호라 오륙월루환호되 이이불추면 즉실자치수요 루삼이불추 즉실자십일이오 루오이불추이아이 유철지야호니 오의 처신야 약궐주구하며 오의 집비야 약고목지지하니 수천지지대와 만물지다라도 이유조익지지오 오 불반불측하야 불이만물로 역조지익하노니 하위이부득이리오 공자 고위제자하야 왈 용지불분하야 내응어신하니난 기구루장인지위호인저

1 왕숙민에 따르면 출出은 지至와 같다.

2 성현영에 따르면 철掇은 습拾이다. '습'은 '줍다'를 뜻한다.

3 사마표에 따르면 오뉴월은 매미잡이 철이다.

4 조초기에 따르면 처신處身은 운신運身이니 매미 잡을 때의 몸동작을 가리킨다.

5 곽숭도에 따르면 주구株拘는 뿌리가 얽힌 곳에 가까운 것이다.

6 곽상은 이에 대하여 말하기를 "부동의 극치이다"라고 하였다.

7 왕숙민은 "응凝은 의疑로 써야 하고 '의'는 의擬와 같다"고 하였다. 의擬는 '비슷하다'이다. 이 설에 따르면 이 글은 "뜻을 분산시키지 아니하여 신의 솜씨에 견줄 수 있는 것은……"이라고 번역할 수 있다.

공자가 초나라에 갈 때 숲 속을 지나다가 등이 굽은 노인이 댓가지로 매미를 잡는데 마치 손으로 물건 집듯 손쉽게 잡는 모습을 보았다. 공자가 말했다. "그대는 솜씨가 좋습니다! 도道가 있습니까?" 노인이 말했다. "나에게는 도가 있습니다. 오뉴월 매미 잡는 철에 탄환 두 알을 대나무 끝에 쌓아놓고서 알이 떨어지지 않는다면 실수할 횟수가 매우 적어질 것이요, 세 알을 쌓고서 떨어지지 않으면 실수하는 일이 열에 하나요, 다섯 알 쌓아놓고서 떨어지지 않아야 마치 줍듯이 할 것이오. 내 몸놀림은 마른나무 그루터기와 같으며 내 팔놀림은 고목의 가지와 같으니, 비록 천지가 아무리 크고 만물이 아무리 많을지라도 오로지 매미 날개만을 압니다. 나는 움직이지 않아서 어떤 것을 가지고서도 매미의 날개와 바꿀 수 없을 정도로 정신을 집중하니 어찌 잡지 못하겠습니까?" 공자가 제자들을 돌아보고 말했다. "뜻을 분산시키지 않아 정신이 응집될 수 있다고 하니, 아마 등 굽은 노인을 일컬은 것이 아닐까!"

【대의】

여기에서 작자는 '용지불분'用志不分의 수양 공부를 제기하였다. '용지불분'은 사람의 마음을 분산시키지 않고 집중하여 쓰는 것이다. 마치 태양빛을 집광기集光器로 모으면 물건을 태울 수 있듯이 사람의 마음이 집중되면 놀라운 힘을 발휘할 수 있다. 그래서 공자가 초楚나라에 가다가 만난 노인은 신에 견줄 만한 솜씨로 매미를 잡을 수 있었다는 것이다.

4

顏淵問仲尼曰:「吾嘗濟乎觴深之淵,[1] 津人操舟若神. 吾問焉, 曰:『操舟可學邪?』曰:『可. 善游者數能.[2] 若乃夫沒人,[3] 則未嘗見舟而便操之也.』吾問焉而不吾告, 敢問何謂也?」仲尼曰:「善游者數能, 忘水也.[4] 若乃夫沒人之未嘗見舟而便操之也, 彼視淵若陵, 視舟之覆猶其車却也. 覆却萬方陳乎前而不得入其舍,[5] 惡往而不暇! 以瓦注者巧, 以鉤注者憚,[6] 以黃金注者殙.[7] 其巧一也, 而有所矜, 則重外也. 凡外重者內拙.」

안연이 문중니왈 오상제호상심지연하더니 진인이 조주에 약신이어늘 오문언 왈 조주는 가학야아 왈 가하니라 선유자는 삭능이어니와 약내부몰인 즉미상견주이편조지야하나니라 오 문언이불오고하니 감문하위야잇고 중니왈 선유자 삭능은 망수야니라 약내부몰인지미상견주이편조지야는 피 시연하되 약릉하며 시주지복호되 유기거 각야라 복각만방이 진호전호되 이부득입기사어니 오왕이불가리오 이와로 주자는 교하고 이구로 주자는 탄하고 이황금으로 주자혼하나니 기교 일야로되 이유소긍이면 즉중외야니라 범외중자는 내졸하나니라

1 성현영에 따르면 상심觴深은 호수 이름인데 송宋나라에 있었다.

2 전목이 인용한 엄복 설에 따르면 삭능數能은 속성速成과 같다.

3 왕숙민에 따르면 '약내부'若乃夫는 약부若夫와 같고, 몰인沒人은 잠수에 능한 사람이다.

4 왕숙민에 따르면 이 글을 인용하여 쓴 어떤 글에는 수水 자 다음에 고故 자가 있다.

5 성현영에 따르면 사舍는 마음속과 같다. 왕숙민에 따르면 만방萬方은 만단萬端과 같다. '만단'은 갖가지 사태를 뜻한다.

6 조초기에 따르면 주注는 도박에 건 돈이나 물품이고, 구鉤는 은덩어리이다.

7 왕숙민에 따르면 긍矜은 '아까워하다'이다.

안연이 공자에게 물었다. "제가 일찍이 상심이라는 호수를 건넜는데 나루터 뱃사공이 신처럼 상앗대질을 하거늘 제가 그에게 물었습니다. '상앗대질하는 것을 배울 수 있습니까?' 이르기를 '할 수 있느니라. 헤엄을 잘 치는 사람은 곧 할 수 있거니와, 저 잠수를 잘하는 사람은 배를 본 적이 없을지라도 날렵하게 상앗대질을 할 수 있소'라고 하였습니다. 내가 그에게 물었지만 나에게 알려주지 않았으니 감히 묻습니다. 무엇 때문입니까?" 공자가 말했다. "헤엄 잘 치는 이가 금방 할 수 있는 것은 물을 잊어버리기 때문이다. 저 잠수하는 사람이 배를 본 적이 없어도 날렵하게 상앗대질을 할 수 있는 것과 같은 것은 그가 호수를 육지처럼 보며 배가 전복되는 것을 마치 수레가 퇴각하는 것처럼 보는지라, 뒤집어지거나 퇴각하거나 갖가지 사태가 앞에서 벌어져도 그의 마음속에 들어올 수 없으니 어디를 간들 한가롭지 않으리오! 기왓장을 가지고 도박에 걸면 솜씨가 있고 은덩어리를 가지고 도박에 걸면 두려워하고 황금을 가지고 도박에 걸면 흐려진다. 그 솜씨는 같으나 아끼는 게 있게 되면 외물外物을 중시하게 된다. 무릇 외물을 중시하는 사람은 안에 있는 마음이 졸렬해진다."

【대의】

여기에서는 신神처럼 상앗대질을 할 수 있는 뱃사공을 예로 들어 외적인 사물을 의식하지 않을 수 있는 정신을 길러야 어떤 사태가 주어질지라도 그의 마음이 두려워하거나 흐려지지 않고 여유로울 수 있다는 것을 말하였다.

5

田開之見周威公.[1] 威公曰:「吾聞祝腎學生,[2] 吾子與祝腎游, 亦何聞焉?」田開之曰:「開之操拔篲以侍門庭,[3] 亦何聞於夫子!」威公曰:「田子无讓, 寡人願聞之.」開之曰:「聞之夫子曰:『善養生者, 若牧羊然, 視其後者而鞭之.[4]』」威公曰:「何謂也?」田開之曰:「魯有單豹者,[5] 巖居而水飮, 不與民共利, 行年七十而猶有嬰兒之色; 不幸遇餓虎, 餓虎殺而食之.[6] 有張毅者, 高門縣薄,[7] 无不走也,[8] 行年四十而有內熱之病以死.[9] 豹養其內而虎食其外, 毅養其外而病攻其內, 此二子者, 皆不鞭其後者也.」[10]

전개지현주위공한대 위공왈 오는 문축신은 학생이라 호니 오자 여축신으로 유하니 역하문언고 전개지왈 개지는 조발수하야 이시문정이어니 역하문어부자리잇고 위공왈 전자는 무양하라 과인은 원문지하나니라 개지왈 문지부자호니 왈 선양생자는 약목양연하니 시기후자이편지라 호라 위공왈 하위야오 전개지왈 노에 유선표자하니 암거이수음하야 불여민으로 공리하야 행년이 칠십이유유영아지색하더니 불행하야 우아호한대 아호 살이식지하나니 유장의자하니 고문현박에 무불주야하더니 행년이 사십이유내열지병하야 이사하니라 표는 양기내하야늘 이호 식기외하고 의는 양기외하야늘 이병이 공기내하니 차이자자는 개불편기후자야니라

1 이이에 따르면 개지開之가 그 이름이다. 최선에 따르면 주위공周威公은 주위공周威公 조竈이다. 유월에 따르면 '조'는 주위공의 이름인 것 같다.

2 성현영에 따르면 축신祝腎은 회도인懷道人이다. '회도인'은 도를 가슴속에 품은 사람이다. 사마표에 따르면 학생學生은 양생의 도를 배우는 것이다.

3 왕숙민에 따르면 발拔은 불拂로 읽는다.

4 왕숙민은 말하기를 "아마 중中을 따르는 것으로써 떳떳함을 삼는다는 것을 뜻하는 듯하니, 이것이 바로 양생의 방법이다"라고 하였다.

5 이이에 따르면 선표單豹는 숨어 사는 이의 성명이다.

전개지가 주나라 위공을 뵈니 위공이 말했다. "나는 축신이 양생의 방법을 배운다고 들었는데 그대가 축신과 교유하고 있으니 또한 무엇을 들었는가?" 전개지가 말했다. "저는 빗자루 잡는 일을 하면서 문과 마당 사이에서 모셨으니 또한 선생님께 무엇을 들었겠습니까!" 위공이 말했다. "전공田公은 사양하지 말라. 과인은 듣고 싶어 하노라." 전개지가 말했다. "선생님께 들으니 '양생을 잘하는 사람은 양을 기르는 것처럼 하니 뒤처진 것을 보고서 채찍질을 한다'고 합니다." 위공이 말했다. "무엇을 일컫는가?" 전개지가 말했다. "노나라에 선표라는 사람이 있었는데, 바위에 의지하여 살면서 물을 마시며 일반인들과 이로움과 해로움을 함께하지 않으며, 나이 칠십에도 여전히 어린아이의 안색을 가지고 있더니 불행히 주린 호랑이를 만나 주린 호랑이가 그를 죽여서 먹었습니다. 장의라는 사람이 있었는데, 부잣집이나 가난한 집에 찾아다니지 않은 곳이 없더니 나이 사십에 내열병으로 죽었습니다. 선표는 그 안을 가꾸었거늘 호랑이가 그 바깥을 먹었고 장의는 그 밖을 가꾸었거늘 병이 그 안을 쳤습니다. 이 두 사람은 모두 그 뒤처진 쪽을 채찍질하지 않은 것입니다."

6 왕숙민은 말하기를 "아호餓虎 두 글자는 잘못 들어간 것이다. …… 호랑이에게 먹혔으니 이것은 안을 중시하고 밖을 소홀히 한 폐해이다"라고 하였다.

7 성현영에 따르면 장의張毅는 노나라 사람이다. 선영에 따르면 고문高門은 대가大家이고, 현박懸薄은 발로써 문을 가린 집이니 소가小家이다.

8 왕숙민은 말하기를 "그는 돈 많고 권세 있는 사람뿐만 아니라 가난하고 천한 사람에게도 공손했던 것 같다"고 하였다.

9 왕숙민에 따르면 이는 밖을 중시하고 안을 소홀히 한 폐해이다.

10 성현영은 말하기를 "두 사람은 각기 한쪽에 막혀 미처 절충하지 못한 것이다"라고 하였다.

仲尼曰:「无入而藏,[11] 无出而陽,[12] 柴立其中央.[13] 三者若得, 其名必極.[14] 夫畏塗者, 十殺一人, 則父子兄弟相戒也, 必盛卒徒而後敢出焉, 不亦知乎! 人之所取畏者,[15] 袵席之上, 飮食之間; 而不知爲之戒者, 過也!」[16]

중니왈 무입이장하며 무출이양하고 시립기중앙이니 삼자 약득이면 기명이 필극이니라 부외도자 십살일인이면 즉부자형제 상계야하야 필성졸도이후에야 감출언하나니 불역지호아 인지소취외자 임석지상과 음식지간이어늘 이부지위지계자는 과야니라

11 곽상은 말하기를 "숨은 것 자체가 이미 안에 있다는 것인데 또다시 더 들어갔으니 이것은 지나치게 들어간 것이다"라고 하였다. 성현영은 말하기를 "이것은 선표에 대하여 말한 것이다"라고 하였다.

12 곽상은 말하기를 "양陽은 이미 밖인데도 또 더 나갔으니 이것은 지나치게 나간 것이다"라고 하였다. 성현영은 말하기를 "이것은 장의張毅에 대하여 말한 것이다"라고 하였다.

13 왕숙민은 말하기를 "이것이 곽상이 이른바 '중中을 따르는 것으로써 떳떳함을 삼는다'는 것을 일컫는다"고 하였다.

14 이에 대하여 왕숙민은 말하기를 "이것은 만약 앞의 세 가지 뜻을 터득한다면 반드시 그 명名을 다하게 된다. 대개 그 '명'을 다해야 실實을 얻을 수 있다는 것을 일컫는다"고 하였다.

15 왕숙민이 인용한 소여 설에 따르면 취取는 곧 최最 자이다.

16 곽상은 말하기를 "색욕色欲의 폐해에 이르러서는 걸핏하면 곧장 사지死地로 들어가게 되는데도 그것을 무릅쓰지 않는 이가 없으니, 이것이 매우 지나친 일이다"라고 하였다.

공자가 말했다. "깊숙이 들어가서 숨지 말 것이며, 너무 지나치게 나서지 말고, 고목 가지처럼 둘 사이의 중앙에 서야 할 것이다. 이 세 가지를 얻으면 그 명성이 반드시 지극해질 것이다. 길 떠나는 것을 두려워하는 사람이 열 사람 가운데 한 사람이 살해되면 부자형제가 서로 경고하면서 반드시 사람과 말이 많아진 뒤에야 감히 길을 나서나니 총명하지 않은가! 사람들이 두려워해야 할 것은 잠자리에 누웠을 때와 음식을 먹을 때이거늘 그것을 경계할 줄 모르는 것은 잘못이다."

【대의】

여기에서는 선표와 장의 두 사람을 예로 들어 양생하려면 마땅히 중中을 따라야 한다고 주장하였다. 이는 「양생주」養生主편에서 말한 '연독이위경'緣督以爲經의 취지와 같다. 독督은 원래 척추 속에 흐르는 중맥中脈을 일컫는다. 그것은 속이 비어 있다. 그래서 인체의 기운이 통하게 할 수 있다. 그것은 허정虛靜한 마음에 견줄 수 있다. 그러한 마음은 어디에나 통하면서도 어떤 것에 의해서도 동요하지 않는다. 양생하려면 그러한 마음을 길러야 한다.

장의라는 사람은 부자와 가난한 사람을 가리지 않고 사람들과 공경하면서 부지런히 뛰어다녔다. 이런 사람은 공명功名을 추구하는 사람을 대표한다. 반면 선표라는 사람은 사람들과의 관계를 모두 끊고 숨어 살았다. 이런 사람은 은사隱士라고 할 수 있다. 이 글의 작자가 보기에 장의는 밖에 치중하고 선표는 안에 치중한 사람이다. 이들은 모두 오래 살지 못하였다. 그것은 중中을 잃었기 때문이다. 그중에서도 장의의 수명은 더욱 짧았다. 이는 공명을 추구하면서 사는 것보다는 그래도 은거하여 사는 편이 양생에 낫다는 것을 뜻한다.

6

祝宗人玄端以臨牢筴,[1] 說彘曰:「汝奚惡死? 吾將三月犧汝,[2] 十日戒, 三日齊, 藉白茅, 加汝肩尻乎彫俎之上,[3] 則汝爲之乎?」爲彘謀, 曰不如食以糠糟而錯之牢筴之中,[4] 自爲謀, 則苟生有軒冕之尊, 死得於腞楯之上,[5] 聚僂之中則爲之.[6] 爲彘謀則去之, 自爲謀則取之, 所異彘者何也?[7]

축종인이 현단으로 이임뢰책하야 설체하야 왈 여해오사오 오 장삼월을 환여하다가 십일계하고 삼일제하야 자백모하고 가여견고호조조지상하리라 즉여위지호아 위체모 왈불여사이강조코 이조지뇌책지중어니따녀 자위모 즉구생유헌면지존이면 사득어전순지상과 취루지중이라도 즉위지하나니 위체모즉거지하고 자위모즉취지하나니 소이체자는 하야오

1 조초기에 따르면 축종인祝宗人은 곧 축인祝人·종인宗人이니 모두 제사를 관장하는 관리이다. 현단玄端은 제사 때 입는 재복齋服이고, 뢰책牢筴은 돼지우리이다.

2 왕숙민에 따르면 옛적에 소와 양과 돼지 같은 희생을 기를 때 그 기간이 모두 석 달이었다.

3 『석문』에 따르면 조조彫俎는 채색무늬를 새긴 도마이다.

4 조錯는 '두다'이다.

5 왕선겸이 인용한 왕념손 설에 따르면 전腞은 전輇으로 읽으며, 순楯은 순輴으로 읽는다. '전순'은 널을 실은 수레이다.

6 왕념손에 따르면 취루聚僂는 영구차의 장식이다. 여러 가지 장식이 모여 있는 것이므로 '취루'라고 하였다. 루僂는 루삽蔞翣이다. '루삽'은 영구차에서 관을 덮는 데 쓰는 장식들의 휘장이다.

7 성현영은 말하기를 "돼지를 위하여 도모할 때에는 깨끗한 띠풀과 아름답게 새긴 도마를 버리고 자기 자신을 위하여 도모할 때에는 벼슬과 화려하게 꾸민 영구차를 취하나니, 돼지와 다를 것이 무엇인가?"라고 하였다.

축인·종인이 검은색 예복을 입고서 돼지우리 앞에 나가 돼지에게 말하였다. "너는 어찌 죽는 것을 싫어하는가! 내가 장차 석 달 동안 너를 기르다가 열흘 동안 조심하고 사흘 동안 재계하여, 하얀 띠풀을 깔고 너의 어깨와 꽁무니를 무늬 새긴 도마 위에 올려놓으려고 하는데 너는 그렇게 하려느냐!" 돼지를 위하여 착상한다면 지게미와 쌀겨로써 먹이면서 돼지우리 속에 놓아두는 것만 못하다고 할 것이로다. 자기 자신을 위하여 고려할 때에는 만약 살아서 수레 타고 면류관을 쓰고 높은 벼슬을 하고, 죽어서는 널을 실은 수레와 번다하게 장식한 널 속에 있게 된다면, 그렇게 하려고 할 것이다. 돼지를 위해서는 그것을 버리고 자기를 위하여 생각할 때에는 그것을 취하나니, 돼지와 다를 것은 무엇인가?

【대의】

여기에서는 세상에서 출세하려는 욕심을 버려야 양생할 수 있다는 것을 말하고 있다.

7

桓公田於澤,[1] 管仲御, 見鬼焉. 公撫管仲之手曰:「仲父何見?」[2] 對曰:「臣无所見.」公反, 誒詒爲病,[3] 數日不出. 齊士有皇子告敖者曰[4]:「公則自傷, 鬼惡能傷公! 夫忿滀之氣,[5] 散而不反, 則爲不足; 上而不下, 則使人善怒; 下而不上, 則使人善忘; 不上不下, 中身當心, 則爲病.」[6]

환공이 전어택할새 관중이 어러니 견귀언코 공이 무관중지수하야 왈 중보는 하견고 대왈 신무소견이로소이다 공이 반하야 희이위병하야 수일불출한대 제사에 유황자고오자왈 공즉자상이언정 귀 오능상공이리잇고 부분축지기 산이불반하면 즉위부족하고 상이불하하면 즉사인선로하고 하이불상하면 즉사인선망하고 불상불하하야 중신당심 즉위병하나이다

1 환공은 제환공齊桓公이다.
2 중보仲父는 관중에 대한 존칭이다.
3 성현영에 따르면 희이誒詒는 번민하는 모습이다.
4 성현영에 따르면 황자皇子는 성이고 고오告敖는 자인데, 제나라 사람이다.
5 선영에 따르면 분축忿滀은 가슴에 맺혀 엉키는 것이다.
6 이에 대하여 성현영은 다음과 같이 말하였다. "대저 사기邪氣가 올라가서 내려오지 않으면 위에서 머리를 쳐 사람의 마음속이 두려워져서 맺혀 성내기 쉽고, 내려와 오르지 않으면 양기는 숨어들고 음기가 흩어져 정신이 황홀해진다. 그러므로 망각하기가 쉽다. 대저 심心은 오장의 주인이요, 신명神明이 깃드는 집이다. 그러므로 기운이 몸의 중심에 있게 되면 병이 된다."

제환공이 소택지에서 사냥할 때 관중이 수레로 모셨는데, 거기에서 귀신을 보았다. 환공이 관중의 손을 더듬어 잡으며 말하였다. "중보는 무엇을 보았는가?" 대답하기를 "신은 본 것이 없습니다"라고 하였다. 환공이 돌아와 번민하다가 병이 들어 여러 날 동안 문밖을 나오지 않았다. 제나라 선비 가운데 황자고오라는 사람이 있었다. 그가 말하였다. "공께서 스스로 다치게 할지언정 귀신이 그렇게 공을 다치게 할 수 있겠습니까? 분노하여 울적한 기분이 가슴에 맺혀 얽히어 맑은 혼이 흩어져 돌아오지 않으면 체내에 기가 부족해집니다. 사특한 기운이 위로 올라가서 내려오지 않으면 사람으로 하여금 성질을 잘 내게 하고, 내려가서 오르지 않으면 사람으로 하여금 곧장 잊어버리게 하고, 오르지도 않고 내려가지도 않아 몸 가운데에 맺혀 있으면 병이 된다고 합니다."

桓公曰:「然則有鬼乎?」曰:「有. 沈有履,[7] 灶有髻.[8] 戶內之煩壤, 雷霆處之[9]; 東北方之下者, 倍阿鮭蠪躍之[10]; 西北方之下者, 則泆陽處之.[11] 水有罔象,[12] 丘有峷,[13] 山有夔,[14] 野有彷徨,[15] 澤有委蛇.」公曰:「請問, 委蛇之狀何如?」皇子曰:「委蛇, 其大如轂, 其長如轅, 紫衣而朱冠. 其爲物也惡, 聞雷車之聲, 則捧其首而立. 見之者殆乎霸.」桓公辴然而笑曰:「此寡人之所見者也.」於是正衣冠與之坐, 不終日而不知病之去也.[16]

환공왈 연즉유귀호아 왈 유하니 침에는 유리하고 조에는 유결하고 호내지번양에는 뢰정이 처지하고 동북방지하자에는 배아해롱이 약지하고 서북방지하자에는 즉일양이 처지하고 수유망상하고 구유신하고 산유기하고 야유방황하고 택유위사하니이다 공왈 청문 위사지상은 하여오 황자왈 위사 기대 여곡하며 기장이 여원하고 자의이주관이니 기위물야오요 문뢰거지성하야는 즉봉기수이립하나니 견지자는 태호패니라 환공진연이소하야 왈 차과인지소견자야로다 어시에 정의관하야 여지좌하야 부종일이부지병지거야하니라

7 유월에 따르면 침沈은 심煁으로 써야 한다. '심'은 화덕이다. 조초기에 따르면 리履는 귀신이름이다.

8 결髻은 부엌귀신이다.

9 조초기에 따르면 번양煩壤은 썩은 흙이 쌓인 곳이고, 뢰정雷霆은 귀신 이름이다. 소리가 크기에 그렇게 이름 붙였다고 한다.

10 성현영은 말하기를 "사람의 집 가운데 동북쪽 담장 아래에 귀신이 있으니 배아해롱倍阿鮭蠪이라고 한다"고 하였다.

11 사마표에 따르면 일양泆陽은 머리는 표범이고 꼬리는 말처럼 생겼는데, 신의 이름이라는 설이 있다.

12 『석문』에 따르면 망상罔象은 수신水神이라는 설이 있는데, 모습은 어린아이 같고 색은 검붉으며 손톱이 붉고 귀가 크며 팔뚝이 길다고 한다.

환공이 말하였다. “그렇다면 귀신이 있는가?” 말하기를 “있습니다. 화덕에는 리라는 귀신이 있고, 부엌에는 부엌귀신이 있고, 문 안의 썩은 흙이 쌓여 있는 곳에는 뢰정이 살고, 동북방의 아래 흙더미에는 해롱이 뛰놀고, 서북방 아래에는 일양이 삽니다. 물에는 망상이 있고, 언덕에는 두억시니가 있고, 산에는 기라는 외발짐승이 있고, 들에는 방황이 있고, 진펄에는 위사가 있습니다.” 환공이 말하였다. “청하여 묻노니 위사의 모양은 어떠한가?” 황자가 말하였다. “위사는 크기가 수레 속바퀴만 하고, 길이는 끌채만 한데 자줏빛 옷에 붉은 모자입니다. 물건 됨이 추하고 우레 같은 수레 소리를 들으면 머리를 받들고 섭니다. 그것을 본 사람은 거지반 패자가 될 것입니다.” 환공이 빙그레 웃으며 말하기를 “이것이 과인이 본 것이로다”라고 하였다. 이리하여 의관을 바르게 하고 그와 함께 앉아서 하루가 채 되지도 않았는데 병이 어느새 떠난 줄조차 몰랐다.

13 사마표에 따르면 신峷은 모습이 개와 같다. 뿔이 있으며, 다섯 가지 화려한 색채를 문신한 도깨비 이름이다.

14 사마표에 따르면 기夔는 모습이 북과 같고 발이 하나이다.

15 사마표에 따르면 방황彷徨은 모습이 뱀과 같고 머리가 둘이며, 다섯 가지 화려한 색채로 꾸몄다고 한다.

16 이에 대하여 곽상은 말하기를 “이 장에서는 근심이 찾아오는 번거로움이 생기는 것은 사리에 밝지 않아서이고, 근심이 떠나고 자기 심성이 만족스러운 것은 이치를 환히 알기 때문이라는 것을 말한다”고 하였다. 왕숙민은 말하기를 “환공 마음속의 적이 이미 제거되었기에 가슴이 후련하게 나아졌다”고 하였다.

【대의】

여기에는 온갖 귀신이 등장한다. 이 글의 작자에 따르면 귀신이 사람을 해치는 것이 아니라 자기 자신이 스스로를 해친다. 사리에 밝지 않으면 온갖 근심이 생긴다. 그러나 정신작용이 제대로 살려지면 마음속의 적이 제거되고 병까지도 나을 수 있다.

8

紀渻子爲王養鬪鷄.[1] 十日而問;「鷄已乎?」[2] 曰:「未也, 方虛憍而恃氣.」[3] 十日又問, 曰:「未也. 猶應嚮景.」十日又問, 曰:「未也. 猶疾視而盛氣.」十日又問, 曰:「幾矣. 鷄雖有鳴者, 已无變矣, 望之似木鷄矣,[4] 其德全矣, 異鷄无敢應者, 反走矣.」[5]

기성자 위왕하야 양투계하더니 십일이문호되 계이호아 왈 미야라 방허교이시기하나이다 십일에 우문한대 왈 미야라 유응향영하나이다 십일에 우문한대 왈 미야라 유질시이성기하나이다 십일에 우문한대 왈 기의로소이다 계수유명자하니 이무변의라 망지한댄 사목계의니 기덕전의라 이계무감응자요 반주의니이다

1 『석문』에 따르면 기성자紀渻子는 사람 이름인데, 주선왕周宣王을 위하여 싸움닭을 길렀다고 한다.

2 『열자』列子 「황제」黃帝편에는 계鷄 다음에 가투可鬪 두 글자가 있다.

3 성현영은 말하기를 "바야흐로 성품이 교만하여 스스로 자기 기개를 믿고 있다"고 하였다.

4 선영에 따르면 정신이 응적凝寂해진 것이다. '응적'은 정신이 집중되어 아무런 움직임도 없는 것이다.

5 전목은 장거정張居正 설을 인용하여 말하기를 "이것은 덕을 기르는 일을 비유한 것이다. 영웅호걸이 배우기에 종사하는 것을 기성자가 닭 기르듯이 하면 거의 가까워질 것이다"라고 하였다.

기성자가 주선왕을 위하여 싸움닭을 길렀다. 열흘 뒤에 묻기를 "닭이 싸울 만해졌는가?" 하니 말하기를 "아직 안 되었습니다. 바야흐로 들뜨고 교만하여 기세를 믿고 있습니다"라고 하였다. 열흘 뒤에 또 물으니 "아직입니다. 여전히 그림자만 어른거려도 반응이 있습니다"라고 하였다. 열흘 뒤에 또 물으니 "아직입니다. 여전히 증오의 눈초리가 있으며, 노기가 가득합니다"라고 하였다. 열흘 뒤에 또 물으니 "거지반 되었습니다. 닭이 비록 우는 놈이 있을지라도 이미 변동이 없는지라 그것을 바라보면 나무로 만든 닭과 같습니다. 그 덕이 온전한지라 다른 닭들이 감히 대응하지 못하고 오히려 도망칩니다"라고 하였다.

【대의】

여기에서는 양생하려면 자기의 본성인 덕을 온전히 가꾸어야 한다는 것을 말하였다.

9

孔子觀於呂梁,[1] 縣水三十仞,[2] 流沫四十里, 黿鼉魚鱉之所不能游也. 見一丈夫游之,[3] 以爲有苦而欲死也, 使弟子竝流而拯之.[4] 數百步而出, 被髮行歌而游於塘下.[5] 孔子從而問焉, 曰:「吾以子爲鬼, 察子則人也. 請問, 蹈水有道乎?」曰:「亡, 吾无道. 吾始乎故,[6] 長乎性, 成乎命.[7] 與齊俱入,[8] 與汨偕出, 從水之道而不爲私焉. 此吾所以蹈之也.」

공자 관어려량하더시니 현수삼십인이오 유말사십리라 원타어별지소불능유야러라 견일장부 유지코 이위유고이욕사야로다 하야 사제자로 병류이증지한대 수백보이출하야 피발행가이유어당하어늘 공자 종이문언하야 왈 오이자로 위귀러니 찰자즉인야랏다 청문하노라 도수 유도호아 왈 무라 오는 무도호라 오 시호고하야 장호성하고 성호명하야 여제구입하며 여골해출하야 종수지도이불위사언하노니 차 오소이도지야니라

1 조초기에 따르면 여량呂梁은 오늘날 강소성江蘇省 동산현銅山縣의 여량홍呂梁洪이다.

2 조초기에 따르면 현수縣水는 물이 위에서 곧장 흘러내리니, 마치 위부터 걸려 내려오는 듯한 것이다.

3 견見은 유有로 쓴 판본도 있다.

4 조초기에 따르면 병류竝流는 물의 흐름을 따라 내려가는 것이다.

5 당唐은 제방이다.

6 왕숙민이 인용한 유사배 설에 따르면 고故는 습習과 뜻이 같다.

7 성현영은 말하기를 "물속에서 놀면서 자라는 사이에 습성이 이루어진 것이다. 물속에서 습성이 이루어진 뒤에 마음이 두려워 꺼리는 것이 없어지니, 마음 내키는 대로 방임하여 드디어 저절로 그러한 천명天命과 같아진 것이다"라고 하였다.

8 조초기에 따르면 제齊는 제臍와 통하니 물이 소용돌이치면서 내려갈 때 형상이 마치 배꼽과 같아서 그렇게 일컬은 것이다.

공자가 여량을 유람하시더니 위에서 아래로 쏟아지는 폭포수가 30길이요 날며 튄 물방울이 40리인지라, 큰 자라와 악어와 물고기와 자라 같은 것들이 헤엄칠 수 없었다. 어떤 사내가 그곳에서 헤엄치는 것을 보고서 고통스러운 일이 있어 죽으려는 것이라 여기고, 제자로 하여금 물길을 따라가서 그를 건져 올리라고 하였다. 수백 보 지나서 그 사내가 물 밖으로 나왔다. 산발하고 노래 부르며 제방 아래에서 놀고 있거늘 공자가 따라가서 물었다. "나는 그대가 귀신인 줄 알았더니 자세히 보니 사람이었구려. 청컨대 묻노니 물을 밟는 데 도가 있는가?" 이르기를 "없습니다. 나에게는 별다른 도가 없습니다. 나는 습성에 따라 시작하여 그에 따라 형성된 성질에 따라 자라고, 자연의 천명에 따라 이루어졌습니다. 소용돌이치는 배꼽과 함께 들어가고 솟구치는 물결과 함께 나와서 물길을 따르되 사사로운 뜻이 없으니 이것이 제가 밟듯이 하는 소이입니다."

孔子曰:「何謂始乎故, 長乎性, 成乎命?」曰:「吾生於陵而安於陵,[9] 故也; 長於水而安於水, 性也; 不知吾所以然而然, 命也.」[10]

공자왈 하위시호고 장호성 성호명고 왈 오생어릉이안어릉이 고야요 장어수이 안어수 성야요 부지오의 소이연이연이 명야니라

9 조초기에 따르면 릉陵은 릉淩과 통하니 곧 릉수淩水이다. 강소성江蘇省 숙천현宿遷縣의 옛 릉성淩城 아래에 있었는데 이미 버려졌다고 한다.

10 왕숙민은 말하기를 "여기서 소이연所以然을 모르더라도 그러한 것을 명命이라고 하였으니 그렇다면 '명'은 자연自然이다"라고 하였다. '자연'은 저절로 그러한 것이다.

공자가 말하였다. "무엇을 일러 습성에 따라 시작하고, 성질에 따라 자라고, 자연의 천명에 따라 이루어졌다고 하는가?" 말하기를 "저는 릉수에서 태어나 릉수에서 편안함을 느꼈으니 이것이 습성이요, 물에서 자라 물에서 편안했으니 성능이요, 그렇게 된 소이를 모르고서도 그렇게 되었으니 자연의 천명입니다"라고 하였다.

【대의】

여기에서는 자기의 사사로운 생각을 버리고 물의 성질에 따라 헤엄칠 수 있는 사람을 예로 들어 자기에게 주어진 상황과 조화를 이루어 살아가려면 자기의 사적인 자아의식을 버리고 사물의 자연스러운 성향에 따라야 한다는 것을 말하였다. 그러나 이것은 여량에서 헤엄치는 사나이처럼 오랜 숙련이 요구된다.

10

梓慶削木爲鐻,[1] 鐻成, 見者驚猶鬼神. 魯侯見而問焉,[2] 曰:「子何術以爲焉?」

자경이 삭목위거하더니 거성이어늘 견자 경유귀신하더니 노후 견이문언 왈 자는 하술이위언고

1 이이에 따르면 경慶은 노魯나라 대장大匠으로, 자梓는 관명이고 경慶은 이름이다.

2 왕숙민에 따르면 노후魯侯는 노양공魯襄公이다.

목공을 관장하는 관리인 경이 나무를 깎아 북틀을 만드는데, 그것이 완성되니 보는 이마다 모두 놀라며 귀신같다고 하였다. 노나라 임금이 보고서 그에게 묻기를 “그대는 무슨 기술로써 그것을 만들었는가?”라고 하니 대답하였다.

對曰:「臣工人, 何術之有! 雖然, 有一焉. 臣將爲鐻, 未嘗敢以耗氣也, 必齊以靜心. 齊三日, 而不敢懷慶賞爵祿[3]; 齊五日, 不敢懷非譽巧拙[4]; 齊七日, 輒然忘吾有四枝形體也.[5] 當是時也, 无公朝,[6] 其巧專而外骨消[7]; 然後入山林, 觀天性[8]; 形軀至矣, 然後成見鐻,[9] 然後加手焉; 不然則已. 則[10]以天合天,[11] 器之所以疑神者, 其由是與!」[12]

대왈 신은 공인이어니 하술지유리잇고 수연이나 유일언하니 신이 장위거할새 미상감이모기야하야 필제이정심하야 제삼일 이불감회경상작록하고 제오일에 불감회비예교졸하고 제칠일에 첩연망오의 유사지형체야호이다 당시시야하야 무공조라 기교 전이외골이 소한 연후에야 입산림하야 관천성하야 형구 지의인 연후에야 성현거하며 연후에야 가수언하노이다 불연즉이하야 즉이천으로 합천하노니 기지소이의신자 기유시여인저

3 선영에 따르면 망리忘利한 것이다.

4 선영에 따르면 망명忘名한 것이다.

5 왕숙민에 따르면 사지형체四肢形體를 잊는 것은 곧 망신忘身이다. '망신'은 자기 몸을 잊는 것이다.

6 선영은 말하기를 "망세忘勢이니 관가官家를 위하여 깎는 것이 아닌 듯하다"고 하였다. '망세'는 권세를 의식하지 않는 것이다.

7 조초기는 말하기를 "공예工藝의 정교精巧에 전심하여 밖으로부터 정신을 어지럽히는 일들을 배제하는 것이다. 골骨은 골滑과 통하니 '어지럽히다'이다"라고 하였다.

8 선영에 따르면 관천성觀天性은 나무의 생질生質을 관찰하는 것이다. '생질'은 천품·천성을 가리킨다.

9 왕선겸은 말하기를 "견見은 세속에서 현現이라고 쓰니, 악기틀이 온전히 눈에 드러나 있는 것과 같다"고 하였다.

10 왕숙민에 따르면 즉則은 시是와 같다.

11 왕선겸은 말하기를 "나의 천天으로 나무의 천天을 만나는 것이다"라고 하였다.

12 왕숙민에 따르면 의疑는 옛적에 의擬와 통하였다.

"저는 목수에 지나지 않는데 무슨 기술이 있겠습니까? 비록 그렇지만 한 가지는 있습니다. 제가 북틀을 만들 때 일찍이 신기神氣를 소모한 적이 없었습니다. 반드시 재계하여 심령을 고요하게 하였습니다. 사흘을 재계하니 감히 칭찬과 상과 벼슬과 봉록에 대한 생각을 품지 않게 되었습니다. 닷새를 재계하니 비난과 찬양, 솜씨 있다느니 졸렬하다느니 하는 생각을 품지 않게 되었습니다. 이레를 재계하니 문득 저에게 사지와 육체가 있다는 것을 잊어버렸습니다. 이때를 당하여 조정에 관한 생각이 없어지고, 그것을 정교하게 하기에 전심하되 밖으로부터 마음을 어지럽히는 것들을 버렸습니다. 그런 뒤에야 숲 속에 들어가 나무의 천성을 관찰하여 나무의 형상을 꼭 알맞게 본 뒤에야 제 눈앞에 북틀이 온전히 드러났습니다. 그런 뒤에야 손을 댔고, 그러지 않으면 그만두었습니다. 이리하여 저의 천天과 나무의 천天이 합해졌으니, 북틀이 신기처럼 만들어진 까닭은 아마 이것 때문이 아닐까요?"

【대의】

여기에서는 신처럼 예술작품을 만들어낼 수 있는 공예가를 예로 들어 이천합천以天合天할 수 있는 경지에 이르는 수양 공부를 소개하였다. 수도인은 위대한 예술가의 창작활동처럼 신기神氣를 소모하지 않고 심령을 고요하게 하고 명리名利 관념을 버리고 일체를 잊고서 무아의 정신세계에 몰입해야 한다.

11

東野稷以御見莊公,[1] 進退中繩, 左右旋中規. 莊公以爲文弗過也,[2] 使之鉤百而反.[3] 顔闔遇之, 入見曰:「稷之馬將敗.」公密而不應.[4] 少焉, 果敗而反. 公曰:「子何以知之?」曰:「其馬力竭矣. 而猶求焉, 故曰敗.」

동야직이 이어로 현장공하되 진퇴 중승하며 좌우선이 중규한대 장공이 이위문이 불과야로다 하야 사지구백이반이어늘 안합이 우지하고 입현하야 왈 직지마 장패리이다 공이 밀이불응이러니 소언코 과패이반이어늘 공왈 자는 하이지지오 왈 기마력갈의 이유구언이론 고로 왈패라 호이다

1 성현영에 따르면 동야직東野稷은 옛적에 말몰이를 잘한 사람이다. 유월에 따르면 장공莊公은 노정공魯定公이다.

2 조초기에 따르면 문文은 보父 자가 잘못된 것이고, 그 앞에 조造 자가 빠졌다. 조보造父는 주 목왕周穆王 때 사람으로 마차를 부리는 솜씨가 능했다.

3 왕숙민에 따르면 이는 그로 하여금 갈고리처럼 말을 백 번 돌리고 돌아오게 한 것이다.

4 선영에 따르면 밀密은 묵默을 뜻한다.

동야직이 말 모는 것을 장공에게 보이니 나아가고 물러남이 먹줄자에 맞으며, 좌우로 도는 것이 컴퍼스에 맞았다. 장공은 조보조차도 그보다 낫지 못하리라고 여겼다. 장공이 그로 하여금 굽은 갈고리처럼 말을 백 번 빙빙 돌고 돌아오라고 하였다. 안합이 그 일을 우연히 만나고 들어가서 뵙고 말하기를 "직의 말이 곧 지쳐서 망가질 것입니다"라고 하였다. 공이 묵묵히 응하지 않았다. 조금 있으니 과연 망가져서 돌아오거늘 공이 말하였다. "그대는 무엇을 가지고 알았는가?" 말하기를 "그의 말의 기력이 고갈되었는데도 여전히 달리게 하였기에 망가진 것입니다"라고 하였다.

【대의】

이 고사는 명예를 추구하고자 천성을 어기면 생명이 망가질 수 있다는 것을 시사한다.

12

工倕旋而蓋規矩,[1] 指與物化而不以心稽,[2] 故其靈臺一而不桎.[3] 忘足, 屨之適也; 忘要, 帶之適也; 知忘是非,[4] 心之適也; 不內變, 不外從, 事會之適也.[5] 始乎適而未嘗不適者, 忘適之適也.[6]

공수 선이개규구는 지여물화이불이심으로 계라 고로 기령대일이부질하니라 망족은 구지적야라 망요는 대지적야라 지망시비는 심지적야라 불내변하여 불외종은 사회지적야라 시호적이미상불적자는 망적지적야니라

1 사마표에 따르면 공수工倕는 요임금 때 공인工人으로 솜씨가 좋았던 사람이다. 조초기에 따르면 선旋은 동그라미를 그리는 것이며, 개蓋는 '합하다'이다.

2 왕숙민은 말하기를 "득심응수得心應手로 말미암아 심지心智를 버리기에 이른 것이다"라고 하였다. '득심응수'는 매우 익숙하여 자유자재로 손을 놀리는 것이다.

3 조초기에 따르면 영대靈臺는 심心이고, 질桎은 질窒과 통한다. 그에 따르면 이 구절은 "그의 심성이 순일하고 막힘없이 통하는 것"을 일컫는다.

4 마기창 설에 따르면 지知 자가 없는 판본도 있다.

5 왕숙민에 따르면 사회事會는 사리에 부합하는 글이다.

6 성현영은 말하기를 "본성이 언제나 쾌적한지라 가는 곳마다 기쁘지 않은 것이 없다. 이러해야 쾌적함이 의식되지 않는 쾌적이니, 쾌적하다는 마음이 있는 것이 아니다"라고 하였다.

공예가 수가 동그라미를 그리니 컴퍼스와 곱자에 맞는 것은 손가락이 물건과 함께 변하되 마음으로 헤아리지 않기 때문이다. 그러므로 그의 마음이 순수하고 한결같으면서도 막히지 않느니라. 발이 의식되지 않는 것은 신발이 맞는 것이요, 허리가 의식되지 않는 것은 허리띠가 맞는 것이요, 옳다 그르다 하는 생각을 잊는 것은 마음이 맞는 것이다. 안이 변치 않아 밖을 따르지 않는 것은 사리에 부합할 때의 맞음이다. 본래 알맞게 응하게 되어 있어서 알맞게 외부 사물과 맞지 않은 적이 없는 것이 맞음을 의식하지 않는 맞음이다.

【대의】

여기에서는 쾌적하다는 의식조차 없이 쾌적한 마음을 언급하였다. 이는 무아無我의 극치이다. 어떤 일에 몰입하여 대상과 내가 혼연일체가 되면 공예가 수倕처럼 손과 마음이 하나가 되어 위대한 작품을 만들어낼 수 있다. 이는 숙련의 결과가 아닐 수 없다.

13-1

有孫休者, 踵門而詫子扁慶子曰[1]: 「休居鄕不見謂不修, 臨難不見謂不勇; 然而田原不遇歲, 事君不遇世, 賓於鄕里, 逐於州部, 則胡罪乎天哉? 休惡遇此命也?」 扁子曰: 「子獨不聞夫至人之自行邪?[2] 忘其肝膽, 遺其耳目,[3] 芒然彷徨乎塵垢之外,[4] 逍遙乎无事之業,[5] 是謂爲而不恃, 長而不宰.[6] 今汝飾知以驚愚,[7] 修身以明汚,[8] 昭昭乎若揭日月而行也.[9] 汝得全而形軀, 具而九竅,[10] 无中道夭於聾盲跛蹇而比於人數,[11] 亦幸矣, 又何暇乎天之怨哉! 子往矣!」

유손휴자 종문이하자편경자하야 왈 휴 거향하야 불견위불수하며 임난하야 불견위불용호되 연이전원에 불우세하며 사군에 불우세하야 빈어향리하며 축어주부호니 즉호죄호천재오 휴는 오우차명야하노라 편자왈 자는 독불문부지인지자행야아 망기간담하며 유기이목이오 망연방황호진구지외하며 소요호무사지업이라 하니 시위위이불시며 장이부재니라 금여는 식지이경우하며 수신이명오하론되 소소호약게일월이행야하나니 여 득전이형구하며 구이구규하야 무중도요어성맹파건이오 이비어인수 역행의이니 우하가호천지원재리오 자는 왕의어다

1 성현영은 말하기를 "손휴孫休는 노나라 사람의 성명이다. …… 자편경자子扁慶子는 노나라 현인인데 손휴의 스승이다"라고 하였다. 사마표에 따르면 종踵은 '이르다'이고, 하詫는 '아뢰다'이다.

2 왕숙민에 따르면 독獨은 하何와 같고, 자행自行은 소위所爲와 같다.

3 곽상은 말하기를 "남모르게 자연에 맡기는 것이다"라고 하였다.

4 곽상은 말하기를 "무릇 진성眞性이 아닌 것은 모두 진구塵垢이다"라고 하였다.

5 왕숙민에 따르면 업業은 시始이다. 조초기는 말하기를 "무사無事는 곧 무위無爲이다"라고 하였다.

손휴라는 이가 문에 이르러 자편경자에게 아뢰어 말하였다. "제가 시골에 살아도 수양하지 않았다고 말할 수 없고 위험과 재앙에 직면하여 용감하지 않았다고 할 수 없는데도, 들에서 밭갈이를 하여도 수확이 제대로 되지 않으며 임금을 섬김에 세상을 제대로 만나지 못하여 고향마을에서 버림받으며 고을에서 쫓겨났으니 하늘에 무슨 죄를 지었습니까? 저는 어째서 이러한 명命을 만났습니까?" 편자가 말하였다. "그대는 어찌 저 지인이 하는 바를 듣지 못했는가? 그의 간담을 잊고 그의 눈과 귀를 잃고 무심하게 때와 먼지 밖에서 방황하며 걸림 없이 일이 벌어지기 이전의 세계에서 소요한다고 하니, 이를 일러 위해주고서도 그 보답을 바라지 않으며 자라게 하면서도 주재하지 않는 것이라고 한다. 이제 너는 네가 아는 것을 꾸며 어리석은 사람을 놀라게 하며, 몸을 닦아서 더러운 것을 드러나게 하며, 현저하게 해와 달을 들고서 걸어가듯이 한다. 너는 너의 몸을 온전히 보전하며 너의 아홉 구멍을 갖추고서 중도에 요절하거나 귀 멀거나 눈멀거나 절름발이가 되지 않고 사람의 행렬에 낄 수 있으니 또한 행운이거늘, 또 어느 겨를에 하늘을 원망할 수 있겠느냐! 그대는 떠나갈지어다!"

6 이 두 구절은 『노자』 10장과 51장에 보인다. 선영은 말하기를 "자기 본성에 따르되 능력을 믿지 않고, 사람들을 자라게 하되 그 공을 차지하지 않는다"고 하였다.

7 이는 아는 체하여 어리석은 사람을 놀라게 하는 것을 뜻한다.

8 선영에 따르면 자기 몸을 닦아서 남의 더러움을 부각하는 것이다.

9 선영에 따르면 자기를 지나치게 드러내는 것이다.

10 구규九竅는 눈·귀·코·입과 하체에 있는 구멍을 모두 합하여 말한 것이다.

11 조초기에 따르면 어於는 가차하여 알閼로 쓸 수 있으니, 요알夭閼은 요절夭折당하는 것이고 비比는 열列을 뜻한다.

13-2

孫子出. 扁子入, 坐有間, 仰天而歎. 弟子問曰: 「先生何爲歎乎?」 扁子曰: 「向者休來, 吾告之以至人之德, 吾恐其驚而遂至於惑也.」 弟子曰: 「不然. 孫子之所言是邪? 先生之所言非邪? 非固不能惑是. 孫子所言非邪? 先生所言是邪? 彼固惑而來矣, 又奚罪焉!」

손자 출이어늘 편자 입하고 좌유간하였다가 앙천이탄이어늘 제자 문왈 선생은 하위탄호잇고 편자왈 향자에 휴래커늘 오고지이지인지덕호니 오는 공기경이수지어혹야하노라 제자왈 불연하니이다 손자지소언이 시야요 선생지소언이 비야인댄 비고불능혹시오 손자소언이 비야요 선생소언이 시야인댄 피고혹이래의어니 우해죄언이리오 손자가 나가거늘 편자가 들어와서 잠깐 앉았다가 하늘을 우러러 탄식하거늘 제자가 물었다. "선생님은 무엇 때문에 탄식하십니까?" 편자가 말하였다. "조금 전에 휴가 왔거늘 내가 그에게 지인의 덕을 알려주었으니 나는 그가 놀라서 마침내 미혹에 이를까 두려워하노라." 제자가 말하였다. "그렇지 않습니다. 손자가 말한 것이 옳습니까? 선생님이 말한 것이 그릅니까? 잘못은 본래 옳은 것을 미혹시키지 못할 것입니다. 손자가 말한 것이 그릅니까? 선생님이 말한 것이 옳습니까? 그는 본래 미혹해서 왔거늘 또 어떻게 탓하겠습니까?"

扁子曰:「不然. 昔者有鳥止於魯郊, 魯君說之, 爲具太牢而饗之, 奏九韶以樂之, 鳥乃始憂悲眩視, 不敢飮食. 此之謂以己養養鳥也. 若夫以鳥養養鳥者, 宜棲之深林, 浮之江湖, 食之以委蛇, 則平陸而已矣.[1] 今休, 款啓寡聞之民也,[2] 吾告以至人之德, 譬之若載鼷以車馬, 樂鴳以鐘鼓也. 彼又惡能无驚乎哉!」[3]

편자왈 불연하니라 석자에 유조 지어로교어늘 노군이 열지하야 위구태뢰이향지하며 주구소이락지한대 조내시우비현시하야 불감음식하니 차지위이기양으로 양조야니라 약부이조양으로 양조자는 의서지심림하며 부지강호하며 사지이위이니 즉평륙이이의니라 금휴는 관계과문지민야어늘 오고이지인지덕호니 비지인댄 약재혜이거마하며 낙안이종고야니 피는 우오능무경호재리오

1 유월에 따르면 이 글은 「지락」至樂편을 따라서 마땅히 "사지이추조, 위이이처"食之以鰌鰷, 委蛇而處라고 써야 한다. 조초기에 따르면 안평륙安平陸은 그것을 벌판에 풀어놓는 것을 뜻한다.

2 이이에 따르면 관款은 '비다'이고 계啓는 '열다'이니, 빈 것을 여는 것처럼 소견이 작은 것이다.

3 곽상은 말하기를 "이 장에서는 양생을 잘하는 사람은 각기 그 사람이 타고난 성품에 알맞게 맡긴 뒤에 지극해진다는 것을 말하고 있다"고 하였다.

편자가 말하였다. "그렇지 않느니라. 옛적에 어떤 새가 노나라 성 밖에 깃들이거늘, 노나라 임금이 태뢰의 성찬을 갖추어 잔치하며 구소라는 음악을 연주하여 즐겁게 해주었다. 그러나 그 새는 도리어 처음에 마음이 슬프고 눈이 어지러워 감히 먹지도 마시지도 못하였으니, 이를 일러 자기를 기르는 방식으로 새를 기르는 것이라고 한다. 저 새를 기르는 방법으로 새를 기르는 사람으로 말할 것 같으면 마땅히 그 새가 깊은 숲속에 깃들어 살고, 강과 호수에서 헤엄치며 미꾸라지를 먹게 하고 여유롭게 살게 하고 벌판에서 놀게 할 것이다. 이제 휴는 보고 들은 것이 적은 사람이거늘 내가 지인의 덕을 그에게 일러주었으니, 비유컨대 생쥐를 말이 끄는 수레에 태우는 것과 같으며 메추리를 종과 북으로 즐겁게 해주려는 것과 같으니 그가 또 어찌 놀라지 않을 수 있겠는가?"

【대의】

여기에서는 자편경자의 입을 빌려 양생을 잘하려면 그 사람이 타고난 성품을 잘 살려야 한다는 것을 말하고 있다. 그렇게 하려면 감각적인 경험이나 의도적인 마음을 버리고 자기의 진성眞性이 아닌 것들에서 자유로워야 한다.

• 제20편 • 산목(山木 第二十)

【제20편 산목山木 해제】

사람들은 이해利害와 모순矛盾의 관계로 얽혀 있다. 이 편의 작자는 이를 물고상루物固相累라는 말로 표현하였다. 사람들은 재물과 권력과 명성을 이롭게 여긴다. 그것은 한정되어 있다. 그러나 사람들의 욕망은 끝이 없다. 끝없는 욕망을 품은 사람들이 한정된 욕구대상을 추구하는 사이에 대립과 싸움이 일어난다. 그래서 인류사회는 어지럽고 험악하며, 그래서 무능한 사람은 말할 것도 없고 쓸모 있는 사람마저 상처를 입는다. 그러면 어떻게 해야 생명을 온전히 보존하면서 제대로 살아갈 수 있을까?

육신을 지닌 사람이 물질계物質界에서 물질에 의존해 살아가면서 물질에서 자유롭기는 쉽지 않다. 그래서 이 글의 작자는 "만물의 근원에서 노닐며 물物을 물 되게 하되 물에 의하여 물 되지 않는다면 어찌 번거로울 수 있겠는가"라고 말하였다. 이는 물질계 속에 있는 어떤 사람이 거기에서 벗어나 도道의 경지로 비상하여 도의 자연스러운 움직임에 따라 살아가면 어떤 사물에 의해서도 구애되거나 다치지 않을 수 있다는 것을 뜻한다. 그렇게 하려면 자기 마음을 비우고 일체를 잊고서 사물의 자연스러운 변화에 따라야 한다. 이 글의 작자는 이를 '허기이유세'虛己以遊世라는 말로 표현하였다. 이는 「인간세」人間世편의 취지와 같다.

왕부지는 말하기를, "「인간세」의 취지에 근본하여 여러 가지 사례를 인용하며 그 뜻을 밝혔다"고 하였다. 또한 소여蘇輿는 말하기를 "이 편은 장자의 제자가 기술한 것으로 그 취지가 「인간세」편과 같으니, 혼탁한 세상에서 재해를 피하는 처세술이다"라고 하였다. 왕숙민도 이러한 설에 따르면서 덧붙여 말하기를 "그러나 장자행어산중莊子行於山中과 시남의료현노후市南宜僚見魯侯와 장주유어조릉지번莊周遊於雕陵之樊 세 장은 장자 본인의 손에서 나온 것 같다"고 하였다. 그리고 6·7장은 마땅히 서로 바뀌어야 하며, 5·6·7·8장 등 여러 장은 본래 같은 편에 있지 않았지만 곽상이 합병合併했을지도 모른다고 말하였다.

이 편은 장章의 배열에 다소 의문이 있을지라도, 역경에서 슬퍼하고 원망하는 감정을 개입시키지 않고 사물의 자연스러운 변화에 따라야 한다는 것, 권력과 재물과 같은 신외지물身外之物을 추구하느라 그보다 더 값진 자기의 진성眞性을 잃지 말라는 것, 이해타산으로 인간관계를 맺지 말고 물처럼 담백한 마음으로 사람들과 사귀어야 한다고 설파한 진리는 인류사회에서 영원히 빛을 뿜을 것이다.

1－1

莊子行於山中, 見大木, 枝葉盛茂, 伐木者止其旁而不取也. 問其故, 曰: 「无所可用.」 莊子曰: 「此木以不材得終其天年!」 夫子出於山,[1] 舍於故人之家. 故人喜, 命豎子殺雁而烹之.[2] 豎子請曰: 「其一能鳴, 其一不能鳴, 請奚殺?」 主人曰: 「殺不能鳴者.」

장자 행어산중하다가 견대목하니 지엽이 성무호되 벌목자 지기방이불취야어늘 문기고한대 왈 무소가용이니라 장자왈 차목은 이부재로 득종기천년이로다 부자 출어산하야 사어고인지가하니 고인이 희하야 명수자하야 살안이팽지한대 수자 청왈 기일은 능명하고 기일은 불능명하나니 청해살이잇고 주인왈 살불능명자하라

1 왕숙민에 따르면 부夫는 의矣 자가 잘못된 것이니, 마땅히 앞글에 붙여 문구를 끊어야 하며, 자子 자는 뒷사람이 근거 없이 보탠 것이다.

2 성현영은 말하기를 "수자豎子는 동복童僕이다"라고 하였다. '동복'은 심부름하는 아이이다. 왕념손에 따르면 팽烹은 향享으로 읽어야 한다. 향享은 향饗과 통한다. '향'은 '대접하다'를 뜻한다.

장자가 산속을 걸어가다가 큰 나무를 보니 가지와 잎이 무성하였다. 나무 베는 이가 그 곁에 발길을 멈추고서도 그것을 베지 않거늘 그 까닭을 물으니 "쓸 만한 곳이 없다"고 말했다. 장자가 말했다. "이 나무는 재목감이 아니어서 그 자연수명을 마칠 수 있겠도다." 산에서 나와 옛 친구 집에서 쉬니, 그 옛 친구가 기뻐서 심부름하는 아이를 시켜 거위를 잡아 대접하라고 하였다. 심부름하는 아이가 물었다. "그중 하나는 울 수 있고 그중 하나는 울지 못하는데, 어떤 놈을 잡을까요?" 주인이 말했다. "울지 못하는 놈을 잡아라."

1-2

明日, 弟子問於莊子曰:「昨日山中之木, 以不材得終其天年; 今主人之雁, 以不材死; 先生將何處?」莊子笑曰:「周將處乎材與不材之間. 材與不材之間, 似之而非也, 故未免乎累.[1]

명일에 제자 문어장자왈 작일에 산중지목은 이부재로 득종기천년하고 금주인지안은 이부재로 사하니 선생은 장하처잇고 장자 소왈 주는 장처호재여부재지간호리니 재여부재지간은 사지이비야론 고로 미면호루이어니와

[1] 이에 대하여 왕숙민은 다음과 같이 말하였다. "지之는 시是와 같다. 고故는 유猶와 같다. 도道의 측면에서 말한다면 재材, 부재不材, 그리고 '재'와 '부재'의 사이라고 할 것이 없다. 이理의 측면에서 말하면 '재'가 있고 '부재'가 있으며, 또한 '재'와 '부재' 사이의 구별이 있다. 권權의 측면에서 말하면 '재'에 처하거나 '부재'에 처하는 것, 그리고 '재'와 '부재' 사이에 처하는 것 모두 번거로움이 없을 수 있으니, 어떻게 변화에 응하느냐에 달려 있을 뿐이다."

이튿날 제자가 장자에게 말했다. "어제 산속의 나무는 재목감이 되지 않아 그 자연수명을 마칠 수 있겠다 하셨는데 오늘 주인집의 거위는 재목감이 아니라서 죽게 되었으니, 선생님은 장차 어디에 처하시겠습니까?" 장자가 웃으며 말했다. "나는 장차 재목과 재목감이 되지 않는 사이에 처하리라. 재목과 재목감이 되지 않는 사이는 같으면서도 다른지라 여전히 아직 번거로움을 면치 못할 것이다.

若夫乘道德而浮遊則不然. 无譽无訾, 一龍一蛇,[2] 與時俱化, 而无肯專爲[3]; 一上一下, 以和爲量,[4] 浮遊乎萬物之祖; 物物而不物於物, 則胡可得而累邪! 此神農黃帝之法則也.[5] 若夫萬物之情, 人倫之傳,[6] 則不然. 合則離, 成則毁; 廉則挫,[7] 尊則議, 有爲則虧,[8] 賢則謀, 不肖則欺, 胡可得而必乎哉![9] 悲夫! 弟子志之, 其唯道德之鄕乎!」[10]

약부승도덕이부유면 즉불연이라 무예무자하며 일룡일사하야 여시로 구화 이무긍전위하며 일상일하에 이화로 위량하야 부유호만물지조하야 물물이불물어물하나니 즉호가득이루야리오 차 신농황제지법칙야리라 약부만물지정과 인륜지전은 즉불연하야 합즉리하고 성즉훼하고 염즉좌하고 존즉의하고 유위즉휴하고 현즉모하고 불초즉기하나니 호가득이필호재리오 비부라 제자아 지지하라 기유도덕지향호인저

2 조초기는 말하기를 "한때는 용이 될 수 있고 한때는 뱀이 될 수 있다는 것이니, 높아지거나 낮은 것에 구애받지 않는다는 것을 뜻한다. 용은 벼락출세하는 것을 비유하고, 뱀은 지위가 낮고 평범한 것을 비유한다"고 하였다.

3 조초기는 말하기를 "전위專爲는 한쪽을 고수하는 것이다"라고 하였다.

4 조초기는 말하기를 "양量은 도량형度量衡이라고 할 때의 양이니, 의미를 확대하여 표준이 된다"고 하였다.

5 왕숙민은 말하기를 "이것은 장자가 스스로 처신하는 법칙인데 신농神農·황제皇帝에 의탁했을 따름이다"라고 하였다.

6 조초기는 말하기를 "륜倫은 류類이고 전傳은 습속이니, 만물과 인륜은 모두 당시 사회를 가리켜 말한 것이다"라고 하였다.

7 왕숙민에 따르면 염즉좌廉則挫는 예즉좌銳則挫와 같다.

8 왕숙민은 말하기를 "의議와 휴虧 두 글자는 서로 바뀐 것 같으니 '존즉휴, 유위즉의'尊則虧, 有爲則議라고 해야 뜻이 매우 분명해진다"고 하였다. 그에 따르면 "존귀하면 기울어지고, 뭔가 해보고자 하면 왈가왈부한다"는 것을 일컫는다.

9 조초기는 말하기를 "필必은 반드시 바라는 대로 된다는 것을 뜻한다"고 하였다.

10 향鄕은 향向으로 읽는다.

만약 저 도와 덕을 타고서 노닐면 그렇지 않다. 칭찬도 잊고 비난도 잊으며 움직이기도 하고 머물기도 하며 때의 변화에 따라 함께 변화하되 고집스럽게 하려고 하지 않는다. 한 번 오르락 한 번 내리락하며 조화로써 표준을 삼아 만물의 근원에서 노닐며 물物을 물 되게 하되 물에 의하여 물 되지 않는다면 어찌 번거로울 수 있겠는가! 이것은 신농·황제가 본보기로 삼았던 원칙이다. 저 갖가지 일의 실정과 인류의 습속으로 말할 것 같으면 그렇지 않다. 합하고자 하면 분리하고 이루고자 하면 헐어내고 날카로우면 꺾이고 높아지면 비평하고 뭔가 해보고자 하면 손해보고 현명하면 도모하고 모자라면 속게 되나니, 어찌 반드시 바라는 대로 될 수 있겠는가! 슬프다! 제자들이여 기억하라. 오로지 도덕의 세계로 향해야 하지 않겠는가!"

【대의】

사람이 한평생 제대로 살아가기가 쉽지 않다. 무능한 사람은 말할 나위가 없고, 쓸모 있는 사람도 다칠 수 있다. 사는 일이 만만치 않다. 재목감이 되지 않기에 자연수명을 다 누릴 수 있는 나무가 있는가 하면, 울지 못하기에 죽음을 당하는 거위도 있었다. 타자와 대립·경쟁하면서 살아가야 하는 사람들은 능력이 있으면 있는 대로, 모자라면 모자라는 대로, 존귀하면 존귀한 대로 타자에게 해코지를 당할 수 있다.

물질적인 세계에서 육신을 갖고 살아가는 어떤 사람이 타자에게 상처를 입지 않으려면, 물物의 존재 차원에서 물물자物物者의 세계로 비상飛翔해야 한다. '물물자'는 물질로 하여금 물질 되게 하는 것 또는 존재자로 하여금 존재자 되게 하는 것이라고 할 수 있으니, 천지만물의 경우 도道이고 개인의 경우 덕德이다. 어떤 사람이 만약 그의 생명의 뿌리인 '덕'을 찾아 그에 따라 살아갈 수 있다면, 천지만물의 근원인 '도'에 통할 수 있다.

이 글의 작자가 우리에게 하고자 하는 말은 사람들이 자기 본성인 덕을 회복하여 천지만물을 존재하고 생성하게 하는 도에 따라 삶으로써 타자의 상해傷害에서 벗어날 수 있다는 것이다.

2-1

市南宜僚見魯侯,[1] 魯侯有憂色. 市南子曰:「君有憂色, 何也?」魯侯曰:「吾學先王之道, 修先君之業[2]; 吾敬鬼尊賢, 親而行之, 无須臾離居, 然不免於患,[3] 吾是以憂.」市南子曰:「君之除患之術淺矣! 夫豊狐文豹,[4] 棲於山林, 伏於巖穴, 靜也; 夜行晝居, 戒也; 雖飢渴隱約,[5] 猶且胥疏於江湖之上而求食焉,[6] 定也; 然且不免於罔羅機辟之患.[7] 是何罪之有哉? 其皮爲之災也. 今魯國獨非君之皮邪?[8] 吾願君刳形去皮, 洒心去欲, 而遊於无人之野.[9]

시남의료 현노후한대 노후 유우색이어늘 시남자왈 군유우색은 하야잇고 노후왈 오학선왕지도하며 수선군지업하야 오경귀하며 존현하야 친이행지하야 무수유리거호되 연불면어환이라 오시이로 우하노라 시남자왈 군지제환지술이 천의샷다 부풍호문표 서어산림하며 복어암혈은 정야요 야행주거는 계야요 수기갈은약이라도 유차서소어강호지상이구식언은 정야라 연차불면어망라기벽지환하나니 시는 하죄지유재리오 기피 위지재야니라 금에 노국은 독비군지피야아 오는 원군이 고형거피하며 쇄심거욕하고 이유어무인지야하소서

1 사마표는 말하기를 "시남의료市南宜僚는 웅의료熊宜僚인데 시남에 살았기에 그로써 호를 삼았다"고 하였다. 『좌전』左傳에서는 그가 초楚나라 사람이라고 하였다.

2 성현영은 말하기를 "선왕은 왕계王季·문왕文王을 일컫고, 선군先君은 주공周公·백금伯禽을 일컫는다"고 하였다.

3 유월이 말하기를 "최선 본에는 리離 자가 없고, 거居 자는 앞 구절에 이어서 읽으니 마땅히 그에 따라야 한다"고 하였다.

4 조초기는 말하기를 "풍호豊狐는 털이 매우 두툼하게 자란 여우이고, 문표文豹는 몸에 꽃무늬가 있는 표범이니 금전표金錢豹와 같은 종류이다"라고 하였다. 금전표는 표범의 일종이다.

5 왕숙민에 따르면 은약隱約은 궁곤窮困과 같다. '궁곤'은 '곤궁하다'를 뜻한다.

6 왕숙민은 말하기를 "서소胥疏는 복합사이니 뜻은 원遠과 같다. '서소어강호지상'胥疏於江湖之上은 멀리 강호에 떨어져 있다고 말하는 것과 같다"고 하였다

시남의료가 노후를 뵈니 노후에게 근심스러운 빛이 있거늘 시남자가 말했다. "임금에게 근심스러운 빛이 있으니 무엇 때문입니까?" 노후가 말했다. "나는 선왕先王의 도를 배우고 선군先君의 일을 닦아서 귀신을 공경하며, 현자를 존경하여 몸소 행하여 잠시도 그만둔 적이 없었소. 그런데도 환난에서 벗어나지 못한지라 나는 이 때문에 근심하였소." 시남자가 말했다. "임금께서 환난을 제거하는 방법이 얕고 좁습니다! 저 털가죽이 탐스러운 여우와 알록달록하게 빛나는 표범이 숲 속에 깃들이며 바위 구멍에 숨는 것은 고요히 있으려는 것이요, 밤에 돌아다니고 낮에는 쉬는 것은 경계하려는 것이요, 비록 주리고 목마르고 곤궁할지라도 강과 호수 위에서 발길을 멀리하여 먹이를 구하는 것은 신중한 것입니다. 그럼에도 그물과 짐승 잡는 틀의 환난에서 벗어나지 못하나니 이것이 무슨 잘못이 있겠습니까? 그의 가죽이 그의 재앙이 됩니다. 이제 노나라는 임금의 가죽에 해당하는 것이 아니겠습니까? 저는 임금께서 몸을 잊고 나라를 잊으며 지식을 잊고 욕심을 버리고서 사람이 없는 들녘에서 노닐기를 바랍니다.

7 기벽機辟은 「소요유」편에 보인다. 열고 닫히게 하는 부품이 있는 기계로, 짐승잡이에 쓴다.

8 왕숙민에 따르면 독獨은 기豈와 같다. '기'는 '어찌 ……하리오?'를 뜻한다.

9 성현영은 말하기를 "고형刳形은 망신忘身이다. 거피去皮는 망국忘國이다. 쇄심洒心은 망지忘智이다. 거욕去欲은 탐욕을 쉬게 하는 것이다. '무인지야'無人之野는 도덕의 세계를 일컫는다"고 하였다. 왕숙민은 말하기를 "마음에 집착이 없고 걸림이 없으면 노나라도 사람이 없는 들녘일 수 있다"고 하였다.

南越有邑焉, 名爲建德之國.[10] 其民愚而朴, 少私而寡欲[11]; 知作而不知藏,[12] 與而不求其報[13]; 不知義之所適,[14] 不知禮之所將[15]; 猖狂妄行, 乃蹈乎大方[16]; 其生可樂, 其死可葬. 吾願君去國捐俗, 與道相輔而行.」[17]

남월에 유읍언하니 명위건덕지국이니 기민이 우이박하야 소사이과욕하며 지작이 부지장하며 여이불구기보하며 부지의지소적하며 부지례지소장이오 창광망행이로되 내도호대방하야 기생가락이며 기사가장이니 오는 원군이 거국연속하시고 여도상보이행하소서

10 곽상이 말하기를 "남쪽 월나라에 의탁하였으니 그것은 노나라에서 멀리 떨어져 있는 것을 취한 것이다"라고 하였다.

11 이는『노자』19장에 있는 말이다.

12 왕숙민은 말하기를 "저장할 줄 알게 되면 많으니 적으니 하는 생각이 들게 된다"고 하였다.

13 왕숙민은 말하기를 "보답을 바라면 이해타산의 마음이 있게 된다"고 하였다.

14 왕숙민은 말하기를 "「지락」편에서 '의설어적'義設於適이라고 하였는데, 여기서 나아갈 바를 모른다고 한 것은 경지가 한층 더 올라간 것이다"라고 하였다. '의설어적'은 "의義를 알맞게 베푼다"고 말한 것과 같다.

15 성현영에 따르면 장將은 '행行하다'이다. 왕숙민은 말하기를 "여기서 행할 바를 모른다고 말하였으니 경지가 한층 더 올라간 것이다"라고 하였다.

16 성현영에 따르면 "창광猖狂은 무심無心이고, 망행妄行은 혼적混迹이고, 방方은 도이다.

17 왕숙민은 말하기를 "거국연속去國捐俗은 노나라를 잊는 것을 일컫는다. 노나라가 있는데도 노나라를 인식하지 않는다면 근심 걱정이나 번거로움 없이 도와 합할 것이다"라고 하였다. 조초기에 따르면 서로 돕는다는 것은 도가 사람을 돕고 사람도 도를 돕는 것이다. 도는 사람을 생성하지만 사람을 통하지 않고서는 그 존재 의의를 이 세계에 구현할 수 없다. 인류사회의 찬란한 문화가 바로 그것 아니겠는가?

남쪽 월나라에 고을이 있는데 이름이 덕이 세워진 나라라고 합니다. 그 백성들이 어리숙하면서도 순박하여 사심이 적고 욕심이 적으며 경작할 줄은 알아도 저장할 줄 모르며 주면서도 그 보답을 바라지 않으며 마땅히 나아갈 바를 모르고 예의를 행해야 할 것도 모릅니다. 무심히 섞여들어가되 각기 자기 보폭대로 방임해도 사람마다 자기 도리를 실천하여 그 삶을 즐길 만하고 그 죽음을 제대로 마무리할 수 있습니다. 나는 임금께서 나라와 세속을 버리고 도道와 더불어 서로 도움이 되게끔 행하시기를 바랍니다."

2-2

君曰:「彼其道遠而險,[1] 又有江山, 我无舟車, 奈何?」市南子曰:「君无形倨,[2] 无留居, 以爲君車.」君曰:「彼其道幽遠而无人. 吾誰與爲鄰. 吾无糧, 我无食, 安得而至焉?」[3] 市南子曰:「少君之費, 寡君之欲, 雖无糧而乃足.[4] 君其涉於江而浮於海,[5] 望之而不見其崖,[6] 愈往而不知其所窮.[7] 送君者皆自崖而反, 君自此遠矣![8] 故有人者累, 見有於人者憂. 故堯非有人,[9] 非見有於人也.[10] 吾願去君之累, 除君之憂, 而獨與道遊於大莫之國.[11] 方舟而濟於河,[12] 有虛船來觸舟, 雖有惼心[13]之人不怒; 有一人在其上, 則呼張歙之[14]; 一呼而不聞, 再呼而不聞, 於是三呼邪, 則必以惡聲隨之. 向也不怒而今也怒, 向也虛而今也實.[15] 人能虛己以遊世, 其孰能害之!」[16]

군왈 피기도 원이험하고 우유강산하니 아무주거호니 내하오 시남자왈 군이 무형거하며 무류거하야 이위군거하소서 군왈 피기도 유원이무인이어시니 오는 수여위린고 오 무량하며 아 무식호니 안득이지언이리오 시남자왈 소군지비하시며 과군지욕하시면 수무량이나 이내족하리니 군기섭어강이부어해하야 망지이불견기애하며 유왕이부지기소궁이라 송군자는 개자애이반이어든 군은 자차로 원의시리이다 고로 유인자는 루하고 견유어인자는 우하나다 고로 요는 비유인이며 비견유어인야니라 오원거군지루하시며 제군지우하시고 이독여도로 유어대막지국하소서 방주이제어하할새 유허선내촉주이어든 수유편심지인이라도 불로어니와 유일인이 재기상이면 즉호장흡지호되 일호이불문하며 재호이불문커든 어시에 삼호야면 즉필이악성으로 수지하리니 향야에 불로코 이금야에 로는 향야에 허코 이금야에 실일새니라 인능허기이유세하면 기숙능해지리오 노나라 임금이 말했다. "그 나라에 가는 길이 멀면서도 험하고 또 강과 산이 있는데 나에게는 배와 수레가 없으니 어찌합니까?" 시남의료가 말했다. "임금께서는 그 몸을 거만하게 하시지 말며 차지한 지위에 안주하지 않는 것으로써 임금의 수레를 삼으소서." 임금이 말했다. "거기에 가는 길이 깊고 멀면서도 사람조차 없으니 나는 누구와 더불어 이웃을 삼아야 합니까? 나에게는 양식이 없으며 나에게는 먹을 것도 없는데 어떻게 그곳에 이를 수 있겠습니까?" 시남의료가 말했다. "임금의 비용을 적게 하고 임금의 욕구를 줄이시면 비록 식량이 없을지라도 넉넉할 것입니다. 임금께서는 강을 건너고 바다에 떠서 그를 바라보아도 그 끝이 보이지 않으며 갈수록 그 끝나는 바를 모르는데도 임금을 보내는 이들이 모두 바닷가에서 돌아오거든 임금은 이로부터 멀어지십시오! 그러므로 백성을 둔 사람은 번거롭고 남에게 통치받는 사람은 근심합니다. 그러므로 요는 사람을 두지도 않고 백성들은 남에게 통치받지도 않았습니다. 저는 임금께서 번거로움을 제거하고 근심을 제거하고서 홀로 도와 함께 넓고 아득한 세계에서 노니시기를 바랍니다. 배 두 척을 연결해서 황하를 건널 때 빈 배가 와서 배를 받거든 비록 마음이 좁고 성질이 급한 사람일지라도 화를 내지 않거니와, 그 위에 한 사람이라도 있으면 상대방으로 하여금 상앗대질하여 벌리거나 정지하게 하며 고함지르되 한 번 고함질러서 듣지 않으며 다시 고함질러서 듣지 않거든 이때 세 번 고함지르게 되면 반드시 나쁜 소리가 뒤따르게 됩니다. 아까는 화를 내지 않았다가 지금은 화를 내는 까닭은 아까는 비어 있었으나 지금은 사람이 있기 때문입니다. 사람이 자기를 비우고서 세상을 돌아다니면 어느 누가 해칠 수 있으리오!"

1 왕숙민은 말하기를 "피기彼其는 복합사이니 '기'도 '피'이다"라고 하였다.

2 조초기는 말하기를 "형거形倨는 형形으로써 거倨하는 것이니 자기 세력이나 지위를 믿고서 남에게 오만한 것이고, 유거留居는 처한 지위에 안주하는 것이다. 거車는 운행하는 데 쓰는 도구이니 대도大道에 도달하는 방법을 비유한다. 이 세 구절의 뜻은 세력이나 지위, 그리고 이해득실 관념을 버리는 것이 대도에 매진하는 방법이라는 것을 일컫는다"고 하였다.

3 성현영은 말하기를 "아직 독화獨化를 체득하지 못하고 망물忘物하지 못한 것이다"라고 하였다. '망물'은 부귀공명 등 일체의 물질적인 것을 염두에 두지 않는 것이다.

4 성현영은 말하기를 "도는 물物에 의지하여 이루어지지 않나니 단지 염담恬淡할 뿐이다"라고 하였다. '염담'은 세상 물욕 없이 고요한 마음이다.

5 성현영은 말하기를 "강은 지혜를 일컫고 바다는 도를 일컫는다. 상선上善의 지혜를 넘어가서 대도의 바다에서 노니는 것이다"라고 하였다.

6 조초기는 말하기를 "'불견기애'不見其崖는 대도의 경지가 끝없이 광활한 것을 비유한다"고 하였다.

7 조초기는 말하기를 "나아가면 나아갈수록 대도가 너그럽고 넓다는 것을 보게 된다"고 하였다.

8 조초기는 말하기를 "여기에서 인간 세상을 멀리 떠나 피안에 도달하게 된다"고 하였다.

9 선영은 말하기를 "유천하이불여有天下而不與를 일컫는다"고 하였다. '유천하이불여'는 『논어』論語 「태백」泰伯편에서 순임금과 우임금이 천하를 소유하였으면서도 남에게 위임하고 간여하지 않는다는 것을 일컬었다.

10 선영은 말하기를 "망제역여하유忘帝力如何有를 일컫는다"고 하였다. '망제역여하유'는 통치자가 나와 무슨 상관이 있느냐 하는 것처럼 백성들이 제왕의 힘을 잊는 것이다. 이는 무위無爲의 정치를 말한 것이다.

11 곽상은 말하기를 "남김없이 버려 국가를 가졌다는 생각조차 없게 하려는 것이다"라고 하였다.

12 조초기에 따르면 방주方舟는 배 두 척을 같이 연결하여 하나로 만든 것이다.

13 편심惼心은 성미가 급한 마음이다.

14 조초기는 말하기를 "이 구절은 상대방이 멀리 비키거나 가까이 다가서게 하여 쌍방이 부딪치는 것을 피하게 하려고 외치는 것을 일컫는다"고 하였다.

15 조초기에 따르면 허虛와 실實은 배 위에 사람이 있느냐 없느냐 하는 것을 가리킨다.

16 조초기에 따르면 허기虛己는 자기를 존재하지 않는 듯이 보는 것이다. 이 두 구절은 사람이 빈 배처럼 어떤 일에 대하여 내 뜻대로 해야겠다는 마음을 없애고서 사람들과 교유하면 남들도 나와 이러니저러니 하며 따지지 않을 것이므로 남에게 해를 입지 않을 수 있다는 것을 말한다.

【대의】

장자는 여기에서 노魯나라 임금과 시남의료市南宜僚라는 은자隱者가 주고받은 대화형식을 빌려 자신의 유토피아 사상을 피력하였다. 시남의료에 따르면 남월南越에 건덕지국建德之國이 있었다. 그 백성들은 순박하고 사욕이 적으며, 경작할 줄은 알아도 저장할 줄은 모르며, 베풀 줄은 알아도 그 보답을 바라지 않으며, 예의를 행할 줄도 모르고 별로 의도 없이 행동해도 대도大道를 걸어간다. 이에 대하여 노나라 임금이 그 길이 멀고 험하며 강과 산도 있을텐데, 수레와 배도 없이 어떻게 갈 수 있겠느냐고 물었다. 이에 대하여 시남의료는 권세에 의지하여 사람들에게 오만한 일이 없고 차지한 자리에 안주하는 일이 없게 함으로써 수레를 삼고 비용을 적게 하고 욕구를 줄이는 것으로써 식량이 없이도 넉넉하게 하며, 근심을 버리고 도와 더불어 광활한 세계에서 놀아야 한다고 하였다. 그리하여 제기한 것이 '허기이유세'虛己以遊世의 처세 철학이다.

자기를 비우고서 세상을 살아가면 차안此岸이 곧 피안彼岸이다. 이상향은 저 바다 건너 어디에 있는 것이 아니다. 자기를 비우면 여기가 바로 유토피아일 수 있다. 이것이 바로 '회두시안'回頭是岸이라는 말 아닐까?

3

北宮奢爲衛靈公賦斂以爲鐘,[1] 爲壇乎郭門之外,[2] 三月而成上下之縣.[3] 王子慶忌見而問焉,[4] 曰:「子何術之設?」

북궁사 위위령공하야 부렴이위종하더니 위단호곽문지외한 삼월이성상하지현하야늘 왕자경기 견이문언하야 왈 자하술지설오

1 이이는 말하기를 "북궁사北宮奢는 위衛나라 대부大夫인데 북궁에 살았기에 그에 따라 호를 만들었다. 사奢가 그 이름이다"라고 하였다.

2 성현영이 말하기를 "종鐘을 만들려면 먼저 신에게 제사를 지내야 하므로 단壇을 만든 것이다"라고 하였다.

3 조초기는 말하기를 "현縣은 현懸과 통한다. 종을 종틀 위에 거는데, 종을 거는 부분을 '현'이라고 한다. 틀은 두 층으로 나뉘므로 위아래의 현이라고 하였다. 이것은 일종의 편종編鐘이다"라고 하였다. 편종은 음률이 다른 16개의 작은 종을 두 층으로 나란히 매달아 만든 옛날 타악기의 하나이다.

4 이이에 따르면 왕자경기王子慶忌는 주周나라 대부이다. 유월은 말하기를 "주나라의 왕자로서 위나라에서 벼슬한 사람 같다"고 하였다.

북궁사가 위령공을 위해 세금을 거두어들여 종을 만들고자 하였다. 바깥 성문 밖에 제터를 만들고 석 달이 지나 위아래 두 겹의 종틀을 완성하였다. 왕자 경기가 보고는 그에게 말했다. “그대는 무슨 방법을 썼는가?”

奢曰:「一之間, 无敢設也.[5] 奢聞之, 『既彫既琢, 復歸於朴.』[6] 侗乎其无識,[7] 儻乎其怠疑[8]; 萃乎芒乎,[9] 其送往而迎來; 來者勿禁, 往者勿止[10]; 從其強梁, 隨其曲傅,[11] 因其自窮, 故朝夕賦斂而毫毛不挫, 而況有大塗者乎!」[12]

사왈 일지간에 무감설야호라 사는 문지호니 기조기탁하야 복귀어박이라 호라 동호기무식하며 당호기태의하며 췌호망호라 기송왕이영래하야 내자를 물금하며 왕자를 물지하야서 종기강량하며 수기곡부하야 인기자궁하노니 고로 조석에 부렴이호모부좌호니 이황유대도자호따녀

5 곽상은 말하기를 "담박하게 포일抱一할 따름이다"라고 하였다. '포일'은 정기를 온전히 고수하여 도를 잃지 않는 수양 공부이다.

6 곽상은 말하기를 "그의 본성을 환용還用하는 것이다"라고 하였다. '환용'은 본성을 되찾아 살리는 것이다.

7 곽상은 말하기를 "그의 순박한 성품에 맡길 따름이다"라고 하였다. 『석문』에서 말하기를 "동호侗乎는 무지한 모습이다"라고 하였다.

8 성현영은 말하기를 "당儻은 사려가 없는 것이다"라고 하였다. 조초기에 따르면 '태의'怠疑는 미련한 모습이다.

9 왕숙민은 말하기를 "췌萃는 홀忽로 해석해야 할 것 같다"고 하였다.

10 곽상은 말하기를 "그에 맡기는 것이다"라고 하였다.

11 왕숙민은 말하기를 "곡부曲傅는 곡부曲附와 같다. 강량強梁은 수납輸納을 원치 않는 사람이다. '곡부'는 '수납'을 원하는 사람이다"라고 하였다. '곡부'는 자기 뜻을 굽혀 남에게 아부하는 것이고, '수납'은 '납부하다'이다.

12 성현영에 따르면 도塗는 도道이다. 곽상은 이에 대하여 말하기를 "태연스럽게 집착하지 않고 천하 사람들이 스스로 하게끔 한다"고 하였다. 이에 따르면 스스로 자기가 할 수 있는 일을 다하게끔 하는 것이다.

북궁사가 말했다. “담박하게 하나를 껴안고서 감히 다른 생각을 품지 않았습니다. 제가 들으니 ‘새기고 쪼아서 다시 소박한 데로 돌아간다’고 합니다. 지식이 없는 듯하며 그 순박함에 맡기며 사려가 없는 듯하며 의심하면서 사려하는 일이 물러납니다. 황홀하구나! 사람들이 오고 가도 맞이하지도 않고 떠나보내지도 않습니다. 오는 사람을 금하지 않으며 가는 사람을 만류하지 않아 복종하지 않고 사납게 나오면 그러는 대로 내버려두며, 아첨하면서 납부하면 그들이 스스로 다하도록 맡겨둡니다. 그러므로 아침이나 저녁이나 세금을 거두어들이되 털끝만큼도 꺾이지 않는데 하물며 대도이랴!”

【대의】

여기에서는 북궁사가 세금을 거두어들여 종을 만들었다는 고사를 들어 민심에 따라 일할 것을 말하였다.

4

孔子圍於陳蔡之間, 七日不火食.[1] 大公任往弔之曰[2]:「子幾死乎?」曰:「然.」「子惡死乎?」曰:「然.」[3] 任曰:「予嘗言不死之道. 東海有鳥焉, 其名曰意怠.[4] 其爲鳥也, 翂翂翐翐, 而似无能; 引援而飛, 迫脅而棲[5]; 進不敢爲前, 退不敢爲後[6]; 食不敢先嘗, 必取其緖.[7] 是故其行列不斥, 而外人卒不得解,[8] 是以免於患. 直木先伐, 甘井先竭. 子其意者飾知以驚愚,[9] 修身以明汙, 昭昭乎如揭日月而行, 故不免也. 昔吾聞之大成之人曰[10]:『自伐者无功,[11] 功成者墮, 名成者虧.』孰能去功與名而還與衆人! 道流而不明,[12] 居得行而不名處[13]; 純純常常, 乃比於狂[14]; 削迹捐勢, 不爲功名. 是故无責於人, 人亦无責焉.[15] 至人不聞, 子何喜哉?[16]

공자 위어진채지간하야 칠일을 불화식이러니 태공임이 왕조지왈 자는 기사호아 왈 연하다 자는 오사호아 왈 연하다 임이 왈 여 상언불사지도호리라 동해에 유조언하니 기명왈의이니 기위조야 분분질질 이사무능하니 인원이비하며 박협이서하며 진불감위전하며 퇴불감위후하며 식불감선상하야 필취기서라 시고로 기행렬이 불척하며 이외인이 졸부득해라 시이로 면어환하나니라 직목이 선벌하며 감정이 선갈하나니 자기의자는 식지이경우하며 수신이명오하야 소소호여게일월이행 고로 불면야로다 석오 문지대성지인호니 왈 자벌자는 무공하고 공성자는 타하고 명성자는 휴라 호라 숙능거공여명하야 이환여중인하리오 도류이불명거하며 득행이불명처하며 순순상상하야 내비어광하며 삭적연세하야 불위공명하나니라 시고무책어인이면 인역무책언이라 지인은 불문하나니 자하희재오 공자가 진나라와 채나라 사이에서 처지가 매우 곤란해져서 이레를 불로 밥을 지어 먹지 못했다. 태공임이 가서 위로하여 말했다. "그대는 거지 반 죽게 되었는가?" 말하기를 "그렇다." "그대는 죽음을 싫어하는가?" 말하기를 "그렇다." 임이 말했다. "나는 시험 삼아 죽지 않는 이치에 대하여 말해보겠소. 동해에 어떤 새가 있으니 그 이름을 바다제비라고 한다. 그 새는 파닥파닥 날되 무능한 듯하니 새 떼에 끌려서 날며 뭇 새들의 가슴팍으로 파고들면서 깃들이며, 나아갈 때 감히 향도가 되지 못하고 물러갈 때 감히 후위가 되지 못하며, 먹는 것은 감히 먼저 맛보지 못하고 반드시 그 나머지를 취한다. 이 때문에 그 행렬이 흩어지지 않으며 외부 사람들이 끝내 해치지 못하는지라 이 때문에 환난에서 벗어난다. 곧은 나무가 먼저 베어지고 단 샘물이 먼저 마르나니, 그대는 아마 지식을 겸허하게 포장하여 어리석은 사람을 놀라게 하며, 몸을 닦아 더러운 것을 드러나게 하여 해와 달을 높이 들고 번쩍거리며 행하므로 면치 못한다. 일찍이 내가 크게 이룬 사람에게서 들으니 '스스로 뽐내는 사람은 공이 없어지고, 공이 이루어지는 것은 무너지고, 명성이 이루어지는 것은 손상을 입는다'고 하였다. 누가 공명을 버리고 돌아가서 대중과 함께 할 수 있겠는가! 그의 도와 덕이 천하에 두루 유행하여도 칭송받는 위치에 처하지 않으며, 순박하고 떳떳하여 미친 듯하며, 흔적을 남기지 않고 권세를 버리고 공명을 위하지 않는다. 이 때문에 다른 사람에게 구하는 것이 없으면 다른 사람도 그를 따지지 않는 것이다. 지인은 명성이 들리지 않나니 그대는 어찌 기뻐하는가?"

孔子曰:「善哉!」辭其交遊, 去其弟子, 逃於大澤; 依裘褐, 食杼栗[17]; 入獸不亂群, 入鳥不亂行. 鳥獸不惡, 而況人乎!

공자왈 선재라 사기교유하며 거기제자하고 도어대택하야 의구갈하며 식저율하면 입수불란군하며 입조불란행하리니 조수도 불오온 이황인호따녀

1 이 고사는 「천운」天運편에도 보인다.

2 유월에 따르면 태공大公은 성이다. 이이에 따르면 임任은 그의 이름이다.

3 곽상은 말하기를 "자연스럽게 호오好惡를 함께할 따름이지 성인은 개인적인 감정이 없다"고 하였다. '호오'는 좋아하거나 싫어하는 감정을 말한다.

4 조초기에 따르면 의이意怠는 바다제비의 명칭이다.

5 이이는 말하기를 "감히 홀로 깃들이지 못하고 뭇 새들의 가슴팍으로 파고들어 겨우 몸이 끼어들게 하여 잠드니 해를 피하는 방식으로는 극치이다"라고 하였다.

6 왕숙민은 말하기를 "이것은 중中에 처하는 장자의 도가 아니고, 이것을 겁내고 저것을 두려워하며 구차하게 살아남으려 할 뿐이다"라고 하였다.

7 조초기에 따르면 서緖는 잉여이다. 여기서 잉여는 먹다가 남긴 음식을 말한다.

8 왕숙민은 말하기를 "『소이아광고』小爾雅廣詁에서 '척斥은 개開이다'라고 하였다. 의미를 확대하면 산散의 뜻이 있다. …… 의태의 행렬이 흩어지지 아니하여 외인外人이 끝내 그들을 해할 수 없다는 것을 일컫는다"고 하였다.

9 이들 세 구절은 「달생」편에도 보인다.

10 성현영에 따르면 대성지인大成之人은 노자이다.

11 이 구절은 『노자』 24장에 보인다.

12 성현영은 말하기를 "도덕이 널리 행해져 천하에 가득 차되 재주를 감추고 나타나지 않으므로 불명不明이라고 했다"고 하였다.

13 왕숙민에 따르면 거居는 위에 붙여 문구를 끊어야 한다. 곽숭도에 따르면 득得은 덕德과 같다. 성현영은 말하기를 "몸에 도덕이 있어서 세상에 성행하되 이름을 숨기고 자취를 감추므로 그 이름에 처하지 않는다"고 하였다.

14 왕숙민은 말하기를 "순순純純은 전일專一이다. 상상常常은 변치 않는 것이니 광인狂人의 무심無心과 같다"고 하였다.

15 성현영은 말하기를 "내가 남을 책망하지 않으므로 남도 나에게 따지려 들지 않는다"고 하였다.

16 성현영은 말하기를 "그대는 성철聖哲이거늘 어째서 명성을 좋아하는가"라고 하였다.

17 저율杼栗은 상률橡栗이다. '상률'은 상수리이다.

공자가 말했다. "훌륭하도다!" 그가 친구를 사절하며 제자를 버리고 큰 진펄로 도망하여 거친 옷을 입으며 상수리를 먹으며 들짐승 무리 속에 들어가도 그들을 어지럽히지 않으며 새 떼 속에 들어가도 그들의 행렬을 어지럽히지 않을 것이다. 새와 들짐승조차도 그를 싫어하지 않거늘 하물며 사람이랴!

【대의】

여기에서는 공자와 태공임의 대화형식을 빌려 곤경에 대처하는 방법을 말하였다. 그에 따르면 공명심功名心을 버리고 대중과 함께 순박하고 떳떳하게 살아가면 불행한 일이 없어진다는 것이다.

5

孔子問子桑雽曰[1]:「吾再逐於魯, 伐樹於宋, 削迹於衛,[2] 窮於商周, 圍於陳蔡之間.[3] 吾犯此數患, 親交益疏, 徒友益散, 何與?」子桑雽曰:「子獨不聞假人之亡與?[4] 林回棄千金之璧,[5] 負赤子而趨. 或曰:『爲其布與?[6] 赤子之布寡矣; 爲其累與?[7] 赤子之累多矣; 棄千金之璧, 負赤子而趨, 何也?』林回曰:『彼以利合, 此以天屬也.』[8] 夫以利合者, 迫窮禍患害相棄也; 以天屬者, 迫窮禍患害相收也. 夫相收之與相棄亦遠矣. 且君子之交淡若水, 小人之交甘若醴; 君子淡以親, 小人甘以絶. 彼无故以合者, 則无故以離.」

공자 문자상호하야 왈 오는 재축어노하며 벌수어송하며 삭적어위하며 궁어상주하며 위어진채지간하야 오 범차수환호니 친교익소하며 도우익산하나니 하여오 자상호왈 자독불문가인지망여아 임회 기천금지벽하고 부적자이추어늘 혹왈 위기포여인댄 적자지포 과의오 위기루여인댄 적자지루 다의어늘 기천금지벽하고 부적자이추는 하야오 임회왈 피는 이리로 합이오 차는 이천으로 속야니 부이리로 합자는 박궁화환해하야 상기야커든 이천으로 속자는 박궁화환해하야는 상수야하나니 부상수지여상기 역원의라 차군자지교는 담약수하고 소인지교는 감약례라 군자는 담이친하고 소인은 감이절하나니 피 무고이합자는 즉무고이리하나니라

1 유월은 말하기를 "「대종사」편의 자상호子桑戶인 것 같다"고 하였다.

2 『사기·공자세가』史記·孔子世家에 따르면 공자는 노소공魯昭公 때 나라 밖으로 달아난 적이 있고, 또 노정공魯定公 때 위나라로 달아난 적이 있다고 하였다.

3 이상 네 구절은 「천도」편에 보인다.

4 이이에 따르면 가假는 나라 이름이다. 왕숙민에 따르면 독獨은 '어찌 ……하리오?'와 같고, 망亡은 멸망을 일컫는다.

공자가 자상호에게 물었다. "나는 노나라에서 두 번 쫓겨났으며, 송나라에서 제자들과 함께 학문을 강론하다가 그 나무를 베이는 일을 당하였으며, 위나라에서 발길이 끊기었으며, 송나라와 주나라를 왕래하면서 궁지에 몰렸으며, 진나라와 채나라 사이에서 포위되었다. 내가 이 몇 차례 환난을 만나니 친척과 지인들이 더욱 멀어지며 문하생과 벗들이 더욱 흩어졌으니 무엇 때문인가?" 자상호가 말했다. "그대는 어찌 저 가假나라 사람이 도망친 일을 듣지 못했는가? 임회라는 사람이 천금의 도리옥을 버리고 갓난아이를 업고서 달아나거늘 어떤 사람이 말하였다. '돈을 위해서라면 갓난아이의 값어치는 얼마 되지 않고 번거로움을 줄이기 위해서라면 갓난아이의 번거로움이 많거늘, 천금의 도리옥을 버리고 갓난아이를 업고서 달아나는 것은 무엇 때문인가?' 임회가 말했다. '저것은 이익으로 합한 것이요, 이것은 천성으로 맺어진 것이오.' 대저 이익으로 합한 것은 곤궁하고 불행한 사태에 임박해서 서로를 버리거늘 천성으로 맺어진 것은 곤궁하고 불행한 사태에 임박해서는 서로를 거두어주나니, 대저 서로 거두어주는 것과 서로를 버리는 것은 그 차이가 멀다. 또한 군자의 교제는 물처럼 담백하고, 소인의 사귐은 단술처럼 달콤하다. 군자는 담백함으로써 가까워지고 소인은 달디달게 함으로써 끊어진다. 저들 까닭 없이 합해진 것은 까닭 없이 헤어진다."

5 유월에 따르면 임회林回는 가假나라의 도민逃民이다. '도민'은 도망치는 사람이다.

6 『석문』에 따르면 포布는 돈과 재물을 일컫는다.

7 조초기에 따르면 "번거로움을 줄이기 위해서……"를 뜻한다.

8 조초기에 따르면 천성天性에서 우러나와 서로 보살피는 것이다.

孔子曰:「敬聞命矣!」徐行翔佯而歸,[9] 絶學捐書, 弟子无揖於前, 其愛益加進.[10] 異日, 桑雽又曰:「舜之將死, 眞[11]泠禹曰:『汝戒之哉! 形莫若緣, 情莫若率.[12] 緣則不離, 率則不勞; 不離不勞, 則不求文以待形[13]; 不求文以待形, 固不待物.』」[14]

공자왈 경문명의로라 하고 서행상양이귀하야 절학연서나 제자 무읍어전하되 기애 익가진이러라 이일에 상호우왈 순지장사에 진령우왈 여 계지재어다 형막약연코 정막약솔이니 연즉불리하고 솔즉불로하리니 불리불로하면 즉불구문이대형하리니 불구문이대형이면 고불대물이니라

9 조초기는 말하기를 "상양翔佯은 상양徜徉과 같으니 '배회하다'이다"라고 하였다. 상양徜徉은 한가로이 거니는 것이다.

10 곽상은 말하기를 "꾸밈을 버리고 소박함에 맡기기 때문이다"라고 하였다.

11 왕숙민에 따르면 진眞은 직直의 잘못인데, '직'은 내乃와 같다.

12 성현영은 말하기를 "연緣은 순順이다. 형形은 반드시 물物을 따르고, 정情은 반드시 중中을 따라야 한다"고 하였다. '형'은 몸으로 표현하는 것이고, '물'은 사람이나 사물을 가리키고, '중'은 속마음이다. 그러나 왕숙민은 말하기를 "솔率은 진솔眞率을 일컫는다"고 하였다.

13 곽상은 말하기를 "소박함에 맡기어 솔직하게 나아가는 것이다"라고 하였다.

14 성현영은 말하기를 "그래서 자기 분수에 맞게 각기 만족할 줄 알고서 외물에 의존하지 않는다"라고 하였다.

공자가 말하기를 "삼가 가르침을 받겠습니다!" 하고 유유히 천천히 걸어서 돌아와 학문을 끊고 책을 버렸다. 제자들이 밖에서 두 손을 마주잡고 읍하지 않아도 스승을 사랑하는 감정은 더욱더 깊어졌다. 다른 날에 상호가 또 말했다. "순이 죽을 무렵 우에게 당부하여 말했다. '너는 경계할지어다! 몸은 물物의 자연에 따르는 것만 한 것이 없고 감정은 솔직하게 표현하는 것만 한 것이 없다. 물의 자연에 따르면 다른 사람과 언제나 뜻이 맞게 되고 솔직하면 언제나 수고롭지 않게 되며 뜻이 맞고 수고롭지 않으면 예의로써 자기 몸을 꾸미지 않을 것이니 예의로써 자기 몸을 꾸미지 않으므로 외물外物에 의존하지 않을 것이다.'"

【대의】

여기에서는 이해타산으로 맺어진 인간관계와 천성天性으로 맺어진 인간관계를 말하였다. 여기에서 말한 천성은 인공이 가해지지 않은 천연의 성품이다. 이러한 성품으로 맺어진 인간관계는 곤궁하고 불행한 사태를 당할 때 서로 거두어주지만, 이해타산으로 만난 사람들은 이럴 때 상대방을 버린다는 것이다. 그래서 군자의 교제는 물처럼 담박하지만 소인의 사귐은 단술처럼 달콤하다는 경구警句를 남겼다.

6

莊子衣大布而輔之,[1] 正緳係履而過魏王.[2] 魏王曰:「何先生之憊邪?」莊子曰:「貧也, 非憊也. 士有道德不能行, 憊也; 衣弊履穿, 貧也, 非憊也; 此所謂非遭時也. 王獨不見夫騰猿乎? 其得枏梓豫章也, 攬蔓其枝而王長其間,[3] 雖羿蓬蒙不能眄睨也.[4] 及其得柘棘枳枸之間也, 危行側視,[5] 振動悼慄; 此筋骨非有加急而不柔也,[6] 處勢不便,[7] 未足以逞其能也. 今處昏上亂相之間, 而欲无憊, 奚可得邪? 此比干之見剖心徵也夫!」

장자 의대포이보지하고 정혈계리하야 이과위왕한대 위왕왈 하선생지비야오 장자왈 빈야라 비비야니라 사유도덕불능행은 비야어니와 의폐리천은 빈야라 비비야니 차소위비조시야니라 왕은 독불견부등원호잇가 기득남재예장야에는 남만기지이왕장기간이어든 수예 방몽이라도 불능면예야라가 급기득자극지구지간야하야는 위행측시하야 진동도율하나니 차는 근골이 비유가급이불유야라 처세불편이라 미족이령기능야르새니라 금에 처혼상란상지간하야서 이욕무비인들 해가득야리오 차 비간지견부심이니 징야부인저

1 성현영은 말하기를 "대포大布는 조포粗布와 같다"고 하였다. 조포는 거친 베이다.

2 곽숭도는 말하기를 "삼의 한 가닥을 가지런히 하여 그의 신에 밀어넣어서 묶는 것이다"라고 하였다. 성현영에 따르면 위왕魏王은 위혜왕魏惠王이다.

3 조초기는 말하기를 "람攬은 '붙잡다'이다. 만蔓은 만曼과 통하니 번인樊引이다. 왕장기간王長其間은 그 사이에서 왕이라고 일컫기도 하고 어른이라고 일컫기도 하는 것이다"라고 하였다. '번인'은 기어오르는 것이다.

4 사마표에 따르면 예羿는 옛적에 활을 잘 쏘았던 사람이고, 방몽蓬蒙은 예의 제자이다.

5 조초기에 따르면 위행危行은 정색을 하고서 가는 것이고, 측시側視는 두려워서 감히 똑바로 보지 못하는 모습이다.

6 왕숙민에 따르면 차此는 기其와 같고 유有는 인因과 같다.

7 왕념손은 말하기를 "옛적에는 차지한 자리를 처세處勢라고 했다"고 하였다.

장자가 군데군데 기워진 거칠고 헐렁한 옷을 입고 삼끈으로 떨어진 신을 묶고서 위왕을 뵈었다. 위왕이 말했다. "선생님은 어째서 이처럼 고달파 보입니까?" 장자가 말했다. "가난한 것이지 고달픈 게 아닙니다. 선비에게 도덕이 있으나 실행하지 못하는 것이 고달픈 것이요, 낡은 옷을 입고 해진 신을 신는 것은 가난한 것이지 고달픈 게 아닙니다. 이것이 이른바 때를 만나지 못한 것입니다. 왕은 어찌 저 뛰노는 원숭이를 보지 못했습니까? 그것이 녹나무·가래나무·예장나무 같은 큰 나무를 만나게 되어서는 그 나뭇가지를 잡고 기어오르며 그 사이에서 왕 노릇도 하고 어른 노릇도 하거늘 비록 예와 방몽 같은 명사수일지라도 곁눈질조차 해볼 수가 없습니다. 그것이 잔뽕나무·멧대추나무·탱자나무·구기자나무 사이에 있게 되면 정색을 해서 걷고 곁눈질하며 무서워 떠나니 그의 근골이 더욱 긴장되어 부드럽지 않을 뿐만 아니라 차지한 자리가 불편한지라 족히 그의 능력을 발휘하지 못하기 때문입니다. 이제 흐리멍덩한 임금과 혼란스러운 재상 사이에 처하여 고달프지 않고자 한들 어찌 될 수 있겠습니까? 이것은 비간의 심장이 쪼개졌던 사실이 징험할 것입니다!"

【대의】

여기에서 장자는 빈貧과 비憊를 구별하였다. '빈'은 가난을, '비'는 선비가 뜻을 펴지 못하고 지쳐버리는 것을 가리킨다. 사리에 어두운 사람들이 지배하는 세상에서 장자가 견디기 어려웠던 것은 가난보다도 뜻을 펼 수 없는 상황이었다. 오늘날 우리 사회에서도 많은 고급두뇌들이 가난에 시달리고 있다. 그러나 그들을 더욱 괴롭히는 것은 우리 사회 곳곳에 만연한 불의가 아닐까?

7-1

孔子窮於陳蔡之間,[1] 七日不火食, 左據槁木, 右擊槁枝, 而歌猋氏之風,[2] 有其具而无其數,[3] 有其聲而无宮角,[4] 木聲與人聲, 犁然有當於人之心.[5] 顔回端拱還木而窺之. 仲尼恐其廣己而造大也,[6] 愛己而造哀也, 曰:「回, 无受天損易, 无受人益難.[7] 无始而非卒也,[8] 人與天一也.[9] 夫今之歌者其誰乎?」[10]

공자 궁어진채지간하야 칠일을 불화식하야 좌거고목하고 우격고지하사 이가표씨지풍하시니 유기구이무기수하며 유기성이무궁각호되 목성이 여인성으로 리연유당어인지심하더니 안회단공하야 선목이규지한대 중니 공기광기이조대야하며 애기이조애야할까 하야 왈 회아 무수천손은 이커니와 무수인익은 난하니 무시이비졸야라 인여천이 일야니 부금지가자 기수호오

1 이 고사는 「천운」편에 보인다.

2 성현영은 말하기를 "표씨猋氏는 신농神農이다"라고 하였다.

3 임희일에 따르면 무기수无其數는 절주節奏가 없는 것이다. '절주'는 리듬·박자를 뜻한다.

4 조초기에 따르면 무궁각无宮角은 음악의 성조聲調에 맞지 않는 것을 뜻한다. 성조는 가락 또는 음률이다.

5 왕숙민은 말하기를 "리연犁然은 막힘이 없는 모습인 듯하다. 당當은 '응하다'이니 『성현영소』에서 '감동함이 있어서 사람 마음에 맞는 것이다'라고 했으니 옳은 말이다"라고 하였다.

6 조초기는 말하기를 "공자는 안회가 자기 문제를 자연스럽지 못하게 확대하여 너무 엄중하게 보며, 자기를 아끼기 때문에 자연스럽지 못하게 애통해할까 걱정한 것이다"라고 하였다.

공자가 진나라와 채나라 사이에서 곤경에 빠져 이레를 불을 피워 밥을 짓지 못하고 왼손은 마른나무를 치고 오른손으로는 마른나무 가지에 의지하여 신농 시대의 가곡을 노래하시니, 그 박자 치는 도구는 있으나 박자가 맞지 않고 그 소리는 있으나 음조는 없었다. 그런데도 나무 소리가 사람 소리와 함께 마음이 뭉클한 듯이 사람의 심정에 와닿는 것이 있었다. 안회가 두 손길을 공손히 마주 잡고 눈을 굴려 주시하였다. 공자는 그가 자기 문제를 인위적으로 확대해서 지나치게 심각하게 보거나 자기를 사랑하다가 슬픔에 이르게 될까 두려워하여 말했다. "안회야, 저절로 찾아온 손해를 입지 않기는 쉬워도 인위적으로 가해진 이익을 받지 않기는 어렵다. 시작이 있는 것마다 끝나지 않는 것이 없는지라 인위와 자연은 결국 일치하니 지금 노래 부른 사람은 그 누구인가?"

7 성현영은 말하기를 "대저 자연의 이치에는 궁색지손窮塞之損이 있지만 시명時命을 잘 알고서 그에 편안하기는 쉽다. 그러나 인륜의 도리에는 작록지익爵祿之益이 있어서 갑자기 자기에게 찾아와 맡기면 그것을 사양하기가 어렵다. 이것은 공자가 비록 나무를 두드리며 노래를 부를지라도 슬퍼하거나 원망하는 마음이 없다는 것을 설명한다"고 하였다. 이는 자연과 인륜의 이치에 손익이 있어서, 사람에게는 궁색할 때가 있는가 하면 벼슬자리가 주어질 때도 있다는 것을 뜻한다.

8 곽상은 말하기를 "지금에서 보면 시작이지만 어제에서는 끝나는 것이니, 이른바 시始라는 것이 곧 졸卒이다. 변화가 끝이 없다는 것을 말한다"고 하였다.

9 곽상은 말하기를 "모두 자연이다"라고 하였다.

10 곽상은 말하기를 "그의 자이自爾에 맡기면 가자비아歌者非我이다"라고 하였다. 곽상은 '자이'를 자연과 같은 의미로 썼다. '가자비아'에 대하여 성현영은 풀이하여 말하기를 "대저 대성大聖은 허망虛忘하여 물아物我를 아울러 상실한다. 나는 내가 아니라면 노래는 누구의 노래이겠는가? 내가 몸이 없다면 노래는 어디에 의탁하겠는가?"라고 하였다. '허망'은 자기 마음속을 비우고 일체를 잊는 것이며, '물아'는 나와 나의 대상 모두를 가리킨다.

回曰:「敢問无受天損易.」仲尼曰:「飢渴寒暑, 窮桎不行,[11] 天地之行也, 運物之泄也,[12] 言與之偕逝之謂也.[13] 爲人臣者, 不敢去之. 執臣之道猶若是, 而況乎所以待天乎!」[14]

회왈 감문무수천손이 이하노이다 중니왈 기갈한서와 궁질불행은 천지지행야며 운물지설야니 언여지해서지위야라 위인신자 불감거지하야 집신지도하야도 유약시온 이황호소이대천호따녀

11 성현영은 말하기를 "질桎은 색塞이다"라고 하였다.

12 왕숙민에 따르면 운물運物을 운화運化로 쓴 판본이 있는데, 운화지설運化之泄은 사시가 돌아가면서 쇠락하는 것과 같다.

13 성현영에 따르면 변화와 더불어 함께 가는 것이다.

14 왕숙민에 따르면 유猶 자 앞에 이而 자가 있어야 한다. 이에 대하여 성현영은 말하기를 "남의 신하 된 사람은 감히 군주의 명령을 피하지 못한다"고 하였다.

안회가 말했다. "감히 저절로 찾아온 손해를 입지 않기는 쉽다는 것을 묻습니다." 공자가 말했다. "배고프고 갈증 나고 춥고 더운 것과 궁색하여 통하지 않는 것은 천지의 운행이요 사시가 돌아가면서 쇠락하는 것과 같은 것이니, 그와 함께 변화할 수밖에 없다는 것을 일컫는다. 남의 신하 된 이는 감히 그를 떠나지 못한다. 신하의 도를 지키려고 해도 오히려 이와 같거늘 하물며 하늘을 대하는 도리이랴!"

7-2

「何謂无受人益難?」 仲尼曰: 「始用四達,[1] 爵祿竝至而不窮,[2] 物之所利, 乃非己也,[3] 吾命其在外者也.[4] 君子不爲盜, 賢人不爲竊.[5] 吾若取之, 何哉! 故曰, 鳥莫知於鷾鴯, 目之所不宜處, 不給視,[6] 雖落其實, 棄之而走.[7] 其畏人也, 而襲諸人間, 社稷存焉爾.」[8] 「何謂无始而非卒?」 仲尼曰: 「化其萬物而不知其禪之者,[9] 焉知其所終? 焉知其所始? 正而待之而已耳.」[10]

하위무수인익이 난이잇고 중니왈 시용사달하야 작록병지이불궁하나니 물지소리 내비기야니 오명이 기재외자야라 군자 불위도하며 현인은 불위절하나니 오 약취지인댄 하재리오 고로 왈 조 막지어의이하야 목지소불의처에는 불급시하며 수락기실이라도 기지이주하며 기외인야나 이습저인간이어든 사직으로 존언이니라 하위무시이비졸이잇고 중니왈 화기만물이어든 이부지기선지자어니 언지기소종이며 언지기소시리오 정이대지이이이니라

1 조초기는 말하기를 "시용始用은 세상에 쓰이기 시작했다는 것이니, 이는 곧 당시 통치자를 위하여 봉사하는 것을 뜻한다"고 하였다.

2 조초기는 말하기를 "불궁不窮은 작록이 끊임없이 자기에게 오는 것을 가리킨다"고 하였다.

3 왕숙민은 말하기를 "작록은 신외지물身外之物인지라 자기와 상관이 없는 것이다"라고 하였다. '신외지물'은 몸 이외의 것으로 비본질적이어서 자기가 죽으면 아무런 의미가 없다는 말이다.

4 조초기는 말하기를 "내 본분 밖에 속하는 것이다"라고 하였다.

5 성현영은 말하기를 "현인과 군자조차도 훔치지 않거늘 하물며 공자와 같은 큰 성인이 어찌 하늘의 이치를 어기면서 작록을 사취私取하겠는가!"라고 하였다. '사취'는 정당하지 않은 방법으로 취하는 것이다.

"사람이 가한 유익함을 받지 않기는 어렵다는 것은 무슨 뜻입니까?" 공자가 말했다. "처음 등용되면 각 방면이 모두 순리하여 작록이 함께 이르되 다하지 않는다. 외물이 이롭게 하는 것은 자기에게 속하는 것이 아니니, 나의 명命은 내 본분 밖에 있는 것이다. 군자는 도적질을 하지 않으며 현인은 훔치지 않는데 내가 그것을 취해서 무엇하겠는가! 그러므로 이르기를 새 가운데 제비보다 지혜로운 것이 없으니, 살기에 마땅치 않은 곳을 보면 더 이상 보지 않으며 비록 입에 물고 있는 열매를 떨어뜨릴지라도 버리고 달아난다. 그것은 사람을 무서워하지만 사람 사는 집으로 파고드는 것은 그의 사직이 거기에 있기 때문이다." "무엇을 일러 시작하는 것마다 끝나지 않는 것이 없다고 합니까?" 공자가 말했다. "만물을 변화시켜도 그것이 어떻게 번갈아가며 신진대사 하는 줄을 모르니 어떻게 그것이 끝나는 바를 알며 어떻게 그것이 시작하는 바를 알리오? 평정한 상태에서 기다릴 따름이니라."

6 왕숙민에 따르면 급給은 급及과 같고 시視는 관찰하는 것이니, 불급시不給視는 관찰할 겨를조차 없다는 것을 일컫는다. 그러나 조초기는 말하기를 "거주하기에 적합하지 않은 곳을 보면 더 이상 보지 않는다. 목目은 '보다'이고, 급給은 족足 · 다多이다"라고 하였다.

7 조초기는 말하기를 "비록 입에 물고 있는 과실을 떨어뜨릴지라도 ……이다"라고 하였다.

8 곽숭도는 말하기를 "사社는 거주하는 곳이고, 직稷은 길러지게 하는 곳이다"라고 하였다. 왕숙민에 따르면 이것은 제비가 거주하면서 먹고 살게 하는 것이 여기에 있다는 것을 일컫는다.

9 조초기에 따르면 선禪은 번갈아가면서 신진대사 하는 것이다.

10 조초기에 따르면 정正은 정定이니 '평정平靜하다'이다.

「何謂人與天一邪?」仲尼曰:「有人, 天也[11]; 有天, 亦天也. 人之不能有天, 性也,[12] 聖人晏然體逝而終矣!」[13]

하위인여천이 일야잇고 중니왈 유인도 천야며 유천도 역천야니 인지불능유천이 성야라 성인은 안연하야 체서이종의하니라

11 조초기는 말하기를 "사람의 일과 자연의 변화를 지배하는 것은 모두 천天이다. 유有는 '지배하다'이다"라고 하였다.

12 조초기는 말하기를 "사람이 자연을 지배할 수 없으니 이것은 사람의 본성이 그렇게 되어 있다는 것이다"라고 하였다.

13 왕숙민은 말하기를 "안연체서晏然體逝는 편안히 변화에 따른다는 뜻과 같다"고 하였다.

"무엇을 일러 사람과 하늘이 일치한다고 합니까?" 공자가 말했다. "사람을 다스리는 것도 천이며 천을 다스리는 것도 천이니, 사람이 천을 다스리지 못하는 것은 본성적으로 그렇게 되어 있다. 성인은 편안히 변화에 따르면서 마칠 뿐이로다!"

【대의】

인생길에는 순경順境이 있지만 역경逆境도 있다. 공자처럼 위대한 사람도 곤경에 빠질 때가 있다. 그것은 자연계의 재난 때문일 수도 있지만 사람들이 조성한 경우도 있다. 출셋길이 활짝 열려 고속질주할 때도 있다. 그런 때일수록 위험요소가 많다. 사람들은 이 점을 소홀히 여기는 탓에 인생을 한순간에 그르칠 수 있다. 그래서 이 글의 작자는 공자의 입을 빌려 '무수인익난'無受人益難이라고 말한 것 같다.

자기에게 벼슬이 찾아오면 그것을 사양하기란 어렵다. 그러나 벼슬도 신외지물身外之物이다. 그러한 벼슬을 위하여 살다가는 인생을 자기 본성대로 살기가 쉽지 않다.

그러면 이러한 문제에 어떻게 대처해야 할까? 이 글의 작자에 따르면 정당하지 않은 방법으로 벼슬을 사취私取해서는 안 되며, 설사 자기가 곤경에 놓일지라도 그에 슬퍼하거나 원망하는 감정을 개입시키지 않고, 자기 마음을 비우고 일체를 잊고서 사물의 자연스러운 변화에 따라야 한다. 이렇게 함으로써 사람과 하늘이 하나가 되어 편안히 변화에 따르면서 일생을 아름답게 마무리할 수 있다는 것이다.

8

莊周遊於雕陵之樊,[1] 覩一異鵲自南方來者, 翼廣七尺, 目大運寸,[2] 感周之顙而集於栗林. 莊周曰:「此何鳥哉, 翼殷不逝, 目大不覩?」蹇裳躩步,[3] 執彈而留之.[4] 覩一蟬, 方得美蔭而忘其身; 螳螂執翳而搏之,[5] 見得而忘其形; 異鵲從而利之, 見利而忘其眞.[6] 莊周怵然曰:「噫! 物固相累, 二類召也!」[7] 捐彈而反走, 虞人逐而誶之.[8]

장주 유어조릉지번할새 도일이작이 자남방래자 익광이 칠척이오 목대 운촌이러니 감주지상이집어율림이어늘 장주왈 차하조재오 익은불서하며 목대부도하낫다 건상각보하야 집탄이류지하야서 도일선이 방득미음이망기신하며 당랑이 집예이박지하야 견득이망기형하며 이작이 종이리지하야 견리이망기진이러라 장주출연왈 희라 물고상루라 이류 소야로다 하고 연탄이반주하더니 우인이 축이수지하니라

1 사마표는 말하기를 "조릉雕陵은 릉陵 이름이고 번樊은 울타리이니, 밤나무밭 울타리 안을 가리킨다"고 하였다.

2 왕숙민은 말하기를 "광廣이 가로라면 운運은 세로이다. 목대운촌目大運寸은 눈의 길이가 지름한 치라고 말한 것과 같다"고 하였다.

3 왕념손에 따르면 건蹇은 건褰과 통한다. '건'은 옷자락을 들어 올리는 것이다. 조초기에 따르면 각보躩步는 조심스럽게 다리를 들어 주저주저하면서 앞으로 나아가는 모습니다.

4 사마표는 말하기를 "유지留之는 발길을 멈추고 좋은 기회를 엿보는 것이다"라고 하였다.

5 왕숙민에 따르면 이而는 차且와 같고, 박搏은 포捕로 써야 『성현영소』에 부합한다. 그렇다면 이 구절은 "나뭇잎을 집어 매미에게서 자기 자신을 가리면서도 그 몸이 기이한 까치에게 보이는 것을 잊고 있다"는 것을 뜻한다.

6 사마표에 따르면 진眞은 신身이다.

7 곽상은 말하기를 "대저 물物에 대하여 욕심이 있는 사람은 '물'도 그를 욕심낸다"고 하였다.

8 수誶는 '욕하다'이다.

장자가 조릉의 울타리 안에서 놀다가 남쪽에서 날아온 이상한 까치를 보았는데, 그 날개의 넓이가 10척이요 눈의 길이가 지름 한 치는 되어 보였다. 그것이 장자의 이마를 스치며 감나무에 내려앉거늘 장자가 말했다. "이것은 무슨 새인가? 날개가 크지만 제대로 날지 못하며 눈은 크지만 보지도 못한다." 치마를 걷어 올리고 조심조심 발걸음을 떼어 탄궁을 잡고 엿보았다. 갑자기 매미 한 마리가 바야흐로 좋은 그늘을 얻어서 그 자신을 잊고 있었으며, 버마재비가 나뭇잎을 집어 매미에게서 자기 자신을 가리면서도 그 몸이 기이한 까치에게 보이는 것을 잊고 있었으며, 팔뚝을 들어 그 매미를 쳐서 잡으려 하며 얻을 것을 보고서 그 자신의 몸을 잊고 있었으며, 기이한 새는 그 사이에서 이익을 취하였으나 이익을 보고 자기의 몸을 잊고 있는 것을 보았다. 장자가 두려워하면서 말했다. "아! 사물들은 서로 얽혀서 피차가 서로를 불러들이는구나!" 탄궁을 버리고 돌아서 달려가는데 밤나무 숲을 관리하는 노인이 쫓아와서 그에게 욕했다.

莊周反入, 三月不庭.[9] 藺且從而問之[10]; 「夫子何爲頃間甚不庭乎?」 莊周曰: 「吾守形而忘身, 觀於濁水而迷於淸淵.[11] 且吾聞諸夫子曰[12]: 『入其俗, 從其令.』[13] 今吾遊於雕陵而忘吾身, 異鵲感吾顙, 遊於栗林而忘眞, 栗林虞人以吾爲戮, 吾所以不庭也.」[14]

장주 반입하야 삼월을 부정호라 린저 종이문지호되 부자는 하위로 경간을 심부정호오 장주왈 오수형하다가 이망신하야 관어탁수이미어청연호라 차오문저부자호니 왈 입기속하야 종기령이라할따녀 금오 유어조릉이망오신하야늘 이작이 감오상하야 유어율림이망진이어늘 율림우인이 이오로 위륙할새 오소이부정야니라

9 왕념손은 말하기를 "정庭은 마땅히 령逞으로 읽어야 한다. 불령不逞은 '불쾌하다'이다"라고 하였다.

10 사마표에 따르면 린저藺且는 장자의 제자이다. 왕숙민은 말하기를 "장자 제자의 성명 가운데 고증할 수 있는 사람은 겨우 린저 한 명뿐이다"라고 하였다.

11 왕숙민은 말하기를 "'혼탁한 이익을 관찰하다가 청명한 본성에 대하여 미혹하였다'는 것을 일컫는다"고 하였다.

12 성현영은 말하기를 "장주莊周는 노담老聃을 스승으로 모시므로 노자를 부자夫子라고 일컬었다"고 하였다.

13 곽상은 말하기를 "그 금령禁令을 어기지 않는다는 것이다"라고 하였다.

14 성현영은 말하기를 "뜻이 기이한 까치에 있는 사이 마침내 밤나무 숲의 금령을 잊었으니 이것은 망신忘身이다. 우인虞人이 장자더러 밤을 훔쳤다고 하였으니 자신이 치욕스러운 일을 당하게 된 것이다. 이 때문에 불쾌해한 것이다"라고 하였다. '망신'은 자기 자신에 대하여 잊은 것이다.

장자가 돌아와 들어앉아서 석 달을 언짢아했다. 린저라는 제자가 따라와서 그에게 물었다. "선생님은 무엇 때문에 요사이 매우 언짢아하십니까?" 장자가 말했다. "나는 몸을 지키다가 자신을 잊고 흐린 물을 보다가 맑은 호수에 의혹되었다. 또한 내가 선생님께 들으니 '그 고장에 들어가서는 그 고장의 금령禁令에 따르라'고 하셨으니 이제 내가 조릉에서 놀다가 자신을 잊었는데 기이한 까치가 내 이마를 스쳐 밤나무에서 놀다가 자신의 몸을 잊어버리거늘 밤나무 숲을 관리하는 노인이 나를 욕하였기에 내가 그 때문에 언짢아하니라."

【대의】

자연계에 천적天敵이 있듯이 사물들은 서로 이해모순利害矛盾으로 얽혀 있다. 그래서 이 글의 작자는 '물고상루'物固相累라고 하였다. 그런데도 사람들은 자기에게 이로운 것을 추구하다가 자신의 본성을 잃고 후환을 자초하는 경우가 있다. 이 글의 작자가 말하고자 하는 바는 권력이나 재물 같은 신외지물身外之物을 추구하다가 그보다 더 값진 자신의 생명과 진성眞性을 상실할 수 있다는 것이다.

9

陽子之宋,[1] 宿於逆旅. 逆旅人有妾二人, 其一人美, 其一人惡, 惡者貴而美者賤.[2] 陽子問其故, 逆旅小子對曰:「其美者自美, 吾不知其美也; 其惡者自惡, 吾不知其惡也.」陽子曰:「弟子記之! 行賢而去自賢之行, 安往而不愛哉!」

양자 지송하다가 숙어역려라니 역려인이 유첩이인호되 기일인은 미하고 기일인은 악하더니 악자 귀이미자 천이어늘 양자문기고한대 역려소자 대왈 기미자 자미라 오부지기미야며 기악자 자악이라 오부지기악야하노라 양자왈 제자아 기지하라 행현이거자현지행이면 안왕이불애재리오

1 사마표에 따르면 양자陽子는 양주楊朱이다. 왕숙민에 따르면 양陽과 양楊은 옛적에 통하였다.
2 왕숙민에 따르면 귀貴는 남에게 중시되는 것이고 천賤은 남에게 경시되는 것이다.

양주가 송나라에 가다가 주막집에 묵었다. 주막집 주인에게 첩 두 사람이 있었는데, 그중 한 사람은 아름답고 한 사람은 추악하였다. 추악한 사람은 귀여움을 받고 아름다운 이는 천대를 받았다. 양자가 그 까닭을 물으니 주막집 심부름꾼이 대답하였다. "그 아름다운 여인은 스스로 아름답다고 생각하는지라 나는 그가 아름다운 줄을 모르겠으며, 그 추악한 이는 스스로 추악하다고 느끼는지라 내가 그녀의 추악함을 모르겠다." 양주가 말했다. "제자들이여 기억하라! 행실이 어질면서도 스스로 어질다고 생각하는 마음을 버리면 어디를 간들 사랑받지 않으리오!"

【대의】

여기에서는 자기가 현명하면서도 스스로 현명하다는 생각을 버리고 자기가 아름다우면서도 스스로 아름답다고 생각하지 않아야 남들에게 사랑과 존경을 받을 수 있다고 하였다.

• 제21편 • 전자방(田子方 第二十一)

【제21편 전자방田子方 해제】

이 편에는 동곽순자東郭順子 · 온백설자溫伯雪子 · 노담老聃 · 진화자眞畵者 · 장장인臧丈人 · 백혼무인伯昏无人 등이 등장한다. 이들은 전덕자全德者의 화신化身이다.

진화자는 참된 화가라고 할 수 있다. 전덕자는 천지만물의 본체인 도道의 자연스러운 흐름에 따라 살아감으로써 자신의 본성인 덕德을 온전히 보존한 사람이다. 여기에서는 이를 지인至人 또는 진인眞人이라고도 하였다. 이러한 사람은 자기 본성을 그 무엇보다도 중시한다. 이 본성이 바로 진아眞我이다. 진아는 육체적인 생명보다도 귀중하다.

따라서 자기 본성을 온전히 보존하려는 전덕자는 권세와 재물, 이해득실, 부귀영화, 생사와 같은 사태뿐만 아니라 인仁 · 예禮와 같은 도덕관념을 신외지물身外之物로 본다. 신외지물은 비본질적인 것이다. 전덕자는 비본질적인 일들을 위하여 한평생 살아가는 것을 부질없는 짓으로 본다. 자기 본성 이외의 모든 것을 비본래적이라고 보기 때문에 심지어 국가의 존망조차도 치지도외置之度外할 수 있다.

이 글의 여러 단락에 전덕자가 등장한다. 그래서 요내姚鼐는 말하기를 이 편이 「덕충부」德充符와 취지가 같다고 하였다. 왕숙민도 이에 찬성하면서 「인간세」人間世와 서로 부합하는 점이 있다는 말을 덧붙였다. 이처럼 덕을 인간의 본성으로 보고 그 밖의 일체를 비본질적인 것이라고 한다면 유가에서 표방하는 윤리도덕이 하찮아 보일 수도 있다.

이 글에는 유가에서 중시하는 덕목들을 폄하하는 말들도 있다. 그래서 조초기도 말하기를 “전편의 주요한 취지는 양도폄유揚道貶儒에 있다”고 하였다. ‘양도폄유’는 도가를 찬양하고 유가를 폄하한다는 뜻이다.

1

田子方侍坐於魏文侯,[1] 數稱谿工.[2] 文侯曰:「谿工, 子之師邪?」子方曰:「非也, 无擇之里人也; 稱道數當, 故无擇稱之.」文侯曰:「然則子无師邪?」子方曰:「有.」曰:「子之師誰邪?」子方曰:「東郭順子.」[3] 文侯曰:「然則夫子何故未嘗稱之?」子方曰:「其爲人也眞,[4] 人貌而天,[5] 虛緣而葆眞,[6] 淸而容物. 物無道, 正容以悟之, 使人之意也消,[7] 无擇何足以稱之!」[8]

전자방이 시좌어위문후하야서 삭칭계공한대 문후왈 계공은 자지사야아 자방왈 비야이라 무택지이인야니 칭도 삭당할새 고무택이 칭지하노이다 문후왈 연즉자는 무사야아 자방왈 유하니이다 왈 자지사는 수야오 자방왈 동곽순자니이다 문후왈 연즉부자는 하고로 미상칭지오 자방왈 기위인야 진이라 인모이천하며 허연이보진하며 청이용물하야 물이 무도어든 정용이오지하야 사인지의야로 소케 하나니 무택은 하족이칭지리잇고

1 이이에 따르면 전자방은 위문후의 스승이고, 이름은 무택无擇이다.

2 성현영에 따르면 계공은 자방의 고향 사람이다.

3 성현영에 따르면 동곽순자는 성곽 동쪽에 살았기에 그로서 씨氏를 삼았고, 이름이 순자이며 자방의 스승이다.

4 곽상은 말하기를 "거짓이 없다"고 하였다.

5 곽상은 말하기를 "비록 모습은 사람과 같을지라도 오직 도에 맡길 뿐이다"라고 하였다.

6 곽상은 말하기를 "비우고서 사물을 따르므로 참된 것을 잃지 않는다"고 하였다.

7 곽상은 말하기를 "가없이 청허淸虛하여 자기를 바르게 할 따름이지만 사람들의 사특한 마음이 저절로 사그라든다"고 하였다.

8 성현영은 말하기를 "스승의 성덕이 이와 같이 깊고 현묘하니 용비庸鄙한 제가 어찌 칭찬할 수 있습니까?"라고 하였다. 용비는 평범하고 천하다는 것을 뜻하니, 자기를 겸손하게 표현한 말이다.

전자방이 위문후를 모시고 앉아서 여러 번 계공을 칭찬하였다. 문후가 말했다. “계공은 그대의 스승인가?” 자방이 말했다. “아닙니다. 저의 마을 사람입니다. 자주 도를 합당하게 논하기 때문에 제가 그를 칭찬합니다.” 문후가 말했다. “그렇다면 그대는 스승이 없는가?” 자방이 말했다. “있습니다.” 말하기를 “그대의 스승은 누구인가?”라고 하니 자방이 말했다. “동곽순자입니다.” 문후가 말했다. “그렇다면 그대는 무엇 때문에 그를 칭찬한 적이 없는가?” 자방이 말했다. “그 사람됨이 거짓이 없습니다. 그 모습은 사람 같지만 그 마음은 자연스럽습니다. 사람을 따르지만 순진한 심성을 보존하여 가지며 맑으면서도 사람들을 포용하여 다른 사람들이 무도하거든 자기 자신을 바르게 함으로써 깨우치게 하여 사람들의 잘못된 의식을 사그라들게 하나니, 제가 어떻게 그를 칭찬할 수 있겠습니까!”

子方出, 文侯儻然終日不言, 召前立臣而語之曰: 「遠矣, 全德之君子! 始吾以聖知之言仁義之行爲至矣, 吾聞子方之師, 吾形解而不欲動, 口鉗[9]而不欲言. 吾所學者直土梗耳,[10] 夫魏眞爲我累耳!」[11]

자방출이어늘 문후 당연종일불언이라가 소전립신이어지왈 원의라 전덕지군자여시오 이성지지언과 인의지행으로 위지의니라 오문자방지사하고 오형해이불욕동하며 구겸이불욕언호나 오소학자는 직토경이로소니 부위는 진위아의 루이로다

9 구겸口鉗은 입을 다물고 말하지 않는 것이다.

10 사마표에 따르면 토경土梗은 흙으로 만든 사람이니 비를 만나면 부서진다.

11 곽상은 말하기를 "지극히 귀한 것을 아는 사람은 인간세계의 벼슬자리를 속박으로 본다"고 하였다.

자방이 나가거늘 문후가 멍하니 종일 말하지 않다가 앞에 서 있는 신하를 불러서 그에게 말했다. "고원하구나, 덕이 온전한 군자여! 처음에 나는 성인의 말씀과 인의의 행실을 지극하다고 여겼더니 자방의 스승에 관하여 듣고 나의 몸은 풀어져 움직이려 해도 움직이지 않으며, 입은 막혀 말하려 해도 말이 나오지 않느니라. 내가 배운 것은 흙으로 만든 인형에 지나지 않으니, 저 위나라는 참으로 나에게 짐이 되는구나!"

【대의】

이 장에서는 동곽순자東郭順子를 예로 들어 전덕자全德者에 대하여 말하였다. 그러한 사람은 천지만물의 본체인 도道의 자연스러운 흐름을 말과 행동, 그리고 온몸으로 구현할 수 있다. 그러한 사람의 관점에서 보면 유가에서 중시하는 성지聖智, 인의仁義, 그리고 군주의 자리는 하찮은 것이다.

2

溫伯雪子適齊, 舍於魯. 魯人有請見之者, 溫伯雪子曰:「不可. 吾聞中國之君子, 明乎禮義而陋於知人心, 吾不欲見也.」[1] 至於齊, 反舍於魯, 是人也又請見. 溫伯雪子曰:「往也蘄見我, 今也又蘄見我. 是必有以振[2]我也.」出而見客, 入而歎. 明日見客, 又入而歎. 其僕曰:「每見之客也,[3] 必入而歎, 何耶?」

온백설자 적제할새 사어노러니 노인이 유청현지자어늘 온백설자왈 불가하다 오문중국지군자 명호례의이루어지인심이라 호니 오는 불욕견야하노라코 지어제라가 반사어노어늘 시인야 우청현한대 온백설자왈 왕야에 기견아하고 금야에 우기견아하나니 시필유이진아야로다 하고 출이견객하고 입이탄하다 명일에 견객하고 우입이탄이어늘 기복왈 매견지객야에 필입이탄은 하야잇고

1 성현영은 말하기를 "성명이 온백溫伯이고 자가 설자雪子이니 초楚나라의 회도인이다. 중국은 노魯나라이다. 루陋는 졸拙이다"라고 하였다. 회도인은 도道를 품은 사람이다.

2 조초기에 따르면 진振은 기起이니 '계발하다'이다.

3 왕선겸이 인용한 소여 설에 따르면 지객之客은 시객是客과 같다.

온백설자가 제나라로 가는 길에 노나라에 묵었다. 그를 뵙기를 청하는 노나라 사람이 있거늘 온백설자가 말했다. "불가하다. 내가 들으니 노나라의 군자가 예의에 밝지만 사람의 참된 성품을 아는 데 졸렬하다고 하니 나는 보고 싶지 않다." 제나라에 이르렀다가 돌아오는 길에 노나라에 묵을 때 이 사람이 또 뵙기를 청하니 온백설자가 말했다. "전에 나를 보기를 요구하고 이제 또 나를 보기를 요구하니 이는 반드시 나를 일깨울 수 있을 것이다"라고 하고, 나가서 손님을 보고 들어와 탄식하였다. 이튿날에 또 손님을 보고 들어와서 탄식하거늘 그의 하인이 말했다. "손님을 볼 때마다 반드시 들어와 탄식하는 것은 무엇 때문입니까?"

曰:「吾固告子矣;『中國之民, 明乎禮義而陋乎知人心.』昔之見我者, 進退一成規一成矩, 從容一若龍一若虎,[4] 其諫我也似子, 其道我也似父,[5] 是以歎也.」仲尼見之而不言. 子路曰:「吾子欲見溫伯雪子久矣, 見之而不言, 何邪?」仲尼曰:「若夫人者, 目擊而道存矣,[6] 亦不可以容聲矣.」

왈 오고고자의로다 중국지민은 명호례의이루호지인심이라 하니 석지견아자 진퇴에 일성규하고 일성구하며 종용에 일약룡하고 일약호하며 기간아야 사자하고 기도아야 사부할새 시이로 탄야하노라 중니는 견지이불언한대 자로왈 오자 욕견온백설자 구의러시니 견지이불언은 하야잇고 중니왈 약부인자는 목격이도존의라 역불가이용성의로다

4 왕념손에 따르면 종용從容은 거동擧動이고, 왕숙민에 따르면 일一은 혹或과 같다.

5 왕숙민에 따르면 도道와 도導는 옛적에 통하였다.

6 사마표는 말하기를 "그의 눈이 움직이는 것을 보니 신神이 실로 벌써 드러났던 것이다. 격擊은 동動이다"라고 하였다. 성현영은 말하기를 "격은 동이다. 대저 체오體悟한 사람은 언어를 잊고 이치를 터득하니 눈이 움직이자마자 현묘한 도가 거기에 나타나 있는지라 더 이상 수고롭게 말을 허비하고 소리로 말할 여지가 없다"고 하였다. 이로써 보면 목격目擊의 주체는 공자가 아니라 온백설자이다. 그러나 선영은 '목격'의 격을 동動으로 보지 않고 촉觸으로 보았으니, 이는 원래 뜻을 왜곡한 것이다. '체오'는 온몸으로 느껴 깨닫는 것이다.

온백설자가 말했다. "나는 본디 그대에게 알려주려고 하였다. 노나라의 백성들은 예의에 밝지만 사람 마음을 아는 데 고루하다고 한다. 이전에 나를 만나본 사람은 나가고 물러남에 둥글게 하기도 하고 네모지게 하기도 하며, 거동이 용과 같기도 하고 호랑이와 같기도 하며, 나에게 간할 때는 아들과 같고 나를 인도할 때는 아버지와 같기에 이 때문에 탄식하였다." 공자는 그를 만나고 나서 말이 없었다. 자로가 말했다. "우리 선생님께서는 온백설자를 오랫동안 만나보고 싶어 하시더니 그를 만나보고서도 말씀이 없으시니 무엇 때문입니까?" 공자가 말했다. "그분과 같은 이는 눈이 움직이자마자 현묘한 도가 배어나오는지라 소리가 끼어들 틈이 없도다."

【대의】

이 장에서는 자연自然을 온몸으로 구현할 수 있는 온백설자溫伯雪子의 입을 통하여 당시 제노齊魯 일대의 유자儒者들이 예의를 고수하지만 인심人心을 제대로 모른다고 말하고 있다.

3

顏淵問於仲尼曰:「夫子步亦步, 夫子趨亦趨, 夫子馳亦馳; 夫子奔逸絶塵,[1] 而回瞠[2]若乎後矣!」仲尼曰:「回, 何謂邪?」曰:「夫子步, 亦步也; 夫子言, 亦言也; 夫子趨, 亦趨也; 夫子辯, 亦辯也; 夫子馳, 亦馳也; 夫子言道, 回亦言道也; 及奔逸絶塵而回瞠若乎後者, 夫子不言而信, 不比而周,[3] 无器而民滔乎前, 而不知所以然而已矣.」[4]

안연이 문어중니왈 부자보역보하며 부자추역추하며 부자치역치호되 부자분일절진이어든 이회 당약호후의로이다 중니왈 회아 하위야오 왈 부자 보 역보야는 부자 언 역언야요 부자 추 역추야는 부자 변 역변야요 부자 치 역치야는 부자 언도어시든 회역언도야요 급분일절진이어시든 이회 당약호후자는 부자 불언이신하며 불비이주하며 무기이민도호전하는들 이부지소이연이이의로다

1 왕숙민에 따르면 일逸은 가차하여 일馹이 된다. 일馹은 '빨리 달아나다'이다.

2 당瞠은 놀라서 눈을 휘둥그렇게 뜨고 똑바로 보는 모습이다.

3 왕숙민에 따르면 불비이주不比而周는 가까이하지 않아도 저절로 합하는 것이다.

4 성현영은 말하기를 "기器는 작위爵位이다. 그분은 말하지 않는데도 사람들이 믿는다. …… 실로 임금의 자리가 없는데도 사람들이 앞으로 달려와서 모여든다"고 하였다.

안연이 공자에게 물었다. "선생님께서 걸으시거든 저도 걸을 수 있으며, 선생님께서 잰걸음으로 가시거든 저도 잰걸음으로 갈 수 있으며, 선생님께서 달리시거든 저도 달릴 수 있으나, 선생님께서 치달려 발에 흙조차 묻지 않게 하거든 저는 눈을 크게 뜨고서 곧게 바라만 보고 뒤처져 있듯이 합니다!" 선생님이 말했다. "안회여, 무엇을 말하려느냐?" 안회가 말했다. "선생님께서 걸으시거든 저도 걸을 수 있다는 것은 선생님께서 말하시거든 저도 말할 수 있다는 것이요, 선생님께서 잰걸음으로 걸으시거든 저도 잰걸음으로 걸을 수 있다는 것은 선생님께서 논변하시거든 저도 논변할 수 있다는 것이요, 선생님께서 달리시거든 저도 달릴 수 있다는 것은 선생님께서 도에 대해서 말씀하시거든 저도 도에 대해서 말할 수 있다는 것입니다. 치달려 발에 흙조차 묻지 않게 하시는 데 이르러서는 제가 눈을 크게 뜨고 곧게 바라만 보고 뒤처져 있듯이 한다는 것은 선생님께서 말씀하시지 않아도 믿게 하며 가까이하시지 않아도 사람들과 저절로 합하며 벼슬자리가 없어도 백성들이 선생님 앞으로 달려오는데, 그렇게 되는 까닭을 모르겠습니다."

仲尼曰:「惡![5] 可不察與! 夫哀莫大於心死, 而人死亦次之.[6] 日出東方而入於西極, 萬物莫不比方,[7] 有首有趾者, 待是而後成功,[8] 是出則存,[9] 是入則亡.[10] 萬物亦然, 有待也而死, 有待也而生. 吾一受其成形, 而不化[11]以待盡, 效[12]物而動, 日夜无隙, 而不知其所終; 薰然[13]其成形, 知命不能規乎其前,[14] 丘以是日徂.[15] 吾終身與汝交一臂而失之, 可不哀與![16] 女殆著乎吾所以著也.[17] 彼已盡矣,[18] 而女求之以爲有, 是求馬於唐肆也.[19] 吾服女也甚忘, 女服吾也亦甚忘.[20] 雖然, 女奚患焉! 雖忘乎故吾, 吾有不忘者存.」[21]

중니왈 오라 가불찰여아 부애는 막대어심사하고 이인사역차지하니 일출동방이 입어서극이어든 만물을 막불비방하며 유수유지자 대시이후에아 성공이라 시 출즉존하고 시 입즉망이니 만물도 역연이라 유대야이사하며 유대야이생하나니 오는 일수기성형하나로 이불화이대진하며 효물이동호되 일야무극 이부지기소종하며 훈연기성형하야 지명불능규호기전이라 구 이시로 일조하노니 오 종신여여로 교일비이실지하니 가불애여아 여는 태저호오소이저야로다 피이진의어늘 이여구지이위유하나니 시는 구마어당사야어니따녀 오복여야도 심망하며 여복오야도 역심망이니라 수연이나 여는 해환언이리오 수망호고오나 오유불망자 존하니라

5 왕선겸에 따르면 오惡는 탄식하는 말이다.

6 왕숙민에 따르면 역亦 자가 없는 판본도 있다. 인사人死는 형사形死와 같다. 형形은 사람의 몸을 가리킨다.

7 조초기에 따르면 비방比方은 태양이 회전하는 데 따라 방향을 삼는 것이다.

8 조초기에 따르면 눈이 있고 발이 있는 것은 동물을 가리키고, 대待는 '의지하다'이고, 시是는 차此이니 태양을 가리킨다.

9 조초기에 따르면 해가 뜨면 일한다는 것을 뜻한다.

10 조초기에 따르면 해가 지면 쉰다는 것을 뜻한다.

11 「제물론」에는 화化 자가 망亡으로 되어 있다.

공자가 말했다. "아! 살펴서 생각해보지 않을 수 있겠는가! 대저 슬픈 일 가운데 마음이 죽는 것보다 더한 것이 없고, 사람의 몸이 죽는 것은 그다음이다. 해는 동쪽에서 솟아나와 서쪽 끝으로 들어가거든 만물 가운데 그에 따라 방향을 잡지 않는 것이 없으며, 눈이 있고 발이 있는 것들은 그것을 기다린 이후에 공을 이루게 된다. 이것이 나오면 일하고 이것이 들어가면 쉬나니 만물도 그러한지라, 그것에 의지해서 죽으며 그것에 의지해서 살아난다. 나는 일단 거기에서 부여받아 형체를 이룬 뒤로 살아가면서 다하기를 기다리며, 외물外物에 응하여 움직이되 밤낮으로 간단間斷이 없지만 그 끝나는 곳을 모르며, 저절로 움직여 형체를 이루니 명命을 아는 이도 그 앞일을 헤아릴 수 없는지라 나는 이 때문에 날마다 그에 따라 나아간다. 나는 비록 너와 한평생을 함께하였지만 너와 다정하게 팔을 끼자마자 잃게 되는 것에 지나지 않는 듯하니 슬프지 않겠는가! 너는 아마 그에 의하여 드러나게 되는 것만을 본 것 같다. 드러난 자국은 이미 다 되었거늘 너는 그것을 찾아서 배울 수 있다고 생각하니 이것은 텅 빈 저자에서 말을 구하는 것에 지나지 않는다. 내가 너를 그리워하는 것도 빠르게 지나가고 네가 나를 그리워하는 것도 빠르게 지나가버린다. 비록 그렇지만 너는 어찌 걱정하느냐! 비록 묵은 내가 없어질지라도 나에게는 없어지지 않는 것이 남아 있느니라."

12 왕숙민에 따르면 효效는 '응하다'와 같다.

13 성현영에 따르면 훈연薰然은 저절로 움직이는 모습이다.

14 조초기에 따르면 지명知命은 운세를 점칠 줄 아는 사람이고, 규規는 '추측하다'이다.

15 조초기에 따르면 일조日徂는 날마다 그에 따라 변화하여 나아가는 것이다.

16 곽상은 말하기를 "대저 변화는 붙잡아 머무르게 할 수 없다. 그러므로 팔과 팔이 서로 맞닿을 정도로 만나서 서로 지키더라도 멈추게 할 수 없다"고 하였다.

17 조초기는 말하기를 "너는 단지 밖으로 드러난 나의 형적形迹만을 볼까 두렵다는 것을 뜻한다"고 하였다. '형적'은 행동거지를 뜻한다.

18 조초기는 말하기를 "피彼는 거동이다. 언변과 같은 형적을 가리킨다"고 하였다.

19 조초기는 말하기를 "당唐은 '황당하다'의 '당'이니 공空이다. 사肆는 시장이다. 이 구절은 시장이 벌써 텅 비었는데도 말[馬]을 찾으러 가면 반드시 허사가 된다는 것을 비유한다. 공자 자신은 벌써 원래 방식을 버렸는데도 안회가 그에게 배우기를 구하니 반드시 허사가 되리라는 것을 비유한다"고 하였다.

20 곽상은 말하기를 "복服이란 그리워하는 것을 일컫고, 심망甚忘은 빠르게 지나가는 것이다"라고 하였다.

21 왕숙민은 말하기를 "없어지는 것은 자취이다. 없어지지 않는 것은 자취를 초월한 도이다"라고 하였다.

【대의】

이 장에서는 공자와 안회의 대화형식을 통해, 변하여 없어질 수 있는 나와 그렇지 않은 나가 있다는 점을 시사하였다.

4

孔子見老聃, 老聃新沐, 方將[1]被髮而乾, 慹然似非人.[2] 孔子便而待之,[3] 少焉見, 曰: 「丘也眩與, 其信然與?[4] 向者先生形體掘若槁木,[5] 似遺物離人而立於獨也.」 老聃曰: 「吾遊心於物之初.」[6] 孔子曰: 「何謂邪?」 曰: 「心困焉而不能知, 口辟焉而不能言,[7] 嘗爲汝議乎其將.[8] 至陰肅肅, 至陽赫赫[9]; 肅肅出乎天, 赫赫發乎地; 兩者交通成和而物生焉, 或爲之紀而莫見其形.[10] 消息滿虛, 一晦一明, 日改月化, 日有所爲,[11] 而莫見其功. 生有所乎萌, 死有所乎歸, 始終相反乎无端而莫知乎其所窮.[12] 非是也, 且孰爲之宗!」[13]

공자 현노담한대 노담이 신목하야 방장피발이간하야 집연사비인이어늘 공자 편이대지러니 소언코 현 왈 구야는 현여아 기신연여아 향자에 선생의 형체 굴약고목하야 사유물리인이립어독야이로다 노담왈 오는 유심어물지초하노라 공자왈 하위야잇고 왈 심이 곤언이불능지하며 구 벽언이불능언이니 상위여하야 의호기장호리라 지음은 숙숙하고 지양은 혁혁하니 숙숙은 출호천하고 혁혁은 발호지니 양자교통성화하야 이물생언호되 혹위지기이막견기형하며 소식만허와 일회일명이 일개월화하야 일유소위 이막견기공하며 생유소호맹하며 사유소호귀하야 시종상반호무단이막지호기소궁하나니 비시야면 차숙위지종이리오

1 왕숙민에 따르면 방장方將은 복합사이니 장將도 방方이다.
2 사마표에 따르면 집慹은 움직이지 않는 모습이다.
3 장태염에 따르면 편便은 가차하여 병屛이 된다. '병'은 '물러나다'를 뜻한다.
4 왕숙민에 따르면 기其는 억抑과 같다. '억'은 접속사로, "그렇지 아니하면……"을 뜻한다.
5 왕숙민에 따르면 굴掘은 특출한 모습이다.
6 왕숙민에 따르면 물지초物之初는 도를 일컫는다.
7 왕숙민에 따르면 벽辟은 가차하여 벽闢이 된다.
8 조초기에 따르면 장將은 '대개'大槪와 같다.
9 성현영에 따르면 숙숙肅肅은 음기가 찬 것이고, 혁혁赫赫은 양기가 더운 것이다.

공자가 노담을 뵈니 노담이 방금 목욕하여 바야흐로 머리를 풀어헤치고서 말리는데 나무토막처럼 움직이지 않는지라 사람이 아닌 것 같았다. 공자가 물러나서 기다리더니 조금 있다가 뵙고서 말했다. "저는 꿈입니까? 그렇지 않으면 생시입니까? 아까 선생이 형체가 우뚝하게 마른나무처럼 곧게 서서 만물을 버리고 사람을 떠나 홀로 변화하는 세계에 서 있는 것 같았습니다." 노담이 말했다. "나는 만물의 태초에서 마음을 놀게 하고 있다." 공자가 말했다. "무엇을 일컫습니까?" 노담이 말했다. "마음이 고달파도 알 수 없으며 입은 벌려도 말할 수 없으니 시험 삼아 너를 위하여 그 대요大要를 의론해보리라. 땅 밑의 음기는 썰렁하고 하늘 위의 양기는 이글이글하니, 썰렁한 것은 하늘에서 나오고 이글이글한 것은 땅에서 피어나나니, 두 가지가 서로 통해서 융합하여 만물이 생겨난다. 어떤 것인가가 그의 벼리 노릇 하되 그 형체를 볼 수 없다. 사그라지고 자라고 그득하고 비는 것과 한 번 흐렸다가 한 번 밝아지매 날로 변하고 달로 바뀌어, 날마다 하는 바가 있어도 그 공효功效를 볼 수 없다. 살아나게 되는 것들은 싹터나오는 곳이 있고 죽어가는 것들은 돌아갈 곳이 있어서, 시작하고 끝나는 것들이 발단하는 곳도 없고 다하는 곳도 알 수 없는 곳에서 서로 돌고 도나니, 이것이 아니라면 어느 것이 그들을 주재하리오!"

10 조초기에 따르면 혹或은 '어떤 것'이고 위지기爲之紀는 음양의 강기가 된다는 것이니, 음양을 지배하는 것을 뜻한다.

11 성현영은 말하기를 "음의 기운이 사그라지고 양의 기운이 자라니 여름에는 충만하고 겨울에는 비며, 밤낮으로 어두워졌다가 밝아지며, 날로 변하고 달로 바뀌니 끊임없이 새로워지므로 날마다 하는 바가 있다"고 하였다.

12 왕숙민은 말하기를 "변화의 측면에서 보면 처음과 끝이라는 것이 없다"고 하였다.

13 성현영은 말하기를 "만약 막힘없이 통하여 생성·변화하는 이 도가 아니라면 어느 것이 만물의 종본宗本이 되리오?"라고 하였다.

孔子曰:「請問遊是.」[14] 老聃曰 ;「夫得是, 至美至樂也, 得至美而遊乎至樂, 謂之至人.」孔子曰:「願聞其方.」[15] 曰:「草食之獸不疾易藪,[16] 水生之蟲不疾易水, 行小變而不失其大常也, 喜怒哀樂不入於胸次.[17] 夫天下也者, 萬物之所一也. 得其所一而同焉,[18] 則四肢百體將爲塵垢, 而死生終始將爲晝夜而莫之能滑, 而況得喪禍福之所介乎! 棄隸者若棄泥塗, 知身貴於隸也,[19] 貴在於我而不失於變.[20] 且萬化而未始有極也, 夫孰足以患心![21] 已爲道者解乎此.」

공자왈 청문유시하노이다 노담왈 부득시면 지미지락야니 득지미이유호지락을 위지지인이라 하나니라 공자왈 원문기방하노이다 왈 초식지수는 부질역수하고 수생지충은 부질역수하나니 행이 소변이불실기대상야라 희로애락을 불입어흉차하나니라 부천하야자는 만물지소일야니 득기소일이동언이면 즉사지백체 장위진구며 이사생종시 장위주야라 이막지능골이온 이황득상화복지소개호따녀 기예자 약기니도는 지신이 귀어예야니라 귀재어아면 이불실어변하나니 차만화이미시유극야어니 부숙족이환심이리오 이위도자아 해호차하리라

14 왕숙민에 따르면 시是는 물지초物之初를 가리킨다.

15 성현영에 따르면 방方은 도道와 같다.

16 성현영에 따르면 질疾은 환患이고, 역易은 이移이다.

17 왕숙민에 따르면 흉차胸次는 흉중胸中으로 쓴 판본도 있다.

18 조초기는 말하기를 "동同은 통通과 같다. 만물을 통일하면서도 또 그 속을 관통하는 것은 도이다. 그에 의하여 하나 되게 하는 것을 얻어서 그에 통한다는 것은 바로 득도得道를 뜻한다"고 하였다.

19 왕숙민은 말하기를 "얻는 것과 잃는 것, 화와 복은 모두 종이다. 얻는 것과 잃는 것, 화와 복을 나의 몸과 서로 비교하면 나의 몸이 종보다 귀하다. 나의 몸과 진아眞我를 서로 비교하면 나의 몸은 종과 같으니 '진아'는 또 나의 몸보다 귀하다"고 하였다.

20 왕숙민은 말하기를 "아我는 진아眞我를 일컬으니, '진아'는 변치 않는 것이다"라고 하였다.

21 미시未始는 미증未曾이고, 극極은 끝이다.「대종사」편에 이 글이 보인다.

공자가 말했다. "여기에서 마음을 노닐게 한다는 것에 대해서 묻습니다." 노담이 말했다. "이것을 터득하면 지극히 아름답고 지극히 즐거우리라. 지극히 아름다운 것을 터득하여 지극히 즐거운 세계에서 노는 것을 지인이라고 한다." 공자가 말했다. "그 방법을 듣기를 원합니다." 노담이 말했다. "풀을 먹는 짐승은 덤불을 바꾸기를 꺼리지 않고, 물에서 사는 벌레는 물을 바꾸기를 꺼리지 않으니, 그렇게 하는 것이 작은 변화이지만 그의 크게 떳떳한 것을 잃지 않기 때문에 희로애락을 가슴속에 들이지 않는다. 대저 천하라는 것은 만물이 하나가 되는 곳이다. 그들이 하나가 되게 하는 것을 터득하여 그에 통하면 손발과 몸의 온갖 기관들이 장차 때와 먼지처럼 여겨진다. 죽고 살며 끝나고 시작하는 것이 장차 밤과 낮처럼 여겨져서 그 마음을 어지럽힐 수 없거늘 하물며 얻는 것과 잃는 것, 화와 복이 마음속에 끼어들겠는가! 종을 버리기를 마치 진흙덩이를 버리듯이 하는 것은 몸이 종보다 귀하다는 것을 알기 때문이다. 귀한 것이 나에게 있다면 변화에서 잃지 않을 것이다. 또한 아무리 변하더라도 끝이 있은 적이 없으니 어느 것이 충분히 나의 마음을 앓게 하겠는가! 이미 도를 실천하는 사람은 이것을 알 것이다."

孔子曰:「夫子德配天地, 而猶假至言以修心,[22] 古之君子, 孰能脫焉?」[23] 老聃曰:「不然. 夫水之於汋也, 无爲而才自然矣.[24] 至人之於德也, 不修而物不能離焉, 若天之自高, 地之自厚, 日月之自明, 夫何修焉!」[25] 孔子出, 以告顏回曰:「丘之於道也, 其猶醯鷄與! 微夫子之發吾覆也, 吾不知天地之大全也.」[26]

공자왈 부자는 덕배천지하시며 이유가지언하야 이수심하시니 고지군자는 숙능탈언이리오 노담왈 불연하니라 부수지어작야에 무위이재자연의오 지인지어덕야에 불수이물불능리언하나니라 약천지자고와 지지자후와 일월지자명은 부하수언이리오 공자 출하야 이고안회왈 구지어도야에 기유혜계여인저 미부자지발오부야런든 오부지천지지대전야랏다

22 조초기는 말하기를 "지언至言은 지인至人의 이름이다. 수심修心은 심성을 수양하는 것이다"라고 하였다.

23 성현영은 말하기를 "이제야 지언至言을 훌륭하게 말하여 심술心術을 닦게 하니 옛적의 군자 가운데 누가 언설을 배제하고 수양하는 일에서 벗어날 수 있을까?"라고 하였다.

24 성현영은 말하기를 "작汋은 물이 맑고 투명한 것이다. 맑고 투명한 것이 물의 성품의 자연이니 물을 퍼올려 축축하게 적시는 것은 수학修學으로 말미암은 것이 아님을 말한다. 지인의 현덕玄德은 그 뜻이 또한 그렇다"고 하였다. 조초기는 말하기를 "'작'은 맑고 투명한 모습이니 사람의 도덕을 비유한다. 무위無爲는 물이 동요하지 않고 평정한 것을 가리킨다. 재才는 성性이다. 물의 성질은 본래 맑고 투명하니 동요하지 않으면 더욱더 그의 자연본성을 드러낼 수 있다"고 하였다. 그러나 마기창에 따르면 『석명』釋名에서 작汋은 택澤이라고 하였으니 윤택하다는 뜻이 있다. 그렇다면 이 구절은 "물이 윤택하게 하지만 동요하지 않고 무위해야 그 성질이 자연스러워진다"는 것을 뜻한다.

25 성현영은 말하기를 "하늘은 높고 땅은 두터우며 해와 달이 밝게 비춤과 같은 것이 어찌 닦아서 그렇게 되었겠는가! 저절로 그러할 따름이다"라고 하였다.

26 곽상은 말하기를 "나의 온전함을 노담과 견줄진댄 마치 항아리 속에 있는 초파리와 천지의 관계와 같다"고 하였다. 이는 공자의 정신세계가 노담보다 작다는 것을 비유적으로 표현한 것이다.

공자가 말했다. "선생님은 덕이 천지에 합하시되 오히려 지인至人의 말을 빌려 심성을 닦으시니, 옛적 군자 가운데 누가 여기에서 면할 수 있으리오?" 노담이 말했다. "그렇지 않다. 맑고 투명한 물이 무위해야 그 성질이 자연스러워진다. 지인은 덕에 대해서 닦지 않아도 사람들이 그를 떠나지 않는다. 하늘이 스스로 높고 땅이 스스로 두텁고 해와 달이 스스로 밝으니 그들이 어떤 것을 닦으리오!" 공자가 나가서 안회에게 알렸다. "나는 도에 대해서 아마 초파리와 같지 않을까! 선생님이 나의 덮개를 열어주지 않았다면 나는 천지의 크고 온전함을 몰랐을 것이다."

【대의】

이 글의 작자에 따르면 물지초物之初의 세계에서 노닐 수 있는 지인至人은 만물을 하나 되게 하면서 그에 관통하는 도를 체득한 사람이다. 지인은 화복禍福과 같은 일이 그의 마음을 동요시키지 못할 뿐만 아니라, 죽고 사는 일을 밤과 낮이 교차하는 것쯤으로 보며, 심지어 자기 손발과 오장육부를 때와 먼지 정도로 본다. 그가 그렇게 볼 수 있는 까닭은 진아眞我를 화복 같은 일뿐만 아니라 육체적인 자아보다도 귀하게 여기기 때문이다. 이러한 이치를 터득한 지인은 해와 달이 스스로 밝고, 맑고 투명한 물이 무위해야 그 성질이 자연스러워지듯, 굳이 덕을 닦지 않아도 사람들이 그를 떠나려고 하지 않는다.

5-1

莊子見魯哀公.[1] 哀公曰:「魯多儒士, 少爲先生方者.」[2] 莊子曰:「魯少儒.」哀公曰:「擧魯國而儒服, 何謂少乎?」莊子曰:「周聞之, 儒者冠圜冠者, 知天時; 履句屨者, 知地形[3]; 緩佩玦者,[4] 事至於斷. 君子有其道者, 未必爲其服也; 爲其服者, 未必知其道也. 公固以爲不然,[5] 何不號於國中曰:『无此道而爲此服者, 其罪死!』」於是哀公號之五日, 而魯國无敢儒服者, 獨有一丈夫儒服而立乎公門. 公卽召而問以國事, 千轉萬變而不窮. 莊子曰:「以魯國而儒者一人耳,[6] 可謂多乎?」

장자 현노애공한대 애공왈 노다유사호되 소위선생방자하니라 장자왈 노에 소유하니라 애공왈 거노국이유복이어늘 하위소호오 장자왈 주는 문지호니 유자 관환관자는 지천시하고 리구구자는 지지형하고 환패결자는 사지어단이며 군자 유기도자는 미필위기복야이오 위기복자도 미필지기도야니라 공이 고이위불연인댄 하불호어국중왈 무차도이위차복자는 기죄사라 하시나니잇고 어시에 애공이 호지한대 오일 이로국에 무감유복자요 독유일장부 유복이립호공문이어늘 공이 즉소이문이국사한대 천전만변이불궁하더라 장자왈 이노국이유자 일인이로소니 가위다호아

1 사마표는 말하기를 "장자는 위혜왕魏惠王 · 제위왕齊威王과 시대가 같으니 애공보다 120년 뒤이다"라고 하였다. 성현영은 말하기를 "이처럼 노애공을 뵈었다고 말한 것은 대개 우언寓言일 뿐이다"라고 하였다.

2 조초기는 말하기를 "위爲는 신앙을 뜻하고 방方은 도술이다"라고 하였다.

3 성현영은 말하기를 "구句는 방方이다"라고 하였다. 이는 천원지방天圓地方, 즉 하늘은 둥글고 땅은 모나다는 중국 고대의 우주관에 근거한 말이다.

장자가 노애공을 뵈니 애공이 말했다. “노나라에 유학하는 선비가 많지만 선생의 학설을 신봉하는 이는 적습니다.” 장자가 말했다. “노나라에 유학자가 적습니다.” 애공이 말했다. “노나라가 온통 유학자 복장을 하였는데 적다니 무슨 말이오?” 장자가 말했다. “제가 들으니 둥근 모자를 쓴 유학자는 천시天時를 알고, 네모난 신을 신은 사람은 지형을 알고, 인끈에 옥을 찬 사람은 일이 닥치면 결단한다고 합니다. 군자 가운데 그런 도를 지닌 사람은 반드시 그런 복장을 하지 않습니다. 그런 복장을 한 사람이 반드시 그런 도리를 아는 것도 아닙니다. 공께서 만약 그렇지 않다고 여기신다면 어찌 나라 안에 호령을 발하여 ‘이런 도를 지니지 않고서도 이런 복장을 하는 사람은 그 죄가 죽어 마땅하다!’고 하지 않으십니까?” 그래서 애공이 호령을 발하니 닷새 뒤에 노나라에 감히 유학자의 복장을 한 사람이 없고, 오직 한 사나이가 유학자의 복장을 하고서 공의 문 앞에 서 있거늘, 공이 곧 불러서 나랏일을 가지고 물으니, 천만 가지로 바꾸어도 막히지 않았다. 장자가 말했다. “노나라의 유학자는 한 사람뿐인데 많다고 할 수 있습니까?”

4 『석문』에 따르면 『사마표』 본에서는 환緩을 수綬로 썼다. ‘수’는 옥을 차는 것이다. 왕숙민에 따르면 수패결綬佩玦은 허리에 차는 옥을 엮어 짜는 것이다. 성현영은 말하기를 “수綬는 오색찬란한 명주끈이니 옥결玉玦을 꿰어서 패옥을 꾸미는 것이다”라고 하였다. ‘옥결’은 허리에 차는 옥이다.

5 왕숙민에 따르면 고固는 약若과 같다.

6 성현영에 따르면 일인一人은 공자를 가리킨다. 왕숙민에 따르면 이而는 유有와 같다.

5-2

百里奚爵祿不入於心,[1] 故飯牛而牛肥, 使秦穆公忘其賤, 與之政也. 有虞氏死生不入於心,[2] 故足以動人.

백리해는 작록을 불입어심 고로 반우이우비하야 사진목공으로 망기천하야 여지정야하니라 유우씨는 사생을 불입어심 고로 족이동인하니라

1 성현영에 따르면 백리해는 성이 맹孟이고 자가 백리해인데, 진秦의 현인이다.

2 성현영은 말하기를 "유우씨는 순舜이다. …… 여러 차례 곤경에 빠졌으나 죽고 사는 일을 마음에 두지 않았다"고 하였다.

백리해는 작록을 마음에 들이지 않으므로, 소를 기르니 소가 살찌게 되었다. 그래서 진목공으로 하여금 그의 천함을 잊게 하여 그에게 정권을 넘겨주게 하였다. 유우씨는 죽고 사는 것을 마음에 들이지 않으므로 충분히 사람을 감동시킬 수 있었다.

5-3

宋元君將畵圖, 衆史皆至,[1] 受揖而立[2]; 舐筆和墨,[3] 在外者半. 有一史後至者, 儃儃然不趨,[4] 受揖不立, 因之舍. 公使人視之, 則解衣般礴臝.[5] 君曰:「可矣, 是眞畵者也.」

송원군이 장화도어늘 중사 개지하야 수읍이립하야 시필화묵하야 재외자 반이러니 유일사후지자 탄탄연불추하며 수읍불립하고 인지사어늘 공이 사인으로 시지하니 즉해의반박라니라 군왈 가의라 시야 진화자야로다

1 성현영에 따르면 사史는 화공이다.

2 조초기는 말하기를 "옛적에 신하가 군주를 알현할 때 신하가 먼저 절하면 군주가 읍揖하여 답례한다. 수읍受揖은 군주의 답례를 받는 것이다. '읍'은 공수拱手이다. 입立은 옛적의 위位자이니 자리로 나아가는 것이다"라고 하였다. '공수'는 가슴께에서 두 손을 맞잡고 인사하는 것이다.

3 화공들이 그림 그릴 자세를 취하는 것을 묘사한 것이다.

4 성현영에 따르면 탄탄儃儃은 여유롭고 한가한 모습이다. 옛적 예법에서는 임금 앞에 나아갈 때는 잰걸음으로 걸어야 한다. 그런데도 잰걸음으로 걷지 않았다는 것은 그 예법을 안중에 두지 않은 것이다.

5 사마표에 따르면 반박般礴은 다리를 쭉 뻗고 앉은 것을 일컫고, 라臝는 그림을 그리려고 옷을 벗고 육체를 드러낸 것이다.

송원군이 그림을 그리려고 하거늘 뭇 화공이 모두 이르러 임금의 답례를 받고 자리로 나아가 붓을 핥고 먹을 가는데 밖에 있는 이가 반이나 되었다. 뒤에 온 어떤 화가 하나가 천천히 잰걸음으로 걷지 않으며 임금의 답례를 받고서도 자리에 나아가지 않고 그길로 곧장 숙소로 가버렸다. 공이 사람을 시켜서 보게 하니 옷을 벗고 알몸으로 다리를 쭉 뻗고 앉아 있었다. 송원군이 말했다. "괜찮다. 이이야말로 참으로 그림 그릴 줄 아는 사람이로다."

【대의】

전덕자全德者는 외형적인 것을 중시하지 않는다. 이 글에 따르면 노나라에 유학자의 복장을 갖춘 사람은 많지만 정말로 유학자라고 할 수 있는 사람은 공자 한 사람뿐이다. 백리해百里奚라는 사람은 작록爵祿을, 순임금은 생사 문제를 개의치 않아 사람들을 감동시켰다.

이 글의 작자는 여기서 한 걸음 더 나아가 진화자眞畵者를 등장시켰다. 진화자는 참된 화가이다. 그는 당시의 예법뿐만 아니라 생사여탈의 권한을 틀어쥔 군주조차도 안중에 없었다. 아마 그의 마음속에는 그림을 어떻게 하면 자연 그대로 구현해낼까 하는 일념뿐이었을 것이다. 이러한 마음 없이는 좋은 예술작품이 이루어지지 않을 것이다.

6

文王觀於臧, 見一丈夫釣,[1] 而其釣莫釣; 非持其釣有釣者也,[2] 常釣也.[3] 文王欲擧而授之政, 而恐大臣父兄之弗安也; 欲終而釋之, 而不忍百姓之无天也. 於是旦而屬之大夫曰: 「昔者寡人夢見良人, 黑色而頿, 乘駁馬而偏朱蹄,[4] 號曰: 『寓而政於臧丈人, 庶幾乎民有[5]瘳乎!』」 諸大夫蹴然曰: 「先君[6]王也.」 文王曰: 「然則卜之.」 諸大夫曰: 「先君之命, 王其无它,[7] 又何卜焉!」

문왕이 관어장하다가 견일장부 조 이기조 막조하니 비지기조하야 유조자야로되 상조야러라 문왕이 욕거이수지정이나 이공대신부형지불안야요 욕종이석지나 이불인백성지무천야하샤 어시에 단이촉지대부하야 왈 석자에 과인이 몽견량인호니 흑색이염이오 승박마이편주제하야 호왈 우이정어장장인이면 서기호민유추호인저 하더라 제대부 축연왈 선군왕야랏다 문왕왈 연즉복지하라 제대부왈 선군지명이시란대 왕기무타어다 우하복언이리오

1 성현영은 말하기를 "장臧은 위수渭水에 가까운 땅 이름이다. 장부丈夫는 강태공姜太公에 대한 우언寓言이다"라고 하였다.

2 곽상은 말하기를 "끝내 구하는 것이 없는 것이다"라고 하였다.

3 곽상은 말하기를 "이해득실을 마음에 두지 않고서 낚시질에 의탁할 따름이다"라고 하였다.

4 조초기는 말하기를 "편주제偏朱蹄는 말발굽 한쪽의 색깔이 붉은 것이다"라고 하였다.

5 왕숙민에 따르면 유有는 가可와 같다.

6 유월은 말하기를 "선군先君 다음에 명命 자가 빠진 것 같다"고 하였다.

7 조초기는 말하기를 "무타无它는 의려疑慮를 품어서는 안 된다는 것이다"라고 하였다. '의려'는 의심과 근심이다.

문왕이 장이라는 지방을 순시하던 중 한 사나이가 낚시질하는 것을 봤는데 그의 낚시는 물고기를 낚는 것이 아니었으니, 그의 낚시를 가지고 낚시질할 생각이 있는 것은 아니지만 항상 낚시질을 하였다. 문왕이 등용하여 그에게 정사를 맡기고 싶었으나 대신과 부형들이 편치 않아 할까 하여 마침내 포기하려고 하였다. 그러나 백성들에게 차마 쳐다볼 것이 없게 하기가 어려웠다. 그래서 아침 일찍 대부들을 모아 말했다. "어제저녁 과인이 꿈에 군자를 만났다. 그는 거무스름한 얼굴에 구레나룻을 하고 얼룩말을 타고 있었다. 그가 탄 말발굽의 반쪽은 붉었다. 그가 호령하기를 '너의 정사를 장 땅의 노인에게 맡기면 백성들이 나아질 것이다'라고 하였다." 여러 대부들이 놀라서 말했다. "선군의 명령입니다." 문왕이 말했다. "그렇다면 점을 쳐보라." 여러 대부들이 말했다. "선군의 명이신데 왕께서는 다른 생각을 하지 마셔야 하거늘 그런데 또 어찌 점을 칠 수 있겠습니까!"

遂迎臧丈人而授之政. 典法无出, 偏令无出.[8] 三年, 文王觀於國, 則列士壞植散群,[9] 長官者不成德,[10] 斔斛不敢入於四竟.[11] 列士壞植散群, 則尙同也; 長官者不成德, 則同務也; 斔斛不敢入於四竟, 則諸侯无二心也.[12] 文王於是焉以爲大師, 北面而問曰:「政可以及天下乎?」臧丈人昧然而不應, 泛然而辭, 朝令而夜遁, 終身无聞.[13] 顔淵問於仲尼曰:「文王其猶未邪?[14] 又何以夢爲乎?」仲尼曰:「默, 汝无言! 夫文王盡之也,[15] 而又何論刺焉![16] 彼直以循斯須也.」[17]

수영장장인이수지정한대 전법을 무출하고 편령을 무출한 삼년에 문왕이 관어국즉열사괴식산군하며 장관자 불성덕하며 유곡이 불감입어사경하더라 열사괴식산군은 즉상동야요 장관자불성덕은 즉동무야요 유곡불감입어사경 즉제후 무이심야니라 문왕이 어시언에 이위태사하고 북면이문하야 왈 정가이급천하호아 장장인이 매연이불응하고 범연이사하야 조령이야둔하야 종신무문하니라 안연이 문어중니왈 문왕도 기유미야아 우하이몽위호리오 중니왈 묵 여무언하라 부문왕이 진지야하니 이우하론자언이리오 피 직이순사수야니라

8 조초기는 말하기를 "편偏은 반半이다. 명령을 한 가지도 반포하지 않았다는 것을 뜻한다. 무위로 다스린다는 것을 설명한다"고 하였다.

9 괴식산군壞植散群에 대하여 조초기는 말하기를 "두목이 무너지고 패거리가 흩어지는 것이다. 사당私黨이 흩어지고 국가가 다시 통일된다는 것을 설명한다"고 하였다. 그러나 왕숙민에 따르면 '괴식'과 '산군'은 뜻이 같다.

10 왕숙민은 말하기를 "덕은 은택을 일컫는 듯하다. 은택을 차지하지 않는다는 것을 말한다. 장관長官은 관장官長을 말하기도 한다"고 하였다. 그러나 사마표에 따르면 불성덕不成德은 공명을 이롭게 여기지 않는다는 것이다.

11 조초기는 말하기를 "고대에 각 제후나라의 도량형 단위가 일치하지 않았다. 그래서 남이 속일까 두려워하는 사람은 자기의 양기量器를 쓰고, 남을 속이려는 사람도 자기의 양기를 쓰려고 하였다. 이제 각 제후나라의 양기를 감히 국경 안으로 가지고 들어오려 하지 않으니, 국내의 양기를 남들이 믿을 뿐만 아니라 남들을 감히 속일 생각을 하지 않는다는 것을 알 수 있다"고 하였다. '양기'는 말이나 되와 같은 도구이다.

드디어 장 땅의 노인을 맞이하여 그에게 정사를 맡기니 법령제도를 바꾸지 않으며 명령을 하나도 내리지 않았으나, 삼 년 뒤에 문왕이 나라를 순시해보니 갖가지 선비들이 두목을 무너뜨리고 동아리들을 해산하며, 부하 관리들은 사사로이 공덕을 세우지 않으며, 다른 나라의 도량형이 감히 사방 국경 안에 들어오지 못했다. 갖가지 선비들이 두목을 무너뜨리고 동아리를 해산하는 것은 위로 통일되는 것이요, 부하 관리들이 사사로이 공덕을 세우지 않는다는 것은 뜻을 같이하여 일에 힘쓰는 것이요, 다른 나라의 도량형이 감히 사방 국경 안에 들어오지 않는 것은 제후들이 마음을 둘로 하지 않는 것이다. 문왕이 이리하여 그를 태사로 삼아 북면北面하여 묻기를 "정사를 천하에 미치게 할 수 있습니까?" 하니, 장 땅의 노인이 멍청한 양으로 응하지 않고 아무 일도 없었던 것처럼 사양하여 아침에 정사를 보고 저녁에 도망하여 종신토록 세상에 그의 명성이 들리지 않았다. 안연이 공자에게 물었다. "문왕도 아직 덜 되었습니까? 그렇지 않다면 또 꿈으로써 무엇을 하자는 것입니까?" 공자가 말했다. "가만있거라. 너는 말하지 말라! 저 문왕은 극진하였으니 또 어찌 평할 수 있겠는가! 그는 잠시 필요에 따라 그렇게 했을 따름이다."

12 곽상은 말하기를 "천하 사람들이 서로 믿으므로 도량형을 동률同律로 할 수 있다"고 하였다. '동률'은 같은 규칙을 뜻한다.

13 성현영은 말하기를 "강태공이 주나라 왕실을 도와 제齊나라를 봉지로 받았는데, 역사적인 기록을 조사해보니 도망쳤다는 흔적이 없는데도 밤에 도망쳤다고 하였으니 대개 장자의 우언寓言이다"라고 하였다.

14 선영에 따르면 이는 "덕이 아직 남을 충분히 믿게 하지 못합니까?"를 일컫는다.

15 성현영은 말하기를 "저 문왕은 성인인지라 오묘한 이치를 다한 것이다"라고 하였다.

16 성현영에 따르면 논자論刺는 '평의評議하다'를 뜻한다.

17 성현영에 따르면 사수斯須는 '잠시'와 같다.

【대의】

이 글의 우언에 따르면 강태공姜太公은 이해득실의 관념을 마음에 두지 않고 무위로 다스려 국가가 크게 안정되었다. 그러자 문왕이 욕심을 부려 그의 영향력을 천하에까지 확장하려고 하였다. 이에 강태공은 태사太師 자리를 아무 미련 없이 버리고 떠났다. 이로써 이 글의 작자는 전덕자全德者는 무위로 다스려 좋은 효과를 거둘 수도 있지만, 부귀영화를 헌신짝처럼 버릴 수도 있다는 것을 시사하였다.

7

列禦寇爲伯昏无人射,[1] 引之盈貫,[2] 措杯水其肘上,[3] 發之, 適矢復沓,[4] 方矢復寓. 當是時, 猶象人也.[5] 伯昏无人曰:「是射之射, 非不射之射也. 嘗與汝登高山, 履危石, 臨百仞之淵, 若能射乎?」

열어구 위백혼무인하야 사하더니 인지영관하니 조배수기주상이러라 발지하니 적시부답이어늘 방시부우하도니 당시시하야 유상인야러라 백혼무인이 왈 시는 사지사라 비불사지사야로다 상여여로 등고산하야 이위석하야 임백인지연이면 약이 능사호아

1 열어구列禦寇는 정鄭나라 사람의 성명인데 열자列子이다. 백혼무인伯昏无人은 가설한 사람이름인데 신도가申徒嘉와 자산子産의 스승이라고 한다.「덕충부」에 이들이 문답한 글이 보인다.

2 왕숙민이 인용한 주준성朱駿聲에 따르면 활시위를 화살촉에 닿도록 쭉 잡아당기는 것이다.

3 성현영은 말하기를 "물 한 잔을 팔꿈치 위에 올려놓는다는 것은 지극히 평정하면서도 민첩한 것을 말한다"고 하였다.

4 왕숙민은 말하기를 "부답復沓은 중답重沓과 같으니 중첩重疊이기도 하다. '답'은 가차하여 '첩'이 된다 이것은 화살이 발사된 것을 일컬으니, 화살촉이 화살과 중첩하여 서로 이어진 것이다"라고 하였다. 조초기는 말하기를 "적適은 적的과 통하니 목표이다. 시矢는 화살이고 부復는 부覆와 통하며, 답沓은 합치는 것이다. 이 구절은 목표와 화살이 거듭 합하는 것을 일컬으니, 정확하게 목표에 명중하는 것을 설명한다"고 하였다.

5 곽숭도는 말하기를 "'적시부답'은 화살 쏘는 것을 묘사하고, '방시부우'는 화살의 과녁을 묘사한 것이다.『석문』에서 '다언多言이 물 흐르듯이 이어진다'고 하였다. 화살 하나가 발사되자마자 화살 또 하나가 솟아오르는 것을 말한다. 우寓는 '의탁하다'이다. 화살 하나가 깍지에서 놓이자마자 화살 또 하나가 다시 과녁에 꽂힌다는 것을 일컫는다"고 하였다. 성현영에 따르면 상인은 나무인형, 진흙으로 만든 사람이다. 곽상에 따르면 이는 부동不動의 극치를 말한다.

열어구가 백혼무인을 위해 활을 쏠 때 살촉이 꽉 차게 잡아당겨서 물 한 잔을 그 팔꿈치 위에 놓게 하였다. 화살을 쏘니 화살이 떠나자마자 또 하나의 화살이 솟아나오고 화살 하나가 손을 떠나자마자 화살 하나는 과녁에 꽂혔다. 이때를 당하여 마치 나무인형 같았다. 백혼무인이 말했다. "이것은 쏘기 위해서 쏘는 것이니 쏠 생각 없이 쏘는 것이 아니다. 시험 삼아 너와 함께 높은 산에 올라가 위태롭게 걸려 있는 돌을 밟고서 백 길쯤 되는 심연 앞에 선다면 그대가 쏠 수 있겠는가?"

於是无人遂登高山, 履危石, 臨百仞之淵, 背逡巡,[6] 足二分垂在外, 揖禦寇而進之. 禦寇伏地, 汗流至踵. 伯昏无人曰:「夫至人者, 上闚青天, 下潛黃泉, 揮斥八極,[7] 神氣不變. 今汝怵然有恂目之志,[8] 爾於中也殆矣夫!」

어시에 무인이 수등고산하야 이위석하야 임백인지연하야도 배준순이오 족이분이 수재외하더니 읍어구이진지한대 어구 복지하야 한류지종이어늘 백혼무인이 왈 부지인자는 상규청천하며 하잠황천하며 휘척팔극하야도 신기불변하나니 금여 출연유순목지지하니 이어중야에 태의부인저

6 준순逡巡은 뒤로 멈칫멈칫 물러나는 모습이다.

7 휘척揮斥에 대해 곽상은 방종과 같다고 하였다. 조초기에 따르면 팔극八極은 팔방八方이다. 신기神氣는 신묘한 기운이다.

8 왕숙민은 말하기를 "지志는 태態와 통할 수 있으니, 순목지지恂目之志는 눈이 흔들리는 모습은 말하는 것과 같고, 중中은 심心과 같다"고 하였다. 그러나 『석문』에서는 말하기를 "중中은 정신이다"라고 하였다.

이리하여 백혼무인이 드디어 높은 산에 올라가 위태롭게 걸려 있는 돌을 밟고 백 길쯤 되는 심연 앞에 나섰으면서도 심연을 등지고 뒷걸음질쳐서 발의 10분의 2가 밖으로 드리워졌다. 어구에게 읍하고 앞으로 나오라고 청하니 열어구가 땅에 엎드려 땀이 흘러 발뒤꿈치까지 이르렀다. 백혼무인이 말했다. "저 지인은 위로 푸른 하늘을 엿보며 아래로 황천을 탐색하며 사방팔방으로 마음대로 돌아다녀도 신기神氣가 변치 않나니, 이제 너는 두려워서 흔들리는 기색이 있으니 너는 마음속에서는 위태로운 일이 있을진저!"

【대의】

여기에서는 부동심不動心의 극치에 이른 백혼무인伯昏无人을 등장시켜 생사·이해득실·공포 등의 관념을 버려야 출중한 기예技藝도 발휘할 수 있다는 것을 시사하였다.

8

肩吾問於孫叔敖曰[1]:「子三爲令尹而不榮華,[2] 三去之而无憂色. 吾始也疑子, 今視者之鼻間栩栩然,[3] 子之用心獨奈何?」孫叔敖曰:「吾何以過人哉! 吾以其[4]來不可却也, 其去不可止也, 吾以爲得失之非我也,[5] 而无憂色而已矣. 我何以過人哉! 且不知其在彼乎, 其在我乎? 其在彼邪?[6] 亡乎我; 在我邪? 亡乎彼.[7] 方將躊躇,[8] 方將四顧, 何暇至乎人貴人賤哉!」

견오 문어손숙오하야 왈 자 삼위령윤이불영화하며 삼거지이무우색하니 오 시야에 의자하더니 금에 시자지비간한댄 허허연하니 자지용심은 독내하오 손숙오왈 오하이과인재리오 오는 이기 래불가각야며 기거 불가지야니 오는 이위득실지비아야라 하야 이무우색이이의언정 아는 하이과인재리오 차부지케라 기재피호아 기재아호아 기재피야인댄 망호아요 재아야인댄 망호피니 방장주저하며 방장사고어니 하가에 지호인귀인천재리오

1 성현영은 말하기를 "견오肩吾는 은자隱者이다. 숙오叔敖는 초楚의 현인이다"라고 하였다.

2 영윤令尹은 초나라 재상이다.

3 허허栩栩에 대하여 성현영은 말하기를 "유쾌한 모습이다"라고 하였다.

4 조초기에 따르면 기其는 영윤의 직위를 가리킨다.

5 조초기에 따르면 비아非我는 신외지물身外之物을 뜻한다.

6 선영은 말하기를 "귀하다고 할 수 있는 것이 영윤에 있는지 나에게 있는지를 모르겠다"고 하였다.

7 왕숙민이 인용한 임희일 설에 따르면 귀하다고 할 수 있는 것이 영윤에게 있다면 나와 상관이 없을 것이요, 나에게 있다면 영윤과 상관이 없다는 것이다.

8 조초기는 말하기를 "방장方將은 '마침 ……하고 있는 중이다'이다. 주저躊躇는 종용자득從容自得의 모습이다"라고 하였다. '종용자득'은 여유롭게 스스로 만족해하는 것이다.

견오가 손숙오에게 물었다. "그대는 세 번 영윤이 되었으나 영광스러워하지 않으며 세 번 그만두었으나 근심스러운 얼굴빛이 없으니, 나는 처음에 그대에 대해서 의혹하는 마음을 품었는데 이제 보니 그대의 콧등 사이가 즐거운 듯하니 그대의 마음 씀씀이는 홀로 어떠합니까?" 손숙오가 말했다. "내가 무엇을 가지고 남보다 나을 수 있겠는가! 나는 그것이 오는 것을 사절할 수 없으며 그것이 떠나가는 것을 멈추게 할 수 없다고 여기니, 나는 얻고 잃는 것이 나와 상관없다고 생각하고 근심스러운 얼굴빛이 없었을지언정 내가 무엇을 가지고 남보다 나을 수 있겠는가? 뿐만 아니라 모르겠도다, 득실이 다른 사람에게 달려 있는가? 아니면 나에게 달려 있는가? 그것이 영윤 자리에 있을진댄 나와 상관이 없을 것이요, 나에게 있을진댄 영윤 자리와 상관이 없을 것이다. 바야흐로 한가로이 즐기며, 바야흐로 높은 세계에서 사방을 보려고 하는데, 어느 겨를에 사람이 귀하고 사람이 천하다는 것을 돌볼 수 있겠는가!"

仲尼聞之曰:「古之眞人, 知者不得說, 美人不得濫,[9] 盜人不得劫, 伏戲黃帝不得友. 死生亦大矣, 而无變乎己, 況爵祿乎! 若然者, 其神經乎大山而无介,[10] 入乎淵泉而不濡, 處卑細而不憊, 充滿天地,[11] 旣以與人, 己愈有.」[12]

중니 문지코 왈 고지진인은 지자도 부득설하며 미인도 부득람하며 도인도 부득겁하며 복희황제도 부득우하며 사생이 역대의로되 이무변호기온 황작록호따녀 약연자는 기신이 경호태산이무개하며 입호연천이불유하며 처비세이불비하야 충만천지라 기이여인하고도 기유유하니라

9 성현영은 람濫을 음람淫濫으로 보았다. 음람은 '음란·방탕하다'이다.

10 개介에 대하여 성현영은 말하기를 "애礙이다"라고 하였다. '애'는 '거리끼다'를 뜻한다.

11 왕숙민은 말하기를 "충만천지充滿天地 다음에 '이불조'而不窕 세 글자가 탈락한 듯하다"고 하였다. 그렇다면 이 구절은 "천지 사이에 충만해도 넓다고 여기지 않는다"는 말이다.

12 왕숙민에 따르면 기旣와 유愈는 서로 뜻을 보완하는 구실을 한다. 그렇다면 이 구절은 "남에게 주면 줄수록 자기에게 더욱 많아진다"는 것을 말한다.

공자가 그에 대해서 듣고 말했다. "옛적의 진인은 지혜로운 자도 그를 설득하지 못하며 미인도 그를 음란케 할 수 없으며 도적질하는 사람도 겁탈할 수 없으며 복희·황제도 벗할 수 없다. 죽고 사는 것도 큰일이지만 자기에 대해서 바꾸는 일이 없거늘 하물며 작록이랴! 이와 같은 사람은 그의 정신이 태산을 지나가도 가로막을 것이 없으며 깊은 물속에 들어가도 젖지 않으며 보잘것없는 자리에 있어도 고달프지 않아, 천지 사이에 충만해도 넓다고 여기지 않으며 남김없이 남에게 주고서도 자기에게 더욱 많아지니라."

【대의】

여기에서는 재상 자리에 연연해하지 않았던 손숙오의 사례를 들어 진인眞人은 작록爵祿뿐만 아니라 생사문제마저도 초탈하고, 그 어떤 사태가 주어질지라도 구애받지 않고 자유로울 수 있다고 하였다.

9

楚王與凡君坐, 少焉, 楚王左右曰凡亡者三.[1] 凡君曰: 「凡之亡也, 不足以喪吾存.[2] 夫『凡之亡不足以喪吾存』, 則楚之存不足以存存. 由是觀之, 則凡未始亡而楚未始存也.」[3]

초왕이 여범군으로 좌러니 소언코 초왕의 좌우 왈범망자 삼이로다 범군왈 범지망야 부족이상오존이니 부범지망이 부족이상오존인댄 즉초지존이 부족이존존이니라 유시로 관지컨댄 즉범이 미시망이며 이초 미시존야니라

1 사마표에 따르면 범凡은 나라 이름이다. 성현영은 말하기를 "초문왕楚文王이 범희후凡僖侯와 같이 앉아 합종회맹合從會盟의 일을 논한 것이다. …… 세 가지는 귀신을 경외하지 않는 것과 현자를 존중하지 않는 것과 백성을 가꾸지 않는 것이다"라고 하였다. 그러나 왕숙민은 말하기를 "이 글은 '초왕의 좌우 신하들이 범나라가 망할 것이라고 세 차례 말하였다'고 해석해야 될 것 같다"고 하였다.

2 왕숙민은 말하기를 "지之는 수雖와 같다"고 하였다.

3 곽상은 말하기를 "대저 존망은 더 이상 마음에 둘 것이 아니니, 천하에 결국 존망은 없다"고 하였다. 왕숙민은 말하기를 "마음에 얻느니 잃느니 하는 생각이 있어야 존망의 느낌이 있게 된다"고 하였다. 율곡 선생이 10세 때 지은 「경포대부」鏡浦臺賦에서 말하기를 "범凡나라가 망한 적도 없고 초楚나라가 존재한 적도 없거늘 결국 누가 얻었고 누가 잃었단 말인가?"凡未亡楚未在, 竟誰得而誰失라고 하였다. 선생이 10세라는 어린 나이에 「전자방」편의 이 글을 읽었다는 것이 놀랍다.

초왕이 범나라 임금과 함께 앉아 있었는데 조금 있다가 초왕의 좌우 대신들이 범나라가 망하리라고 세 번이나 말했다. 범나라 임금이 말했다. "범나라가 멸망할지라도 족히 나의 존재를 상실케 할 수 없다. 대저 범나라가 멸망할지라도 족히 나의 존재를 상실케 할 수 없을진댄 초나라가 존재할지라도 충분히 존재토록 보존할 수 없다. 이로써 보건대 범나라가 망한 적도 없으며 초나라가 존재한 적도 없느니라."

【대의】

이 글의 작자에 따르면 전덕자全德者는 국가의 존망조차도 도외시할 수 있다. 한족漢族에게는 일찍부터 이러한 사상이 있었기에 거란·여진·몽골·만주족 등 이민족에게 국가권력을 빼앗기고서도 오히려 문화의 힘으로 그들을 먹어삼켜 동화시켰던 것 같다.

문화의 생명은 사상이다. 사상의 정화精華는 철학이다. 이러한 관점에서 볼 때 문화와 사상과 철학에 대한 이해는 천박하면서 눈앞의 이익과 표면 현상밖에 모르는 사람들이 사회 전반에 관련된 문제들을 좌지우지하는 우리의 현실이 안타깝기만 하다.

| 찾아보기 |

ㄱ

ㄴ

ㅎ